高等院校经管类专业基础课教材系列

西方经济学

主　编　刘静暖　孙宇晖

副主编　卢　婧　黄　林　孙亚南

编委会　于　畅　庞　娟　程　卷

孙亚南　黄　林　卢　婧

孙宇晖　高有福　刘静暖

赵洪亮

中国经济出版社

CHINA ECONOMIC PUBLISHING HOUSE

北京

图书在版编目（CIP）数据
西方经济学/刘静暖，孙宇晖主编．
北京：中国经济出版社，2012.2
ISBN 978－7－5136－1284－5
Ⅰ.①西… Ⅱ.①刘… ②孙… Ⅲ.①西方经济学 Ⅳ.①F091.3
中国版本图书馆 CIP 数据核字（2011）第 258898 号

责任编辑　路　巍　张　博
责任审读　贺　静
责任印制　张江虹
封面设计　任燕飞装帧设计工作室

出版发行　中国经济出版社
印 刷 者　北京金华印刷有限公司
经 销 者　各地新华书店
开　　本　787mm×1092mm　1/16
印　　张　18.75
字　　数　350 千字
版　　次　2012 年 2 月第 1 版
印　　次　2012 年 2 月第 1 次
书　　号　ISBN 978－7－5136－1284－5/G・1692
定　　价　39.80 元

中国经济出版社 网址 www.economyph.com 社址 北京市西城区百万庄北街 3 号 邮编 100037
本版图书如存在印装质量问题，请与本社发行中心联系调换（联系电话：010－68319116）

前 言

改革开放以来,随着西方经济学逐步成为我国高等院校财经类和管理类专业专业基础课,学术界对西方经济学教学与教材的探索不断向纵深发展。研究表明,当前众多西方经济学教材普遍存在三种倾向:一是过简。理论体系阐述不完整,缺乏内在系统性和逻辑性,不能全面反映西方经济学整体框架。二是过繁。偏重理论解析,对于一般经验中都能予以证实的问题或结论显得不必要,复杂的数学推导使非经济类专业学生难以接受。三是过板。过于严肃呆板缺乏趣味性,学生读教材常感压抑与沉闷。如何在教材编写中克服这“三过”,做到既简约系统又生动充实呢?由吉林财经大学、吉林华桥外国语学院、吉林大学和吉林市委党校四所院校部分多年从事西方经济学教学的一线教授牵头、部分青年学者参编组成编写组,在参考大量相关文献和总结教学经验基础上,紧密结合经济中热点问题,以案例法为特色,组织编写了这部《西方经济学》教程,以其促进教材建设和学科发展。

本教材内容分为三个部分:

引论 介绍了西方经济学的产生、发展、研究对象、研究方法及资源的配置方式。通过这一部分的介绍,使读者对西方经济学研究什么,如何研究有一个概括性的了解,迅速入门,以有助于对以后内容的学习。

微观 包括第一章至第九章。这一部分是从商品的供求理论出发,研究单个经济单位的经济行为,说明“看不见得手”如何实现稀缺资源的有效配置。

宏观 包括第十章至第十八章。主要研究国民经济的整体运行中政府如何运用“看得见的手”配置资源。

该教材与其他类似教材相比,具有其自身的特点:

第一,趣味性与实用性相结合。以案例为导引,阐述西方经济学基本理论。

第二,简洁性与完整性相结合。本书按照解决微观经济的三大问题:生产什么、如何生产、为谁生产来组织相应的微观经济理论;按照解决宏观经济的四大问题:均衡增长、通货膨胀、经济增长、失业来组织宏观经济理论,凸显简洁性与完整性的妥善结合。

第三,理论性与创新性相结合。在选材和安排层次上,尽可能贴近实际生活、力求理论与实践相结合,注重前沿问题,如引入绿色GDP概念、可持续发展理念。

第四,生动性与严谨性相结合。以通俗明晰的语言,简单易懂的数学模型和图形,来深入浅出地说明西方经济学理论。对一些计算公式、图形,我们做了一定的分解和文字说明,从而使不具备高深数学知识和非经济类专业的读者也能较轻松地阅读和理解。

本教材编写分工如下:

孙宇晖编写引论,是全书编写的总顾问;程卷编写第一章;程卷与赵洪亮编写第三章;卢婧编写第二章;高有福编写第四章;黄林编写第五、第七、第八、第九章;刘静暖编写第六、第十四章;庞娟编写第十、第十一章;于畅编写第十二、第十三章;孙亚南编写第十五、第十六、第十七、第十八章。卢婧、孙亚南和黄林对全书进行了编审与统稿,刘静暖负责全书设计、纲目设计、审稿和定稿。

为了保障教学效果,便于学生深入理解内容,我们还编写了与本书配套的《西方经济学习题集》,用于学生课后练习。

本书在编写过程中参考了大量现有的中外版本教材,从中吸收了许多有益的成果;同时中国经济出版社路巍编辑对本书的出版发行给予了全力支持,在此一并表示诚挚的谢意。

由于时间仓促加之水平有限,书中难免存在疏漏之处,我们殷切希望各位读者对本教材提出批评和建议。

刘静暖

2011年6月

目 录

引 论

Introduction

第一节 西方经济学概述

萧伯纳指出:“经济是一门最大限度地创造生活的艺术。”马克思主义唯物史观认为:经济是一切道德观念、文化艺术、法律制度乃至国家机器等“上层建筑”树立其上的经济基础。故从古至今人们对此曾做过不懈的探讨。在古希腊、罗马,色诺芬、亚里士多德的社会学著作中有较多经济问题的论述;在中国汉代司马迁的历史著作《史记》中有专列的经济篇章《货殖论》。当人类历史即将告别封建,步入近代文明,新生的资本主义生产关系刚刚萌芽的时候,“重商主义”就开始着眼于经济事物的理论探讨。尽管在那时尚不可能成为系统的经济科学,但却成为现代经济科学研究的先驱。后经重农学派、英国古典政治经济学的不断发展,到1876年亚当·斯密的《国民财富的性质与原因研究》这部经济学的经典著作发表,标志着经济学的正式诞生,斯密也被公认为经济学之父。

在经济科学的发展过程中,逐渐形成了马克思主义政治经济学和西方经济学两大理论体系。按马克思主义政治经济学来讲,单从西方经济学这一支脉来说,先是由萨伊、马尔萨斯等人将斯密《国富论》中“费用价值论”的庸俗观点继承和发展下去。后经“边际革命”,由马歇尔综合形成新古典学派,构成关于均衡价格理论的微观理论;又由“凯恩斯革命”,创立了宏观经济学强调政府干预经济生活的必要和干预政策手段。其继承者新古典综合派的代表人物萨缪尔森又将其与马歇尔的经济理论综合起来,形成新古典综合经济学。尽管进入20世纪70年代以后,各派新自由主义抓住当时出现的各种经济主题,从不同角度攻击新古典综合派,但由于萨缪尔森《经济学》自1948年出版以后,已经修改了18版,不断吸纳争论中取得共识的观点,吐故纳新,因此,还稳居主流经济学的宝座。

一、西方经济学研究的出发点

西方经济学认为,资源稀缺性是经济学研究的出发点。他们把人类生存和发展所需要的各种物品分为"自由取用的物品"和"经济物品"两类。自由物品亦称自由财货,指由自然界提供数量无限,无需付出劳动和任何代价即可随意取用之物。经济物品亦称经济财货,是指数量稀缺,需要通过一定劳动或支付一定代价方可获得的物品。前者没有价格,后者有正价格。

由于人类的生存特别是发展,仅有自由物品远远不足,更多的还是经济物品,而人类的欲望或需要是无限的、不断升级的,永远不能满足在一个水平上,否则,就没有动力,社会就要停顿,不会发展。然而,相对于人类无限欲望而言,经济物品和用来生产这些经济物品的生产资源总是有限的、稀缺的。于是,就产生了人类欲望的无限性和资源的稀缺性之间的尖锐矛盾。在人类历史的较长时期内,解决这一矛盾的手段惯用战争、掠夺等超经济的暴力手段,造成"弱肉强食的种种社会不公平"。这从某种意义上说,人类还没有彻底脱离动物界。为摆脱这种状况,现代文明给经济学提出了发展经济、保障供给的任务。

现代西方经济学认为,稀缺性是客观存在的,它贯穿于人类发展的始终,存在于人类生活的每一个国度,可谓是无时不在,无处不有,是个普遍的原则和基本的事实。进一步分析还可发现,资源稀缺虽然绝对存在,但它只是相对于人类无穷欲望而言。资源总量虽然稀缺,但每种资源都可以有多种用途;人类欲望尽管无限,但毕竟有轻重缓急之分。于是,如何将稀缺但有多种用途的资源分配使用到人们轻重缓急不同的需要方面,就有必要做出抉择。所谓抉择,就是对现有经济资源怎样分配使用到最需要的地方生产出满足人们最需的物品所做出的选择或抉择。可见,资源的稀缺性是经济学产生的原因和研究的出发点。

二、关于经济人的假设

西方经济学是以市场经济为研究背景的,在以交换为主的市场经济条件下,商品生产和交换行为的主体被假设为是"经济人"而非"社会人"。所谓经济人,是指追求自身利益最大化为目标。就是说,从事经济活动的行为主体是以个人主义价值观为出发点,谋求个人利益的。但经济人是以正常的途径谋得个人利益,正所谓"君子爱财,取之有道",用现在的话说就是通过"诚实劳动,合法经营"去致富,而不是以"损人"的途径去"利己"。这是符合商品经济规范的正确假设。因为,商品经济是交换经济,交换强调的是等价,是"交相利"、"互惠互利",在等价交换实现后,交换双方各自的利益追求,通过互惠互利的平价交换,使社会资源得到了满足,社会经济就是在价值规律这只"看不见的手"引导下,人们出于各自的利益追求,通过互惠互利的平价交换使社会资源得到合理的配置和分配使用,不断发展,积累财富。正因为是理论假设,所以并不否认现实中不管是什么样的社会制度都会有些“损人利己”的人,用坑蒙拐骗、假冒伪劣、偷税漏税、走私贩毒等非法手段去实现发财的目的,但这不在规范的“经济人”之列,属于经济人的另类。也正是由于有这些“另类”存在,才需要制定市场规则和必要的法律去约束。为此,市场经济又是法治经济。人们可以设想:如果从事经济活动的人不是经济人而是以他人机会利益为己任的“社会人”——慈善家或公仆,那么他经营的企业会是赢利还是破产呢?所以,假设从事经济活动的主体是“经济人”,并不是排斥在意识形态和道德观念上弘扬“大公无私”的共产主义精神。

三、社会经济基础问题

由资源稀缺性和人类欲望无限性这对矛盾引出:“生产什么、生产多少;为谁生产”这种经济社会所面临的三个基本问题。前两个是经济活动组织者面对的抉择问题,第三个则是确定生产要素的价格或分配问题。

首先,总量为既定的有限资源,用来生产哪些产品,必须做出选择。既然资源是稀缺的、各自具有多种用途而需要是无限的、永远不能饱和,又有轻重缓急之分,就要求人们根据稀缺和重要程度去决定生产什么产品,如果生产两种以上,则确定各生产多少。

其次,采用什么生产方法生产。由于同一种产品既可采用多投入劳动少投入资本的方法,也可以采用多投入资本、少投入劳动的方法。为降低成本、提高效益,一般在技术先进、劳动力稀少的国家或经济部门,宜使用较多资本、较少的劳动,进行“资本密集型”生产;在技术落后、劳动力资源丰富的国家或经济部门,则宜使用较少资本较多劳动,进行“劳动密集型”生产。

最后,被生产出来的产品,如何在社会成员之间进行分配,即收入分配问题。这实际是上述两种选择的最后结果。西方经济学认为任何一种产品的生产,都是由于投入各种生产要素的结果。既然生产者选择了一定配合比例的生产要素进行某种产品的生产,就要根据各种生产要素在生产过程中所做的贡献确定其价格。这些要素的价格,就是要素所有者或提供者在社会产品中应得的份额。于是,劳动所有者或提供者获得工资,资本所有者或提供者获得利息,土地提供者获得地租,企业家依靠经营管理才能的提供获得利润。

以上三方面的基本经济问题可概括为资源配置问题,成为微观经济学研究的对象。由于资源的稀缺,也为社会如何充分、合理地分配、使用有限的总量资源提出各种问题,这又成为宏观经济学重点考察分析的问题。

第二节　研究对象与方法

一、经济学研究的对象

经济学或政治经济学是同义词。"政治经济学"这一术语最早由法国重商主义者安徒安·德·孟克列钦(也有译为蒙克莱田的),于1615年发表的《献给国王和王后的政治经济学》一书中提到的,从而使家庭管理的所谓"经济学"走向广泛的社会经济问题。在以斯密为代表的古典政治经济学那里,把政治经济学定义为研究国民财富的科学,这一定义或研究对象充分体现在其开山之作《国民财富的性质和原因的研究》之中,从而澄清了重商主义认为只有金银货币是财富,来源于对外贸易活动的错误认识。从古典的源头分离出庸俗经济学和马克思主义经济学两大支派之后,经济学的研究对象也各有不同,西方经济学沿着以萨伊为代表的庸俗经济学支派发展下去。

在萨伊那里,发展了《国富论》中生产费用决定价值的庸俗观点,首次以"三分法"把政治经济学的研究对象确定为财富的生产、分配和消费三部分。再分配中提出所谓:"劳动—工资;资本—利息;土地—地租"的三位一体公式。接着,詹姆斯·穆勒又于1817年将萨伊的"三分法"扩展为四分法:在分配和消费之间增加个交换。直到新古典学派代表,英国剑桥大学教授马歇尔在其《经济学原理》中将政治经济学与经济学混同使用,指出:经济学研究的是人类为满足其欲望所做的努力。这种努力是可用财富或其一般代表——货币来衡量的。与斯密不同的是,他强调财富只是人类实现目的的手段,而非目的本身。在上述关于经济学定义或研究对象的传承观点影响启发下,20世纪以后,西方经济学家对经济学的定义或研究对象又有了新的认识和更明确的说法。20世纪初,英国经济学家罗宾斯在其《论经济科学的性质和意义》一书中,给经济学下的定义是:"经济学是门科学,它把人类行为作为目的,与可以有其他用途的稀缺资源之间的关系来对比研究。""经济学是研究用具有各种用途的稀缺手段来满足人们目的的人类行为科学。"这一定义为后来经济学者普遍接受,在萨缪尔森《经济学》,英国《百科全书》及《新帕尔格雷夫》、《经济学大辞典》等书中的经济学定义都是以此派生的。所以,可以将西方经济学的研究对象概括为:研究人们在资源稀缺情况下,如何组织和使用相对稀缺但可有多种用途的资源以满足自己多方面需要(欲望)的一门社会科学。

二、研究方法

在西方经济学中,使用的分析方法较多,这里选几种常用的方法概述如下:

(一)均衡分析与过程分析

经济学中的均衡,是指经济体系中变动着的各种力量处于平衡,以至这一体系内不再存在变动的内部趋势,因而变动的最后倾向等于零的状态。

均衡分析法是对研究问题所涉及的诸经济变量中,自变量被假定为已知固定不变的,然后考察当因变量达到均衡状态时会有的情况和为此所需具备的条件,即所谓均衡条件。在微观经济学中,运用均衡分析的典型例子是马歇尔的均衡价格分析;在宏观经济学中,则是凯恩斯关于国民收入决定理论的分析。均衡又有局部均衡和一般均衡之别。局部均衡指某一时间、某一市场上某种商品的价格或供求量达到一致时形成的均衡,是一个市场上的均衡。一般均衡是研究整个经济体系的价格和产量达到的均衡,也称总均衡分析。它从市场上各种商品的价格、供求关系是相互影响、相互依存的前提出发,考察各种商品的价格、供求达到均衡状态条件下的价格决定问题。

与均衡分析相联系的还有过程分析。均衡分析只考察当被设想为已达到均衡状态时会有的情况和实现均衡时应具备的条件,属“瞬时分析”;过程分析则是分析调整变化的实际过程的“期间分析”或“序列分析”。

(二)静态分析、比较静态分析与动态分析

1. 静态分析

这是指在经济分析中把注意力集中于均衡位置的学说,它总是与均衡分析联系在一起。使用静态分析方法分析经济问题时,假定资本数量、人口、技术乃至组织形式、需求状况都不变的前提下,致力于说明什么是经济变量的均衡状态和达到均衡状态所需条件,不涉及过程及时间。

2. 比较静态分析

这是在考察自变量的变化会引起相应的因变量的均衡位置发生某些变化时使用的方法,即是对各种静态均衡进行比较的方法。它也不考察经济状态变化过程所经历的时间,只考察静止状态时被假定不变的因素发生变化后所引起的新均衡与原有均衡有什么异同。

3. 动态分析

与静态分析相反,动态分析包括时间这个持续的变量,主要探讨在一定条件下,各种变量如何因时间推移,从前一均衡到后一均衡的调整过程,而不是探讨如何确定均衡状态或决定均衡的因素。它着重研究在静态分析中那些假定不变的因素在时间推移过程中发生变化时,将如何影响一个经济体系的运动,所以与过程分析相联系。它要求经济变量所属时间必须明显表示出来,并认为在一定时点上经济变量的值部分地取决于前一时点上有关变量的值。微观经济学中“蛛网理论”和宏观经济学中的经济增长和经济周期波动理论都是使用动态分析方法的例证。

(三)经济模型

经济模型被认为是对经济理论的简明说法,是现实世界的一个简化。它将被研究问题的细枝末节删除,将其最重要的因素、过程和联系凸显出来,把可计量的复杂现象简化和抽象出为数不多的变量,按其相互联系建立起模型。这类模型可用文字表述,也可用图表、几何图形和数字方程式表示,一般以数学方程为主。使用经济模型可将复杂的经济现象简化。

(四)边际分析

19 世纪 70 年代以来,西方经济学经"边际革命"后,普遍使用一种新的边际增量分析方法。这里的"边际"是指经济变量中,最后变动的那个单位。边际分析是数量动态分析的一种,常被用来分析两种以后可变因素之间的关系。假定一经济函数为 $Y=f(x)$,当自变量由 X 变为 $x+\Delta x(dX)$ 时,因变量由 Y 变为 $y+\Delta Y(dY)$。这里的 $\Delta X(dx)$、$\Delta Y(dY)$ 作为 X、Y 的增量就是边际数量。利用这种边际数量分析经济变量的相互关系及其变化规律的方法即边际分析方法。用边际分析容易判断:自变量 X 增加一个单位,引起因变量 Y 的变化规律。

第三节　资源配置机制

迄今为止,社会经济资源配置机制无非是由市场分散配置资源、由政府集中配置资源和两者结合起来的混合机制三种形式。

一、市场机制

(一)市场

市场一般指消费者、生产者相互买卖商品和劳务的场所。在这里,体现着商品经济中,社会成员之间各种经济关系、各供求关系、等价交换的平等互利关系等。

从市场内容来讲,既包括最终消费品和劳动市场,又包括各种生产要素市场。一般地说,每一种商品有一个市场,人们在各种不同的市场买卖由生产者提供的物品和劳务;特殊地说,某种产品在达到最后使用者手中之前,可能经过一连串的市场。一种产品在没有最终进入消费者手中之前,都是以中间产品形式存在,只有进入消费者手里才成为最终产品。从市场的范围来说,有些市场是世界范围的,有些市场是全国范围的,有些只能是以某一地域性的市场。

(二)价格

马克思主义经济学把价格看成是商品价值的货币表现。西方经济学只是从现象上把价格看做购买一定数量和质量的商品和服务要付的货币数量。当然这些商品不仅指最终产品,还包括各种生产要素。就是这些包括工资、利息、租金等生产要素价格在内的价格机制,通过竞争,市场上的供求发生作用,来解决经济社会中生产什么、如何生产和为谁生产这三个基本问题。

(三)价格机制及其功能作用

所谓价格机制,就是在市场经济中,各经济主体通过供给与需求之间乃至供给之间与需求之间的竞争决定价格,价格反过来又能调节供求的机制作用。这一机制的作用在亚当·斯密《国富论》中被誉为"看不见的手",即价值规律的作用。在古典、新古典经济学那里,将完全竞争的市场全凭价格机制由市场主体分散地配置资源是最有效率的。它可以引导着追求个人利益最大化的生产者和消费者,从私利目标出发,最终达到增进社会总体福利的目的。因此,政府对于自由竞争的任何干预几乎肯定是有害的。政府的职能只在于管好国防安全、国内治安和制定市场规定并监督其执行。

价格机制的功能作用具体有三,一是刺激生产,二是合理安排资源,三是信号机的功能。

(四)市场价格机制作用的发挥

价格机制在市场经济中作用的发挥过程,正是在市场竞争中,价格升降调节供求,使之趋于一致的过程。

从消费品来说,任何一种物品的需求增加了,就会使其价格上升产量增加。而超过人们在最新的市场价格下所愿意购买数量的另一种物品,就会由于供给方的竞争而被压低。这样,供求变动引起价格变动,价格变动又促使供求重新恢复均衡。

在生产要素市场,如需木工而非瓦工,木工工资则会增长,瓦工工资则趋于下降;在其他条件不变的情况下,就会使人们多学木工技术以求就业,使劳动市场就业趋于平衡。同理,如房产商愿为肯为一块土地支付更高的租金,这块地就有可能改种菜为建房。一定数量的钢材,究竟用其生产车床还是用其生产矿山机械,也同样是由于对这两种机械的供给和需求所表现出的价格所决定的。正是由于价格机制在市场竞争中形成了一般均衡制度和价格机制的这种作用,促使供给和需求相称,价格和成本相等,帮助人们解决"三个基本问题"。

首先,生产什么,一方面取决于消费者的货币选票;另一方面还取决于企业在权衡成本和价格的基础上所做出的供给决策。其次,如何生产取决于不同生产者之间的竞争。生产者为应付价格竞争和获取最大利润,必然要采取低成本高效率的生产方法。为此,他既要指导生产要素组合方案在技术上的可行性即生产函数,又要考虑经济上的合理性。这就必须知道各种要素的价格,以便寻求可以生产出同等数量产品中投入最低成本。为此,在可变比例生产函数的投入情况下,在劳动又缺又贵的国家就要倾向于机械化、自动化的资本密集型生产方法;而劳动富裕而资本缺少的国家,就要采取多用劳动的劳动密集型生产方法。最后,为谁生产取决于生产要素市场的供给与需求。在市场经济中,生产要素为不同所有者占有,每个人的收入,由其提供的生产要素在生产中的数量与贡献所决定，具体表现为要素的价格——工资、地租、利息、利润等与数量的乘积。价格机制通过市场发挥作用的图形如图1所示。

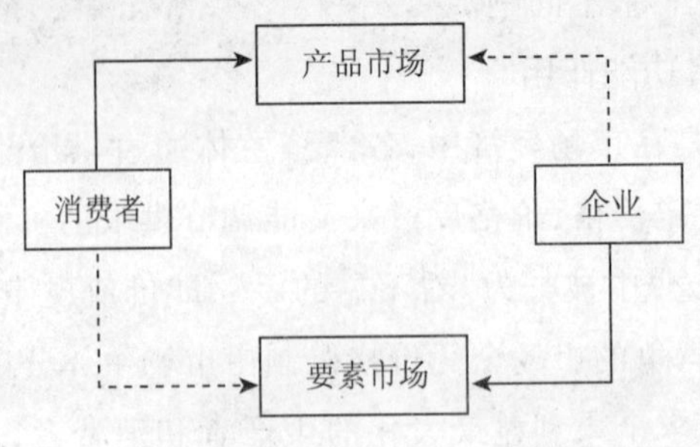

图1　价格机制通过市场发挥的作用

二、集中决策机制

与市场的分散决策相反，集中决策的经济机制表现为国家政权机关或社会统一经济部门统一根据社会经济资源条件和社会需求状况，做出统一的计划，决定生产什么、多少，如何生产和为谁生产问题。这种集中决策的机制主要表现在国有制经济中。历史上"二战"时期法西斯纳粹党实行的"军事共产主义"，我国社会主义计划经济中的高度集中统一都表现为集中决策的机制。实践证明：真正能实行集中决策的计划经济，除非生产力达到极高发展的共产主义高级阶段。在商品经济和市场经济中，只能是分散与集中的统一，市场与计划并存，私人决策与国家宏观调控相结合的"混合经济"。

三、分散与集中相结合的混合经济机制

在现实的经济中，很少有纯粹分散、完全由市场配置资源的决策机制和完全由国家统一计划的高度集中的决策机制。大多数情况下，都表现为既有由私人部门靠市场的分散决策与政府部门一方面主要负责公共产品的生产与供应，另一方面通过财政税收、货币发行、收入分配等宏观政策干预经济生活的所谓"混合经济制度"。以美国为首的发达资本主义国家基本实行的都是这种经济制度。凯恩斯的《就业利息与货币通论》集中提出了这种"混合经济制度"的基本理论和政策。

中国在改革开放以来，在邓小平同志有中国特色的社会主义理论指导下，探讨出的中国社会主义市场经济本质，就是一种以公有制为主体、市场与计划相结合的新型"混合经济"制度。在这种制度下，市场在资源配置中起基础性作用，充分利用市场机制去调动各种经济资源的积极性以实现效率；政府通过各种经济杠杆去引导市场，克服市场机制的失灵方面以确保社会经济的均衡发展以实现公平。在今后的深化改革中，将会继续探索这种结合的方式，实现科学发展。

第一章 供求理论

Supply-Demand Theory

日本海啸与中国盐荒

2011年3月11日，日本本岛发生9级大地震招致海啸，并引发核电站核泄漏。日本核泄漏，掀起中国民众盐抢购狂潮。一时间，大超市碘盐被抢购一空，小超市的食盐价格趁机狂涨，盐价由每市斤2元涨到12元。为什么会这样，用经济学原理如何加以解释？

面对上述问题，我们禁不住要问：在食盐市场上，到底是什么影响着食盐的供给和需求？食盐的价格由什么决定？价格机制在食盐市场上是怎样发挥作用的？通过对本章的学习，我们将揭开其身上的神秘面纱。

第一节 需求理论

我们知道，商品的消费者就是它的需求者。什么构成商品的需求？所谓**需求(Demand)是指消费者在一定时期内，在各种可能的价格情况下愿意并且能够购买某种商品的数量**。根据定义，构成一项需求必须具有两个条件：购买愿望和购买能力。这两者是缺一不可，而且也只有结合起来才能构成对一种商品的有效需求。例如，对食盐市场上的需求者而言，即使有意愿但因为食盐涨价太疯狂导致他没有购买的能力，那就形不成对食盐的真正需求。

一、需求函数

一般来说，一种商品的需求是由多种因素决定的。如该商品的价格、相关商品的价格、消费者的收入水平、消费者的偏好和消费者对该商品的价格预期等。下面我们

以蛋糕为例进行讨论:

价格 如果蛋糕的价格上涨,蛋糕的需求量会减少;如果超市降价促销蛋糕,那么蛋糕的需求量就会增大。可以看出,需求量与价格之间是呈负相关关系。这种关系经济学家称之为**需求定理,即在其他情况不变的条件下,当某一商品的价格下降时,消费者对这种商品愿意而且能够购买的数量就会增加;反之,当价格上升时,其需求量就会减少。**

相关商品的价格 假设蛋糕的价格上涨了,根据需求定理,蛋糕的需求量会减少,而相关商品例如面包的需求量会增加。在这里我们介绍两个概念:替代品和互补品。当一种商品价格下降引起另一种商品需求减少时,这两种商品被称为替代品;反之,当一种商品价格下降引起另外一种商品需求增加时,这两种商品被称为互补品。例如,蛋糕和面包是替代品;汽车和汽油是互补品。

收入水平 一般而言,消费者收入水平越高,则对某一商品的需求就越大。但严格来说,需要分商品是正常品还是低档品。如果当收入减少时,一种商品的需求减少,则这种商品称为正常品;反之,称为低档品。

偏好 假如我们天生就喜欢吃蛋糕,纵使价格贵点还是不会减少需求量。所以,偏好是决定需求最明显的因素。由于偏好属于心理学范畴,经济学只需考察偏好变动时会出现什么情况就行。

预期 对未来的预期会影响当前的需求。例如,我们知道明天蛋糕房周年店庆,全部产品都有特价,那么是不是会减少今天的需求,增加明天的需求呢?

广义需求函数是表示一种商品的需求与影响该需求的各种因素之间的数学关系,即一种商品的需求,是所有影响这种商品需求因素的函数。但是我们看到,若把影响商品需求的诸多因素放到一起加以考虑,则会使研究变得十分困难。为了简化分析,我们通常会把一些次要因素假定在一个不变化的范围之内,然后集中研究核心因素与所要研究问题之间的对应关系。在影响商品需求量的众多因素中,其商品本身价格显然是最基本,也是最主要的因素。所以,在分析需求函数时,我们假定其他因素保持不变,仅仅分析商品的价格对该商品需求的影响,即把商品的需求仅仅看成是其价格的函数。我们说,把需求当做商品自身价格的函数,属于狭义需求函数。狭义需求函数就可以用式(1.1)表示:

$$Q^d = f(P) \tag{1.1}$$

式中,P 为商品的价格;Q^d 为商品的需求量。

二、需求表和需求曲线

狭义需求函数 $Q^d = f(P)$ 表示一种商品的需求量和该商品价格之间的一一对应的关系。这种函数关系可以分别用商品的需求表和需求曲线加以表示。

商品的需求表，是表示某种商品的各种价格水平和与各种价格水平相对应的该商品的需求数量之间关系的数字序列表。表1－1是食盐的需求表。

从表1－1中我们可以清晰地看到食盐价格与需求量之间的函数关系。如，食盐价格为2元时，需求量为14斤；当价格上升为4元时，需求量下降为12斤；当价格进一步上升为8元时，需求量下降为8斤；如此等等。

表1－1　　食盐的需求表

价格—数量组合	A	B	C	D	E	F
价格(元)	2	4	6	8	10	12
需求量(斤)	14	12	10	8	6	4

商品的需求曲线是根据需求表中商品不同的价格—需求量的组合在平面坐标图上所绘制的一条曲线，即**商品需求曲线是商品价格与需求数量组合点的轨迹**。图1－1是根据表1－1绘制的一条需求曲线，用d表示。

在图1－1中，设以O为原点，横轴OQ表示食盐的需求数量，纵轴OP表示食盐的价格。与数学上的习惯相反，微观经济学分析需求曲线和供给曲线时，通常以纵轴表示自变量P，以横轴表示因变量Q。在图中需求曲线是一条直线，实际上，需求曲线可以是线性的，也可以是非线性的。当需求函数为线性函数时，相应的需求曲线是一条直线，直线上各点的斜率是相等的。当需求函数为非线性函数时，相应的需求曲线是一条曲线，曲线上各点的斜率是不相等的。为了简化分析过程，在不影响结论的前提下，大多使用线性需求函数，其通常形式为：

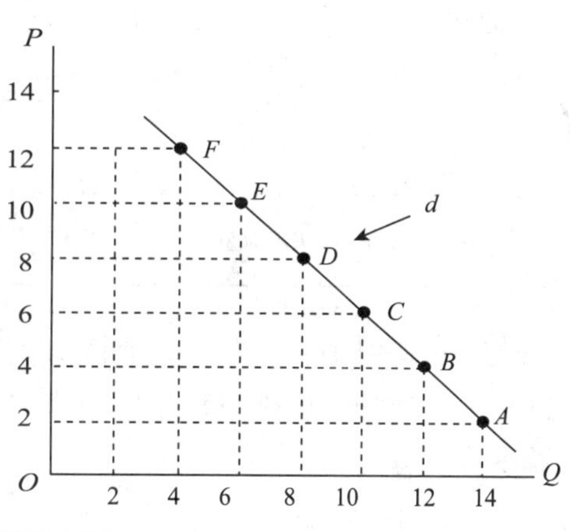

图1－1　食盐的需求曲线

$$Q^d = \alpha - \beta \cdot P \tag{1.2}$$

式中，α、β为常数，且α、$\beta>0$。该函数所对应的需求曲线为一条直线。

三、需求量的变化和需求的变化

西方经济学家根据引起需求量变化的因素不同，把各种变化简化分为需求量的变化(Change in the Quantity Demanded)和需求的变化(Change in Demand)。一般而言，**需求量的变化是指在其他条件保持不变的情况下，由于某种商品自身价格的变动所引起的该商品的需求数量的变动。**如食盐价格提高，消费者会减少食盐的需求数量。**需求的变化是指在商品自身价格不变的条件下，由于其他因素变化所引起的该商品的需**

求数量的变动。如消费者收入水平提高了,购买能力增强了,于是在价格不变的情况下,会扩大购买数量。

显然,这两种变化的共同点是都会引起需求量的变化。但存在重大区别,如表 1－2的分析:需求量的变化表现为商品的价格—需求数量的组合点沿着一条既定的需求曲线的变动;而需求的变化则表现为需求曲线的位置发生移动。

表 1－2　　需求曲线变动影响因素一览表

影响因素	这些变量的变动表现
价格	沿着需求曲线变动
收入	需求曲线移动
相关物品价格	需求曲线移动
偏好	需求曲线移动
预期	需求曲线移动
买者数量	需求曲线移动

如图 1－1 所示,当食盐价格从 2 元增加 8 元时,食盐的需求量由 14 斤降低到 8 斤,相应地,价格与数量的组合点由 A 点向下移动到 D 点,需求曲线的位置不变。

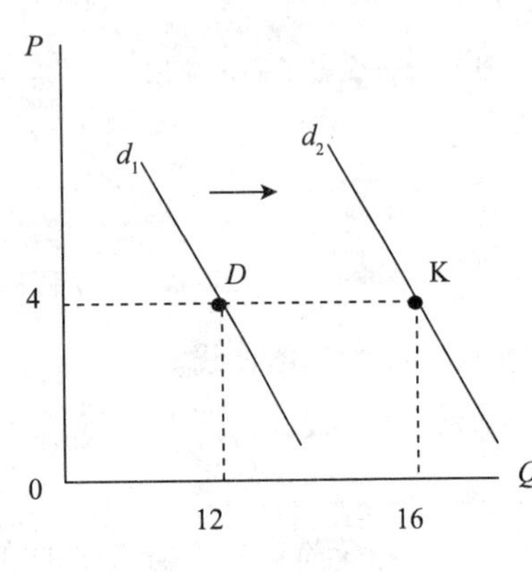

图 1－2　需求的变动

图 1－2 表示的是需求的变化:根据表 1－1,在食盐为 4 元 1 斤的情况下产生了 12 斤的需求量;受食盐能防核辐射传言的影响,当价格仍然是 4 元 1 斤的情况下,食盐的需求增加到 16 斤。于是,我们看到,原来的需求曲线 d_1 向右移动到 d_2 的位置。一般地,在商品自身价格保持不变的条件下,由于其他原因使得消费者的需求量增加了,则需求曲线会向右移动,称之为需求增加了;相反,需求曲线向左移动,表示需求减少了。

第二节　供给理论

汽车供给由什么决定?

2010年以来,钢材价格的不断攀升,不仅打击了房地产业,还大大影响了汽车的供给;2011年日本仙台海啸和地震,重创日本汽车产业,其中大名鼎鼎的本田汽车关闭数月。国际社会倡导的低碳经济,也给汽车产业带来机遇与挑战。

总结以上几点,我们不得不深思到底汽车的供给都受哪些因素的影响?

为了搞清楚上述问题,我们先来了解一下什么是供给(Supply)。一般地说,**一种商品的供给,是指生产者在一定时期内,在各种可能的价格下愿意并且能够提供的商品的数量**。根据定义,供给以生产者提供出售的愿望和能力为基础,因此,我们所说的供给,是指生产者既有提供出售商品的愿望又有提供出售商品能力的有效供给。

一、供给函数

广义的供给函数是指商品供给量和决定供给量的各种因素之间的关系。一种商品的供给数量取决于多种因素的影响,主要有该商品本身的价格、生产的成本、生产的技术水平、相关商品的价格和价格预期等。它们各自对商品的供给量的影响如下:

价格　一般来说,一种商品的价格越高,生产者提供的数量越大;反之,则越小。价格和供给量之间的这种正相关关系被称为**供给定理**:在其他条件相同时,一种商品价格上升,该商品的供给量就会增加。

生产成本　在商品本身价格不变的情况下,生产成本的上升会减少生产者的利润,从而使得商品的供给量减少;反之,生产成本的下降会增加商品的供给量。

生产技术水平　在一般情况下,生产技术水平的提高会降低生产成本,增加生产者的利润,生产者会愿意提供更多的数量。

相关商品价格　在商品自身价格不变的情况下,其他相关商品的价格发生了变化,也会导致该商品的供给量发生变化。例如,蛋糕店生产蛋糕和面包两种商品,如果蛋糕的价格不变而面包的价格增加了,则蛋糕店会增加面包的供给减少蛋糕的供给量。

预期　如果生产者预期到了未来商品的价格会上涨,往往会扩大生产规模,增加供给量;反之,则会减少供给量。

在分析需求时,我们在众多影响需求的因素中,着重考虑了商品自身价格对需求量的影响,而假定其他因素保持不变。同样,基于分析问题的简便,我们也只**考察商品自身的价格变动对其供给量变动的影响——狭义供给函数**。在这种情况下,供给函数可以记作:

$$Q^s = f(P) \tag{1.3}$$

式中,P 为商品的价格;Q^s 为商品的供给量。

二、供给表和供给曲线

供给函数 $Q^s = f(P)$ 所表达的商品供给量与自身价格之间的关系,可以分别用商品的供给表和供给曲线加以具体表示。

商品的供给表是表示某种商品的价格和与各种价格水平相对应的该商品的供给数量之间关系的数字序列表。表 1 - 3 是一个假定一个县城的汽油的供给表。

表 1 - 3　　汽油供给表

价格—数量组合	A	B	C	D	E
价格(元)	2	4	6	8	10
供给量(万升)	20	40	60	80	100

从表 1 - 3 中可以清楚地看到汽油的价格和供给量之间的函数关系。例如,当价格为 6 元时,汽油的供给量为 60 万升;当价格下降为 4 元时,汽油的供给量减少到 40 万升;当价格进一步下降为 2 元时,汽油的供给量减少为 20 升;如此等等。

商品的供给曲线是根据供给表中汽油价格—供给量组合在平面坐标图上所绘制的一条曲线。图 1 - 3 便是根据表 1 - 3 所绘制的一条供给曲线。

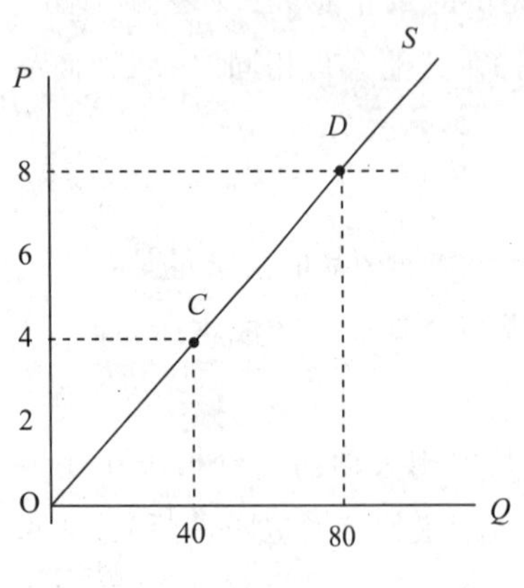

图 1 - 3　汽油的供给曲线

在图 1 - 3 中,设 O 为原点,横轴 OQ 表示商品的数量,纵轴 OP 表示商品的价格。图中的供给曲线是一条直线,实际上,供给曲线既可以是直线型的,也可以是曲线型的。当供给函数为线性函数时,相应的供给曲线是一条直线,直线上各点的斜率是相等的。当供给函数为非线性函数时,相应的供给函数是一条曲线,曲线上各点的斜率是不相等的。为了简化分析过程,在不影响结论的前提下,大多使用线性供给函数,其通常的形式为:

$$Q^s = -\delta + \gamma \cdot P \tag{1.4}$$

式中,δ、γ 为常数,且 δ、$\gamma > 0$。该函数所对应的供给曲线为一条直线。

供给曲线一般是一条正斜率或者向右上方倾斜的曲线,但是也有极少数商品的供给曲线的形状例外。例如,古董市场就不会随着价格的上涨而供给增加,其供给是一定的、不变的。

三、供给量的变化和供给的变化

供给量的变化是指在其他因素不变的情况下,商品自身价格变化导致的供给量的变动。它表现为商品的价格——供给量沿着一条既定的供给曲线的运动。比如,小麦价格的提高,会激励农户增加小麦的种植,从而增加了小麦的供给数量。

供给的变化是指商品价格不变而其他影响供给的因素发生变动时,致使生产者在原来的每一价格水平上的供给量发生的变动,即整个供给水平的提高或下降。它表现为供给曲线的位置发生移动。在小麦价格既定的情况下,由于农业生产技术水平的提高,会使小麦的产量增加,从而导致小麦的供给增加,这是供给的变化。下面我们以一表 1 - 4 来表示。

表 1 - 4　　供给曲线变动的影响因素一览表

影响供给的因素	这种变量的变动表现
价格	沿着供给曲线变动
生产成本	供给曲线移动
技术	供给曲线移动
预期	供给曲线移动
买者数量	供给曲线移动

我们仍以汽油的供给为例,来讨论供给量的变化与供给的变化的图形差异。

我们看图 1 - 4 中的 S_1 曲线是根据表 1 - 3描绘出来的。我们看到,当汽油价格从 4 元涨到 8 元时,生产商愿意提供汽油的数量从 40 万升增加到 80 万升,增加了 1 倍。这种变化表现为:价格与供给量的组合点沿着原来的 S_1 曲线从 B 点移到 D 点,而曲线的位置不变;显然,这是供给量的变动。由于提炼成品油的技术水平的提高,导致了在同一价格水平上汽油的供给量增加,这就是供给的变动。如图 1 - 4,在 8 元的价格下,原来汽油的供给数量为 80 万升,现在的供给数量为 120 万升。一般地,在商品自身价格保持不变的条件下,由于其他原因使得供给增加了,则供给曲线会向右移动,称之为供给增加了;相反,供给曲线向左移动,表示供给减少了。

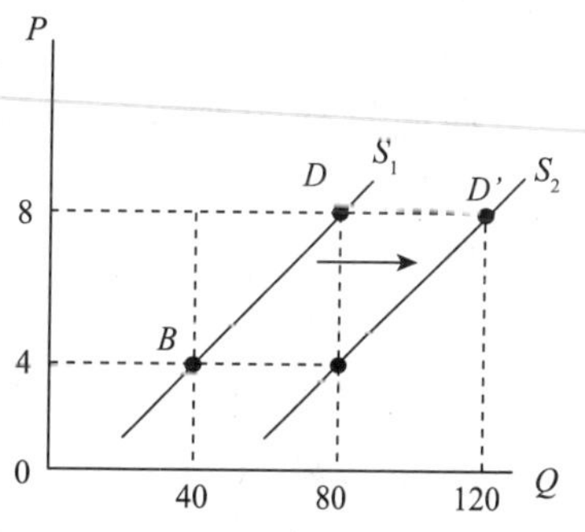

图 1 - 4　汽油供给的变化和供给量的变化

第三节 均衡价格理论

应该对房屋实施最高限价吗?

我国高房价使广大青年成为“蚁族”。基于“居者有其屋”的执政理念,我国政府针对中低收入者出台了一系列帮助性住房政策,如经济适用房、廉租房建造制度。此外,政府可否采取更为强硬限价政策,对房屋实施最高限价,把不断攀升的楼市价格压下来呢?2010年以来,国家先后发出了国8条、国10条等政策。这种限价政策会有怎样的经济效应?

当人们跟着价格指挥棒旋转奔波时,我们禁不住要问,价格究竟是什么?我们说,表面上,价格是换得商品或服务所必须支付的代价,实际上,它是“一只看不见的手”,是调节人们行为的利益机制;当供给和需求的力量可以自由发挥作用时,价格还是稀缺程度的信号。如面对较高的资源价格,厂商就有很高的主动性来节约使用这种资源。面对较高的产品价格,厂商就有积极性多生产这种产品,而消费者则有减少使用这种产品的愿望。正是通过这些及其他方式,价格成为了经济系统中有效使用资源的激励机制。那么,价格是怎样形成的?前两节,我们分别考察了需求和供给。现在我们把两者放到一起,就可以考察市场的两个方面的相互作用如何决定价格及其变动的了。

一、均衡价格的形成

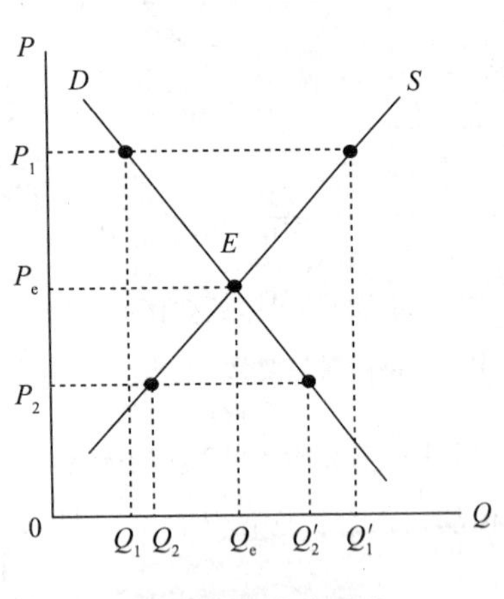

图1-5 均衡价格的形成

物理学中的均衡,是指两个相反的力,相互作用达到的一种相对静止的状态。西方经济学用“均衡”说明市场需求和市场供给这两种相反力量如何影响市场价格,以及市场价格变动反过来如何影响需求和供给的问题。图1-5显示的是把需求曲线和供给曲线放在一起说明均衡价格的形成过程:图中市场需求曲线 D 向右下方倾斜,市场供给曲线 S 向右上方倾斜,两条曲线在 E 点相交。E 点被称为均衡点,均衡点上的价格 P_e 和数量 Q_e 分别被称为**均衡价格**(Equilibrium Price)和**均衡数量**(Equilibrium Quantity)。

如果价格处在高于均衡价格的 P_1 水平上，市场供给大于市场需求，则会出现超额供给。超额供给会导致价格下降，起到刺激需求，抑制供给的作用，直到两者相等为止。当需求量等于供给量时，价格不再变动处于一种相对静止的均衡状态。

如果价格处在低于均衡价格的 P_2 水平上，市场需求量大于市场供给量，出现供求矛盾，表现为超额需求。超额需求会刺激市场价格提高，根据需求定理和供给定理，价格提高，使需求量减少，供给量增加，一直到市场需求量等于市场供给量为止。马歇尔把这种**使市场需求量和市场供给量相等的价格称之为均衡价格，也叫市场出清价格**。

通过上述分析我们看到，均衡价格不仅是在市场供求关系中自发形成的，而且均衡价格的形成过程还是市场价格机制的调节过程。**市场价格机制是指价格具有的调节市场供求达到一致而使稀缺资源按需要的比例配置的内在功能**。当市场价格偏离均衡价格时，市场上会出现需求量和供给量不相等的非均衡状态。一般来说，偏离的市场价格会自动地回复到均衡价格水平，从而使供求不相等的非均衡状态会逐步消失。如果社会上每一件商品和劳务都能实现供求平衡，按需要配置稀缺经济资源这一基本的社会经济问题就会自动地解决，而无须计划和政府干预。

二、均衡价格变动与供求定理

导致我国房价不断上涨的原因是多方面的。如果简单归类的话，我们说，既有需求的原因也有供给的原因。因为一种商品的均衡价格是由该商品的市场需求曲线和供给曲线的交点所决定的，所以需求曲线或者供给曲线的任何位置移动都会使均衡价格水平发生变动。

（一）需求变动对均衡的影响

我们仍以楼市为例，说明市场价格的变化。假设楼房的供给不变，也就是图 1－6 中的供给曲线位置不变。近几年，由于我国城市消费者平均收入水平提高幅度很大，增加了他们对楼房面积的需求。对楼市的需求增加，使得需求曲线由 D_0 右移到 D_1，均衡点由 E_0 上升到 E_1，均衡价格由 P_0 上升到 P_1，而均衡数量也由 Q_0 增加到 Q_1。还由于炒楼盘、炒楼花等不良现象的示范效应，带动了市场对房屋的资产投资需求，使得需求大增，需求曲线由 D_1 进一步右移到 D_2，D_2 与供给曲线的交点是 E_2，使得均衡价格和均衡数量都大幅上升。由此可见，若供给不变，需求的变化引起均衡价格和均衡数量同方向变化。同时，我们还应该明确的是，凡是导致需求曲线移动的因素发生变化

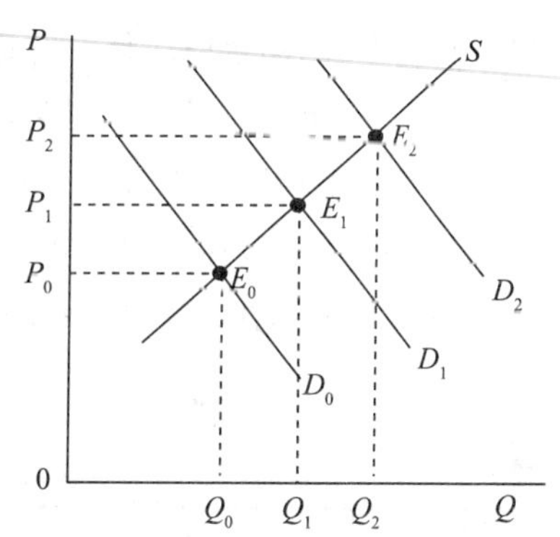

图 1－6 需求变动导致的均衡价格变化

就将导致市场均衡的变动。

(二)供给变动对均衡的影响

假设需求不变,也就是需求曲线的位置不变,随着供给的增加,供给曲线由 S_0 右移到 S_1,新的均衡点 E_1 使均衡价格下降,均衡数量增加。相反,供给减少,均衡价格提高,均衡数量减少。如图 1－7 所示。可见,供给变化引起均衡价格呈反方向变化,均衡数量呈同方向变化。

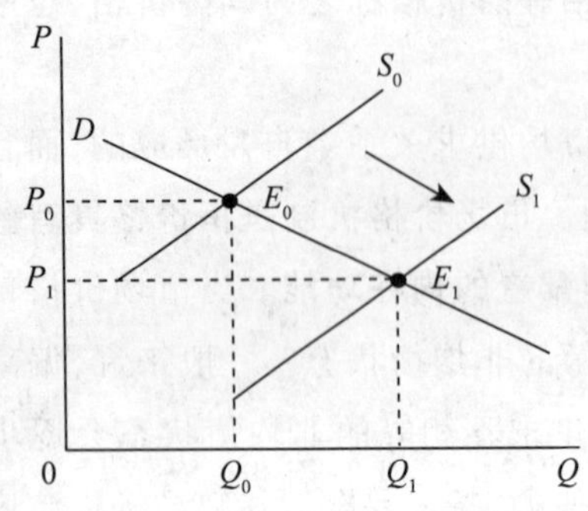

图 1－7　供给的变动对均衡价格的影响

供给与需求的变动会对均衡价格和均衡数量产生影响。**在其他条件不变的情况下,需求变动引起均衡价格和均衡数量的同方向变动;供给变动会引起均衡价格反方向变动,引起均衡数量同方向变动。这一影响在微观经济学中通常被称为“供求定理”**(Law of Supply and Demand)。

上面的分析,我们是以供需双方一方不变为前提的,但是在实际经济生活中,双方可能会同时发生变化,共同对均衡价格和均衡数量产生影响。我们可以借助供求定理,分辨出价格和产量的变动哪些是由需求变动所致,哪些是由供给变动所致。

一般而言,供给与需求同时变动有以下两种情况:

第一,供求同方向变动,即同时增加或减少。在这种情况下,均衡数量将同时增加或减少,而均衡价格的变动取决于供需变动的相对量,可能提高、下降,也可能保持不变。如果需求曲线移动的幅度大于供给曲线移动的幅度,均衡价格就会上升;反之,均衡价格则下降;两条曲线移动的幅度相同,均衡价格保持不变。

第二,供求同时呈反方向变动。这时,均衡价格总是按照需求的变动方向变动,而均衡数量的变动取决于供求双方变动的相对比例,可能增加,可能减少,也可能维持不变。如果供给曲线移动的幅度小于需求曲线相反移动的幅度,均衡数量减少;反之,均衡数量则增加。只有两者变动的幅度相同时,均衡数量才会维持不变。

下面我们就以表 1－5 总结一下。

表 1－5　　供求变化对均衡价格与数量影响综合表

	供给未变	供给增加	供给减少
需求未变	价格相同,数量相同	价格下降,数量增加	价格上升,数量减少
需求增加	价格上升,数量增加	价格不确定,数量增加	价格上升,数量不确定
需求减少	价格下降,数量减少	价格下降,数量不确定	价格不确定,数量减少

三、管制价格

上面我们分析的是在政府不干涉经济的情况下，供求自发起作用时均衡价格的决定。但均衡价格一定是最优价格吗？我们再回到楼市。由于供求的双重作用使得我国商品房价格飞涨，超过了中低收入者的购买能力。于是，**政府根据需要运用行政权力直接规定某些产品的价格，并强制执行，这种价格叫做管制价格**(Controlled Price)。政府的管制价格通常有两种，即最高限价和最低限价。

最高限价是指政府规定某些产品价格上限，以便把价格压到均衡价格以下的价格。规定最高限价的目的往往是抑制某些产品的价格上涨，尤其是为了对付通货膨胀，有时也为了限制某些行业的发展。例如，对于楼盘价格规定不得突破的上限，就是限制房地产行业发展和保护中低收入者的一种方法。

那么，这种方法有没有弊端呢？回答是肯定的。如图 1－8 所示，政府对于楼盘规定了一个低于市场均衡价格 P_e 水平的 P_1，以便实现居者有其屋的目标。但是，在此点，需求量超过供给量，存在供给缺口，购房者无法购到他们需要的数量。

在我们分析的案例中，政府为了让低收入者能够住有所居，将房租限制在市场的均衡价格下，这固然能够让低收入者支付较少的房租；但另一方面，低于均衡价格的价格管制，会使得一部分房屋出租者在长期中有可能退出市场，从而减少了出租房的供给，出现短缺。可见，政府的房屋价格限制，不一定就能够有效解决低收入者的住房问题。

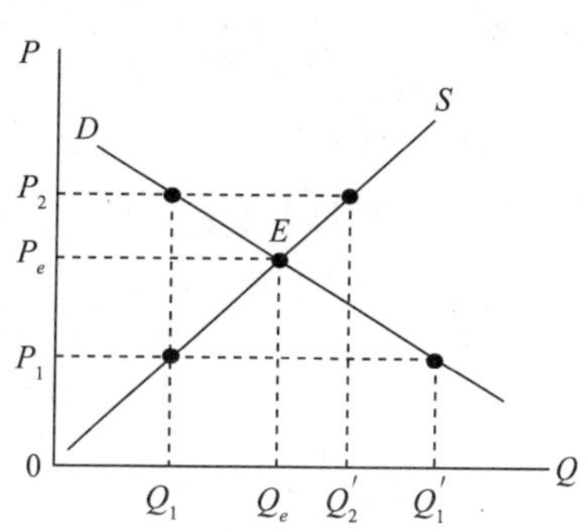

图 1－8　政府的最高限价和最低限价

最低限价是政府规定某些产品价格的下限，以便把价格保持在市场均衡价格水平以上的价格。最低限价通常是为了扶植某些行业的发展。例如，对农产品价格实行最低限价政策，就是为了促进农业的发展，保障农民的收入。此外，像现在所实行的最低工资制度也是政府针对劳动力市场制定的一种价格下限。

这种政策也有局限性，如图 1－8 所示。政府的最低限价 P_2 高于均衡价格 P_e，导致了产品超额供给，于是会产生销售不畅和库存积压等问题。

第四节　弹性理论

缘何将牛奶倒入下水井?

20 世纪 30 年代,美国发生了牛奶厂将大量牛奶倒入密西西比河的恶性事件。21 世纪我国成都华西乳业公司,也曾曝光了把成吨鲜牛奶倒入下水道的新闻。几年前,成都地区乳业发展看好,很多企业纷纷加入该行业,华西乳业获得了良好发展。但几年后,乳制品市场饱和,而华西乳业由于规模大,短期内难以调整产量,只得忍痛将牛奶倒入下水道。

根据前几节的学习,也许你会问,为什么牛奶不降价销售,以期获得薄利多销的好处? 华西乳业决策者为什么不这样做? 本节运用弹性理论来解释这个困惑。

弹性(Elasticity)是物理学的概念,是指某一物体对外力作用的反应程度。马歇尔把弹性概念引入经济学领域,旨在对商品供求量对影响因素变化反应程度做定量分析。一般说来,只要两个变量之间存在着函数关系,我们就可以用弹性来表示因变量对自变量变化的反应程度。在经济学中,弹性的一般公式表示为:

$$\text{弹性系数}=\frac{\text{因变量的变动率}}{\text{自变量的变动率}}$$

在供给与需求函数分析中,我们十分清楚地看到商品的自身价格与其供给数量或者需求数量存在着函数关系。因此,在本节中,我们将考察与需求和供给有关系的弹性概念。

一、需求弹性

由于影响需求的因素很多,相应地弹性也存有多种形式。

(一)需求价格弹性

需求价格弹性(Price Elasticity of Demand)表示在一定时期内,一种商品需求量变动对该商品价格变动的反应程度。或者说,表示在一定时期内当一种商品的价格变化百分之一时所引起的该商品的需求量变化的百分比。公式为:

$$\text{需求价格弹性系数}=-\frac{\text{需求量变动率}}{\text{价格变动率}}$$

需求价格弹性可以分为弧弹性和点弹性。

需求价格弧弹性表示某商品需求曲线上两点之间需求量变动对于价格变动的反

应程度。简单说，它表示需求曲线上两点之间的弹性。假定需求函数为 $Q = f(P)$，我们用 e_d 表示需求价格弹性系数，则需求价格弧弹性的公式为：

$$e_d = -\frac{\Delta Q}{\Delta p} \cdot \frac{p}{q} \tag{1.5}$$

当需求曲线上两点之间的变化量趋于无穷小时，需求的价格弹性要用点弹性来表示。也就是说，它表示需求曲线上某一点的需求量变动对于价格变动的反应程度。

$$e_d = -\frac{dQ}{dp} \cdot \frac{p}{q} \tag{1.6}$$

需求的价格弧弹性和点弹性的本质是相同的。它们的区别仅在于：前者表示价格变动量较大时的需求曲线上两点之间的弹性，而后者表示价格变动量无穷小时的需求曲线上某一点的弹性。

在实际计算中，在需求曲线的 a 点到 b 点和 b 点到 a 点的需求价格弹性是不同的，我们就用需求价格弧弹性中点公式来解决这个问题。

$$e_d = -\frac{\Delta Q}{\Delta P} \cdot \frac{\frac{P_1 + P_2}{2}}{\frac{Q_1 + Q_2}{2}} \tag{1.7}$$

根据需求的价格弹性的定义和公式可以发现，需求的价格弹性具有以下性质和特征：

第一，需求价格弹性系数是一个负数，因为价格变动与需求量变动成反比。

第二，需求的价格弹性是两个变量变化的百分率之比，与计量单位无关。

这里还应注意，需求的价格弹性系数与需求曲线斜率是两个不同的概念。前者用 P 与 Q 变化的百分之比来表示；后者则用 P 与 Q 的改变量之比来表示。但二者之间还是有一定联系的，一般来说，曲线斜率越大，线越陡峭，弹性系数越小；反之，曲线斜率越小，线越平缓弹性系数越大。

根据弹性系数大小，可以把需求价格弹性分为五种类型，如图 1－9 和图 1－10 所示。

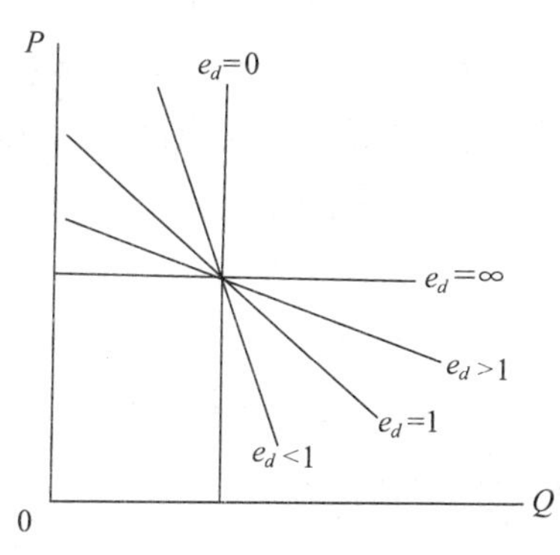

图 1－9　不同商品弹性的分类

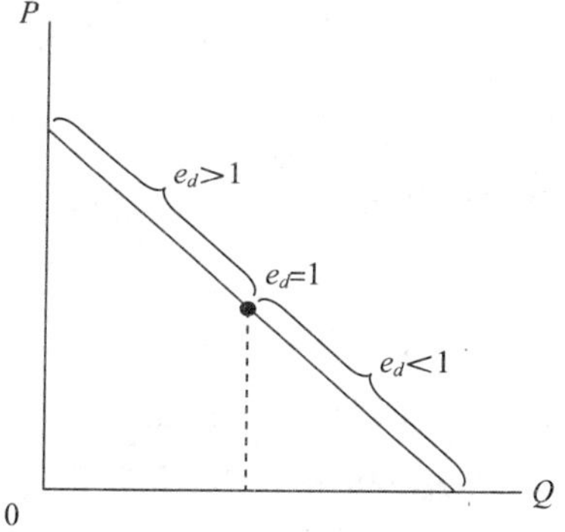

图 1－10　同一商品不同区间的弹性

(1) $e_d > 1$。这表明需求量变化的幅度大于价格变化幅度，即 $\Delta Q/Q > \Delta P/P$，说明价格稍有变化就会引起需求量较大的变化。即需求量对于价格变动的反应是比较敏感的。这种情况叫做**富有弹性**。如果需求是有弹性的，需求曲线的形状比较平坦。

(2) $e_d < 1$。这表明需求量变动的幅度小于价格变动的幅度，即 $\Delta P/P > \Delta Q/Q$。在这种情况下，价格的大幅度下降只会引起需求量较小的增加。这种情况叫做**缺乏弹性**。如果需求缺乏弹性，需求曲线的形状比较陡峭。

(3) 上述两种情况均属正常情况。除此之外，还有三种极特殊情况，它们分别是 $e_d = 1$，即 $\Delta Q/Q = \Delta P/P$；$e_d = \infty$，即价格微小变化会引起需求量的无穷大的变化；$e_d = 0$，即价格的任何变化都不会引起需求量的变动。这三种情况又分别被称之为需求的价格单位弹性、完全弹性和完全无弹性。

究竟是哪些因素使得商品的需求价格弹性存有差异？一般认为，影响需求价格弹性的因素主要有以下几个方面：

第一，商品对消费者的重要程度。商品越重要弹性越小，越不重要弹性越大。一般说来，生活必需品的需求价格弹性较小，而奢侈品的需求价格弹性较大。如小麦的需求价格弹性比较小，而名牌服装的需求价格弹性比较大。

第二，商品的可替代性。商品替代品的数目越多、替代程度越高，价格弹性越大；反之，则价格弹性较小。这是因为，如果一种商品有很多替代品，替代的程度又比较高，则该商品的价格提高，替代品的价格不变，许多消费者就会转而购买各种替代品。比如，在肉类市场，当猪肉的价格上升时，消费者就会减少对猪肉的需求量，增加对相近的替代品如牛肉的购买。这样，猪肉的需求弹性就比较大。又如，对于食盐而言，没有很好的可替代品，所以食盐价格的变化所引起的需求量的变化几乎微乎其微，它的需求的价格弹性是极小的。

第三，商品支出占消费者总支出比重。一般来说，比重越高，弹性越大；比重越低，弹性越小。比如，日常用品的需求价格弹性往往比较小，因为消费者每月在这些商品上的支出是很小的，从而使得消费者不太重视这类商品的价格变化。

第四，商品用途的广泛性。一般来说，一种商品用途越是广泛，它的需求价格弹性就越大；相反，用途越狭窄，它的需求价格弹性就越小。这是因为，商品的用途越是广泛，当它的价格较高时，消费者只购买较少的数量用于最重要的用途上。价格下降时，消费者的购买量就会逐渐增加，将商品越来越多地用于其他的各种用途上。

第五，消费者调节需求量的时间。消费者调节需求量的时间越短，弹性越小；消费者调节需求量的时间越长，弹性越大。这是因为，当一种商品的价格变动后，消费者需要时间获得价格变动的信息，也需要时间来调整他们的消费习惯。

(二)需求收入弹性

除了价格以外，消费者收入是决定需求量的另一个主要因素。**需求收入弹性**（Income Elasticity of Demand)**表示在一定时期内消费者某种商品需求量的变动对于消费者收入变动的反应程度**。或者说,表示在一定时期内当消费者的收入变化百分之一时所引起的商品需求量变化的百分比。它是用来测量某商品需求量变动对收入变化反应程度的指标。我们用 e_m 表示需求收入弹性,用 M 表示收入。需求收入弹性公式为:

$$e_m = \frac{\frac{\Delta Q}{Q}}{\frac{\Delta M}{M}} \tag{1.8}$$

收入弹性系数可能是正数,可能是负数。如果收入弹性系数大于零,这表示消费者收入的增加将引起对该商品需求的增加,该商品为正常品。收入弹性是负值,意味着收入水平提高,对这些物品的需求量反而减少,该商品为低档品。应该指出,就一种商品而言,在不同收入水平上,收入弹性是不同的。

(三)需求交叉弹性

在分析商品需求影响因素时,我们指出相关商品价格也是决定某种商品需求量的一个重要因素。**需求交叉弹性(Cross Elasticity of Demand)表示在一定时期内一种商品需求量变动对与之相关商品价格变动的反应程度**。或者说,表示在一定时期内当一种商品的价格变化百分之一时所引起的另一种商品的需求量变化的百分比。它是用来测量某种商品需求量对相关商品价格变化反应程度的指标。我们用 e_{xy} 表示需求的交叉弹性。公式为:

$$e_{xy} = \frac{\frac{\Delta Q_x}{Q_x}}{\frac{\Delta P_y}{P_y}} \tag{1.9}$$

根据需求交叉弹性系数符号,我们也可以对商品之间的关系进行划分。如果需求交叉价格弹性系数是正值,那么这两种商品互为替代品;如果需求的交叉价格弹性系数是负值,那么这两种商品互为互补品。若需求的交叉价格弹性系数为零,则这两种商品之间不存在相关关系,因为其中任何一种商品的需求量都不会对另一种商品的价格变动做出反应。

二、供给弹性

正如需求弹性一样,供给弹性也有供给价格弹性、供给交叉价格弹性和供给预期价格弹性等。这里我们主要考察供给价格弹性。

供给价格弹性(Price Elasticity of Supply)表示在一定时期内一种商品供给量变动对于该商品价格变动的反应程度。或者说,表示在一定时期内当一种商品的价格变化百分之一时所引起的该商品的供给量变化的百分比。它是商品的供给量变动率和价格变动率之比。我们用 e_s 表示供给价格弹性。计算公式为：

$$e_s = \frac{\frac{\Delta Q}{Q}}{\frac{\Delta P}{P}} \tag{1.10}$$

从计算公式可以看出，供给价格弹性与需求价格弹性十分相似。但是，由于供给量与价格呈同方向变动，因此供给价格弹性系数是正值。同样供给弹性也可分为五种类型。如果 $e_s > 1$，表示供给量变化百分率超过价格变化百分率，这种情况被称为供给富有弹性，供给曲线的形状比较平坦。如果 $e_s < 1$，被称为供给缺乏弹性，在这种情况下，供给曲线的形状比较陡峭。这两种情况比较普遍。另外三种特殊的情况是：$e_s = 1$，$e_s = \infty$ 和 $e_s = 0$，它们分别被称为供给单位弹性、供给完全弹性和供给完全无弹性。在图形上，分别用过原点线、平行于横坐标的直线和垂直于横坐标的直线来表示。

影响供给弹性大小的最主要的因素是时间。这是因为当商品价格发生变化时，厂商对产量的调整需要一定的时间。在很短的时间内，厂商若要根据商品的涨价及时增加产量，或者根据商品的降价及时地缩减产量，都存在不同程度的困难，从而供给弹性就比较小。但是经过一段时间间隔，供给量可以对价格变动做出充分的反应，从而供给弹性就比较大。

三、弹性理论的应用

弹性理论是价格理论的一个主要组成部分。弹性理论通过比较精确地测量需求量和供给量与影响它们的各种因素之间的数量关系，丰富了对市场供求法则的认识，为价格理论进一步运用于说明一些现实问题提供了新的分析工具。

（一）需求价格弹性与总收益

在实际的经济生活中，经常可以看到有些产品价格提高，可以使厂商销售收入得到提高；有的产品价格提高，却不能够使厂商销售收入得到提高。比如食盐价格提高，可以使食盐销售者收入提高；而苹果价格提高，可能会导致消费者转而消费橘子，从而有可能使苹果销售者收入得不到提高。如何解释这些不同的现象呢？这就涉及商品需求价格弹性与总收益之间的关系。

总收益是指生产者在市场上出卖一定商品所获得的货币收入总额，它等于商品价格乘以商品销售量，即

$$TR = PQ \tag{1.11}$$

其中，TR 表示总收益，P 表示价格，Q 表示销售量，这里假定生产者的销售量等于市场对该商品的需求量。从公式（1.11）可以看出，总收益是由价格 P 和需求量 Q 两个因素决定的，需求价格弹性恰恰就是测量 Q 对 P 变化的反应程度的概念。因此，总收益的变化与需求弹性的大小有关。在市场上，我们看到，生产者为追求货币收入最

大化往往采取两种定价战略:提价和降价。如果不了解弹性理论,就会犯这样一个常识性的错误:提价会提高货币收入,而降价要减少货币收入。其实,由于不同商品的需求弹性不同,货币总收益的变化未必总是与价格的变化成正比。具体说,有两种情况:

第一,如果需求是富于弹性的($E_d>1$),价格下降使总收益增加,价格上涨使总收益减少。如图 1-11 所示,设 O 为原点,当价格为 P_1,需求量为 Q_1 时,销售收入相当于矩形 OP_1AQ_1 的面积;当价格为 P_2,需求量为 Q_2 时,销售收入相当于矩形 OP_2BQ_2 的面积。显然,前者面积小于后者面积。这就是说,若厂商从 A 点运动到 B 点,则降价的结果会使总收益增加;若从 B 点运动到 A 点,则提价的结果会使总收益减少。

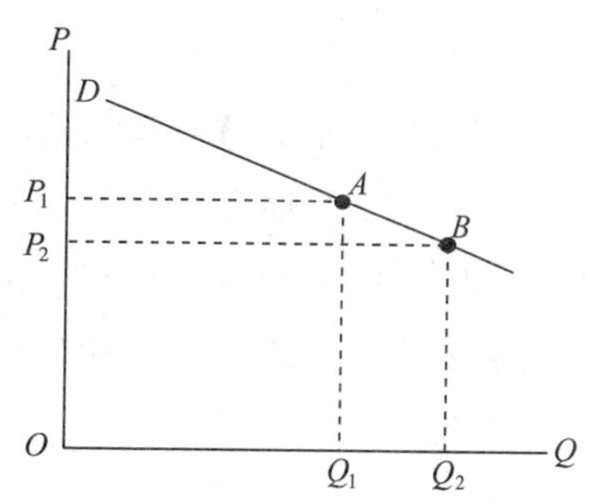

图 1-11　富有弹性与收益的关系

第二,如果需求缺乏弹性($E_d<1$),价格下跌减少总收益,价格提高增加总收益。如图 1-12 所示,设 O 为原点,当价格为 P_1,需求量为 Q_1 时,销售收入相当于矩形 $OP_1A\,Q_1$ 的面积;当价格为 P_2,需求量为 Q_2 时,销售收入相当于矩形 OP_2BQ_2 的面积。显然,前者面积大于后者面积。这就是说,若厂商从 A 点运动到 B 点,则降价的结果会使总收益减少;若从 B 点运动到 A 点,则提价的结果会使总收益增加。

由于农产品的需求的价格弹性往往是小于 1 的,即当农产品的价格发生变化时,农产品的需求往往是缺乏弹性的。农产品的丰收使供给曲线向右平移,由于需求曲线缺乏弹性,从而使得农产品均衡价格的下降幅度大于农产品的均衡数量的增加幅度,这样就会导致农民的总收入量减少。

本节开头所说的牛奶倒入下水井事件,从经济学角度,其原因与“谷贱伤农”类似。牛奶缺乏弹性,降价减少了总收益,处于经济利益考虑,与其降价不如丢弃。

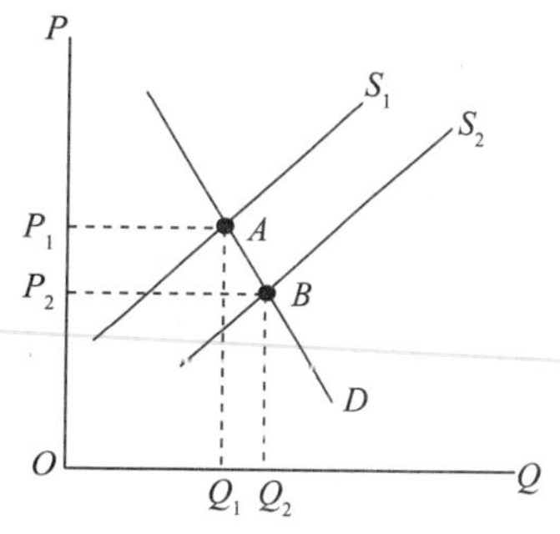

图 1-12　缺乏弹性与总收益的关系

如果把另外三种类型的需求价格弹性考虑在内,那么需求价格弹性与销售收入之间的关系可以用表 1-6 表示。

表 1-6　需求价格弹性与总收益关系一览表

价格	总收益				
	富有弹性	单位弹性	缺乏弹性	完全弹性	完全无弹性
涨价	减少	不变	增加	收益会减少为零	同比例于价格的上升而增加

续表

价格	总收益				
	富有弹性	单位弹性	缺乏弹性	完全弹性	完全无弹性
降价	增加	不变	减少	既定价格下，收益可以无限增加，厂商不会降价	同比例于价格的下降而减少

(二)需求收入弹性与恩格尔定律

需求收入弹性对于分析一国或一个家庭消费结构及其变化趋势，具有重要意义。19 世纪德国统计学家恩格尔就是根据计算收入弹性系数，得出了著名的恩格尔曲线和恩格尔定律。恩格尔根据统计资料详细地研究了食物方面的支出与总支出的关系，从而发现了家庭消费的一个重要规律，即**食物在总支出中所占的比重与家庭收入成反比，就是说，一个家庭越穷，家庭收入中用于购买食物的支出所占的比例就越大；随着家庭收入的增加，食物开支所占的比重会越来越小**。该规律后来称之为"**恩格尔定律**(Engel's Law)"。许多国家经济发展过程的资料表明恩格尔定律是成立的。

恩格尔系数是根据恩格尔定律而得出的比例数，公式表示为：

$$\text{恩格尔系数} = \frac{\text{食物支出}}{\text{总支出}} \tag{1.12}$$

恩格尔系数的取值为大于 0 和小于 1，该系数越是接近于 1，表示该家庭越穷；越是接近于 0，表示该家庭越富。恩格尔定律和恩格尔系数既可以反映一个家庭、地区或国家的生活水平和富裕程度，又可以反映其消费结构变动的趋势，是进行生活水平和消费结构比较研究的一个重要指标。

通过对弹性理论的分析我们看到，作为一般概念的弹性就是表示在一个函数中一个因变量对自变量变化的反应程度。因此，在任何两个具有函数关系的经济变量之间都存在弹性关系。经济学要研究经济变量的相互关系及其变化的规律性，所以弹性理论是分析经济变量之间相互依赖关系十分有用的工具。

第二章　效用理论

Utility Theory

我们知道，一般商品的需求与价格之间具有反向变动关系，消费者的需求曲线向右下方倾斜。那么，需求曲线是如何推导出来的，需求曲线的背后是什么？为了解决这些问题，需要探讨消费者行为理论，简称效用理论。

第一节　效用论概述

幸福在哪里？

人人都在追求幸福，可人们发现，即使拥有更多的物质与金钱，也并不能保证获得更多的幸福。美国作家伊斯特布鲁克的研究甚至更为悲观：1950 年以来，美国人的平均收入翻了一番，而抑郁症的发病率却提高了 10 倍。当下我国出现的一个怪现象：钱越赚越不够花，房子越盖越不够住，路越修越不够走……那么，幸福在哪里？如何对幸福进行量化，从而得到更多的幸福？

消费者是指在经济生活中能够做出统一消费决策的个人、家庭或单位。消费者购买消费品的最终目标是获得幸福或满足。

美国经济学家新古典综合派代表人物萨缪尔森提出了“幸福方程式”：

$$幸福 = \frac{效用}{欲望}$$

消费者的幸福与效用呈同方向变动，与欲望呈反方向变动。欲望不变提高效用，消费者幸福指数提高；反之，效用不变降低欲望，也能提高幸福指数。

一、欲望

欲望是一种缺乏的感觉与求得满足的愿望，是不足之感与求足之愿的统一。欲望具有无限性的特点。欲望的无限性，是社会发展的原动力。欲望具有层次性，美国著名心理学家 A. 马斯洛把人的欲望分为五个层次。

第一层:基本生理欲求,包括对衣食住行等基本生存条件的需要;第二层:安全欲求,包括对当前与未来生活安全感的需要;第三层:归属感和爱的欲求,包括在某些团体中求得一席之地、与他人建立友情、爱情等社交关系的需求;第四层:尊重感的欲求,包括自尊与来自他人的尊重;第五层:自我实现的需要,指利用自己潜能实现自我价值的需求。这五个层次的欲求是按欲望或需要客观发展过程从低到高排列的。一般只有满足了较低层次的需要之后,才可能向高级发展。

在效用理论中,我们假定欲望是既定的,幸福的大小只取决于效用水平的高低。

二、效用

效用(Utility)是消费者在消费物品或劳务时所感受到的满足程度。当消费者消费某种物品时,获得的满足程度越高,我们说该物品的效用越大;反之,获得的满足程度越低效用越小。如果消费者从所消费的物品中没有满足的感觉,则其效用为零,一旦从中感到痛苦,则其效用为负。

效用是一种心理感觉,是主观的。效用数量的多少取决于消费者在消费某种物品时的主观感受。通常,不同的商品,消费者消费时得到的效用可能不同,故有“男人谈政治,女人谈服装”之说;同一商品,不同时间不同地点,消费者得到的效用可能不同,故有“雪中送炭”和“雨后送伞”之说;同一商品,不同消费者得到的效用水平也可能不同。例如,同样一杯水,撒哈拉大沙漠中的旅行者和湖边树下的垂钓者效用水平完全不同。

效用本身既无客观标准,又无伦理学含义,是个中性概念,没有好坏善恶之别。

近些年,有的学者将西方经济学中的效用与马克思主义经济学中商品的使用价值混为一谈,据此得出错误的结论。其实,二者是有明显区别的:使用价值是商品本身所具有的自然属性,它由商品的物理或化学性质决定,是客观的不以人的感受为转移的。而西方经济学中的效用则是一种心理感觉,是人主观对客观商品的评价。所以消费者行为理论偏重于心理分析。

三、基数效用论与序数效用论

消费者行为理论在假定欲望既定前提下研究幸福最大化问题,也就是效用最大化问题。但是在效用度量上,经济学界有着两种不同的理论或主张:基数效用论与序数效用论。

基数效用论(Cardinal Utility Theory)产生于边际革命初期,是研究消费者行为的初期理论,由 19 世纪 70 年代的戈森、杰文斯、门格尔和瓦尔拉等边际学派在不同国家提出的。

该理论的基本主张是:效用的大小可以用具体数字来表示,如同数学中的基数

1,2,3……一样,不仅可以相互比较,还能加总求和。效用大小的计量单位叫尤替尔。利用基数效用单位,既可以度量不同商品的效用大小,又可以将同时消费的各种商品效用加总。例如,某消费者午餐中一盘菜是 8 个效用,一杯饮料是 4 个效用,一碗米饭是 3 个效用,则他的总效用是 8 + 4 + 3 = 15 个效用单位。

基数效用论采用边际效用法分析消费者行为。

序数效用论(Ordinal Utility Theory)是英国经济学家希克斯和艾伦为了克服基数效用论的局限性而提出来的另一种研究消费者行为的理论。

该理论的基本主张是:效用作为一种心理现象既无法计量,也不能加总求和,只能用高低与顺序来表示,如效用水平高、效用水平低,或第一、第二、第三,等等。例如,消费者无从判断午餐的菜、饮料和米饭效用的精确数量,只能说出更偏好哪种食品,即哪种食品的效用是第一,或首选的,哪种食品的效用是第二,或其次的等。

序数效用论采用无差异曲线法分析消费者行为。

第二节　基数效用理论

钻石与水的价值悖论

众所周知,钻石对于人类维持生存没有任何价值,然而市场价格非常高。相反,水是人类生存的必需品,其市场价格却非常低。对此,亚当·斯密在《国富论》中指出:没什么东西比水更有用,能用它交换的货物却非常有限,很少的东西就可以换到水。相反,钻石没有什么用处,但可以用它换来大量的货品。钻石与水的悖论,即是中国俗谚中的“物以稀为贵”。为什么会出现这样的现象?

本节说明基数效用论如何利用边际效用分析法,分析消费者均衡以及推导需求曲线。

一、边际效用递减规律

基数效用论者把消费者消费商品时所感受的满意程度区分为总效用与边际效用。

总效用(Total Utility,TU)是指在一定时期内,消费者消费一定数量商品或劳务所得到的效用总量。 TU 随着商品或劳务数量的变化而变化,是商品或劳务数量的函数。如果商品数量用 Q 表示,则总效用函数为:

$$TU = f(Q) \tag{2.1}$$

表 2 - 1 显示的是居民王先生水的消费数量总效用一览表。根据表 2 - 1 做出横轴为

水的数量、纵轴为水的效用的总效用曲线,如图 2 - 1 所示。**商品数量与总效用对应点的轨迹为总效用曲线**。总效用曲线是一条开口向下的抛物线。总效用曲线分为三个区域,其中最大值点为饱和点(区域),饱和点的左边为未饱和区域,而右边则为过饱和区域。

表 2 - 1　　王先生水的效用表

水的消费量(Q)	总效用(TU)	边际效用(MU)
0	0	
1	30	30
2	50	20
3	60	10
4	60	0
5	50	-10

与总效用相比,基数效用论者更关心边际效用。**边际效用(Marginal Utility,MU)是指在一定时间内,消费者增加一单位商品或劳务的消费所带来的总效用的增加量。**

边际效用随着商品或劳务数量的变化而变化,是商品或劳务数量的函数。若用 MU 表示边际效用,ΔTU 表示总效用增加量,ΔQ 表示商品消费量的增加量,则边际效用函数为:

$$MU = f(Q) = \frac{\Delta TU}{\Delta Q} \approx \frac{dTU}{dQ} \qquad (2.2)$$

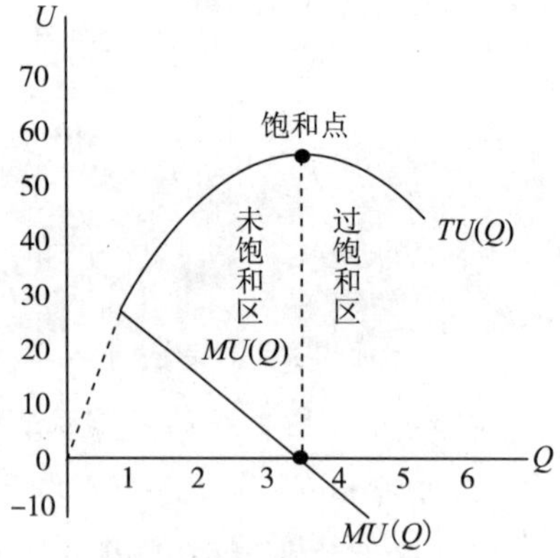

图 2 - 1　水的总效用与边际效用曲线

如图 2 - 1,MU 曲线向右下方倾斜,表明边际效用与商品或劳务数量具有反向变化的关系。边际效用曲线,分为三个区域:正值区域、零和负值区域。

从公式(2.2)中可以看出,边际效用与总效用之间有着严密的数学关系:边际效用的积分等于总效用,总效用的一阶导数值等于边际效用。图 2 - 1 显示,当边际效用为正值时,总效用曲线呈上升趋势;当边际效用为零时,总效用曲线达到最大值点;当边际效用为负值时,总效用曲线呈下降趋势。

大量的事实表明,一般商品的边际效用具有递减规律(Diminishing Marginal Utility Law)。**边际效用递减规律是指在一定时期内,在其他商品消费数量保持不变的条件下,随着消费者对某种商品消费量的增加,他从该商品连续增加的每一单位消费中所得到的效用增量是递减的。**边际效用递减规律强调的是,消费者消费的商品数量越多,单个商品的效用越小。例如,消费者拥有的水的总量多,额外消费一单位水获得的满足就小;相反,消费者拥有的钻石总量少,额外消费一单位钻石获得的满足就大。

从生理或心理角度看,消费一种商品的数量越多,同样的刺激不断反复,人生理或心理逐渐麻木,反应减弱,从而满足程度减少。从商品本身用途的多样性看,消费者总是把较少的物品用于最重要或最急需的用途上，从而满足感强；相反，一旦拥有大量商品则会用在无关紧要的用途上，满足感下降。

基数效用论认为，货币与一般商品或劳务一样也有总效用与边际效用之分。**货币的效用是货币持有者拥有货币感到的满足程度。货币的总效用是持有一定数量货币的效用总和。而货币的边际效用是增加一单位货币所增加的效用**。货币的边际效用也是递减的，收入越高，持有的货币总量越多，增加一个单位货币给货币持有者带来的满足越少，即货币效用增量越小；反之，收入越低，持有的货币总量越少，增加一个单位货币给货币持有者带来的满足越大，即货币效用增量越大。

微观经济学把用货币购买商品说成是用货币的效用交换商品的效用，是等量效用的交换。消费者买进商品意味着得到效用、支出货币意味着失去效用。在交换中，得到的效用和失去的效用正好相等。基数效用论者认为，由于单位商品的价格仅占消费者收入中很小一部分，所以，当消费者购买的商品发生少量变化时，货币的边际效用假定为常数，用 λ 表示。

二、消费者均衡

消费者购买商品的目的是获得效用最大化，实现消费者均衡。所谓**消费者均衡（Consumer Equilibrium）是指消费者在既定预算约束下，购买商品时实现效用最大化的状态**。消费者均衡条件是：货币收入既定，市场价格已知，消费者所购买的各种商品的边际效用与其价格之比相等。也就是，消费者最后一单位货币无论购买哪种商品获得的边际效用都相等，并等于这一单位货币的边际效用。

如果消费者的预算为 I，用于购买两种商品 X_1 和 X_2，两种商品的价格分别是 P_1 和 P_2，则效用最大化的条件是：

$$\frac{MU_1}{P_1} = \frac{MU_2}{P_2} = \lambda \tag{2.3}$$

预算约束条件是：

$$I = P_1X_1 + P_2X_2 \tag{2.4}$$

如果 $\frac{MU_1}{P_1} > \frac{MU_2}{P_2}$，消费者没有实现效用最大化。此时，消费者 X_1 商品的边际效用大于 X_2 商品的边际效用，说明消费者拥有的 X_1 数量不足而 X_2 数量相对过多。为了增加总效用，他会调换商品，增加 X_1 的数量减少 X_2 的数量。与此同时，在边际效用递减规律的作用下，MU_1 不断下降、MU_2 不断上升，直至二者相等，消费者才停止调换，效用最大会才得以实现。

三、需求曲线的推导

那么，为什么水对生命的意义重大而价格却非常低廉，相反钻石却异常昂贵？这一现象可以从边际效用递减规律、边际效用与需求价格的关系得到解释。

我们定义**消费者在一定时期内对一定量的某种商品所愿意支付的价格为商品的需求价格**。商品的需求价格取决于单位商品的边际效用,二者呈同向变化。通常,人们消费单位商品获得的满足程度高,或边际效用大则愿意支付的需求价格高;反之,边际效用小则愿意支付的需求价格低。从该理论出发,我们可以得出结论:消费者消费一单位水获得的边际效用小,愿意支付的需求价格低,而消费一单位钻石获得的边际效用大愿意支付的需求价格高。那么,为什么一单位水的边际效用低而同样一单位钻石的边际效用大?原因在于边际效用递减规律。边际效用递减规律指出,边际效用与消费数量呈反向变动。与钻石相比,人们日常拥有的水的数量异常多,额外增加一单位水的消费从中得到的边际效用极小;相反,人们日常拥有的钻石的数量异常稀少,额外获得一单位钻石从中获得的边际效用非常大。

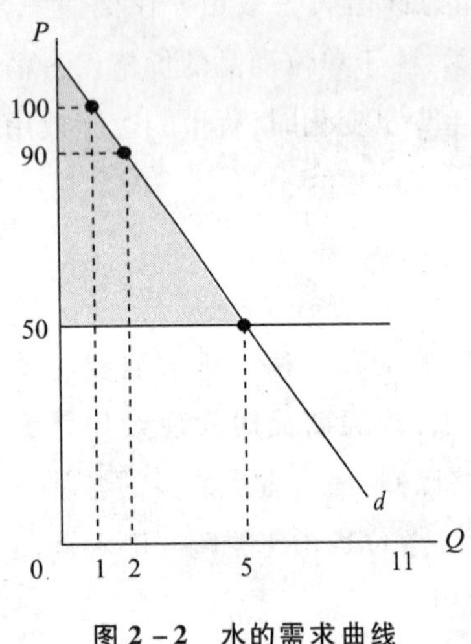

图 2-2 水的需求曲线

根据边际效用递减规律、边际效用与需求价格的关系,我们可以推导需求曲线。如果消费者对商品需求数量增加,他从增加的消费单位中所得到的边际效用减少,愿意支付的需求价格下降;相反,如果消费者对于该种商品消费量减少,商品的边际效用会增加,他所愿意支付的价格提高。因而,商品需求数量与需求价格呈反向变动,商品需求数量与需求价格组合点的轨迹就是需求曲线,需求曲线向右下方倾斜,如图 2-2 所示。

四、消费者剩余

从上面的分析中可以得知,消费者在购买商品时愿意支付的价格取决于商品的边际效用。其愿意支付的价格可能高于或者低于市场价格。我们将**消费者在购买一定数量的某种商品时,愿意支付的总价格与实际支付的总价格之间的差额称为消费者剩余**(Consumers' Surplus)。图 2-2 中阴影部分即表示消费者剩余。

消费者剩余表示消费者的福利状况,消费者剩余越大,消费者的福利水平越高;相反,消费者剩余越小,消费者的福利水平越低。消费者剩余的大小取决于市场价格,市场价格越高消费者剩余越小;反之则越大。消费者剩余可以用数学公式来表示。令反需求函数为 $P^d = f(Q)$,价格为 P_0 时的消费者的需求量为 Q_0,则消费者剩余为:

$$CS = \int_0^{Q_0} f(Q)\,dQ - P_0 Q_0 \tag{2.5}$$

第三节　序数效用理论

吉芬物品之谜

经济学家吉芬于19世纪发现了一种怪现象:1845年爱尔兰发生灾荒,土豆价格上升,但是人们对土豆的需求量反而增加了。这种违反需求定理的消费现象,一时间难住了吉芬,后人将"价格升销量大,价格降销量小","买涨不买落,买贵不买贱"的现象称为吉芬之谜,把这类商品叫吉芬物品。那么如何破解吉芬之谜呢?

序数效用理论用无差异曲线分析方法来说明消费者行为,并据此推导需求曲线,分析需求曲线需求价格弹性不同的原因。

一、无差异曲线

无差异曲线分析,采用偏好这一经济学范畴。关于偏好,我们做出如下基本假定:

偏好的完全性　消费者总是可以对不同商品组合进行效用大小排列,说明哪个是最偏好的,哪个次之,哪几个偏好相同。

偏好的可传递性　对于任何三个商品组合A、B、C,如果消费者对A的偏好大于B,对B的偏好大于C,那么一定有对A的偏好大于C的结论。

偏好的非饱和性　两个商品组合,如果包含的商品种类相同但商品数量不同,那么消费者总是偏好商品数量多的那个商品组合。

偏好无差异的组合是指消费者偏好相同的不同商品组合。在以两种商品数量分别为横纵轴的坐标中,将偏好相同不同组合点连接起来所得到的曲线就是无差异曲线。因此,**无差异曲线(Indifference Curve)是用来表示能够给消费者带来相同满足的两种商品不同组合点的轨迹**。它是序数效用论者分析消费者均衡的主要工具。

如果某消费者对x、y两种商品有以下四种组合,可以为之带来同等满足,则列无差异表如表2-2所示。

表 2-2　　某消费者的无差异表

组合方式	表 1		表 2		表 3	
	x 商品	y 商品	x 商品	y 商品	x 商品	y 商品
A	4	26	6	24	10	24
B	6	12	8	16	11	18
C	8	9	10	12	12	15
D	10	7	12	10	13	13

表 2-2 由表 1、表 2、表 3 三个子表组成，每个子表内四种商品组合的效用水平是相等的。以表 1 为例：某消费者在一定时间内，4 单位 x 与 26 单位 y，6 单位 x 与 12 单位 y，所获得的总效用相同，他对这种组合偏好无差异。同样，他对表 2、表 3 中的四种组合偏好也无差异。但是，表 1、表 2 和表 3 所代表的效用水平是有差异的，其中表 3 的效用水平最高，表 1 的效用水平最低。

根据表 2-2，可以在横轴代表商品 x 数量，纵轴代表商品 y 数量的坐标中绘出无差异曲线 I_1、I_2、I_3，如图 2-3 所示。

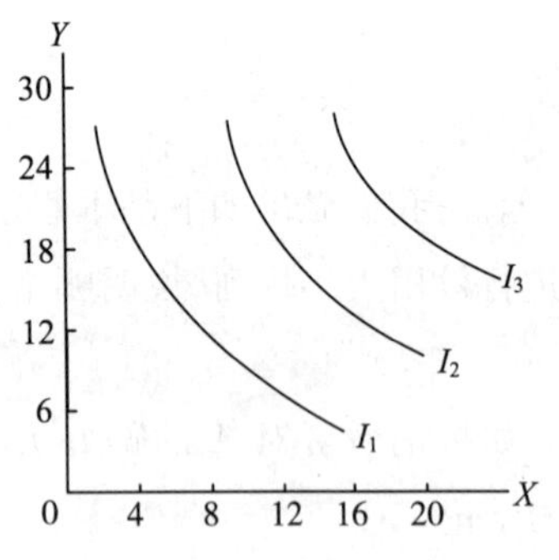

图 2-3　某消费者的无差异曲线

在图 2-3 中，在任一无差异曲线 I_1、I_2、I_3 上，不同 x 商品与 y 商品组合给消费者带来的效用都是相同的。无差异曲线具有如下特征：

第一，在同一平面坐标中有无数条无差异曲线覆盖整个平面，其中离原点越远的无差异曲线，代表的效用水平越高，越近的代表的效用水平越低。

第二，在同一平面坐标中，任何两条无差异曲线不能相交，否则就违反偏好的传递性假定。

第三，无差异曲线是一条向右下方倾斜凸向原点的曲线。

无差异曲线向右下方倾斜表明，在收入与价格既定的条件下，消费者为了得到相同的总效用，在增加一种商品的消费时，必须减少另一种商品的消费。但是它为什么凸向原点？这需要用商品的边际替代率递减规律来解释。所谓**商品的边际替代率**(Marginal Rate Substitution of Commodity, MRS)**是指消费者为了保持效用水平不变，在增加一个单位某种商品消费时，所需放弃的另一商品的数量**。简单地说，商品替代率是消费者在同一条无差异曲线上的商品组合中用一种商品替代另一种商品的比率。用 MRS_{xy} 代表 x 商品代替 y 商品的边际替代率，则商品边际替代率公式为：

$$MRS_{xy} = -\frac{\Delta y}{\Delta x} \approx -\frac{dy}{dx} \tag{2.6}$$

从公式(2.6)中可以看出，从几何和数学意义上讲，边际替代率是无差异曲线上点的切线斜率值或一阶导数值。应该注意，在保持效用相同时，增加一种商品的数量必然要减少另一种商品的数量。因此，商品边际替代率应该是负值。由于无差异曲线的斜率就是商品边际替代率，故无差异曲线是向右下方倾斜的。为了方便起见一般用其绝对值。

由边际效用递减规律可知，商品的边际替代率也具有递减规律。所谓**商品边际替代率递减是指在维持效用水平不变的前提下，随着一种商品消费数量的连续增加，消费者为得到每一单位这种商品所需放弃的另一种商品的数量是递减的**。商品替代率之所以递减，是因为随着消费者某种商品不断替代另一种商品，另一种商品数量减少边际效用变大，他愿意放弃的数量不断下降。这样，每增加一单位该商品所能代替另一种商品数量越来越少。

商品边际替代率是无差异曲线的斜率，MRS_{xy}递减即无差异曲线点的切线斜率值不断下降，决定了无差异曲线凸向原点。

我们来看两种极端的情况。

如果 A 物品和 B 物品是完全替代品，比如可口可乐和百事可乐，MRS_{xy}值是一个不变的常数，无差异曲线是线性的。如图 2－4 所示。

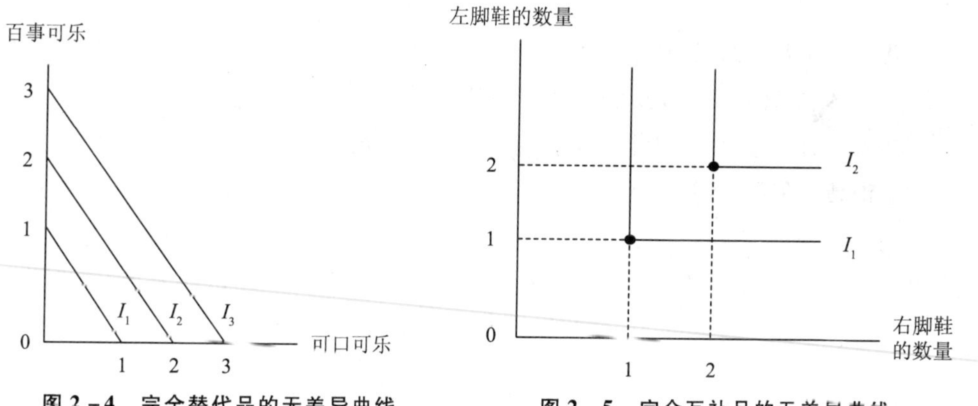

图 2－4　完全替代品的无差异曲线　　**图 2－5　完全互补品的无差异曲线**

如果两种物品完全互补的，这时无差异曲线弯折成 90°并凸向原点。例如，左脚鞋与右脚鞋。如图 2－5 所示，这时 $MRS_{xy}=0;\infty$ 。

二、预算线

如果以 I 代表货币收入，以 X 代表 X 商品数量，P_x 代表 X 商品价格；Y 代表 Y 商品数量，P_y 代表 Y 商品价格，则这种约束条件可写为：

$$I = P_x \cdot X + P_y \cdot Y \tag{2.7}$$

预算线（Budget Line）又称消费可能线或等支出线。它是消费者在收入与商品价格既定条件下，消费者所能购买到的两种商品不同组合点的轨迹。如图 2－6 所示。

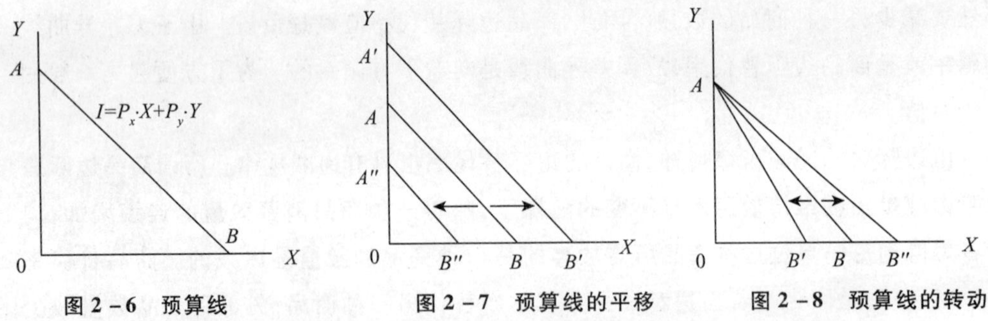

图 2-6　预算线　　图 2-7　预算线的平移　　图 2-8　预算线的转动

预算线是在消费者的收入和商品价格既定条件下得出的。如果消费者的收入和商品价格改变了,则预算线就会发生变动。商品价格不变而消费者收入增加,预算线向右方移动,相反,如果消费者收入减少,则预算线向左移动,如图 2-7 所示。如果收入不变,而两种商品的价格同比例上升或下降,其结果与收入变动相同。如果收入不变,一种商品的价格变动,另一种商品的价格不变,则预算线则以价格不变的商品坐标轴上的截距点为轴心左右摆动,如图 2-8 所示。

三、消费者均衡

消费者的无差异曲线,从主观方面表示了消费者希望做出多样化选择以求得满足的情况;预算线从客观方面表示了消费者实际能够做出多样化选择以求得满足的情况。将二者结合起来,可以确定消费者最大效用的均衡状况。

假定消费者偏好、预算收入、商品 X 与 Y 价格 P_x、P_y 既定,能够使消费者获得最大效用的购买组合是预算线与无差异曲线的切点。切点表示:消费者选择的商品组合既在预算线上,又在可能的最高无差异曲线上,如图 2-9 所示。在切点 E 处,消费者实现了均衡。

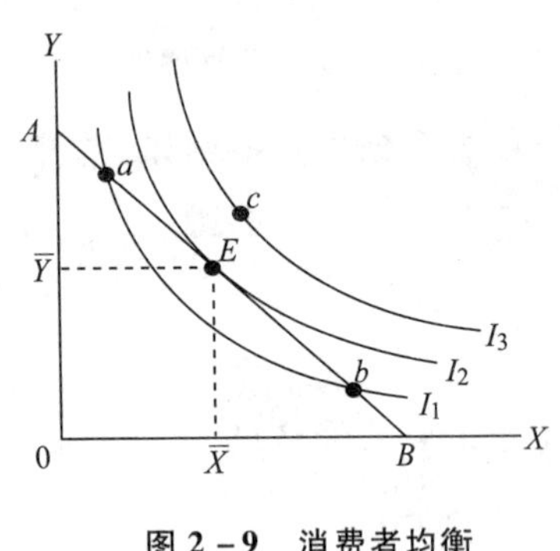

图 2-9　消费者均衡

为什么只有在 E 点才能实现消费者均衡呢?从图 2-9可见,a 点和 b 点都处在预算线上,满足预算约束,但是 I_1 表示较低的效用水平。如果沿着预算线调换两种商品购买数量向 E 点靠拢,其效用水平会增加,一直到 E 点为止。E 点在预算线上,而且处于较高效用水平的无差异曲线 I_2 上,表示消费者不仅用完了他的全部收入,而且达到了在预算制约条件下的最大满足。c 点在无差异曲线 I_3 上,表示的效用水平虽然高于 E 点,但是已经脱离了预算线,也就是超出了消费者的购买能力,所以是既定收入下达不到的点。

在切点 E,无差异曲线和预算线两者的斜率是相等的。在均衡点上有:

$$MRS_{xy}=\frac{P_x}{P_y}$$

进而有：

$$MRS_{xy}=\frac{MU_x}{MU_y}=\frac{P_x}{P_y} \tag{2.8}$$

这一条件表示:在一定的预算约束下,为了实现效用最大消费者所选择的最优商品组合,必须使两商品的边际替代率等于两商品的价格之比等于两商品边际效用之比。

四、需求曲线的推导

以上分析是在假定消费者收入与商品价格不变情况下消费者的均衡。现在考察价格变动对消费者均衡的影响。

商品价格的变化也会对消费者选择商品的最佳决策产生影响,可用价格消费曲线来说明。当一种商品例如 x 的价格下降时,首先会改变消费者的预算线,使其向右摆动,斜率变大。新的预算线按逆时针方向外转的结果,不断与较高位置上的无差异曲线相切,形成不同的新的均衡点。把所有这些均衡点连接起来,就形成了价格消费曲线。因此,**价格消费曲线**(Price Consumption Curve,PCC)**是指在收入不变条件下,由价格变动引起的消费者均衡点变动的轨迹**。如图 2－10(a)所示。

图 2－10(a)中,AB 为商品 x 价格为 P_0 时初始的预算线,E_0 为初始均衡点。假设收入和 y 商品价格不变,x 商品价格降低到 P_1,则预算线 AB 将以 B 点为轴向右外转动到 A_1B,与较高的无差异曲线切于新的均衡点 E_1;x 商品若连续降价,降为 P_2 预算线又将转到 A_2B,与更高的无差异曲线切于 E_2……将这些均衡点连接起来就形成价格消费曲线。

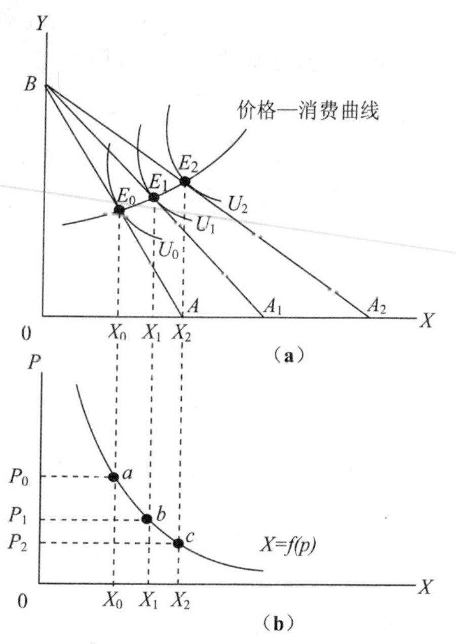

图 2－10 价格消费曲线和消费者的需求曲线

我们可以由消费者的价格消费曲线推导出消费者的需求曲线。

分析图中的三个均衡点,可知在每一个均衡点上,都存在着商品 x 的价格与其需求量之间一一对应的关系。即在均衡点 E_0,商品 x 的价格为 P_0,此时商品的需求量为 X_0;在均衡点 E_1,商品 x 的价格降为 P_1,则商品 x 的需求量增加至 X_1;在均衡点 E_2,商品 x 的价格进一步下降为 P_2,则商品需求量增

加为 X_2。

这种商品价格和需求量之间的一一对应的关系体现了商品的需求量与其价格呈反方向变化的需求规律，绘制在价格—数量坐标图上，便可以得到向右下倾斜的单个消费者的需求曲线 $X = f(P)$，如图 2－10(b)所示。图中横轴表示商品 X 数量，纵轴表示商品 X 的价格 P。需求曲线 $X = f(P)$ 上的点 a、b、c 分别和图 2－10(a)中价格消费曲线上的均衡点 E_0、E_1、E_2 相对应。

由上可知，我们从序数效用论的角度推导出了消费者的需求曲线。与基数效用论的推导得出同样的结论：商品的价格和需求量呈反方向变化，需求曲线一般是向右下方倾斜的。并且值得注意的是，需求曲线上的点所代表的需求量都是与每一价格水平相对应的给消费者带来最大效用的均衡数量。

以上我们推导出的是某一消费者对某种商品的需求曲线，我们称其为单个消费者的需求曲线。而一种商品的市场需求是指在一定时期内在各种不同的价格下市场中所有消费者对某种商品的需求数量。因而，市场的需求曲线可以理解为**每一价格水平上的该商品的所有个人需求量的加总**。

假定在某一商品市场上有 n 个消费者，他们都具有不同的个人需求函数 $Q_i = f_i(P)$，$i = 1,2,\cdots,n$，则该商品的市场需求函数为：

$$Q = \sum_{i=1}^{n} f_i(P) = F(P) \tag{2.9}$$

同样，n 个消费者具有不同的消费曲线，其中第 i 个消费者的需求曲线如图 2－11(a)所示，则该商品的市场需求曲线如图 2－11(b)所示。由于市场需求曲线是单个消费者的需求曲线的水平加总，所以，市场需求曲线如同单个消费曲线一样，一般也是向右下方倾斜的。

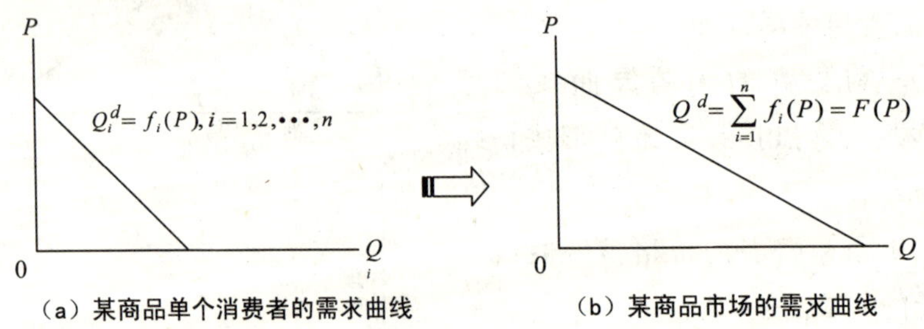

图 2－11 从单个消费者的需求曲线到市场的需求曲线

五、收入效应和替代效应

要破解吉芬之谜，需从收入效应(Income Effect)与替代效应(Substitution Effect)说起。**一种商品的价格下降，使消费者实际收入增加引起的需求数量增加称为收入效应。一种商品的价格下降，使该种商品的价格相对于别种商品的价格较为便宜，诱使**

消费者购买更多该种降价的商品，这种因相对价格变化而引起的需求数量变化称为替代效应。

总效应 = 替代效应 + 收入效应

正常物品降价后，从收入效应看，消费者实际收入增加后会增加对该商品的购买；从替代效应看，降价商品诱使消费者增加该种商品的购买，减少另一种商品购买，维持效用水平不变。

如图 2 - 12 所示，x 商品降价之后，预算线从 I_1 围绕 M 点向右外移到 I_2，消费者最佳商品组合点从 a 点移动到了 b 点，总效用从 U_1 增加到了 U_2。x 商品的购买数量从 X_1 增加到了 X_2，增加数量为 X_1X_2，这是 x 商品降价后的总效应。

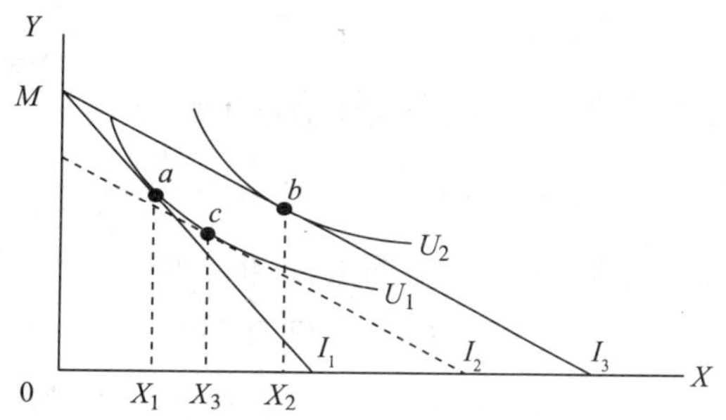

图 2 - 12　正常物品的收入效应和替代效应

总效应可分为：收入效应和替代效应。为了从总效用中将收入效应和替代效应区分开来，需要利用补偿预算线这一分析工具。补偿预算线是一条与新的预算线 I_2 相平行的，并与原来的无差异曲线 U_1 相切的，表示用假设的货币收入的增减维持消费者实际收入水平不变的一种分析工具，如图 2 - 12 中 I_3。一方面，补偿预算线 I_3 与新的预算线 I_2 平行，说明补偿预算线所表示 x 商品和 y 商品的价格比为 x 商品降价后的价格比；另一方面，补偿预算线 I_3 与原预算线 I_1 同时相切于同一条无差异曲线 U_1，说明两条预算线能够达到的效用水平是相同的。

替代效应是指在原来的效用水平不变的情况下，用 x 商品替代 y 商品的数量，在图 2 - 12 中，是 a 点到 c 点的水平距离，也就是 X_1X_3。a 点和 c 点是不同斜率的预算线切于同一条无差异曲线的不同位置，表示相同的收入购买 x、y 两种商品的不同组合给消费者带来同等效用。商品降价后的替代效应总是或多或少地增加对该种商品的购买。而从补偿预算线 I_3 到新的预算线 I_2 的水平距离，说明是由于实际收入的变化而引起的购买 x 商品的数量变化，这就是降价后的收入效应。在图中是从 c 点到 b 点的水平距离，也就是 X_3X_2。如图 2 - 12 所示，b 点和 c 点是不同高的预算线切于两条不同高的无差异曲线上的点，表示实际收入水平不同带来效用水平的不同。作为正常物品，降价的收入效应会使消费者增加购买 x 商品。

正常物品的收入效应和替代效应的作用方向是一致的，也就是降价后都会使消费者增加购买，因此，总效应与价格反向变动需求曲线向右下方倾斜，弹性较大。

下面简要说明低档商品与吉芬物品。低档物品降价后，从收入效应看，消费者实际收入增加后会减少对该商品的购买；从替代效应看，降价商品的相对价格较为便宜，会诱使消费者增加该种商品的购买。总效用是增加购买，如图 2－13 所示。

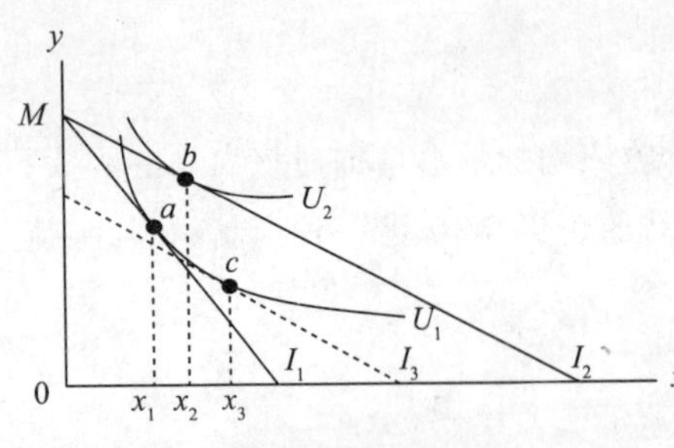

图 2－13　低档物品的收入效应和替代效应

低档物品的收入效应和替代效应的作用方向是相反的，也就是降价后收入效应会使消费者减少购买，而替代效应会使消费者增加购买，两种效应的作用结果是替代效应超过了收入效应，因此，降价的总效应是使消费者增加对该商品的购买，但增加购买的总效应要比正常物品小。需求曲线向右下方倾斜，但弹性较小。

吉芬物品是特殊的低档物品，是需求法则的例外，它是价格与需求数量同方向变化的，即降价会减少购买，提价会增加购买，价格与需求数量成正比。为了与正常物品和低档物品相比较，我们仍旧以降价为例来说明吉芬物品的替代效应和收入效应。

吉芬物品降价后，从收入效应看，消费者实际收入增加后会减少对该商品的购买；从替代效应看，降价商品的相对价格较为便宜，会诱使消费者增加该种商品的购买。但降价后，总效用是减少购买。如图 2－14 所示。

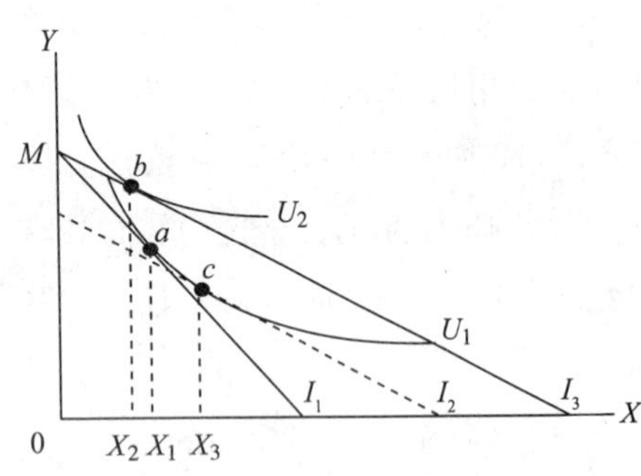

图 2－14　吉芬物品的收入效应和替代效应

吉芬物品的收入效应和替代效应的作用方向是相反的，也就是降价后收入效应会使消费者减少购买，而替代效应会使消费者增加购买，两种效应的作用结果是收入效应超过了替代效应，因此，降价的总效应是使消费者减少对该商品的购买。

很清楚，吉芬物品是种特殊的低档物品，其替代效应与价格呈反方向变动，收入效应则与价格呈同方向变动。吉芬物品较其一般低档物品的特殊性表现在：它的收入效应的作用很大，以至于超过了替代效应的作用，从而使得总效应与价格呈同方向变动，这也就是其需求曲线向右上方倾斜原因。

现将正常物品、低档物品和吉芬物品的替代效应和收入效应所得到的结论综合于表 2－3。

表 2－3　商品价格变化所引起的收入效应和替代效应

商品类别	替代效应与价格的关系	收入效应与价格的关系	总效应与价格的关系	需求曲线的形状
正常物品	反方向变化	反方向变化	反方向变化	向右下方倾斜
低档物品	反方向变化	同方向变化	反方向变化	向右下方倾斜
吉芬物品	反方向变化	同方向变化	同方向变化	向右上方倾斜

第三章 生产理论

Production Theory

谁在欺骗俺们庄稼人?

我国粮食需求压力是巨大的,也是刚性的。为了满足需求,从20世纪90年代政策放宽起,化肥使用量逐渐加大。然而,30年持续大量施用后,科研人员发现,化肥对粮食安全的正面影响递减负面影响递增。据山东寿光县农户反映:上了化肥就增产,这个天经地义的道理不灵了,氮肥越用越多,黄瓜产量越来越低,一些大棚和土地已出现“死棚绝地”现象。因为大棚土壤退化菜农想换地方耕种,但几乎没有地方可换了。难道是土地在欺骗俺们庄稼人吗?

威廉·配第指出,土地是财富之母,劳动是财富之父。然而,看了上述案例,我们也产生了疑惑:难道慈爱的大地母亲会欺骗敦厚老实的庄稼人吗?通常看来,生产过程是把投入变为产出的过程,只要向土地投入劳动、种子、农药等生产要素,就能在一定时间里收获农产品,就能解决人们对食物的需求。然而,山东寿光的“死棚绝地”现象,不得不令我们深思,是什么影响土地产出效率?为了解开谜团,我们在深入探讨需求曲线背后消费者行为理论后,转向研究生产者行为理论,简称生产论。

第一节 生产论概述

生产论涉及厂商、生产要素和生产函数。本节将概要地介绍厂商的内涵、本质,生产要素的种类及生产函数的分类。

一、厂商

山东寿光的农户是蔬菜生产者,在西方经济学中也叫厂商或企业,即是以营利为

目的能够独立做出生产经营决策的经济单位。西方微观经济学假定，每个经营决策者都是理性的经济人，在生产经营中以利润最大化为目标。显然，山东寿光县农户由于能够独立做出种植什么、投入什么要素、何时销售等决策而成为西方经济学所说的企业或厂商，同时其经营目的是为了获得最丰厚的利润。那么，为什么会存在厂商或企业？

（一）企业的本质

生产过程的组织形式有两种：市场与企业。市场是市场合约的简称，企业是企业合约的简称，现以寿光县农户组织生产黄瓜为例说明这两种形式。寿光农户如果与三个人分别签订独立协议，让一个人在他的大棚中种黄瓜、让第二个人储存黄瓜、让第三个人销售黄瓜，以商定的货币额支付给这三个人，从而换得他们的任务指标，这种契约形式就叫做市场合约。如果寿光农户以自我为核心，以支付工资报酬为条件与这三个人签订雇佣协议，统筹安排他们如何种植、储存和销售，则该种契约形式为厂商或企业。事实上，企业作为市场经济的主体由来已久，但对为什么会有企业存在，或者说企业本质是什么，企业与市场边界如何确定等问题进行深入思考的是最早开始于20世纪30年代。产权经济学创始人罗纳德·科斯（Ronald Coase），于1937年发表了《企业的本质》一文，从而掀开了企业理论研究的序幕。

科斯把企业看做是一系列契约的有机组合，是降低交易成本的有效模式。那么，什么是交易成本呢？所谓**交易成本（Transactions Cost）是围绕交易契约所产生的成本。**无论是市场还是厂商，都是一系列契约的结合。对于市场来说，由于信息的不完全性，契约双方会设法收集和整理自己所没有掌握的信息，去监督对方的行为，并设法在事先约束和在事后惩罚对方的违约行为等，从而发生成本。如围绕签订契约，交易双方应对诸多偶然因素和在监督和执行契约过程中需要耗费人力物力都需要一定费用。在信息不对称条件下，市场交易中上述做法所导致的交易成本往往很高。而一些西方经济学家认为，企业作为生产的一种组织形式，在一定程度上是对市场的一种替代。**企业的存在把许多外部交易纳入企业内部，从而降低或消除部分交易成本。**

那么，是不是企业越大越好？非也。我们说，尽管企业内部交易会降低乃至消除部分市场交易成本，但同时也会带来企业所特有的交易成本，导致企业这一缺陷的主要原因仍然是市场信息的不完全性。首先，企业内部会发生签约、监督和激励方面的成本。其次，信息需要在上下级各层次之间进行流动和传递，这就会发生相应为取得准确信息的成本。基于科斯理论，企业规模应扩张到这样一点，在这一点上再多增加一次内部交易所花费的成本与通过市场进行交易所花费的成本相等，也就是，企业的边际交易成本等于市场的边际交易成本。

（二）企业的组织形式

经济生活中有形形色色的企业，大到跨国集团、小到路边摊。按照组织形式，可以将企业分为个人企业、合伙制企业和公司制企业三种组织形式。

1. 个人企业

个人企业(Ownership)指单个人独资经营的厂商组织。个人企业是个人出资、个人所有、个人经营、个人承担风险、个人享有收益的一种企业形式。其特点是所有者和经营者是同一个人,即责权利统一在一人身上;个人业主的利润动机明确、强烈;决策自由灵活;企业规模小,易于管理。不足之处是资金有限,制约了企业扩张;易于破产。

2. 合伙制企业

合伙制企业(Partnership)指由两个或两个人以上合资经营的厂商组织。相对个人企业而言,合伙制企业资金比较充足,规模较个人企业大,比较容易管理,分工和专业化得到加强。不足之处是由于多人所有和参与管理,不利于协调统一;资金和规模仍有限,在一定程度上不利于生产进一步发展;合伙人之间契约关系不是很稳定。

3. 公司制企业

公司制企业(Corporation)指按公司法建立和经营的具有法人资格的厂商组织。它是一种现代重要的企业组织形式。公司由股东所有,并由职业经理人负责经营。在资本市场上,公司制企业是一种非常有效的融资组织形式,它主要利用发行债券和股票来筹集资金。其中,公司债券是由公司做出的债权凭证,即是以公司做出在将来某一特定时间还本付息的许诺方式,从居民或其他厂商那里借款,债券所有人不是公司的所有者,也不参与管理。公司股票是由公司发行的一定数量标明票面金额的投资凭证。股票所有者是公司股东,股东是公司的所有者,股东有权参加公司管理和分配公司利润,也有义务承担公司的损失。正是由于公司制企业能够通过发行债券和股票的形式筹集大量的资金,所以公司制企业有利于实现规模生产,进一步强化分工和专业化。公司的组织形式稳定,有利于生产的长期发展。不足之处是,往往由于组织规模大,给内部的组织管理协调带来一定困难;由于公司所有权和管理权的分离,也会带来一系列其他问题。

二、生产要素

生产是对各种生产要素进行组合以制成产品的行为。在生产中要投入各种生产要素才能生产出产品,所以从技术角度看,生产过程就是投入产出的过程。生产要素是指生产中所使用的各种资源。微观经济学将生产要素分为劳动、资本、土地和企业家才能四种。

劳动 劳动指劳动者在生产过程中提供的体力和智力的总和。

资本 资本是指生产中所使用的设备或资金。表现为实物形态或货币形态。资本的实物形态如厂房、机器设备、动力燃料、原材料等。资本的货币形态通常称为货币资本。

土地　土地是指生产中所使用的各种地上和地下的一切自然资源，如土地、水、自然状态的矿藏、森林等。

企业家才能　企业家才能指企业家对整个生产过程的组织与管理能力。经济学家特别强调企业家才能，认为把劳动、土地、资本组织起来使之演出有声有色生产戏剧的关键正是企业家才能。像军事家具有高深的军事才能方可做出科学战略战术决策取得战争胜利一样，企业家在强烈的市场竞争中，也必须具有创新和承担风险的才能，方可做出科学的经营决策，取得企业生存与发展的成就。生产是这四种要素合作的过程，产品就是这四种生产要素共同努力发挥作用的结果。

三、生产函数

生产过程中生产要素的投入量和产品的产出量之间的关系，可以用生产函数来表示。**生产函数(Production Function)就是描述一定时期内，在一定技术水平下，生产中所使用的各种生产要素的数量与所能生产的最大产量之间的关系。**以 Q 代表厂商的产量，L、K、N、E 分别代表劳动、资本、土地、企业家才能这四种生产要素，则广义生产函数一般记为：

$$Q = f(L,K,N,E) \tag{3.1}$$

在分析生产要素与产量的关系时，一般把土地作为固定的，企业家才能又难以估算，因此狭义生产函数写为：

$$Q = f(L,K) \tag{3.2}$$

上述函数表明，在一定技术水平下，生产 Q 的产量，需要一定数量的劳动与资本的组合。同样，生产函数也表明，在劳动与资本的数量与组合一定的条件下，能够推算出最大的产量。也就是说，生产函数所反映的投入与产出之间的关系是以企业经营得很好，一切投入要素的使用都非常有效为假定前提的。

当生产技术得到改进，任何生产方法(包括生产技术、生产规模等)又都会导致产生新的投入、产出关系。因此，不同的生产函数可以代表不同的生产方法。所以，估算和研究生产函数对于企业改进生产方式、提高生产效率都具有重要的现实意义，这也是经济学家对生产函数感兴趣的原因。

(一)固定比例生产函数

在不同行业的生产中，各种生产要素的配合比例是不同的。**生产一定量某种产品所要求的各种投入之间的配合比例被称为生产技术系数(Technological Coefficient)。**如果生产某种产品所要求的各种投入配合比例是不变的，那么它的生产函数就是固定比例生产函数。其形式通常为：

$$Q = \mathrm{Min}\left(\frac{L}{U},\frac{K}{V}\right) \tag{3.3}$$

其中：U为固定的劳动生产技术系数（单位产量配备的劳动数），V为固定的资本生产技术系数（单位产量配备的资本数）。

在固定比例生产函数下，产量取决于$\frac{L}{U}$、$\frac{K}{V}$比值较小的那一个。这时，产量的增加必须有L、K按规定比例同时增加，若其中之一数量不变，单独增加另一要素量，则产量不变。比如，美发店在一班制情况下所投入生产要素的比例假设是一人一把电剪刀，即$\frac{V}{U}=\frac{1}{1}$。如果该店为了增加服务量多购买了两把电剪刀，相应地就得配备两人。否则，若只增加一人，则只能发挥一把机器的作用，将闲置一把。若增加3人，则只能发挥两个人的作用，将闲置一人。因此，上述两种情况下都存在着生产资源的浪费问题，产量也达不到预期要求。所以，生产要素的投入量都应满足最小比例，也就有：

$$Q=\frac{L}{U}=\frac{K}{V}\text{或}\frac{K}{L}=\frac{V}{U} \tag{3.4}$$

公式（3.4）表明对固定比例的生产函数而言，当产量发生变化时，各要素的投入量应以相同的比例发生变化，即各要素投入量之间的比例维持不变。

此外，如果生产某种产品所要求的各种投入的配合比例是可以改变的，那么它的生产函数就是可变比例的生产函数。一般而言，投入比例是可变的。因为即便是固定投入比例的生产过程，也有可能在一定时期后，由于生产技术的变革、管理水平的提高等诸多因素的影响，原先的固定比例发生变化。所以，固定比例的投入生产过程从某种程度上讲是相对的，更广泛的生产是可变投入比例的生产。

（二）柯布—道格拉斯生产函数

柯布—道格拉斯生产函数又称$C-D$生产函数，是一个非常著名的生产函数，是由美国数学家柯布和经济学家道格拉斯根据历史统计资料提出的，该生产函数的一般形式是：

$$Q=AL^{\alpha}K^{\beta} \tag{3.5}$$

式中，Q代表产量，L和K分别代表劳动和资本的投入量，A、α、β为参数，且$A>0$，$0<\alpha<1$，$0<\beta<1$，其中α表示劳动贡献在总产量中所占的份额，β表示资本贡献在总产量中所占的份额。根据柯布和道格拉斯两人对美国1899—1922年期间有关经济资料的分析和估算，$\alpha=3/4$，$\beta=1/4$。这说明产量的增长约3/4是劳动的贡献，其余1/4是资本的贡献。就是说，用同样比例劳动的增加，引起的产量增加等于同样比例资本增加引起产量增加的3倍。这一结论与美国工资收入同资本收入之比为3:1基本相符。

（三）短期生产函数和长期生产函数

在经济学上经常要提到短期与长期两个概念。所谓**短期**（Short Run）**是指生产者来不及调整全部生产要素的数量，至少有一种生产要素（如K）的数量是固定不变的时**

期。短期内,企业的生产要素可分为固定要素和可变要素。固定要素如厂房、设备、管理人员等,在短期内不能改变;而可变要素如原材料、工人等在短期内可以改变。

长期(Long Run)是指所有投入的生产要素 (L,K) 都是可以变动的时期。所以,这种情况下就没有固定要素和可变要素之分了,所有的要素都是可变的。

值得注意的是,西方经济学所说的短期和长期并不是一段规定的时期(如 1 年、5 年),而是以能否变动全部生产要素投入的数量作为划分标准的,其时间长短视具体情况而定。例如,要想改变一个钢铁厂的炼钢设备数量可能需要两年的时间;而增加一家饮食店或服装店,并对其进行全新装修或人员配备则只需几个月。

微观经济学常以一种可变生产要素的生产函数考察短期生产理论,以两种可变生产要素的生产函数考察长期生产理论。对于相应的短期生产函数和长期生产函数的具体形式,可在本章后两节体现出来,这里就不再赘述。

第二节　短期生产理论

经理的选择

A 公司一直从事着传统的手工业务,近年来,公司的发展受到了限制。因为同行业中有些企业选择购买大量的机器设备来替代原始的手工劳动,使得劳动生产率大大提高。而 A 公司还秉承传统手法,产量跟不上去,相应的收入大大降低。在这种情况下,公司经理目前的困惑是应该购买机器设备还是雇用更多的人员?在经过种种权衡和对比之后,经理做出了雇用更多工人的决定。那么,这项决定是如何做出来的呢?

要分析公司经理选择的合理性,我们需要研究企业的技术效率,相应的就要区分我们前面提到的短期与产期。通常我们假定厂商在短期内的投入要素只有一种是可变动的(如 L),其余的生产要素(如 K、N)的投入是固定的。在这样的假定条件下,我们分析一种投入要素的变动所引起的产量变动规律,并依据这个规律找出生产要素的合理投入区域。

一、一种可变生产要素的生产函数

在西方经济学里,一种可变生产要素的生产函数表示产量(Q)随一种可变投入(X)的变化而变化的情形,其相应的函数形式如下:

$$Q = f(X) \tag{3.6}$$

根据这个生产函数的形式，我们假定厂商仅使用劳动与资本两种生产要素，并设定资本不变，则短期生产函数可以写成：

$$Q = f(L, \bar{K}) \tag{3.7}$$

或简记为：

$$Q = f(L) \tag{3.8}$$

二、总产量函数、平均产量函数、边际产量

在研究生产理论时，我们首先需要明确几个重要的概念，这里假定劳动是一种可变生产要素。

（一）总产量、平均产量、边际产量的概念

总产量（Total Product，TP_L）是在资本投入既定的条件下，与一定可变生产要素劳动的投入量相对应的全部产量。公式为：

$$TP_L = f(L) \text{ 或 } TP_L = AP_L \cdot L \tag{3.9}$$

平均产量（Average Product，AP_L）是指平均每单位可变生产要素的投入量所能生产的产量。公式为：

$$AP_L = \frac{TP_L}{L} = \frac{f(L)}{L} \tag{3.10}$$

边际产量（Marginal Product，MP_L）是指每增加一单位可变要素的投入量所增加的产量。公式为：

$$MP_L = \frac{\Delta TP_L}{\Delta L} \text{ 或 } MP_L = \lim_{\Delta L \to 0} \frac{\Delta TP_L}{\Delta L} = \frac{df(L)}{dL} \tag{3.11}$$

（二）总产量曲线、平均产量曲线、边际产量曲线

在短期生产中，由于资本投入是固定的，劳动投入是可变的，随着可变生产要素劳动投入的变化，总产量、平均产量、边际产量也会相应地发生变化。我们把这种变化用曲线表示出来，就可以得到总产量曲线、平均产量曲线、边际产量曲线，并且可以从中发现它们的变动趋势。

以某加工厂为例，假定该厂有 5 台必备的机器用来进行生产，其产量多少由雇佣的劳动数量决定。表 3－1 统计的是该厂的劳动人员变动对产量的影响。

表 3－1　　该加工厂每天的总产量、边际产量和平均产量

工人人数（L）	总产量（TP_L）	边际产量（MP_L）	平均产量（AP_L）
0	0	—	0
1	3	3	3
2	8	5	4
3	12	4	4

续表

工人人数(L)	总产量(TPL)	边际产量(MPL)	平均产量(APL)
4	15	3	$3\frac{3}{4}$
5	17	2	$3\frac{2}{5}$
6	17	0	$2\frac{5}{6}$
7	16	-1	$2\frac{2}{7}$
8	13	-3	$1\frac{5}{8}$

根据表 3-1 可以绘出总产量、边际产量和平均产量三条曲线,如图 3-1 所示。

在图 3-1 中,设 O 为原点,横轴 OL 代表劳动量,纵轴 OQ 代表相应的产量。从图 3-1中可以看出,总产量、边际产量和平均产量曲线的变动特征如下:

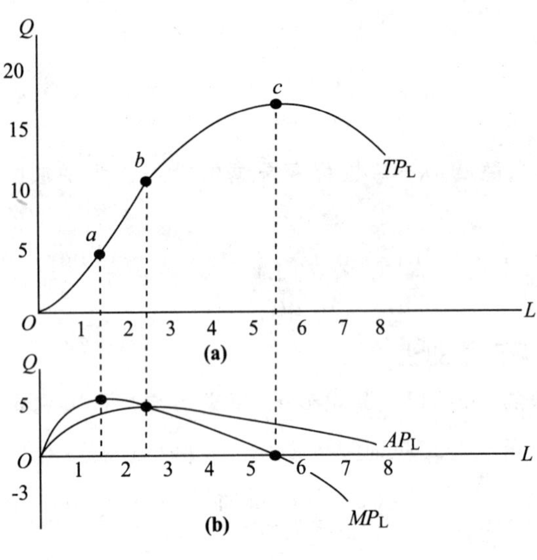

图 3-1 短期生产函数的产量曲线(一)

第一,在 5 台机器等资本量不变的情况下,随着劳动量的增加,最初总产量、平均产量和边际产量都是递增的,但各自增加到一定程度以后就分别递减。所以总产量曲线、平均产量曲线和边际产量曲线都是先上升而后下降。这反映了边际产量递减规律。

第二,边际产量曲线与平均产量曲线相交于平均产量曲线的最高点。在相交前,平均产量是递增的,边际产量大于平均产量($MP > AP$);在相交后,平均产量是递减的,边际产量小于平均产量($MP < AP$);在相交时,平均产量达到最大,边际产量等于平均产量($MP = AP$)。

第三,当边际产量为零时,总产量达到最大。当边际产量为正时,总产量在增加;当边际产量为负数时,总产量就会绝对减少。

三、边际报酬递减规律

在短期中,当固定投入不能改变,只有可变投入能改变时,产量的变动服从边际产量递减规律。这是我们分析短期中一种可变生产要素最适投入的出发点。

西方经济学指出，在生产中普遍存在着这样一种现象：**在技术水平不变的条件下，在连续等量地把某一种可变生产要素投入到其他一种或几种数量不变的生产要素上去的过程中，当这种可变生产要素的投入量小于某一特定值时，增加该要素投入所带来的边际产量是递增的；当这种可变要素的投入量连续增加并超过这个特定值时，增加该要素投入所带来的边际产量是递减的。这就叫做边际报酬递减规律**（the Law of Diminishing Marginal Return）。边际报酬递减规律是短期生产的一条基本规律。这一规律是从社会生产实践和科学实验中总结出来的，在现实生活的绝大多数生产过程中都是适用的。早在 1771 年英国农学家 A. 杨格就用在若干相同的地块上施以不同量肥料的实验，证明了肥料施用量与产量增加之间存在着这种边际产量递减的关系。这不是偶然的现象而是经验性规律。后来，国内外学者又用大量事实证明了这一规律。我国在 1958 年的“大跃进”中，有些地方在有限的土地上盲目高密度的种植作物，结果造成减产的事实也证明了这一规律。这一规律同样存在于其他部门，工业部门中劳动力增加过多而机器设备有限会使生产率下降。俗语说得好“一个和尚挑水喝，两个和尚抬水喝，三个和尚没水喝”，正是对边际产量递减规律形象的表述。

在理解这一规律时，需要注意几点：一是边际产量递减规律发生作用的前提是技术水平不变。技术水平不变就是指在生产中所使用的技术没有发生重大的变革和改进。1994 年，莱斯特·布朗发表了一本题为《谁来养活中国》的小册子，宣称人口众多的中国将面临粮食短缺，进而引发全球粮价猛涨的危机。然而，袁隆平院士利用科学技术发明的杂交水稻大大增加了粮食产量。所以马尔萨斯和布朗在某种程度上用错了边际产量递减规律。二是生产中使用的生产要素分为可变的与不变的两类。边际产量递减规律指的是不断增加一种可变生产要素，获得的产量增加量不断下降。这种情况是普遍存在的。三是在其他生产要素不变时，一种生产要素增加所引起的产量的变动分为产量递增、边际产量递减和产量绝对减少三个阶段，这一点下面将详细介绍。

从理论上讲，边际报酬递减规律成立的原因是对任何产品的短期生产来说，可变生产要素的投入量和固定生产要素的投入量之间都存在着一种最佳组合比例。在一开始，由于不变要素投入量给定，而可变要素投入量开始增加，在没有达到最佳组合比例之前，边际产量呈现递增的趋势。一旦生产要素的投入量达到最佳组合比例时，可变要素的边际产量达到最大，如果再继续增加，相应的边际产量便呈现递减的趋势。所以这种趋势决定了图 3－1 中的边际产量 MP_L 表现出先上升后下降的特征。

四、生产的三个阶段

根据短期生产的总产量曲线、平均产量曲线和边际产量曲线的特征和相互之间的关系，可将短期生产划分为三个阶段，如图 3－2 所示。

第一阶段：L 从零增加到 L_2 这一阶段，此时 $MP_L > AP_L$，使 AP_L 和 TP_L 一直在增加。

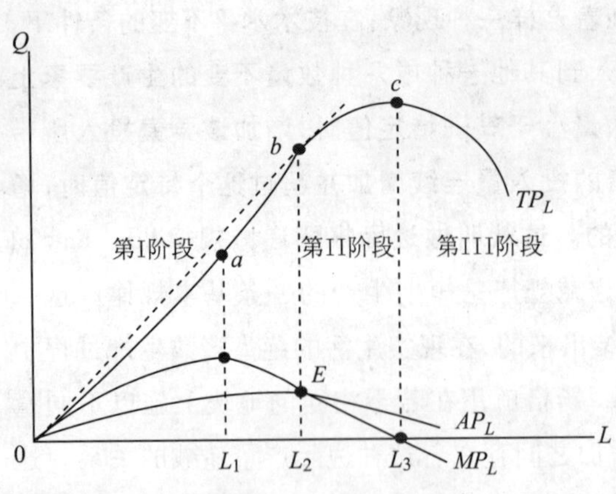

图 3-2　短期生产函数的产量曲线(二)

这说明此阶段中相对于不变的 K 量而言,L 量不足,所以 L 的增加可以使 K 得到充分利用,从而产量递增。可见,L 量最少要增加到 AP_L 的最高点 E 为止,否则,K 无法得到充分利用。因此,生产者将增加生产要素投入量,把生产扩大到第二阶段。

第二阶段:从 L_2 增加到 L_3 这一阶段,此时 AP_L 开始下降,MP_L 递减。由于 MP_L 仍然大于零,TP_L 仍在增加,但以递减的变化率增加。在这一阶段的起点 L_2,AP_L 达到最大,在终点 L_3,TP_L 达到最大。

第三阶段:L 量增加到 L_3 后,这时 $MP_L < 0$ 为负,TP_L 绝对减少,这时显然不利。这说明,在这一阶段,可变生产要素的投入量相对于不变生产要素来说已经太多,生产者减少可变生产要素的投入量反而是有利的。

从以上分析看以看出,劳动量 L 的增加应在第Ⅱ区域为宜。但应该在第Ⅱ区域的哪一点呢?这就还要考虑到其他因素。首先要考虑企业的目标,如果企业的目标是使得平均产量达到最大,劳动量增加到 L_2 就可以了;如果企业的目标是使总产量达到最大,劳动量就可以增加到 L_3 点。其次,如果企业以利润最大化作为目标,那么就要考虑成本、产品价格等因素。因为平均产量或者总产量最大时,利润并不一定最大。但可以肯定的是,合理的生产阶段在第二阶段,理性的厂商将选择在这二阶段进行生产。

第三节　长期生产理论

从脑白金到网络新锐

史玉柱曾经是莘莘学子万分敬仰的创业天才,曾在 5 年时间里跻身财富榜第 8 位;也曾是无数企业家引以为戒的失败典型,一夜之间负债 2.5 亿元;而如今他又是一个著名的东山再起者,再次创业成为一个保健巨鳄、网络新锐,身家数百亿的企业家。史玉柱事业的跌宕起伏,是经济学关于长期生产中生产规模理论的典型案例。

史玉柱大学毕业后,从 1988 年经商到 1995 年,第一次创业生产的保健品是脑黄金。他是以3000元起家的。在长期中，巨人集团要提高利润，就必须扩大生产规模，投入多种生产要素。如变动员工数量，盖新厂房，上新设备，也包括对其他企业的兼并。所有要素的调整，属于生产规模的调整。在企业生产规模可变的情况下，如何确定最优要素投入量？把生产规模扩张到什么状态比较合适，是不是越大越好等，本节将要研究这些问题。

一、两种可变生产要素生产函数

在生产理论中，为了简化分析，通常以两种可变生产要素的生产函数来考察长期生产问题。假定史玉柱的巨人集团使用劳动和资本两种可变要素来生产脑黄金产品，则两种可变生产要素的长期生产函数可写为：

$$Q = f(L,K) \tag{3.12}$$

在长期生产中，我们提出等产量曲线的概念，它与效用论中消费者的无差异曲线很相似。所谓**等产量曲线(Equal - Product Curve)是在技术水平不变的条件下，生产同一产量的两种生产要素不同投入组合点的轨迹**。与等产量曲线相对应的生产函数是：

$$Q = f(L,K) = Q^0 \tag{3.13}$$

式中 Q^0 为常数，表示既定的产量水平，它是一个两种可变要素 L、K 的函数。

图3－3是等产量曲线图，图中有三条等产量曲线，它们分别表示可以生产 Q_1、Q_2、Q_3 单位产量的各种生产要素组合。以代表产量为 Q_1 的等产量曲线为例进行说明，即生产 Q_1 单位的产量既可以使用 A 点的要素组合 (L_1,K_5) 生产出来，也可以使用 B 点的要素组合 (L_2,K_3) 生产出来，同样在 Q_1 线上还可以找到若干不同数量的 L 和 K 组合点，我们把这些能够生产同样产品数量的组合点连接起来就形成了一条等产量曲线。

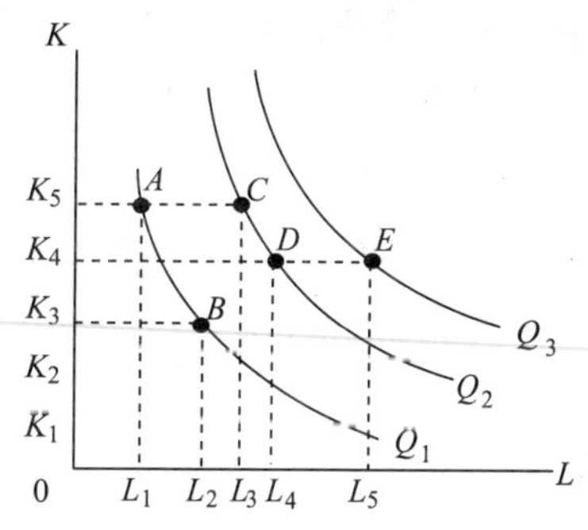

图3－3 等产量曲线

与无差异曲线相似，等产量曲线有如下一些基本特征：距原点越远的等产量曲线表示的产量水平越高，反之，则越低；同一平面坐标上的任何两条等产量曲线不会相交；等产量线向右下方倾斜且凸向原点。

长期生产的主要特征是生产一个既定的产量水平可以由两种可变要素的各种不同数量的组合生产出来。即在维持同一产量水平时，要素之间可以相互代替。要素之间可以相互代替，是等产量曲线向右下方倾斜的原因。那么，等产量曲线为什么凸向原点？是因为存在着边际技术替代率递减规律。**边际技术替代率(Marginal Rate of Technical Substitution)是指在维持产量水平不变的条件下，增加一单位某种生产要素**

投入量时所减少的另一种要素的投入数量。用 $MRTS_{LK}$ 表示劳动对资本的边际技术替代率，则：

$$MRTS_{LK} = -\frac{\Delta K}{\Delta L} \tag{3.14}$$

式中，ΔK 和 ΔL 分别表示资本投入量的变化量和劳动投入量的变化量，$MRTS_{LK}$ 应为负值，因为在代表一给定产量的等产量曲线上，作为代表一种技术上有效率的组合，意味着为生产同一产量，增加 L 的使用量，必须减少 K 的使用量，二者反方向变化。公式中加上负号使 $MRTS_{LK}$ 为正值，以便比较。

如果要素投入量的变化量为无穷小，上式可变为：

$$MRTS_{LK} = \lim_{\Delta \to 0} -\frac{\Delta K}{\Delta L} = -\frac{dK}{dL} \tag{3.15}$$

整理一下，可以得到：

$$MRTS_{LK} = \frac{MP_L}{MP_K} \tag{3.16}$$

显然，等产量曲线上某一点的边际技术替代率就是等产量曲线在该点切线斜率的绝对值，也可以表示为两要素的边际产量之比。

在两种生产要素相互替代过程中，普遍存在这样一种现象：**在维持产量不变的前提下，当一种要素的投入量不断增加时，每一单位的这种要素所能代替的另一种生产要素的数量是递减的。这一现象被称为边际技术替代率递减规律。**以图 3－4 为例，当要素组合沿着等产量曲线由 a 点按顺序移动到 b、c 和 d 点的过程中，投入等量的劳动由 L_1 增加到 L_2、LV_3 和 L_4。即 $L_2L_1 = L_3L_2 = L_4L_3$，相应的资本投入的减少量为 $K_3K_4 > K_2K_3 > K_1K_2$，这表明：在产量不变的情况下，劳动量不断增加，但是所替代的资本量却在不断减少，即边际技术替代率递减。

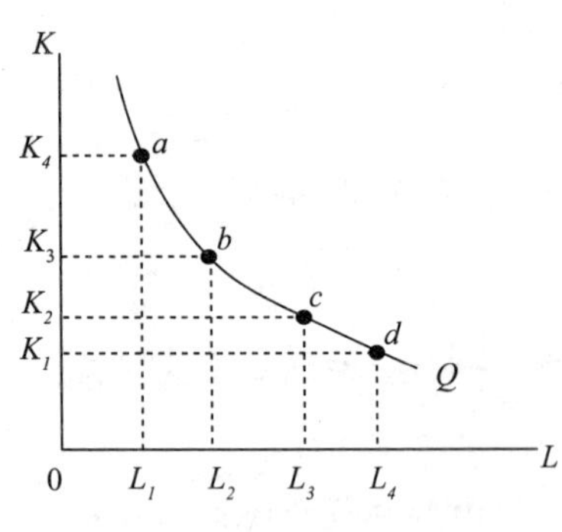

图 3－4　边际技术替代率递减

边际技术替代率递减的主要原因在于：任何一种产品的生产技术都要求各种要素投入之间有适当的比例，这意味着要素之间的替代是有限的。以劳动对资本的替代为例，随着劳动对资本的不断替代，劳动的边际产量逐渐下降，而资本的边际产量逐渐上升。这样，根据公式（3.16）分子 MP_L 逐渐变小，分母 MP_k 逐渐变大，所以两者的比值即边际技术替代率在下降。

前面提到，等产量曲线一般具有凸向原点的特征，这一特征是由边际技术替代率递减规律所决定的。因为按照边际技术替代率的公式，可知等产量曲线上某一点的边际技术替代率就是等产量曲线上该点斜率的绝对值，而边际技术替代率又是递减的，所以等产量曲线上的切线斜率绝对值递减，使等产量线从左上方向右下方倾斜并凸向原点。

巨人集团要生产脑黄金，需要在生产要素市场上购买或雇用生产要素，需要支付报酬，从而产生生产成本。利润是收益扣除成本后的剩余，巨人集团在追求利润最大化过程中必须考虑成本问题。

等成本曲线（Equal Cost Lines）是一个和效用论中的预算线非常相似的分析工具。**所谓等成本线是在既定的成本和既定的生产要素价格条件下生产者可以购买到的两种生产要素的各种不同数量组合的轨迹。**该曲线也称为厂商的预算限制线，表示厂商对于两种生产要素的购买不能超出它的总成本支出的限制。

假定 C 为厂商既定的成本支出，w 为劳动的价格即工资率，r 为资本的价格即利息率，则等成本方程为：

$$C = w \cdot L + r \cdot K \tag{3.17}$$

由此推导出 $K = -\frac{w}{r}L + \frac{C}{r}$，由此式可得出等成本曲线，如图 3-5 所示。

图 3-5 中，等成本曲线的截距 C/r 表示全部成本支出用于购买资本时所能购买的资本数量，等成本曲线在横轴上的截距 C/w 表示全部成本支出用于购买劳动时所能购买的劳动数量，等成本曲线的斜率为 $-\frac{w}{r}$，其大小取决于劳动和资本两要素相对价格的高低。在等成本曲线以内的区域，其中的任意一点，如 A 点，表示既定的总成本都用来购买该点的劳动和资本的组合以后还有剩余；等成本曲线以外的区域，其中的任意一点，如 B 点，表示既定的成本不能够购买到的劳动和资本的组合点。而等成本曲线上的任意一点表示既定的全部成本刚好能购买的劳动和资本的组合。

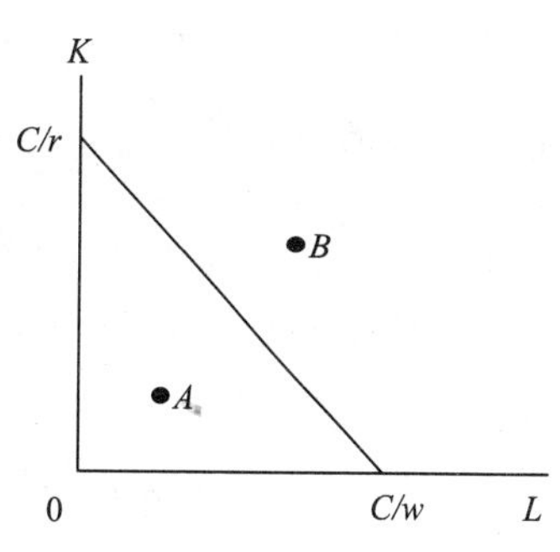

图 3-5　等成本曲线

二、最优生产要素组合

在长期生产中，任何一个理性的生产者都会选择最优的生产要素组合进行生产，从而实现利润的最大化。将等产量曲线和等成本曲线结合在一起，研究生产者的生产要素最优选择问题。所谓生产要素的最优组合是指在既定的成本条件下实现最大产量或既定产量条件下达到最小成本的要素组合。生产要素的最优组合也称为生产者的均衡。

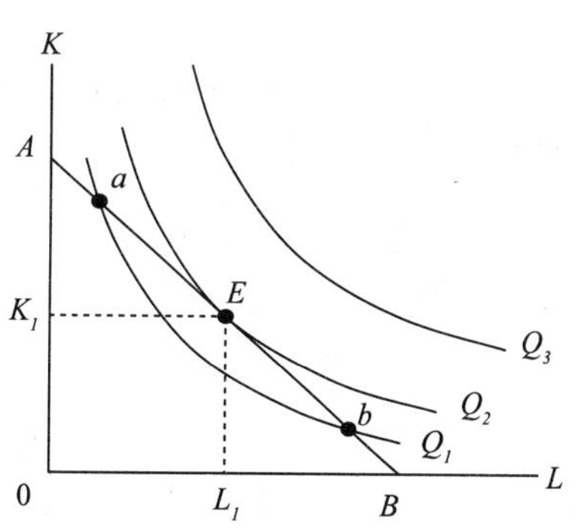

图 3-6　既定成本下产量最大的要素组合

(一)既定成本下最大产量的要素最佳组合

假定巨人集团生产脑黄金既定成本为 C,劳动价格 w,资本价格 r 均为已知,把等成本曲线和等产量曲线画在同一个平面坐标中,如图 3 - 6 所示。这时便可以确定厂商在既定成本下实现最大产量的最优要素组合,即生产的均衡点。

因为成本既定,所以图 3 - 6 中只有一条等成本曲线,但可供厂商选择的产量水平有很多,图中画出了 3 个产量水平 Q_1、Q_2、Q_3。先看等产量曲线 Q_3,图中等产量曲线 Q_3 代表的产量水平最高,但处于等成本曲线以外的区域,表明厂商在既定成本条件下,不能购买到生产 Q_3 产量所需的要素组合,因此 Q_3 代表厂商在既定成本下无法实现的产量。

再看产量水平 Q_1,等产量曲线 Q_1 与等成本线交于 a、b 两点,这表明在现有的成本预算下可以实现 Q_1 产量。但 Q_1 产量水平较低,厂商可以在不增加成本的情况下,从 a 点出发向右或从 b 点出发向左沿着既定的等成本曲线 AB 改变生产要素组合,以此来提高产量。所以,理性的厂商不会在这种情况下停止投入各种要素。

最后看等产量曲线 Q_2,等产量曲线 Q_2 与等成本曲线相切于点 E 点,则此时等成本曲线斜率的绝对值与等产量曲线斜率的绝对值相等,即 $MRTS_{LK}=\frac{w}{r}$。此时无论厂商减少劳动投入量或减少资本投入量,都不可能多得到另一种生产要素的投入量,因此也不能使总产量增加,所以此时厂商不再变动生产要素组合,点 E 实现了生产者均衡,也达到了生产要素的最优组合。

于是,达到生产要素最优组合的条件是:

$$MRTS_{LK}=\frac{w}{r} \tag{3.18}$$

它表示为了实现既定成本条件下的最大产量,厂商必须选择最优的生产要素组合,使得两要素的边际技术替代率等于两要素的价格比例。这就是两种生产要素的最优组合的原则。

(二)既定产量下最小成本的要素最佳组合

假设巨人集团脑黄金产量为 Q,则可用图 3 - 7 来分析既定产量下的最优生产要素组合。

图 3 - 7 中有一条等产量曲线 Q,AB、$A'B'$、$A''B''$ 为三条等成本线,其中,等产量曲线 Q 代表既定的产量,三条等成本线斜率相同,但总成本支出不同:$A''B''<A'B'<AB$。等成本线 $A''B''$ 与等产量线 Q 没有交点,产量 Q 是在 A_1B_1 的成本水平下无法实现的产量水平。等成本曲线 AB 与等产量线 Q 有两个交点 a 和 b,但要实现该产量 Q,所花的成本明显要高于等成本线 $A'B'$ 所代表的成本,所以理性的厂商不会在高成本下生产产量 Q。而等成本曲线 $A'B'$ 与等产量曲线 Q 相切于 E 点时,厂商以最低的成本生产了产

量 Q。所以，切点 E 才是厂商的最优生产要素组合。

因此，厂商最优生产要素组合的条件是：

$$MRTS_{LK} = \frac{w}{r} \quad (3.19)$$

该式表示厂商应该选择最优的生产要素组合，使得两要素的边际技术替代率等于两要素的价格之比，从而实现产量既定条件下成本最小。

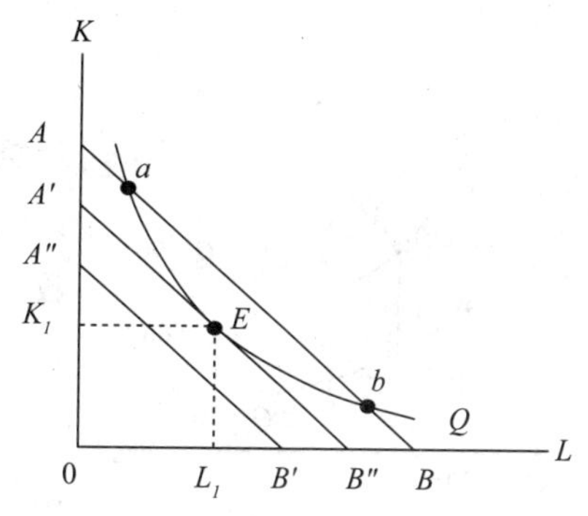

图 3－7　既定产量下成本最小的要素组合

由此可见，既定成本条件下的产量最大化与既定产量条件下的成本最小化所推导出的两要素的最优组合原则是一致的。即要素最优组合是在等产量曲线与等成本曲线相切之点上的组合，在该点上，两线斜率相等，有 $MRTS_{LK} = \frac{w}{r}$ 成立。这说明如果劳动和资本可以实现替代，那么生产要素最优组合比例不仅要视它们各自的生产力，而且要视它们各自的价格而定。

三、生产规模

长期中，厂商对两种要素同时进行调整，进而调整生产规模，产量也相应发生变化，所以这里要研究投入变化和产量变化的关系问题即规模报酬问题。

（一）规模报酬情况

企业生产规模的改变，一般说来是通过各种要素投入量的改变实现的，在长期中才能得到调整。

各种要素在调整过程中，可以以不同组合比例变动，也可以按固定比例变动。在生产理论中，常以全部生产要素以相同的比例变化来定义企业的生产规模变化，因此，所谓**规模报酬（Returns to Scale）是指在其他条件不变的情况下，各种生产要素按相同比例变动所引起的产量的变动**。根据产量变动与投入变动之间的关系可以将规模报酬分为规模报酬递增、规模报酬不变和规模报酬递减三种情况。

1. 规模报酬递增

规模报酬递增（Increasing Returns to Scale）是指产量增加的比例大于各种生产要素增加的比例。如图 3－8 所示，当劳动和资本投入增加很小的倍数就可以引起产出提高很大的倍数。当劳动和资本分别投入为 20 个单位时，产出为 300 个单位，但生产 600 个单位产量所需的劳动和资本投入分别小于 40 个单位。即产出是原来的两倍，投入却不到原来的两倍。

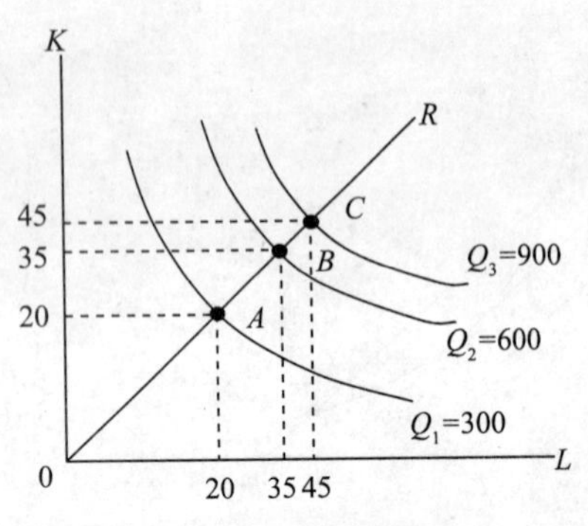

图 3－8　规模报酬递增

2. 规模报酬不变

规模报酬不变(Constant Returns to Scale)是指产量增加的比例等于各种生产要素增加的比例。如图 3－9 所示,生产要素的投入数量提高某一倍数,产出也增加相应的倍数。当劳动和资本投入分别为 20 个单位时,产出为 300 个单位,当劳动和资本分别为 40 个单位时,产出为 600 个单位。即产出与投入增加相同的倍数。

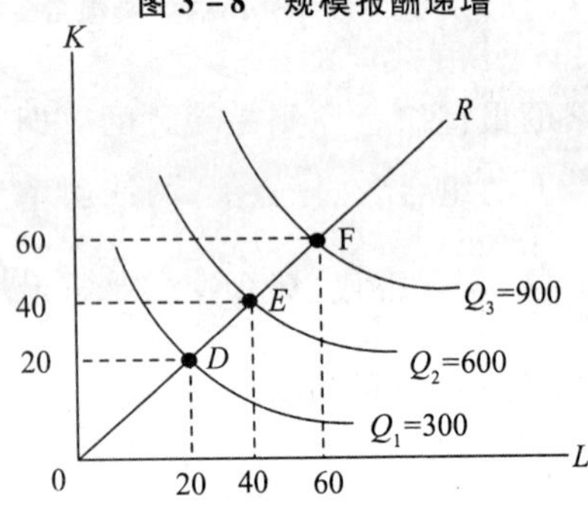

图 3－9　规模报酬不变

3. 规模报酬递减

规模报酬递减(Decreasing Returns to Scale)是指产量增加的比例小于各种生产要素增加的比例。如图 3－10 所示,劳动与资本扩大一个很大的倍数,而产出只扩大很小的倍数。当劳动与资本投入为 20 个单位时,产出为 300 个单位;但当劳动与资本分别投入为 40 个单位时,产出低于 600 个单位,即投入是原来的两倍,但产出却不及原来的两倍。

此外,柯布—道格拉斯生产函数也可以用于反映上述规模报酬的三种情况。在公式(3.5)中,可以利用 $\alpha+\beta$ 的数值大小来可以判断规模报酬的状况。若 $\alpha+\beta>1$,则规模报酬递增;$\alpha+\beta=1$,则规模报酬不变;$\alpha+\beta<1$,则规模报酬递减。

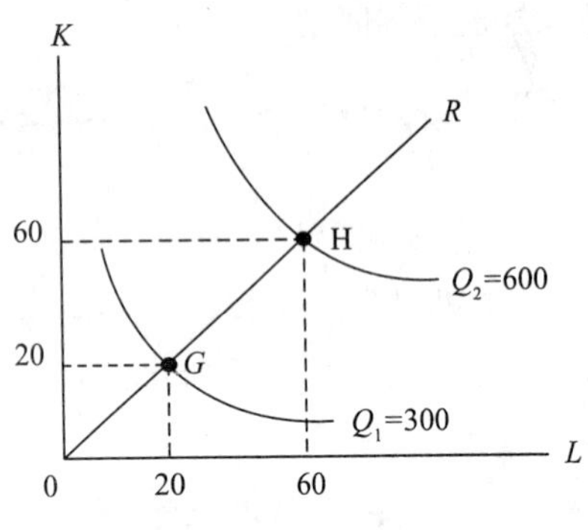

图 3－10　规模报酬递减

(二)规模经济情况

可以说,厂商在调整生产规模时,按照固定比例改变要素数量的情况是很少发生的,多数的调整没有这样的限制。因此,规模报酬的讨论仅仅是一个特殊情况,而更具一般意义的是,各种要素的投入比例没有固定限制的规模经济与规模不经济情况。规模经济与规模不经济也叫内在经济与内在不经济。

1. 内在经济

内在经济(Internal Economy)是指一个厂商在生产规模扩大时由自身内部所引起的产量增加。内在经济可能多方面原因促成。一是采用先进设备。机器设备这类生产要素有其不可分割性。当生产规模小时,无法购置先进的大型设备,即使购买了也无法充分发挥效用。只有在大规模生产中,大型的先进设备才能充分发挥其作用,使产量更大幅度地增加；提高专业化水平。斯密认为，分工出效率。专业化水平越高，技术越熟练，劳动生产率越高，扩大生产规律能增加收益；提高管理水平。各种规模的生产都需配备必要的管理人员，在生产规模小时，这些管理人员无法得到充分利用，而生产规模扩大，可以在不增加管理人员的情况下增加生产，从而就提高了管理效率；提高资源利用效率。在小规模生产中，许多副产品往往被作为废物处理，而在大规模生产中，就可以对这些副产品进行再加工，做到“变废为宝”；技术创新能力的提高。大企业有雄厚的人力与财力，也能承担更大的风险，所以，技术创新能力更强。技术创新是企业提高生产率的关键。

我国著名的大型钢铁企业宝钢公司自1998年以来，经过一系列的资本重组以后，生产规模不断扩大，并实现了内在经济。上海宝钢集团公司前任董事长、总经理谢企华女士在北京举行的“并购重组国际高峰论坛”上介绍了公司成功实施重组并购、良性发展的四大经验。一是企业并购以整体战略为指导，以竞争优势为基础。二是整合竞争要素。三是剥离不相关业务。四是透过并购融合更新企业核心能力。宝钢原有的产品结构基本是普通碳钢板、管，重组后增加不锈钢、特钢等品种，进一步加强精品基地、研发基地的建设，进而大幅提高宝钢的核心竞争力。

2. 内在不经济

企业的生产规模也并非越大越好。**如果一个厂商由于本身生产规模过大而引起产量或收益减少，就是内在不经济**(Internal Diseconomy)。引起内在不经济的原因主要有：

一是管理效率的降低。生产规模过大则会使管理机构由于庞大而不灵活，管理上也会出现各种漏洞，从而使产量和收益减少。

二是生产要素价格与销售费用增加。生产要素的供给并不是无限的，生产规模过大必然大幅度增加对生产要素的需求，而使生产要素的价格上升。同时，生产规模过大，产品大量增加，也增加了销售的困难，需要增设更多的销售机构和人员，增加了销售费用。因此，生产规模并非越大越好。巨人集团的衰落，是盲目扩大规模的结果。

(三)适度规模情况

由以上分析可以看出，企业规模的扩大既会带来好处，也会引起不利的影响。西方经济学认为，一般而言，随着企业的生产规模的扩大，最初往往是规模经济，然后可能有一个规模报酬不变的阶段；如果厂商继续扩大生产规模，就会出现规模不经济。在长期内，追求利润最大化的厂商的主要任务是，通过生产规模的调整，尽可能降低长期平均成本。

适度规模(Appropriate to Scale)**就是使两种生产要素的增加，即生产规模的扩大正好使收益递增达到最大。**当收益递增达到最大时就不再增加生产要素的投入，使这一生产规模维持下去。

对于不同行业来说，厂商的适度规模是不同的，并没有一个统一的标准。在长期生产中，巨人集团为提高收益而增加生产要素投入，扩大生产规模无可非议，但受市场容量、生产成本、风险因素等多方面的影响，巨人集团也必须考虑进行适度规模的生产。离开市场谈生产是不可取的。在适度规模的确定上，应主要考虑如下两个因素：

一是本行业的技术特点。一般所需投资量大，所有设备复杂先进的行业，适度规模也就大。例如冶金、机械、汽车船舶制造等重工业厂商，则需要较大规模效益才高。相反，需要投资少，设备简单的行业，适度规模也较小。如很多服务类企业生产规模小，可以更灵活适应市场需求的变动，所以其适度规模一般较小。

二是市场条件。一般生产市场需求量大，而且标准化程度高的产品的厂商，适度规模应较大，这是重工业行业适度规模大的原因。相反，生产市场需求量小，标准化程度低的产品的厂商，适度规模也应该小。所以，服装行业的企业适度规模就要小一些。

此外，在确定适度规模时还要考虑储藏量大小，交通条件、能源供给、原材料供给、政府政策等多种因素，才能使规模定的适度。随着技术的进步，规模经济的标准也是在变化的。重工业行业中普遍存在这种规模经济中适度规模不断扩大的趋势。因为这些行业的技术设备日益大型化、复杂化和自动化，投资越来越多，从而只有在生产量达到相当数量时，才能实现规模经济。

企业规模的扩大除了增加同一种产品的生产，实现规模经济以外，还可以进行多元化经营，实现范围经济。范围经济就是扩大经营范围所带来的好处。

范围经济有四点好处：一是使企业规模可以无限扩大。一种产品的增加总要受技术或市场条件的限制。生产多种产品就可以打破这种限制。二是可以更有效地利用企业的人力、财力与物力资源。三是各种不同行业产品可以互相承担风险，增强企业的抗风险能力。四是有利于企业的产品结构调整，便于从以一个行业为主转向以另一个行业为主。正因为范围经济的好处，现在许多大型企业、跨国公司都是跨行业经营。如现在再次成功的巨人集团不仅开发脑黄金产品，还进行网络游戏的研发经营。当然，正如规模经济有限度一样，范围经济也不是跨的行业越多越好。1996 年巨人集团的衰落同样缘自其多元化的经营，在当初史玉柱"总动员令"和"总攻令"的推动下，巨人集团以集束轰炸的方式一次性推出计算机、保健品、药品三大系列的 30 多个产品，同时兴建巨人大厦，结果导致巨人集团资金链中断，财务状况不良，陷入了破产的危机。因此，企业盲目扩大生产范围，同时进军若干不熟悉的行业往往会面临灾难。

第四章 成本理论

Cost Theory

辞职开店?

张先生是一家IT企业的会计师,年薪12万元。他的挚友王先生觉得张先生的才智更在于经营管理,于是建议他辞掉现在的职务,自己当老板开家独具特色的快餐店。王先生说:“你是学财会的,自己当老板,首先节省了雇佣别人做经理的一大笔开销,其次你自己的门市房经过装修就是一个很不错的店面,免得租用他人的,不用付房租,这又省了一笔大的开支。还有,你自己懂财务,还可以当财务总监……”王先生的话有道理吗?

王先生的话有道理吗?在资源稀缺的社会里,要经营,厂商必须为自己的投入进行支付:计算机、厨师、设备、排污、水、电等,必须考虑成本(Cost)。本章集中讨论成本问题。

通常人们把成本称为费用。费用随着产量的变动而变动,厂商的生产论构成了本章的基础。成本论主要研究短期成本与长期成本的特征,成本与产量之间的关系。需要说明的是,经济学家重视生产中的应有成本,而不是财务分析中的实有成本。无论是短期还是长期,所涉及的成本都要从应有成本来考虑,因此,作为经济学分析,在正式切入主题之前,必须明确如下几组概念。

第一节 成本论概述

一、机会成本与会计成本

我们生活在一个资源稀缺的世界里,不管是有意还是无意,都必须对既定资源的使用方向做出选择。这在日常生活中很常见,如我们必须决定如何使用有限的时间和收入;对于我们所拥有的100亩土地必须做出种植什么的选择;还有,张先生的门市房究竟应该出租给他人还是自己开快餐店,如此等等。同时,我们看到,许多资源不仅具有稀缺性,还具有流动性和多用途性特征。当我们把既定资源选择用在一种用途上时,就意味着放弃在另一种用途上使用的机会,而放弃这个机会是有代价的,这个代价就是放弃这个机会所获得的最大收益。例如,1吨钢材可以生产1辆卡车,也可以生产20辆摩托车,1辆卡车市场售价28万元,而20辆摩托车的市场售价30万元。如果选择生产1辆卡车的话,就放弃了生产摩托车的机会,放弃这个机会的代价如果以实物指标衡量的话,是20辆摩托车,用价值指标来衡量,就是摩托车的市场售价30万元;同样,如果生产摩托车的话,它的代价是放弃生产1辆卡车,或者28万元。那么,既定的资源到底应该选择哪种用途呢?为了描述经济生活中这一进退维谷的现象,经济学家提出了机会成本(Opportunity Cost)的概念。**一般地,生产一单位某种产品的机会成本,是生产者放弃使用相同生产要素在其他生产用途中所能得到的最高收益。**张先生的门市房、张先生的管理才能都有机会成本,因此,王先生认为这两种要素没有成本、不需要支付额外费用的想法是没道理的。那么,既定的资源究竟应该选择用在哪种用途上呢?通常,**理性且追求利润最大化的厂商总是选择做机会成本低的事**。如上例,对于1吨钢材,理性的厂商一定会选择生产摩托车,因为生产摩托车的机会成本是28万元,低于卡车的机会成本30万元。

根据机会成本做选择的好处在于:从企业的角度看,有利于厂商实现更大的利润,在竞争中占据优势;从社会角度来看,有利于稀缺资源的优化配置。因为摩托车的高市场售价、低机会成本意味着市场发出了相对稀缺的信号。理性的厂商按照这个信号从事生产经营活动,必然得到消费者的货币选票,赚得利润,在竞争中立于不败之地。按照这个信号来配置资源,从社会的角度看,是把稀缺资源用在了社会更需要的地方。一般来说,竞争性领域的企业,或激励机制比较健全的企业与垄断企业相比,它们对于机会成本更为敏感。因此,张先生对他的自有房屋,就要从机会成本角度考虑,他会在出租和自己使用之间做出权衡。如果出租给他人的机会成本高于自己开快餐店的机会成本的话,他就会把它用于自己开店。不考虑机会成本的王先生,他的算账方法为什么听起来也给人以头头是道的感觉呢?

原来,在企业核算中,人们往往使用的是实有成本,即直接发生的会计成本(Accounting Cost)。所谓**会计成本是指企业在生产过程中对所使用的生产要素按市场价格直接支付的费用**。它是已经发生的历史成本,这些成本可以通过会计账目直接反映出来。使用自己的房屋进行生产经营,不用支付房租费用,会计成本为零。因此,尽管按照经济学家的思维,王先生没有道理,但是他却站在了会计人员的角度考虑了实有成本。由于人们一般把成本理解为直接费用,还因为机会成本在有些会计账目中反映不出来等原因,通常有低估或高估应有成本即机会成本的可能。如张先生的房屋的机会成本,是出租给别人获得的最高租金收入(假定是5万元),这笔成本不会记载在会计账户中,很可能会低估了它的机会成本。经营中的这种忽略是有危害的。忽视机会成本,很可能夸大利润,使资源得不到合理利用。假如,按照会计成本计算,张先生自己经营可得到年利润是16万元,我们说,他选择放弃已有的职务是不明智的,因为如果减去他本身的机会成本、房屋使用的机会成本(17万元=12万元年薪+5万元房租),实际上他亏了。王先生对于张先生自有生产要素的考虑,陷入了只计算会计成本不计算机会成本的误区。因此,经济分析中资源的使用应该按照机会成本来考虑它的应有成本,而不仅仅局限于实际发生的实有成本或会计成本。

二、显成本与隐成本

张先生经过再三考证,觉得自己当老板开店的机会成本低,于是他毅然辞职,雄心勃勃地开始张罗开店。饭店雇用员工需要支付工资,买锅碗瓢盆要花钱、每月支付水电费、工商管理费等费用计入会计账簿,这些生产要素的支付表现在会计账簿上,每一笔支出都一目了然、显而易见,称为显成本。通常,**显成本(Explicit Cost)是指厂商在生产要素市场上购买或租用别人的生产要素的实际支付**,包括工薪、租金、利息、原材料、折旧、动力、运输、广告和保险等方面的费用。这些要素的价格,从机会成本的角度考虑,必须等于要素所有者把该要素用于其他方面用途时获得的最大收益,否则,厂商就无法购买到该要素。张先生的快餐店不仅雇用了他人的生产要素,支付了报酬,还使用了自己拥有的要素,如他的房屋,自己当老板所使用的企业家才能。既然使用别人的要素需要支付费用,那么使用自己的要素也有成本。用机会成本来衡量,就是该要素用于其他用途上获得的最高收入。然而,自己做老板的工薪,用自己房子的房租,不显示在账面上,不必支付,具有隐蔽性,所以称之为**隐成本(Implicit Cost),即对用于生产过程中的自有生产要素应该给予,但实际却没有给予的支付**。对于隐成本的支付,也必须从机会成本的角度,按照自有要素在其他用途中所能得到的最高收入来支付,否则,就是资源没有得到合理使用。从经济学家的角度我们不仅要计算显成本,还应核算隐成本,**显成本与隐成本共同构成生产经营的总成本**。假如张先生购买他人的生产要素,每年支付18万元,就发生了18万元的显性成本;自己使用自己的门市房及自己当老板应该有的隐性成本是17万元,那么他开店的总成本=显性成本+隐性成本=18万元+17万元=35万元。

三、经济利润与正常利润

谈到开店的利润,有必要区分两个概念:经济利润和正常利润。企业的**经济利润(Economic Profits)等于总收益与总成本之差**。企业所追求的最大利润,通常指的就是最大经济利润。经济利润也被称为超额利润(Excess Profits)。张先生经营饭店,希望得到丰厚的经济利润,也就是希望他的营业收入减去显成本和隐成本后有较大的剩余。那么,如果经济利润为零,这个店应不应该继续开?在西方经济学的利润分析中,有一个非常重要的概念:正常利润。**正常利润(Normal Profits)是指厂商对自己所提供的企业家才能的报酬支付**。张先生在原来的IT企业当会计师,年薪12万元,就是自己开店的企业家才能报酬,属于正常利润。我们看到,正常利润是厂商生产成本的一部分,它是以隐成本的方式计入成本的。由于正常利润属于成本,因此经济利润中不包含正常利润。又由于厂商的经济利润等于总收益减去总成本,所以当厂商的经济利润为零时,厂商仍然得到了全部的正常利润,而且是按照机会成本计算的,也就是,即使经济利润为零,厂商也可以继续生产。

第二节 短期成本理论

突如其来的大订单

且说张先生采纳了王先生的建议,用自己的房子开了家快餐店,取名"乐不思蜀快餐"。

"乐不思蜀"每日需支付的房租及设备折旧费等固定费用为300元,服务员(包括大厨)的人均日工资50元也是既定的。张先生可以根据经营数量增减服务员的雇用。那么,张先生在短期内存在哪些成本?

由于张先生善于经营,"乐不思蜀"在周围小有名。除了正常的营业额外,还会有周围写字楼突如其来的午餐大订单,这样的订餐单在经营中发生的成本该如何记账?在成本论中又属于什么成本呢?从生产论中可知,来不及调整全部要素的时期称为短期,能够被调整的要素是可变要素,来不及调整的要素是不变要素。因此,短期内,对于既定产量就存在着可变要素和不变要素之分。显然,对于可变要素的支付构成了可变成本,对不变要素的支付就是不变成本,或者叫固定成本。短期成本包括可变成本和不变成本。对于短期成本,我们可以从总成本、边际成本和平均成本的角度进行研究。由于生产论是成本论的基础,因此本节不仅要从生产函数出发推导成本函数,还要分析短期产量曲线与短期成本曲线之间的关系。

一、短期总成本

短期内的总成本包括三个指标：总可变成本、总不变成本和短期总成本。

（一）由短期总产量到总可变成本

假定张先生除了房租和设备折旧费是固定的，其他的支付都是可以变动的，如人员工资，水电费，购置米、面、油、蔬菜等原材料的花销等，这些费用随着产量的变动而变动，构成了总可变成本。因此，**总可变成本（Total Variable Cost，TVC）是厂商对既定产量所使用的可变要素的总支付。**

为了分析方便，短期内，我们假定厂商只使用可变要素劳动 L 和不变要素资本 K，它们的价格分别用单位工资 w 和利息率 r 来表示。假定要素价格是给定的，则为达到一定产量所雇用劳动的总工资支出就是 $TVC = wL$，也就是总可变成本。由于所雇用的可变要素数量随着产量的变化而变化，因此总可变成本也必然随着产量的变动而变动，成为产量的增函数。可写成：

$$TVC(Q) = wL(Q) \tag{4.1}$$

例如，乐不思蜀快餐店的总可变成本函数是：$TVC(Q) = Q^3 - 9Q^2 + 30Q$

该店的可变成本随着产量的变化而变化。

总可变成本函数及其曲线图也可以通过我们所熟悉的短期生产函数求得。通常，短期生产函数为 $Q = f(L,\bar{K})$，在此，$Q = TP_L$。总可变成本函数中的 L 可以通过短期生产函数的反函数求得，因此图形上表现出短期总产量曲线与短期总可变成本曲线有一定的对称关系。

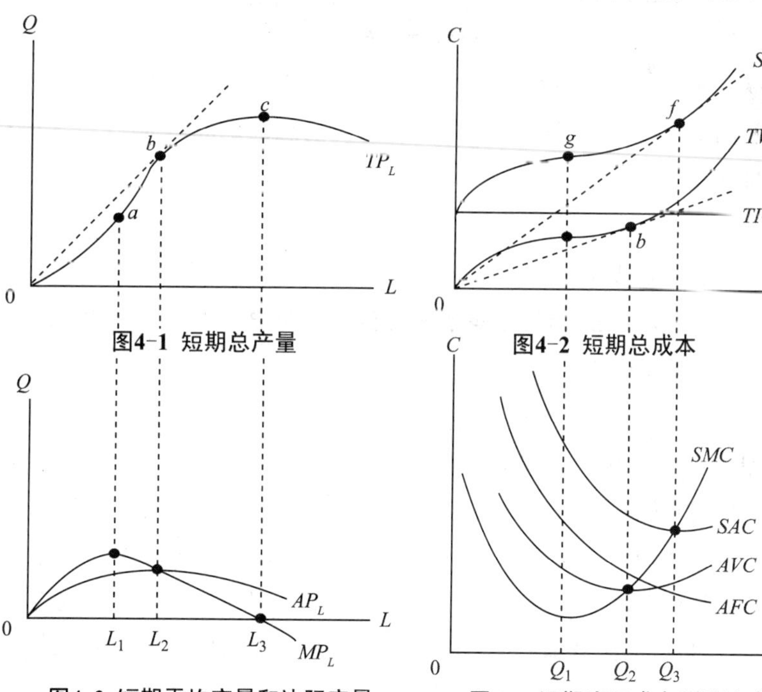

图4-1 短期总产量

图4-2 短期总成本

图4-3 短期平均产量和边际产量

图4-4 短期边际成本和平均成本

从图 4-2 来看，*TVC* 曲线是一条从原点出发，向右上方倾斜的曲线。该曲线表示：在短期内厂商是根据产量的变化不断调整可变要素的投入量的，所以总可变成本随着产量的变动而变动。当产量为零时，总可变成本也为零。在这之后，总可变成本随产量的增加而增加，具有正斜率。但是，*TVC* 曲线在产量较低时，随着产量的增加，先以递减的速度增加，达到一定点后以递增的速度增加，因此存在一个上凸到下凸的拐点。有意思的是，从与 TP_L 图形的对应关系上看，图 4-1 中 TP_L 的拐点 a 对应着图 4-2 *TVC* 的拐点 a，但是与 TP_L 图形走势相反，*TVC* 曲线的拐点是由上凸到下凸的过程；*TVC* 曲线除了有一个拐点外还有一个特殊点 b，在该点，有一条从原点出发的最平缓的射线与切线重合。这个点与 TP_L 曲线也存在着对应关系。图 4-1 中的点 b 是一条最陡峭的射线与切线的重合点。为什么 *TVC* 曲线如此形状，并与 TP_L 有如此的对应关系，从经济学角度上看，是边际报酬递减规律作用的结果，这一点我们将在后面详细论述。

（二）总不变成本

短期内，张先生的餐厅面积是不能改变的，所以房租和设备折旧费都是固定的，这些构成了总不变成本。通常，短期生产的**总不变成本（Total Fixed Cost，TFC）是厂商在短期内，为生产一定数量的产品，对不变生产要素所支付的总成本。**由于在短期内不论企业的产量是多少，这部分不变要素的投入都是不变的，所以总不变成本是一个常数，不随产量的变化而变化，即使产量是零，这部分成本也存在。

总不变成本的表达式是：

$$TFC = r\bar{K} \tag{4.2}$$

如果把 *TFC* 曲线描绘在图 4-2 中，它就是一条平行于横轴的直线。说明在短期内它是一个恒定的数。显然，乐不思蜀快餐店每天的总固定成本为 $TFC = 300$。

（三）短期总成本

那么，张先生的快餐店在短期内应支付的总成本是多少呢？这就引出了短期总成本的概念。所谓**短期总成本（Short-run Total Cost，STC）是短期内为达到既定产量对所使用的全部生产要素的总支付，它等于总可变成本与总不变成本之和。**

即 $STC(Q) = TVC(Q) + TFC$ (4.3)

如果张先生快餐店的 $TVC(Q) = Q^3 - 9Q^2 + 30Q$，$TFC = 300$

则 $STC(Q) = Q^3 - 9Q^2 + 30Q + 300$

短期总成本 *STC* 随着产量 Q 的变化而变化，是产量 Q 的增函数。如果把它描绘在图 4-2 的平面坐标中，只需把 *TVC* 曲线水平上移 *TFC* 个单位，就会得到与 *TVC* 形状及斜率相同的曲线。这条位于原点上方的曲线说明，即使产量为零，也有一部分成本需要支付，那就是总不变成本。因此，*STC* 与 *TVC* 的纵向距离就是 *TFC*。由于 *STC* 与 *TVC* 的形状完全相同，那么在任何一个产量点上，两条线的切线斜率值必然相同，也必然有一个相同的拐点 a。但是,最平缓的射线与切线重合点却不在同一个产量点 b 上,而是位于 TVC 对应点 b 更右面的位置上,我们用 f 来表示。

二、短期边际成本

西方经济学的一个重要分析方法是边际分析法。所谓边际量就是在现有的基础上额外增加的量。如果额外多加工一盒快餐的话,就要发生成本,额外的成本就是边际成本。

短期边际成本(Short - run Marginal Cost,SMC)是厂商每增加一单位产量所增加的总成本量。用公式表示为:

$$SMC(Q) = \frac{\Delta STC(Q)}{\Delta Q} \tag{4.4}$$

由于短期中固定成本并不随产量的变动而变动,所以短期边际成本是指总可变成本的改变量。张先生的快餐店除了存在上述所提到的各种总成本外,在接到正常营业外的大订单时,还要发生边际成本。试想,为了生产出大订单所需要的产品量,就要增雇人手。假如增加了两个人的雇用在一天内即可完成订单的产量的话,那么为了这个额外产量,就产生了 100 元的总可变成本增量(2 人 ×50 元/人),这个增量即 100 元就是边际成本。因此边际成本可写成:

$$SMC(Q) = \frac{\Delta TVC(Q)}{\Delta Q}$$

当然,也可以写成导数形式,

$$SMC = \frac{dTVC}{dQ} \tag{4.5}$$

由上述公式可知,SMC 的几何意义为对应产量的 STC 或 TVC 曲线的切线斜率值。因此,SMC 曲线可以通过 STC 曲线或 TVC 曲线求得。在以横轴为产量纵轴为成本的平面坐标中,STC 曲线或 TVC 曲线上凸段对应 SMC 曲线的下降段,STC 曲线或 TVC 曲线的拐点对应 SMC 的最小值点,STC 曲线或 TVC 曲线的下凸段对应 SMC 的上升段,因此,SMC 是一条 U 形曲线。如图 4 -4 所示。

当然,由短期边际产量曲线也可以求得边际成本曲线。

因为,$$SMC = \frac{dTVC}{dQ} = \frac{dwL}{dQ} = \frac{w}{MP_L} \tag{4.6}$$

所以,SMC 与 MP_L 存在着反向变化的关系。这种关系表现为:在 MP_L 的上升段,对应 SMC 的下降段,SMC 的上升段对应 MP_L 的下降段,MP_L 的最大值点对应 SMC 的最小值点。如图 4 -3 和图 4 -4 所示。MP_L 与 SMC 之间这一反向变动关系也解释了 SMC 的 U 形形状。但是从经济学的角度,SMC 之所以是 U 形的,是**边际报酬递减规律**作用的结果。

边际报酬递减规律是指短期生产过程中，在其他条件不变的前提下，随着一种可变要素的连续增加，它所带来的边际产量先是递增的，达到最大值以后再递减。关于这一规律，我们也可以从产量变化所引起的边际成本变化的角度来理解：假定生产要素的价格是固定不变的，在开始时，在边际报酬递增阶段，增加一单位可变要素投入所产生的边际产量递增，意味着可以反过来说：在这一阶段增加一单位产量所需要的边际成本是递减的。所以，MP_L 的递增阶段对应 SMC 的下降段；在以后的边际报酬递减阶段，增加一单位可变要素投入，所产生的边际产量递减，意味着也可以反过来说，这一阶段一单位产量所需要的边际成本是递增的。也就是，MP_L 的递减阶段对应着 SMC 的上升阶段；边际产量的最大值对应的是边际成本的最小值，所以边际成本曲线是 U 形的。

在边际报酬递减规律作用下的 U 形边际成本曲线，还可以进一步解释总可变成本的形状。由于，边际成本是总可变成本的斜率值，所以边际报酬递增的 SMC 递减阶段，TVC 是以递减的速度增加，相反，在边际报酬递减的 SMC 递增阶段，TVC 是以递增的速度增加的，因此，TVC 是从上凸经拐点到下凸的过程，其中的拐点正好与 SMC 的最小值点相对应。同样的道理也适用于 STC 曲线。SMC 与 TVC 以及 STC 之间的对应关系，如图 4－2 和图 4－4 所示。

通过上述公式，我们可以很轻松地找到 TVC 的拐点 b 的产量，因为它对应着 SMC 的最小值点。已知 $TVC(Q)=Q^3-9Q^2+30Q$，

则 $SMC(Q)=3Q^2-18Q+30$，

求 SMC 的一阶导数，并令其为零，有

$SMC'(Q)=0$，即 $6Q-18=0$

解得 $Q=3$。

三、短期平均成本

短期生产的平均成本包括平均可变成本、平均不变成本和短期平均成本。

（一）平均可变成本

平均可变成本（Average Variable Cost，AVC）指平均生产一单位产品所消耗的可变成本。其函数式为：

$$AVC(Q)=\frac{TVC}{Q} \tag{4.7}$$

如果 $TVC(Q)=Q^3-9Q^2+30Q$，则对应的 $AVC(Q)=Q^2-9Q+30$。

由公式可知，AVC 的几何意义为，AVC 是对应产量的 TVC 曲线上从原点出发的射线斜率值。因此，AVC 曲线可以通过 TVC 曲线求得。在以横轴为产量，纵轴为成本的平面坐标中，AVC 曲线是一条先下降达到最低点后再上升的 U 形曲线。TVC 曲线上

的那条最平缓射线且与切线重合的线，它的斜率值是所有来自原点射线中最小的斜率值，这个值就是 AVC 的最小值。所以，AVC 的最低点与 TVC 的 b 点相对应。

如果有一个 $AVC(Q)$ 函数，那么该曲线的最小值点可以很容易地求出来。

假如，$AVC(Q) = Q^2 - 9Q + 30$，则 $AVC(Q)' = 2Q - 9$。

令 $AVC(Q)' = 0$ 有 $2Q - 9 = 0$，则当 $Q = 4.5$ 时 AVC 达到最小值。

AVC 曲线也可以通过短期平均产量曲线 AP_L 求得，

$$AVC = \frac{TVC}{Q} = \frac{wL}{Q} = \frac{w}{AP_L} \tag{4.8}$$

从公式(4.8)可见，AVC 与 AP_L 存在反向变动关系，AP_L 的上升段对应 AVC 的下降段，AP_L 的最大值对应 AVC 的最小值点，同理，AP_L 的下降段对应 AVC 的上升段。根据二者之间反向变动的关系，也可以解释 AVC 曲线为什么是 U 形的。但是，AVC 曲线是 U 形的，深层次原因还在于边际报酬递减规律。因为 AVC 曲线与 SMC 曲线也存在着一定的关系。当 SMC 的值小于 AVC 时，SMC 把 AVC 拉下去，使得 AVC 呈现下降的状态；当 SMC 的值大于 AVC 时，SMC 把 AVC 拉上去，使得 AVC 曲线呈现上升的状态；当 SMC 的值与 AVC 的值相等时，AVC 达到最小值点，因此 SMC 曲线从 AVC 的最小值点穿过。

（二）平均不变成本

平均不变成本(Average Fixed Cost，AFC)**是平均在每单位产量上的不变成本。**其函数式为：

$$AFC(Q) = \frac{TFC}{Q} \tag{4.9}$$

从公式可知，AFC 是对应产量的 TFC 曲线的(从原点出发)射线斜率值。由于 TFC 是一个常数，随着产量 Q 的不断变大，AFC 的值会越来越小，因此，AFC 曲线是一条向两轴渐进的双曲线。其下降的幅度开始时较大，以后逐渐平缓，并且越来越与横轴靠近，但始终不相交，这是由于随着产量的增加，FC 分摊在越来越多的产品上，每单位产品中所包含的 FC 必然越来越小。然而，只要固定成本仍然存在，AFC 绝不会为零，故不能与横轴相交。$AFC(Q)$ 曲线图如图 4－4 所示。

至此，我们要问，张先生饭店的平均不变成本函数应该怎样写？

（三）短期平均成本

短期内生产每一单位产量平均所需要的成本即为短期平均成本(Short－run Average Cost，SAC)。**它等于平均固定成本与平均可变成本之和。**其函数式为：

$$SAC(Q) = \frac{STC}{Q} = AFC(Q) + AVC(Q) \tag{4.10}$$

由公式(4.10)可知，SAC 的几何意义是：SAC 是对应产量的 STC 曲线的(从原点出发)射线斜率值。因此，SAC 曲线可以通过 STC 曲线求得。图 4－2 的短期总成本图中,一条最平缓射线且与切线重合线与 STC 曲线的相切点 f 处,有一个最小的射线斜率值,该点对应着 SAC 曲线的最小值点,因此 SAC 曲线是一条先下降,达到最低点后再上升的 U 形曲线。

且由 $SAC(Q)=AFC+AVC$ 公式可知,SAC 大于 AVC,位于 AVC 曲线的上方,还由于 SMC 与 SAC 之间也存在着拉上拉下的关系,因此 U 形的 SMC 曲线决定着 U 形的 SAC 曲线,并向上从 SAC 曲线的最小值点穿过。

张先生快餐店的短期平均成本函数是:

$$SAC(Q)=AFC+AVC=0.3Q^2-9Q+30+\frac{300}{Q}$$

(四)各类短期成本的变动关系

从数学角度我们可以把产量与成本、成本与成本之间的关系表示如下:

(1) $TVC(Q)=wL(Q)$

(2) $TFC=r\overline{K}$

(3) $STC(Q)=TVC(Q)+TFC$

(4) $SMC(Q)=STC'(Q)=TVC'(Q)=\frac{w}{MP_L}$

(5) $AVC(Q)=\frac{TVC(Q)}{Q}=\frac{w}{AP_L}$

(6) $AFC(Q)=\frac{TFC}{Q}$

(7) $SAC(Q)=AVC(Q)+AFC(Q)$

第三节 长期成本理论

"乐不思蜀"扩大多少合适?

张先生的确经营有道,"乐不思蜀"开得红红火火,每天经营到晚上 11 点,顾客仍然很多。他已经把以前没有使用的房间全部改成了餐厅,服务员也比以前增雇了 1 倍。那么,张先生是不是应该把他邻近的房子也租下来,继续扩大店面呢?这可是个难题。

长期内,厂商可以根据产量的要求调整全部的生产要素投入数量,甚至包括进入或退出一个行业。一切要素都是可变的,所有的成本都是可变成本,这是长期与短期的重大区别。没有了不变成本的长期,对于厂商的成本研究将变得更为简洁。我们仅从长期总成本、长期边际成本和长期平均成本三个指标来研究问题就可以了。当然,短期与长期有不可分割的关系,因此我们还要研究二者之间错综复杂的关系。

一、长期总成本

前面讲到,张先生的订单像雪片一样纷至沓来,他不得不对所有生产要素进行调整。全部要素的调整意味着,企业生产规模的改变,可能把规模改大,也可能调小。当然,张先生面临的市场前景看好,他肯定是要把饭店的规模调大。那么,他应该把饭店调整到怎样的规模比较合适呢?这就需要绘制一条产量与最优生产规模相对应的长期总成本曲线。我们知道,在长期中,由于可供调整的时间相对较长,厂商总是可以在每一个产量水平上选择到最优的生产规模进行生产。所谓最优的生产规模,是以成本在可供选择的范围内最低为标准的。因此,**长期总成本(Long - run Total Cost,LTC)是指厂商在长期中,在每一产量水平上通过选择最优的生产规模所能够达到的最低总成本**。长期总成本随着产量的变化而变化,是产量的增函数。总成本函数可写成如下形式:

$$LTC = LTC(Q) \tag{4.11}$$

长期总成本函数的几何表示是长期总成本曲线。由于在长期不存在不变成本,所以长期总成本曲线是从原点出发的向右上方倾斜的曲线。根据长期总成本的定义,我们可以由短期总成本曲线出发,推导长期总成本曲线。在短期内,饭店的房屋、大型设备所花费的成本用 TFC 表示,在要素价格既定的情况下,TFC 越大说明生产规模越大。而 TFC 的位置出现在短期总成本 STC 的纵轴截距上,所以 STC 的位置越高,说明生产规模越大。因此,我们从图形中的三条短期总成本曲线的纵轴截距可知,STC_1 的生产规模最小,STC_3 的生产规模最大,而 STC_2 处于二者之间。

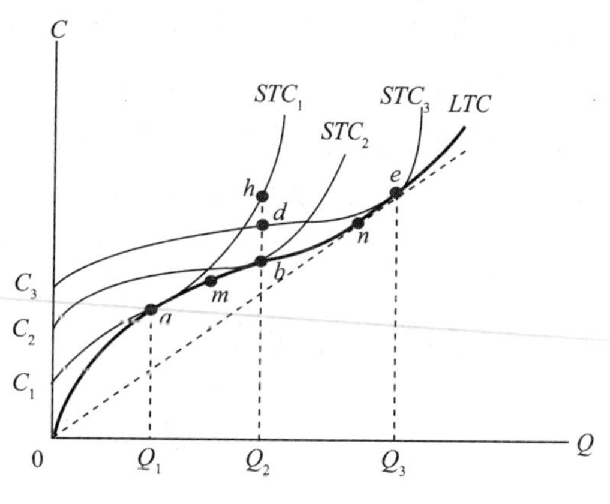

图 4-5　长期总成本曲线

假定张先生把产量定在 Q_1 上。在短期内,饭店可能处在 STC_1 曲线所代表的最小的生产规模、以较低的成本进行生产,也可能规模和成本都处于中游水平的 STC_2 上,还有可能处在 STC_3 曲线所代表的最大的生产规模、过高的成本上经营。此时,企业别无选择,因为生产规模不可改变。但在长期就不同了,作为理性的经济人,如果把产量定位于 Q_1,他一定会选择 STC_1,因为 STC_1 的成本最低,所以它是最优生产规模。于是，我们就有了一个长期的产量与最低总成本的组合点 a；我们再来看 Q_2 的产量。在短期内，厂商可能在 STC_1 曲线的 h 点或 STC_3 曲线上的 d 点进行生产，此时的生产规模不是最优的。在长期张先生必然会选择 STC_2 曲线上的 b 点进行生产。类似地，他会选择 STC_3 曲线所代表的生产规模，在 e 点生产 Q_3 的产量；这样厂商就在每个既定的产量水平上，找到了最优生产规模，实现了最低的总成本。

在理论上，我们可以假定有无数条 STC 曲线代表的生产规模可供选择，而且产量是连续的，于是，在任何一个产量水平上，都能找到相应的最优生产规模，以及对应的最低总成本点。即可以找到无数个类似的 a 点、b 点和 e 点，这些产量与最低总成本的组合点的轨迹就形成了图中的长期总成本 LTC 曲线。显然，**长期总成本曲线是无数条短期总成本的包络线。在这条包络线上，在连续变化的每一个产量水平上，都存在着 LTC 曲线与 STC 曲线的相切点，该 STC 曲线，所代表的生产规模就是生产该产量的最优生产规模，该切点所对应的总成本就是生产该产量的最低总成本。**所以，LTC 曲线表示长期内厂商在每一产量水平上由最优生产规模所带来的最小生产总成本。至此，我们找到了上述案例的答案，即只要“乐不思蜀”店有了长期总成本曲线，那么它就可以根据产量确定最优生产规模了，并可找到最低总成本。

通过图 4－5 我们看到，长期总成本曲线是从原点出发向右上方倾斜的 S 形曲线。它表示：当产量为零时，长期总成本为零，以后随着产量的增加，长期总成本是增加的。而且，这种增加先是以递减的速度增加，因为在开始的时候，产量过小；当产量达到一定点以后，长期总成本曲线又以递增的速度增加，这之间经历了曲线上凸到下凸的过程，该点就是 LTC 的拐点 m；同时，我们还应看到，有一条最平缓的射线与切线重合与 LTC 相切于点 n。

二、长期平均成本

通过上面的推导，我们找到了张先生快餐店的长期总成本曲线。在这条线上，只要给定一个产量，就会有一个代表最优生产规模的 STC，以及对应的最低总成本。那么，是否说，张先生就可以把产量定在无穷大的产量上呢？并非如此。因为太大的产量可能导致规模不经济。为了更好地把握适当的生产规模，我们必须引入长期平均成本的概念。

所谓**长期平均成本**（Long－run Average Cost，LAC）**是指厂商在长期内按产量平均计算的最低总成本。**长期平均成本的大小随着产量的变化而变化，并且是产量的函数，通常写成：

$$LAC(Q) = \frac{LTC(Q)}{Q} \tag{4.12}$$

我们假定张先生快餐店的长期总成本函数是：$LTC(Q) = Q^3 - 12Q^2 + 40Q$，

那么它的长期平均成本函数是：

$$LAC(Q) = \frac{LTC(Q)}{Q} = Q^2 - 12Q + 40$$

（一）长期平均成本曲线的推导

通常，如果有一个 $LAC(Q)$ 函数，我们就可以通过取不同的产量，得到对应的 LAC 值，然后把长期平均成本与产量的一一对应关系，描绘在平面坐标图中，就可以得到长期平均成本曲线。那么，这条曲线还有别的推导方法吗？一般地，我们可以使用两种方法来完成。首先，根据长期平均成本的定义，也就是短期平均成本 SAC 与长期平均成本 LAC 的关系来推导。我们知道，厂商在长期是可以实现每一产量水平上的最小总成本的。在厂商实现最小总成本的同时，必然也就实现了相应的最小平均成本。长期内，最低成本的实现，是厂商有足够的时间进行最优生产规模选择的结果。图 4－6 中，有三条短期平均成本曲线 SAC_1、SAC_2 和 SAC_3，它们分别代表三个不同的生产规模。

在长期中，厂商可以根据产量需要，变动所有要素，调整生产规模，进行优化选择。如果厂商打算生产 Q_1 的产量，那么理性的厂商一定会选择平均成本最低的最优生产规模 SAC_1 进行生产，于是就存在一个产量与最低平均成本的组合点 A。同样，厂商生产 Q_2 的产量必然会选择最优的生产规模 SAC_2，在 B 点进行生产，从而又得到了另一个产量与最低平均成本的组合点 B，生产 Q_3 的产量找到了 SAC_3 的 F 点。我们可以想象，平面坐标中有无数条 SAC 曲线，无数个生产规模可供选择，于是我们就会找到无数个连续的产量与最低成本的组合点，连接起来就形成了 LAC 曲线。

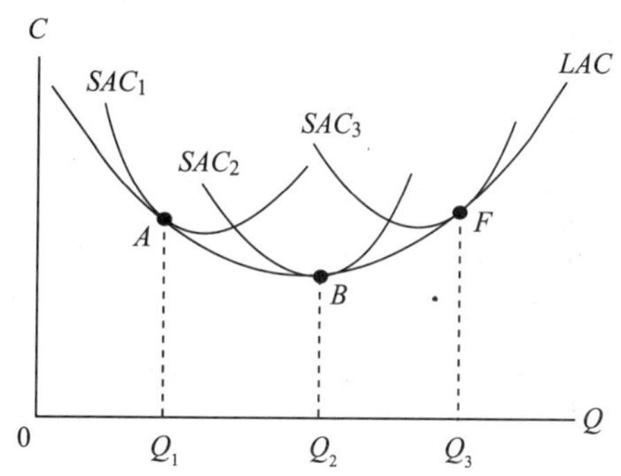

图 4－6 长期平均成本曲线

我们看到，长期平均成本曲线上的任何一个点，都是 LAC 曲线与 SAC 曲线的相切点，该 SAC 曲线所代表的生产规模就是生产该产量的最优生产规模，该切点所对应的成本就是生产该产量的最低平均成本。显然，长期平均成本曲线是无数条短期平均成本曲线的包络线。在这条包络线上，在连续变化的每一产量水平上的生产规模都是最优规模，成本都是最低成本。因此，长期与短期的最大区别在于，长期可以选择最优最优生产规模，以实现最低总成本，但是短期的选择是有局限性的，因为机器、设备、厂房等固定要素不能随意变动，这就注定了短期很难达到最优状态。需要注意的是，如同 SAC 曲线一样，LAC 曲线呈现 U 形特征。而且，在 LAC 曲线的下降段，LAC 曲线切于 SAC 最低点的左边；在 LAC 曲线的上升段，LAC 曲线切于 SAC 曲线最低点的右边；只有在 LAC 曲线的最低点处,LAC 曲线才相切于 SAC 曲线的最低点处。

除了这种推导方法外,还可以通过已知的长期总成本曲线来推导,并就此说明 LAC 与 LTC 的关系。

从公式(4.12)长期平均成本公式可知,每一产量的 LAC 值是对应 LTC 曲线上点的射线斜率值。于是,我们通过计算对应产量点的 LTC 曲线射线斜率就可以得到 LAC 曲线的值。把这些值描绘在以产量为横轴、成本为纵轴的平面坐标中,就可以得到光滑的长期平均成本曲线。通过推导,我们必然会看到,长期平均成本曲线的最低点对应着长期总成本曲线的一个特殊点——从原点处发的最平缓射线与切线重合点 g。这种对应关系如图 4-7 所示。

(二)长期平均成本曲线的形状及位置

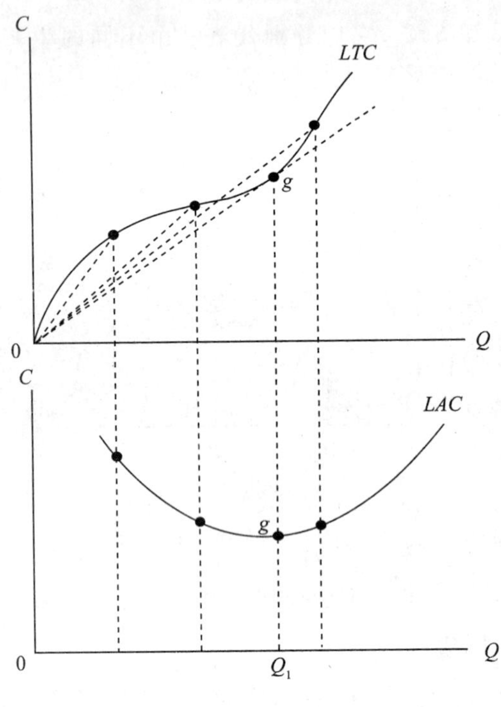

图 4-7　由 LTC 到 LAC

图 4-7 中可以看到,LAC 曲线与 SAC 曲线一样呈现先下降后上升的 U 形特征。但是与 SAC 不同的是,它不是边际报酬递减规律作用的结果,而是由于长期生产中的规模经济和规模不经济决定的。因此,如果我们不了解长期平均成本曲线 U 形背后的真实原因,盲目扩大生产规模的话,就有扩张到规模不经济之处的危险。因此并非规模越大越好。

根据第三章生产论中的论述可知,在企业开始扩张的初始阶段,厂商由于扩大生产规模而使资源得到了充分利用,经济效益得到提高,这一阶段叫做规模经济。当生产扩张到一定点以后,企业继续扩大生产规模,就可能因为管理不善等原因使经济效益下降,这叫规模不经济。我们也可以从成本产量的角度来解释这一概念,当厂商成本增加的倍数小于产量增加的倍数,经济效益好,为规模经济;相反,当厂商成本增加的倍数大于产量增加的倍数时,经济效益下降,企业处于规模不经济阶段。可见,规模经济和规模不经济通常与厂商内部调整生产规模密切相关,因此,也称为内在经济和内在不经济。一般来说,在企业生产规模由小到大的扩张过程中,会出现由规模经济到规模不经济的演进。正是由于规模经济和规模不经济的作用,使得长期平均成本曲线表现出现先下降后上升的 U 形特征。

具体来说,当产量位于由零逐渐增大的初始阶段时,厂商扩大产量会把原来庞大的总成本不断摊薄,*LAC* 与产量呈反向变动,经济效益明显提高,在图形上表现为,*LAC* 曲线向下延伸,出现了规模经济。当达到一定产量点,也就是长期平均成本的最低点以后,再扩大生产规模,就会出现平均成本增加的速度超过产量增加的速度,长期平均成本曲线上升,经济效益明显下降的规模不经济局面。因此,张先生的快餐店在扩大店面这个问题上必须慎重行事。如果能够测算出长期平均成本函数的话,我们就会很容易地把规模经济到规模不经济的拐点—— *LAC* 的最小值点计算出来。

假定该店的长期平均成本函数还是 $LAC(Q) = Q^2 - 12Q + 40$

令 $LAC'(Q) = 0$,则 $2Q - 12 = 0$,解得 LAC 的最小值点的产量为 $Q = 6$。

企业的规模经济与规模不经济,即内在经济和内在不经济决定了长期平均成本曲线的形状。但是长期平均成本 *LAC* 曲线位置高低,却是企业外在经济和外在不经济的结果。企业的外在经济是由于厂商的生产活动所依赖的外界环境得到改善而产生的。例如,风调雨顺,使得农业的生产外在条件向好;相反,草原的过度放牧,对于畜牧业就是不利的。我们说,企业的外在不经济是由于厂商的生产活动所依赖的外界环境恶化而产生的。例如,石油的日趋紧张,对于交通运输提高经济效益带来了困难,属于外在不经济。外在经济和外在不经济是由企业以外的因素所引起的,它影响厂商的长期平均成本曲线的位置。当出现外在经济时,厂商的长期平均成本曲线就会整体向下移动,例如,国家免除农业税,就使得农业的长期平均成本曲线下移。反之,如果外在不经济情况发生,会导致企业的 *LAC* 曲线上移。

三、长期边际成本

在长期,不论哪个厂商都免不了有额外的新增业务,导致成本的增加,即发生边际成本。**长期边际成本(Long - run Marginal Cost,LMC)是厂商在长期内增加一单位产量所引起的最低总成本的增量。**长期边际成本函数可表示为:

$$LMC(Q) = \frac{\Delta LTC}{\Delta Q} \text{ 或 } LMC(Q) = LTC'(Q) \tag{4.13}$$

长期边际成本是产量的函数,随着产量的变化而变化。从数学角度讲,在每一产量水平上的 *LMC* 值都是相应的 *LTC* 曲线的切线斜率值。因此,可以根据 $LTC(Q)$ 函数求出 $LMC(Q)$ 函数。

假定,乐不思蜀快餐店的长期总成本函数是 $LTC(Q) = Q^3 - 12Q^2 + 40Q$

则 $LMC(Q) = 3Q^2 - 24Q + 40$

(一)长期边际成本曲线的推导

我们完全可以根据产量与每一产量带来的总成本的增加量来绘制长期边际成本曲线。但是,西方经济学更倾向于使用长期总成本曲线来推导长期边际成本曲线,以便解释二者之间的关系。

由于 $LMC(Q) = LTC'(Q)$，所以只要把每一产量水平上的 LTC 曲线的切线斜率值描绘在产量和成本的平面坐标图中，便可以得到长期边际成本曲线。由于 LTC 曲线在达到拐点之前，它的切线斜率值是递减的，所以 LMC 曲线随着产量的增加呈下降趋势，当达到 LTC 的拐点所对应的产量时，LMC 达到最小值点后，随着产量的增加，LMC 呈上升趋势。LMC 的先抑后扬，使得 LMC 曲线呈 U 形特征。

长期边际成本与短期边际成本也存在着对应关系。

我们知道，长期总成本曲线是无数条短期总成本曲线的包络线，在每一产量水平上，LTC 曲线都与一条代表最优生产规模的 STC 曲线相切，这说明在切点处这两条曲线的切线斜率是相等的，由于 LTC 曲线的切线斜率是相应的 LMC 值，STC 曲线的切线斜率是相应的 SMC 值，因此可以推出，在长期内的每一个产量水平上，LMC 值都与代表最优生产规模的 SMC 值相等。由于在长期的既定产量点上 $LMC = SMC$，那么注定 LMC 曲线与 SMC 曲线在同一坐标图中相交。如图 4－8 所示。

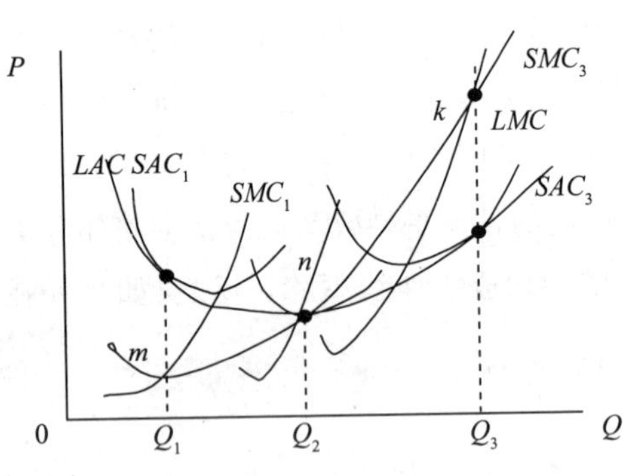

图 4－8　长期边际成本曲线

图 4－8 中，在每一个产量水平上，代表最优生产规模的 SAC 曲线都有一条相应的 SMC 曲线，每一条 SMC 曲线都过 SAC 曲线的最低点。在 Q_1 的产量上，生产该产量的最优生产规模由 SAC_1 曲线和 SMC_1 曲线所代表，相应的短期边际成本由 m 点给出，mQ_1 既是最优的短期边际成本，又是长期边际成本，即有 $LMC_1 = SMC_1 = mQ_1$。或者说，在 Q_1 的产量水平上，长期边际成本 LMC 等于最优生产规模的短期边际成本 SMC_1，它们都等于 mQ_1 的高度。同理，在 Q_2 的产量上，有 $LMC_2 = SMC_2 = nQ_2$。在 Q_3 的产量上，有 $LMC_3 = SMC_3 = kQ_3$。在生产规模可以无限细分的条件下，可以得到无数个与 m，n 和 k 类似的点，将这些点连接起来便得到一条光滑的长期边际成本曲线。

（二）长期边际成本曲线的形状

如图 4－8 所示，长期边际成本曲线从长期平均成本曲线的最低点向上穿过呈 U 形。U 形的长期边际成本曲线是由边际量和平均量之间拉上拉下的关系决定的。当 LAC 处于下降段，LMC 曲线一定处于 LAC 曲线的下方，也就是说，此时 $LMC < LAC$，LMC 将 LAC 曲线拉下。相反，当 LAC 曲线处于上升阶段时，LMC 曲线一定位于 LAC 曲线的上方，也就是说，此时 $LMC > LAC$，LMC 将 LAC 曲线拉上。因为，LAC 曲线在规模经济和规模不经济的作用下，呈现先降后升的 U 形，这就使得 LMC 曲线必然呈现先降后升的 U 形特征，并且两条线相交于 LAC 曲线的最低点。

进一步地，根据 LMC 曲线的形状特征，可以解释 LTC 曲线的形状特征。因为 LMC 曲线呈先降后升的 U 形，且 LMC 值又是 LTC 曲线上相应的点的斜率值，所以 LTC 曲线的斜率必定要随着产量的增加表现出先递减达到拐点以后再递增的特征。

（三）产量、成本之间的关系

我们知道，LTC、LAC 和 LMC 之间存在着依存关系。用数学语言表示为：

(1) $LTC = LTC(Q)$

(2) $LAC = \frac{LTC(Q)}{Q}$

(3) $LMC = LTC'(Q)$

我们仍以乐不思蜀快餐店为例，说明它们之间的数量关系。

假定 $LTC(Q) = Q^3 - 12Q^2 + 60Q$，相应的 $LMC(Q) = 3Q^2 - 24Q + 60$，$LAC(Q) = Q^2 - 12Q + 60$。

第五章 完全竞争市场理论

Perfect Competition Market Theory

在前面两章中，我们从生产和成本的角度对生产者行为分别做了分析，本章将以此为基础，详细讨论在成本既定情况下，在完全竞争市场上，针对不同价格厂商如何做出生产什么、生产多少的决策，同时还要研究供给曲线推导等问题。

第一节 完全竞争市场概述

大象斗不过小老鼠：大型养鸡场面临窘境

20世纪80年代末期，一些城市为了保证居民的菜篮子供应，由政府出资举办了大型养鸡场，这些大型养鸡场建有大鸡舍，采用机械化方式，而且有相当专业的管理人员和有工作经验的工人。结果这些大型养鸡场反而竞争不过农民养鸡专业户或老太太，许多养鸡场最后以破产告终。这与从前所说的，大象斗不过小老鼠是一个道理。那么道理何在？

在常人的心目中，竞争让人想到的是商场上激烈的斗争，“商场如战场”就是人们心里最真实的写照。每家公司在做出决策时都要考虑竞争对手的反应和对策。然而，完全竞争的含义却与通常意义上的竞争相距较远，在一个完全竞争行业中，仿佛每家厂商都失去了自己的“个性”，并且不必考虑自己的行动会给整个市场带来什么样的影响。那么，完全竞争市场究竟是一个什么样的市场呢？它又有何特点？

市场可以按照不同的标准进行分类，西方经济学通常按照市场上竞争与垄断的程度差异，把市场划分为完全竞争市场、垄断竞争市场、寡头市场和垄断市场四种类型。决定市场类型划分的主要标准有四个：

第一,厂商数目。作为市场主体的厂商数目,决定市场竞争程度或垄断程度。如果一个市场,厂商规模越大,厂商数目越少,单个厂商市场占有份额越大,则单个厂商对市场控制程度越强,市场集中度越高,竞争程度越弱,垄断程度越强;反之,如果一个市场,厂商规模越小,厂商数目越多,单个厂商市场占有份额越小,则单个厂商对市场控制程度越弱,市场集中度越低,竞争程度越强,垄断程度越弱。

第二,产品差别程度或替代程度。作为市场客体的产品差别程度或替代程度,决定市场竞争程度或垄断程度。产品差别体现在产品质量、品牌、功能、包装等多方面。如果厂商所生产或经营的产品差别程度越高、替代程度越低,则市场竞争程度越低、垄断程度越高;相反,如果厂商所生产或经营的产品差别程度越低、替代程度越高,则市场竞争程度越高、垄断程度越低。

第三,价格控制程度。厂商对价格控制程度的高低,决定市场竞争程度或垄断程度。通常,厂商定价能力越强,对市场价格控制程度越强,市场竞争程度越弱垄断程度越强,相反,厂商定价能力越弱,对市场价格控制程度越弱,市场竞争程度越强垄断程度越弱。

第四,壁垒程度。厂商进入或退出市场的难易程度,决定市场竞争程度或垄断程度。一个市场的准入门槛越低,厂商就越容易进入,竞争程度越高,垄断程度越低;反之,一个市场的准入门槛越高,厂商进入越困难,竞争越弱、垄断程度越高。

一、完全竞争市场的特征

在分析完全竞争市场之前,需明确一个概念——行业(Industry)。行业是指生产和提供同一产品或类似产品或劳务的厂商的集合。行业通常与市场结构相对应。例如,完全竞争市场对应的是完全竞争行业,垄断市场对应的是垄断行业。但需要注意的是,厂商与行业不是等同的。例如,在分析需求曲线时,就有单个厂商需求曲线与行业需求曲线的差别。

完全竞争又称纯粹竞争,指一种不受任何阻碍和干扰,没有外力控制和“垄断因素”的市场结构。完全竞争是一种理想的市场,现实生活中绝对的完全竞争市场近乎不存在,因为完全竞争市场的成立必须具备四个十分苛刻的条件或特征。

1. 市场上有大量的买者和卖者。也就是说,完全竞争市场上有众多相对较小的经济主体,从而单个买者或卖者都不会在市场上占显著的份额,都无法通过自己的买或卖的行为来影响市场的价格水平。换句话说,完全竞争市场上,每一个消费者或厂商都是价格接受者,即厂商将市场价格看做是与自己产量无关的既定变量。

2. 市场上的产品是同质的。同质产品指市场上的产品在品种、规格、质量、包装、牌号以及销售条件、促销手段等方面也完全相同。所有厂商都生产同一种标准化产品,对消费者来说,购买任何一家厂商的产品都是没有差异的,可相互替代。这种产品的同质性是市场统一价格的前提。

3. 资源完全自由流动。各种生产资源包括劳动、资本等生产要素,都可以在各行各业和地区之间自由流动，每个厂商都可以自由进入或退出一个行业。这意味着厂商总是能够及时地进入赢利的行业，退出亏损的行业，在此过程中实现优胜劣汰。

4. 市场信息是完全的。即市场中的每一个买者和卖者都掌握自己决策所需的所有信息，每一个消费者和厂商都可据此做出最优的经济决策，从而获得最大的经济利益。对每一个厂商来说，有关信息包括产品的生产方法、投入要素的价格以及产品的价格等；对每一消费者来说，有关信息包括他们自己的偏好、产品的价格等。此外，消费者同时也是生产要素的供应者，他们必须知道自己供应的要素可获得的报酬。

以上四个条件被认为是完全竞争市场所必须具备的，特别是前两个条件更为重要。但现实中这类市场非常罕见，可能只有一些标准化产品市场，如初级产品、农产品市场有些接近。但完全竞争市场仍是微观经济理论中关键的部分，即使现实情况有很多偏离其假设前提，它为分析各种非完全竞争市场提供一个参照标准。现实市场具备的条件越接近完全竞争市场，那么对完全竞争市场分析所得出的结论就越适用于这种市场的分析。

二、完全竞争厂商的需求曲线

市场对单个厂商产品的需求可以用单个厂商的需求曲线来反映。厂商的需求曲线是指单个厂商所面临的消费者对其产品的需求曲线，它与整个行业所面临的需求曲线是不同的。在完全竞争市场条件下，单个厂商的需求曲线是一条由既定市场价格水平出发的水平线。这是由于单个厂商是既定市场价格的接受者，厂商改变销售量不会引起市场价格的变动。也就是说，厂商在既定的市场价格下可以改变销售量，可以出售任何数量的产品，厂商既没有必要降价，但也不能提价，因为产品是同质的。所以，单个厂商面对的是一条具有完全价格弹性的水平需求曲线。

与完全竞争厂商不同，完全竞争行业的需求曲线为一条自左上方向右下方倾斜的曲线，它是该行业所有厂商的需求曲线的水平加总。

如图 5－1 所示。在图 5－1(a)中，由给定的价格水平 P_e 出发的水平线 d 就是厂商的需求曲线。相应地，在图 5－1(b)中，市场的需求曲线 D 和供给曲线 S 相交的均衡点 E，由点 E 所决定的市场的均衡价格为 P_e；水平的需求曲线意味着厂商只能被动地接受给定的市场价格。

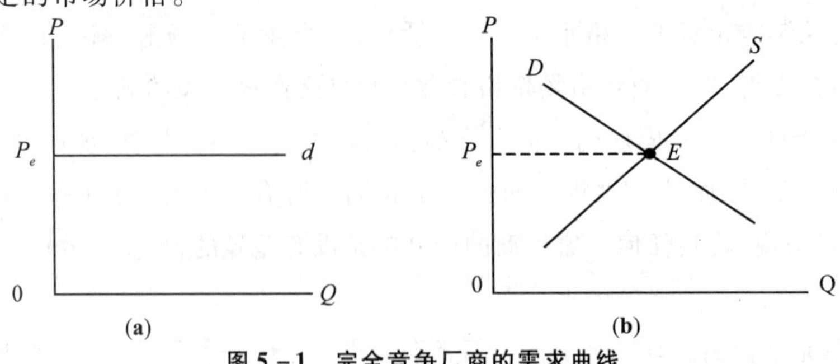

图 5－1　完全竞争厂商的需求曲线

单个厂商的需求曲线的形状不能改变，这是否意味着单个厂商的需求曲线的位置也不能改变呢？根据供求论的知识可知，当经济中消费者收入水平的普遍提高，经济中先进技术的推广，或者政府有关政策的作用等因素发生了变化，众多消费者的需求量和众多生产者的供给量发生变化时，供求曲线的位置就一定会发生移动，从而形成新的市场均衡价格。在这种情况下，我们就会得到由新的均衡价格水平出发的一条水平线，如图 5－2 所示。在图 5－2(b) 中，开始时的需求曲线为 D_1，供给曲线为 S_1，市场的均衡价格为 P_1，相应的厂商的需求曲线是从价格水平 P_1 出发的一条水平线 d_1。以后，当供求变动，需求曲线的位置由 D_1 移至 D_2，同时供给曲线的位置由 S_1 移至 S_2 时，致使市场均衡价格上升为 P_2，于是相应的厂商的需求曲线则是由新的价格水平 P_2 出发的另一条水平线 d_2。因此，完全竞争市场的价格并不是一直固定不变的，如图 5－2中的 P_1 移动至 P_2，单个厂商的需求曲线的位置可以发生变化，可以出自各个不同的既定市场价格水平，但它们的形状不能发生变化，只能是呈水平线。

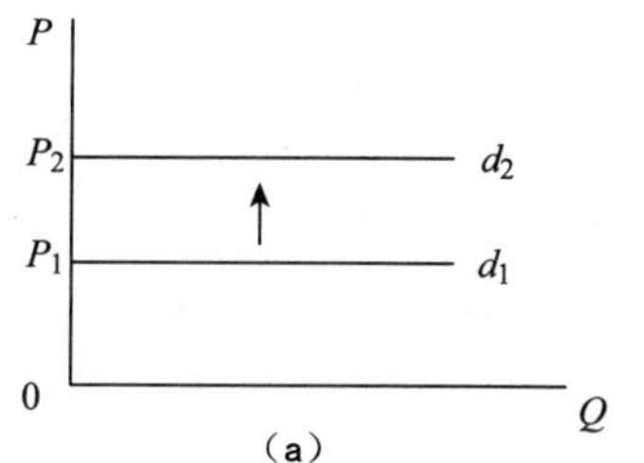

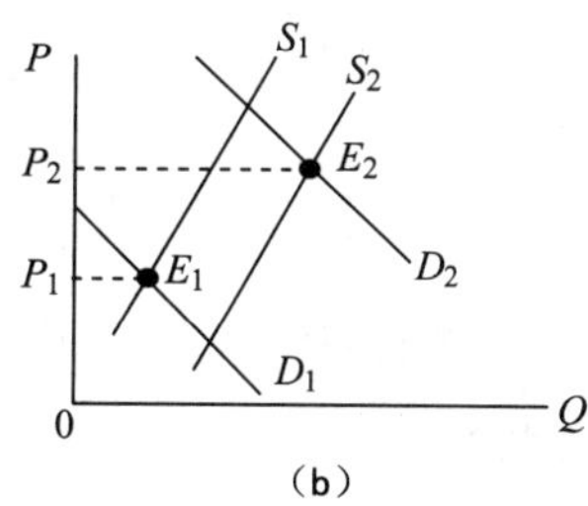

图 5－2　完全竞争市场价格的变动和厂商的需求曲线

三、完全竞争厂商的收益曲线

(一)收益概念

收益指企业销售产品所得到的收入，即厂商按一定的价格出售一定数量的产品所得到的货币额。它等于企业所销售产品的价格与销售量的乘积。我们可以从总量、平均量、边际量的角度考虑问题，将厂商的收益分为总收益(Total Receipts，TR)、平均收益(Average Receipts，AR)和边际收益(Marginal Receipts，MR)。

1. **总收益(TR)指厂商按一定价格出售一定量产品时所获得的全部收入。**以 P 表示给定的市场价格，以 Q 表示销售总量，则总收益等于产品价格或平均收益与销售量的乘积，即 $TR=P\cdot Q$ 或 $TR=AR\cdot Q$。

2. **平均收益(AR)指厂商从平均每一单位的产品销售所得到的收入。**它等于产品售价总额即总收益除以出售的产品量之商，即 $AR=TR/Q$。

3. **边际收益(MR)指由增加一单位出售的产品所带来的总收益的增加量，即厂商每多出售一单位产品所增加的收入，或最后一个产品的卖价。**即 $MR=\Delta TR/\Delta Q$。

或者

$$MR(Q) = \lim_{\Delta Q \to 0} \frac{\Delta TR(Q)}{\Delta Q} = \frac{dTR(Q)}{dQ} \tag{5.1}$$

(二)完全竞争厂商的收益曲线

在完全竞争市场中,厂商无论销售多少产品,价格都是一样的,即产品价格 P 对于厂商而言是事先给定的常数,所以我们能够很容易地推出总收益必然随着产量的增加而同比例增加,平均收益和边际收益等于单位产品的卖价,即 $P = AR = MR$ 的结论。假定某厂商在完全竞争市场条件下所面临的市场价格为 $P = 2$ 元,相应的总收益、平均收益和边际收益之间的关系可用表 5-1 来表示。

表 5-1　　某完全竞争厂商的收益表

价格 P	销售量 Q	总收益 $TR = PQ$	平均收益 $AR = TR/Q$	边际收益 $MR = \Delta TR/\Delta Q$
2	100	200	2	2
2	200	400	2	2
2	300	600	2	2
2	400	800	2	2
2	500	1000	2	2

表 5-1 中,销售量 Q 从 100 增至 500,MR 和 AR 始终都是 2;TR 与 Q 按同比例增加,由 100 增至 500。

1. 总收益曲线(TR)

总收益曲线是一条从原点出发逐渐向右上方渐升的曲线,其斜率等于价格水平 P。如图 5-3 所示,在每一个销售量水平,MR 值是 TR 曲线的切线斜率,且 MR 值等于固定不变的价格水平。

2. 平均收益曲线(AR)和边际收益曲线(MR)

平均收益曲线 AR 和边际收益曲线 MR 是同价格线 P 重叠的直线。如图 5-4 所示,因为在完全竞争市场上,消费者按既定价格购买商品,厂商亦按既定价格出售产品,无论出售多少,每一单位商品总是与市场价格相同,并等于厂商的 AR 和 MR,使 AR 和 MR 呈一条重叠的与横轴平行的直线。

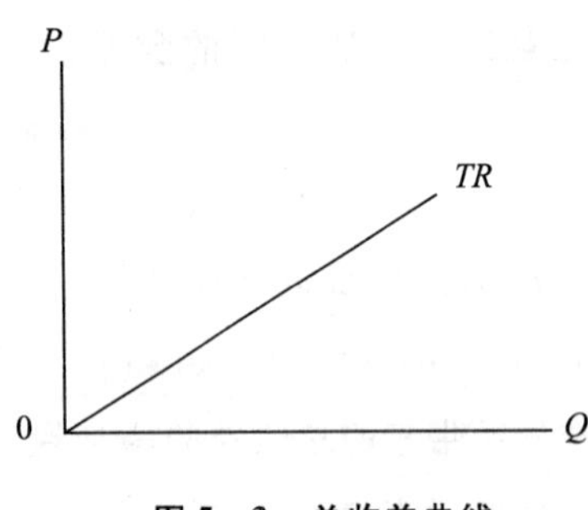

图 5-3　总收益曲线

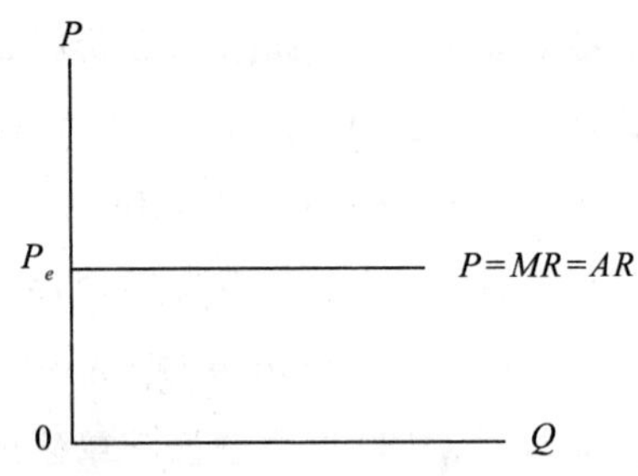

图 5-4　平均收益、边际收益曲线

四、厂商确定生产多少的利润最大化条件

厂商从事生产、经营活动的目的在于获得最大利润，而厂商的利润来源于总收益与总成本之间的差额，用 π 表示利润，即 $\pi = TR - TC$。

厂商要实现最大利润，就必须使总收益与总成本间的差额最大。在短期内，厂商的生产规模无法变动，只能通过对产量的调整来实现最大利润。厂商最大化利润的原则为：在其他条件（消费者的偏好、收入与技术水平等）不变的情况下，厂商选择的最优产量应该是使得最后一单位产品所带来的边际收益等于其所付出的边际成本。或者说，厂商实现利润最大化的均衡条件是边际成本等于边际收益，即 $MC = MR$。

具体做法是厂商在产量依次变动的假设条件下，把 MC 与 MR 和市场价格做比较，以此来决定产量的增减，实现利润最大化的目的。下面我们用图 5－5 具体说明利润最大化条件。

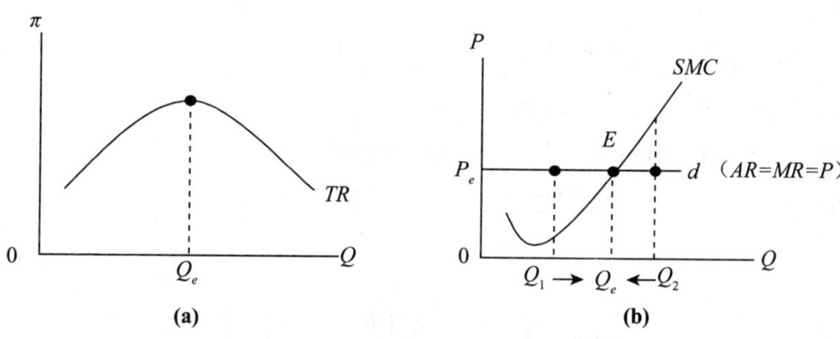

图 5－5　厂商实现利润最大化的均衡条件

图 5－5 中的横轴表示产量，图 5－5(a) 的纵轴表示利润 π，图 5－5(b) 的纵轴表示价格 P（代表一切以价值衡量的变量，如成本、收益、利润等）。厂商经营活动中的生产成本状况可以用短期边际成本 SMC 来表示，厂商的销售收益状况可以用厂商所面临的水平的需求曲线 d 来表示。图 5－5(a) 中倒 U 字曲线为利润曲线。利润随产量的变化而变化，从 0 值开始，在产量为 Q_e 时达到最大值，然后随产量的进一步增加而下降，注意这个利润最大值产量 Q_e 是根据图 5－5(b) 中短期边际成本曲线与厂商边际收益曲线的交点 E 来确定的。在图 5－5(b) 中，如果厂商选择的产量为 Q_1，小于 Q_e，即厂商是位于 $MR > SMC$ 的阶段，这表明厂商增加一单位产量所带来总收益的增加量大于所付出的总成本的增加量，作为理性经济人的厂商，它是不会将产量停留在此处的，也就是说，厂商增加产量是有利的，如图 5－5(b) 中指向右方的箭头所示，可以使总利润得以增加。只要 $MR > SMC$，厂商就会增加产量。从图 5－5 中还可以看出，随着产量的增加，厂商的边际收益 MR 保持不变而厂商的边际成本 SMC 是逐步增加的，最后，$MR > SMC$ 的状况会逐步变化成 $MR = SMC$ 的状况。在这一过程

中，厂商得到了扩大产量所带来的全部好处，获得了他所能得到的最大利润。当厂商把产量扩大到 Q_2 时，此时的产量大于 Q_e，厂商处于 $MR < SMC$ 的阶段，这表明厂商增加一单位产量所带来的总收益的增量小于所付出的总成本的增加量。作为理性经济人的厂商，它是不会将产量停留在此处的，也就是说，在产量超过 Q_e 后，厂商增加产量是不利的，会使总利润减少。所以，如图 5 - 5(b)中指向左方的箭头所示，只要 $MR < SMC$，厂商就会减少产量。同时，随着产量的减少，厂商的边际收益仍保持不变，而厂商的边际成本 SMC 是逐步下降的，直至 $MC = MR$。直到这时，厂商才又获得他短期中所能得到的最大利润。

由此可见，不论是在减产还是在增产，厂商都是在寻求能使自身利润最大化的最优产量，这个最优产量才能使厂商在产量调整的过程中既尽可能地增加利润，又尽可能地避免损失。因此，$MR = MC$ 是厂商实现利润最大化的均衡条件或原则。同时，对于完全竞争厂商来说，在任何产量上都有 $MR = P$，完全竞争厂商实现利润最大化的条件也可以写成是 $MC = P$。

这里需要注意的是，最大利润并不一定是正利润。经济学上所讲的正利润其实是指超额利润，这在后面分析厂商的长期均衡中可以看到这一点。在 $MR = MC$ 的均衡点上，厂商既可能赢利，也可能亏损。正确的理解应该是，厂商如果赢利也是获得最大的赢利；如果是亏损，厂商也是将损失控制在了最小的程度上。

第二节 短期均衡理论

泛美航空连续亏损 12 年

1991 年 12 月 4 日，世界著名的泛美国际航空公司关门倒闭。这家公司自 1927 年投入飞行以来，曾经创造了辉煌的历史，其公司的白底蓝字标志是世界上最广为人知的企业标志之一。然而，对于熟悉内情的人来说，这家公司的倒闭是意料之中的事情，奇怪的是究竟是什么支撑了这个航空业巨子走了这么多年？因为整个 20 世纪 80 年代，除了一年以外，这个公司年年都在亏损，亏损总额近 20 亿美元。在 1980 年出现首次亏损后，为什么不马上停止该公司的业务？

一、完全竞争厂商的短期均衡

我们已经介绍过，短期是指厂商只来得及变动可变成本，但来不及调整固定成本的时期。在短期,完全竞争厂商是在给定的生产规模下,通过对产量的调整来实现 $MR = SMC$ 的利润最大化均衡条件的。在完全竞争市场条件下,要素和产品的价格都是既定不变的。

厂商在短期生产中实现 $MR = SMC$ 时,有可能出现亏损、获得正常利润乃至获得超额利润等多种情况。完全竞争厂商的短期均衡可以具体表现为图 5－6 中的五种情况(设 O 为原点)。

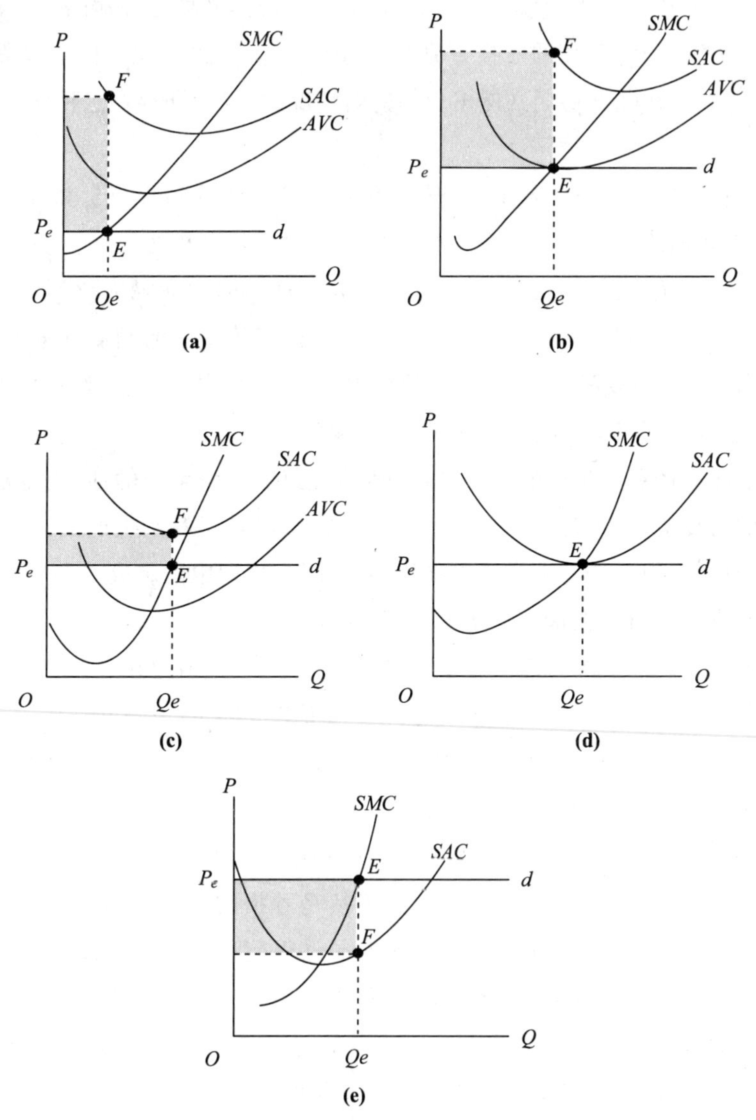

图 5－6　完全竞争厂商短期均衡的五种情况

图 5－6 中有三条成本曲线:SMC、SAC、AVC,它们代表了厂商在短期内无法改变的生产规模状况,短期边际成本曲线 SMC 和厂商所面临的需求曲线相交于点 E。

第一种情况，$AVC > P = AR < SAC$，不生产要比生产强的点。由于多种原因，如市场价格下降、成本过高、经验缺乏、资金有限等，厂商经营有可能会出现平均收益 AR 小于平均可变成本 AVC，全部收益连平均可变成本都无法全部弥补，就更谈不上对不变成本弥补的情况，当然这时只要厂商停止生产，可变成本就可以降为零，显然，此时不生产要比生产强。如图 5－6(a) 所示，短期边际成本曲线 SMC 与厂商的需求曲线 d 交于点 E，相应的均衡产量为 Q_e，由点 Q_e 向 SAC 引出的垂线交 SAC 曲线于点 F。当产量为 OQ_e 时平均成本为 Q_eF，此时厂商获得的总收益为平均收益乘产量，即图5－6(a) 中 OQ_eEP_e，厂商的亏损量则相当于阴影部分的面积。但这里需要强调的是，这种情况只是在经营初期必然出现的暂时情况，如果长期存在这种状况，则厂商必须停止生产。

第二种情况，$AVC_{MIN} = P = AR < SAC$，不生产与生产的临界点。如图 5－6(b) 所示，厂商的需求曲线 d 与平均可变成本曲线 AVC 的最低点相切与 E 点，这一点同时也是 AVC 曲线和 SMC 曲线的交点，恰好也是 $MR = SMC$ 的利润最大化的均衡点。在均衡产量 Q_e 上，厂商还是处于亏损状态的，其亏损相当于图中的阴影部分的面积，而这种情况比图 5－6(a) 要稍好些，因为在价格 P_e 下，所得到的收益正好抵偿平均可变成本 AVC，可变成本可以全部收回。此时，厂商的平均收益 AR 等于平均可变成本 AVC，处于可以继续生产和不生产的边缘。这是因为，如果厂商生产的话，则全部收益只能弥补全部的可变成本，不变成本得不到任何弥补。如果厂商不生产的话，厂商虽然不必支付可变成本，但是全部不变成本仍然存在，因为短期中固定成本是不变的，无论是否生产都要支出。由于在这一均衡点上，厂商处于关闭企业的临界点，所以，**该均衡点也被称做停止营业点或关闭点**。在实际经营过程中，这种情况在经营初期是可以接受的，即使不考虑沉没成本的状况，大部分厂商也不会放弃生产。

第三种情况，$AVC < P = AR < SAC$。随着厂商经营的不断推进，在市场、资金以及经验等方面的积累逐渐加强，厂商出现如图 5－6(c) 所示的情况。均衡点 E 决定的均衡产量 Q_e 和均衡价格 P_e 说明，厂商的平均收益小于平均成本，表现为图中的厂商需求曲线 d 在平均成本曲线 SAC 之下，厂商仍然是亏损的，只是亏损程度进一步减少：不仅全部可变成本都得到弥补，而且不变成本也得到一部分补偿，其亏损量相当于图中的阴影部分面积。同时也应看到，均衡点 E 在平均可变成本曲线之上，于是厂商会继续生产。因为在 Q_e 的产量上，厂商的平均收益 AR 已大于平均可变成本 AVC，虽然 AR 小于 AC，但用全部收益弥补全部可变成本以后还有剩余，可以补偿部分的可变成本。所以，**生产比不生产要强**。厂商处于这种状况还可以期待着市场需求状况好转或筹划改变生产规模。

第四种情况，$AVC < P = AR = SAC_{min}$，收支相抵。厂商的需求曲线 d 相切于 SAC 曲线的最低点，同时这一点也是 SAC 曲线和 SMC 曲线的交点。这一点恰好也是 $MR =$

SMC 的利润最大化的均衡点 E。在均衡产量 Q_e 上，平均收益等于平均成本，都为 EQ_e，厂商的全部收益为 P_eOQ_eE，厂商的经济利润为零，全部收益刚好可以弥补全部成本。但厂商的正常利润实现了。由于在这一均衡点 E 上，厂商既无经济利润，也无亏损，所以该均衡点 E 也被称为厂商的收支相抵点或进入点。

值得注意的是，进入点和停止营业点只是厂商生产与不生产的上下限。具体在二者之间什么位置停业，要看总成本中“沉没成本”的比重情况，沉没成本越多，越接近停止营业点，作为一个正常经营者来说，在图 5－6(b)这种情况下，收益只能弥补可变成本，即使不变成本完全是沉没成本，也必须停业了。

第五种情况，$P = AR > SAC_{min}$，获得超额利润的点。图 5－6(e)是所有厂商最期待出现的状况。根据 $MR = SMC$ 的利润最大化的均衡条件，厂商利润最大化的均衡点为 MR 曲线和 SMC 曲线的交点 E，相应的均衡产量为 Q_e。在 Q_e 的产量上，平均收益为 EQ_e，平均成本为 FQ_e，而平均收益大于平均成本，厂商获得经济利润。在图 5－6(e)中，厂商的单位产品的利润为 EF，产量为 OQ_e，两者的乘积 $EF \cdot OQ_e$ 等于总利润量，它相当于图中的阴影部分的面积。

综上所述，完全竞争厂商短期均衡的条件是：

$$MR = SMC，其中\ MR = AR = P \tag{5.2}$$

二、完全竞争厂商的短期供给曲线

根据第二章供求论可知，市场均衡价格是由供给曲线和需求曲线共同决定的，在分析完全竞争厂商的短期均衡时我们明确了完全竞争厂商的需求曲线，现在分析完全竞争厂商的短期供给曲线。厂商的供给曲线是指在不同的销售价格水平上，厂商愿意生产和销售的产量变动曲线。它表示的是短期内厂商最有利润可图或亏损最小的产品价格与产量水平之间的关系。在完全竞争市场上，厂商的短期供给曲线可以用短期边际成本 SMC 曲线来表示。

对完全竞争厂商来说，为了获得短期的最大利润，会根据 $MR = SMC$ 条件选择最优产量，而 $MR = AR = P$，所以，完全竞争厂商的短期均衡条件又可以用 $P = SMC$ 来表示。这样一来，给定一个价格 P，就有一个相应的最优产量 Q，能够使得厂商实现利润最大化。这意味着在价格 P 和厂商的最优产量 Q（即厂商愿意而且能够提供的产量）之间存在着一一对应的关系，而厂商 SMC 曲线恰好准确地表明了这种商品的价格和厂商的短期供给量之间的关系。在图 5－7 中，我们展示了厂商短期均衡的五种可能的情况。

通过分析可见，当市场价格分别为 P_1、P_2、P_3、和 P_4 时，厂商根据 $MR = SMC$（即 $P = SMC$）的原则，顺次选择的最优产量为 Q_1、Q_2、Q_3 和 Q_4，短期边际成本曲线 SMC 上的 E_1、E_2、E_3 和 E_4 点就明确地表示了这些不同的价格水平与相应的最优产量之间的对应关系。根据前面完全竞争厂商短期均衡的分析知:厂商只有在 $P \geq AVC$ 时才会进行生产,而在 $P < AVC$ 时,厂商会停止生产。所以,厂商的短期供给曲线应该用 SMC 曲线上大于和等于 AVC 曲线最低点的部分来表示,即用 SMC 曲线大于和等于停止营业点的部分来表示。如图 5-7(b)所示,图中 SMC 曲线上 d 点以上的部分就是完全竞争厂商的短期供给曲线 $S=S(P)$,该线上的 a、b、c 和 d 分别与图 5-7(a)中的 SMC 曲线上的 E_1、E_2、E_3 和 E_4 点相对应。用公式表示为:

$$P = SMC(Q), P \geq AVC_{min} \tag{5.3}$$

图 5-7(b)表明完全竞争厂商的短期供给曲线是向右上方倾斜的,它表示了商品的价格和供给量之间呈同向变动关系,这是因为平均可变成本曲线 AVC 以上部分的边际成本是递增的。厂商的供给曲线的斜率为正意味着当产品的市场价格上升时,厂商的供给量增加,当产品的市场价格下降时,厂商的供给减少。更重要的是,完全竞争厂商的短期供给曲线表示厂商在每一个价格水平的供给量都能为其带来最大利润或最小亏损的最优产量。

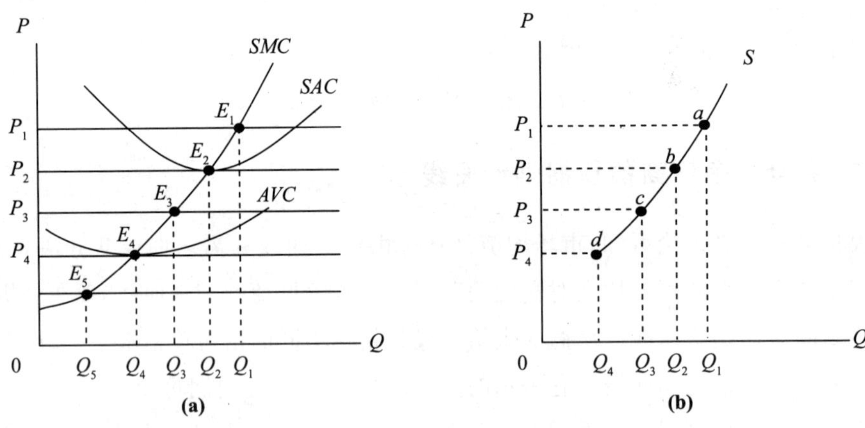

图 5-7　完全竞争厂商的短期供给曲线

三、完全竞争行业的短期供给曲线

在任何价格水平上,一个行业的供给量等于行业内所有厂商的供给量的总和。那么,这是否意味着加总各个厂商的供给曲线就可以得到市场供给曲线或者行业供给曲线了呢?答案并非简单的是或不是。我们只能说在一定的条件下,加总行业内所有厂商的供给曲线可以得到行业供给曲线或者说是市场供给曲线,而这个条件就是生产要素的价格不变。只有在生产要素价格不变的前提下,才不会出现因要素价格变动而引起厂商的成本变动,进而引起短期边际成本曲线和短期供给曲线发生变动的情况。

在生产要素的价格水平不变前提下,一个行业的短期供给曲线就是该行业内所有厂商的短期供给曲线的水平加总而得到,或者说,把完全竞争行业内所有厂商的 SMC

曲线位于 AVC 曲线上的部分水平相加得到。下面用图 5－8 具体加以说明。在图中，假定某完全竞争行业中有 1000 个相同的厂商，每个厂商都具有相同的短期成本曲线和相应的短期供给曲线，用图 5－8(a)中的实线 S 表示。将这 1000 个相同的厂商的短期成本曲线水平相加，便得到图 5－8(b)中的行业的短期供给曲线 S。很清楚，在每一个价格水平，行业的供给量等于这 1000 个厂商的供给量的总和。例如，当价格为 P_1 时，每个厂商的供给量为 20，行业的供给量为 20000(＝20×1000)；当价格为 P_2 时，每个厂商的供给量为 40，行业的供给量为 40000(＝40×1000)，如此等等。

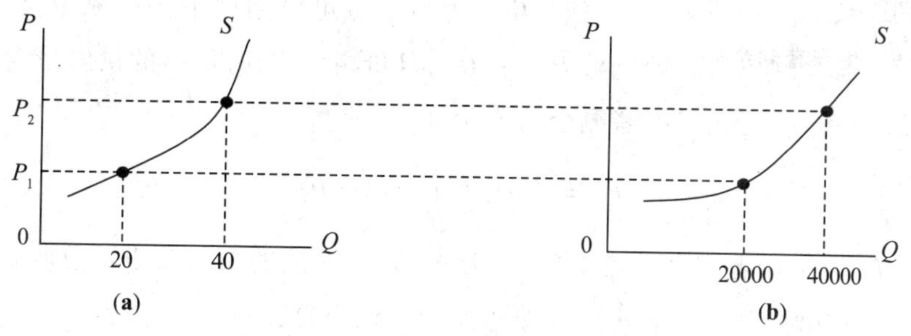

图 5－8　完全竞争行业的短期供给曲线

我们可以将厂商的短期供给函数和行业的短期供给函数之间的关系用公式表示为：

$$S(P) = \sum_{i=1}^{n} S_i(P) \tag{5.4}$$

式中，$S_i(P)$ 为第 i 个厂商的短期供给函数；$S(P)$表示行业的短期供给函数。如果行业内的 n 个厂商具有相同的短期供给函数，则公式可以写成：

$$S(P) = n \cdot Si(P) \tag{5.5}$$

由于行业的短期供给曲线是单个厂商的短期供给曲线的水平加总，所以行业的短期供给曲线基本保持了完全竞争厂商的短期曲线的特征，即行业的短期供给曲线也是向右上方倾斜的，它表示市场的产品价格和市场的短期供给量呈同方向的变动。而且，由于厂商短期供给曲线上的每一点都表示能在相应价格下使得厂商赢利最大或亏损最小的产量，所以，行业的短期供给曲线上与每一价格水平相对应的供给量，都是使全体厂商在该价格水平下获得最大利润或遭受最小亏损的最优产量。

四、生产者剩余

利用我们已经推导出来的完全竞争厂商的供给曲线，可以分析生产者剩余。

生产者剩余是一个与消费者剩余相对应的概念，**生产者剩余指厂商在出售一定数量的某种产品时实际接受的总支付与愿意接受的最小总支付之间的差额。**它通常用市场价格线以下、厂商的供给曲线以上的面积来表示，如图 5－9 中的阴影部分面积所示(设 O 为原点)。我们知道,在生产中,只要每一单位产品的价格大于边际成本,厂商进行生产总是有利的。在这种情况下,厂商就可以得到生产者剩余。因此,在图中,P_e 价格线以下和供给曲线以上的阴影部分面积表示生产者剩余。其中,价格线以下的矩形面积 OP_eEQ_e 表示厂商的总收益,也即厂商实际接受的总支付,供给曲线以下的面积 $OHEQ_e$ 表示厂商愿意接受的最小总支付,这两块面积之间的差额构成生产者剩余。

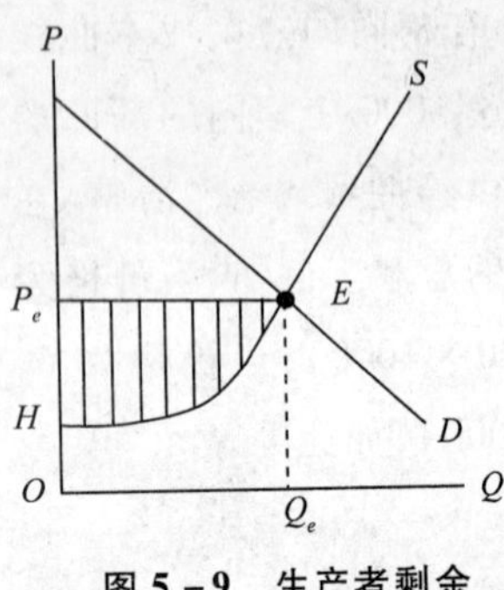

图 5-9 生产者剩余

当然,生产者剩余也可以用以下公式来定义。令反供给函数 $P^S=f(Q)$,且价格为 P_e 时厂商的供给量为 Q_e,则生产者剩余可表示为:

$$P^S = P_eQ_e - \int_0^{Qe} f(Q)\,dQ \tag{5.6}$$

其中,P^S 为生产者剩余的英文简写,公式(5.6)右边的第一项表示总收益,即厂商实际接受的总支付,第二项表示厂商愿意接受的最小总支付。

第三节 长期均衡理论

是固守还是转向?

小张是一位清华大学毕业生,大学毕业后进入国有企业工作,由于勤奋努力,几年下来有了一些积蓄。他为了实现自己的理想,在朋友的帮助下辞职办了一家农产品贸易公司。经过一年多的经营,取得了良好的收益。然而,近来他发现随着利润的增加,越来越多的经营者加入了其经营的行业。面对新形势他不得不深思:市场扩大、竞争加剧、利润越来越薄,是固守还是转向?广大读者朋友们,帮小张出出主意吧!

一、完全竞争行业长期均衡

我们已经分析过完全竞争条件下厂商短期均衡时可能有三种状态:获得超额利润;遭受损失;获得正常利润。但在长期中,所有要素的投入数量及比例都是可以改变的,厂商不仅可以通过调节产量,而且可以通过对规模的调整来实现利润最大化目标。这里所说的长期,除了指该行业厂商可根据市场需求变化调整一切生产要素,包括原材料、机器、设备、厂房、工人等，从而调整生产规模的时期外，还指厂商有时间进入或退出该行业的时期。在长期中，是没有固定成本的，一切成本都是可变的。

如图 5－10 所示，设 O 为原点，在长期单个厂商按照 $P=LMC$ 的利润最大化原则调整生产规模确定产量。长期中，如果按照 $P=SMC$ 的原则确定产量 Q_1，虽然也有超额利润，但是，由于 MR 大于 LMC，厂商的总利润还有上升空间，理性的厂商必然会扩大生产规模以此获得增大利润的好处。只有按照 $P=LMC$ 的原则，选择 SAC_2、SMC_2 的生产规模 Q_2 的产量进行生产，才能获得最大限度的利润。

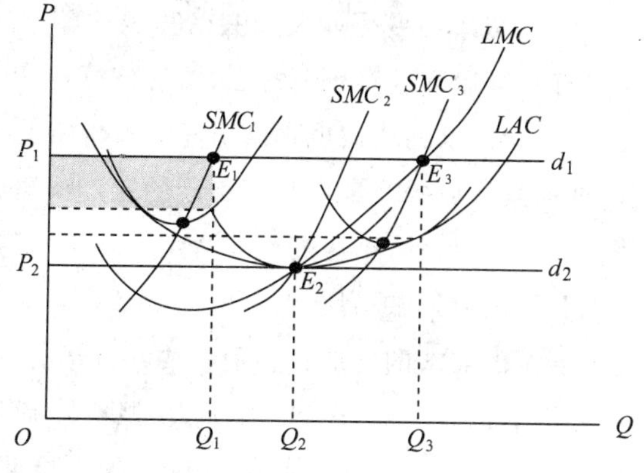

图 5－10　完全竞争行业的长期均衡

完全竞争行业的长期均衡条件是

$$P=LAC_{min} \qquad (5.7)$$

当 $P=\text{LMC}$ 时，单个厂商可能赢利也可能亏损。一旦亏损即 $P<LAC$，行业内厂商会退出该行业，转向经营其他产品。相反，如果赢利，即 $P>LAC$，厂商会继续生产。

在图 5－10 中，由于单个厂商获得超额利润，新厂商会不断加入该行业，商品供给增加，市场价格下降，单个厂商的需求曲线 d_1 向下平行移至 d_2 与 LAC 曲线最低点相切于 E_2。这时，均衡价格降到 P_2，P_2 是厂商长期均衡价格；Q_2 是厂商的长期均衡产量。综上所述，由于厂商自身规模可以调整、厂商进入或退出自由，调整的结果：既不能存在超额利润，也不能存在亏损，只能获得正常利润。$P=LAC_{min}$，被称为完全竞争行业的均衡点。

可见，完全竞争条件下，厂商长期均衡实现了：

$$P=LMC=LAC=SMC=MR=AR=SAC \qquad (5.8)$$

在各种长期均衡中，完全竞争行业的长期均衡，产品价格最低，对消费者有利；可以用最低平均成本生产出均衡产量，对生产者也有利，这时市场达到了长期均衡，生产资源得以最有效利用，对社会经济的发展更有利。

二、完全竞争行业长期供给曲线

我们以上的分析始终隐含着这样一个假设，即生产要素的价格是不变的，正是在这个假定下，前面我们直接由厂商的短期供给曲线的水平加总而得到了行业的短期供给曲线。现在我们的任务是要分析行业的长期供给曲线，这个假定就要放弃了。因为，当厂商进入或退出一个行业时，整个行业产量的变化导致对生产要素市场需求的变化，生产要素供求的变化，从而必然引起生产要素价格的变化。根据行业产量变化对生产要素价格可能产生影响的具体情况，我们将完全竞争行业区分为成本不变行业、成本递增行业和成本递减行业。这三类行业的长期供给曲线分别具有自身的特征。

（一）成本不变行业长期供给曲线

有些行业有这样一个特点，即使该行业产品生产增加引起了要素需求的增加，但是，对要素需求的增加也不会引起要素价格的上升。我们把这种行业叫做**成本不变行业，亦即某行业的产量变化所引起的生产要素需求的变化，不对生产要素的价格发生影响**。这主要是由于这类行业对生产要素的需求量，只占生产要素市场需求量的很小一部分原因所致，或者行业面临的生产要素市场是完全竞争的市场，行业产量扩大对生产要素的需求的增加不会引起要素价格的上涨，相应的单位产品的成本不会随产量扩大而增加，即 *LAC* 不变。比如，小型食品加工厂，即使行业内的厂商数量增加了，也不会影响粮食的价格。成本不变行业的长期供给曲线是一条水平线。如图 5－11 所示。

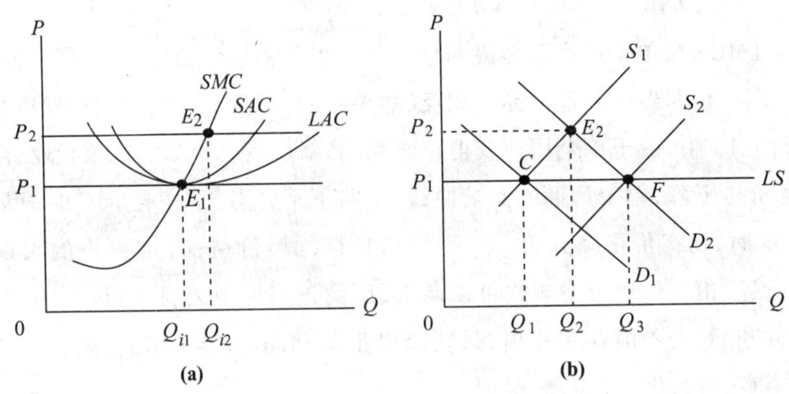

图 5－11　成本不变行业的长期供给曲线

图 5－11（a）是完全竞争厂商和行业的长期均衡，图 5－11（b）显示的是由市场需求曲线 D_1 和市场短期供给曲线 S_1 的交点 *C* 所决定的市场均衡价格为 P_1。在价格水平 P_1 下，完全竞争厂商在 *LAC* 曲线的最低点 E_1 实现长期均衡，每个厂商的利润均为零。由于行业内不再有厂商的进入和退出，故称 *C* 点为行业的一个长期均衡点。此时，厂商的均衡产量为 Q_{i1}，行业均衡产量为 Q_1，且有 $Q_1 = \sum_{i=1}^{n} Q_{i1}$。

假定由于出口增加了对加工厂粮食的需求，使得 D_1 曲线向右移至 D_2 曲线的位置，且与 S_1 曲线相交，相应的市场价格水平由 P_1 上升到 P_2。在新的价格 P_2 下，单个厂商在短期内沿着既定生产规模的 *SMC* 曲线，将产量由 Q_{i1} 提高到 Q_{i2}，并获得超额利润。

厂商在价格为 P_2 下所得到的利润，并不能永久保持，在长期中，他们会吸引新厂商加入到该行业中来，导致行业供给增加。行业供给增加一方面会增加对生产要素的需求。不过由于加工厂对粮食的需求数量不能改变粮食的价格，也就是说，该行业在一定条件下是成本不变行业，生产要素的价格不因需求的增加而发生变化，从而企业的成本曲线的位置不变。另一方面，行业供给增加又会使厂商的 S_1 曲线不断向右移动，相应地，市场价格和单个厂商的利润也会逐步下降。这个过程一直要持续到 S_1 曲线移动到 S_2 曲线的位置，从而使各厂商的利润消失为止，这时会使得市场价格又回到了原来的长期均衡价格水平 P_1，单个厂商又在原来的 LAC 曲线的最低点 E 实现长期均衡。所以，D_2 曲线和 S_2 曲线的交点 F 是行业的又一个长期均衡点。此时有 $Q_3 = \sum_{i=1}^{n} Q_{i1}$。市场的均衡产量的增加量为 Q_1Q_3，它是由新加入的厂商提供的，但行业内每个厂商的均衡产量仍为 Q_{i1}。

将 C、F 这两个行业的长期均衡点连接起来的直线 LS 就是行业的长期供给曲线。可见，成本不变行业的长期供给曲线是一条水平线。它表示在不变的均衡价格水平下厂商可以提供足够产量，该均衡价格水平等于厂商的不变的长期平均成本的最低点。市场需求变化，会引起行业均衡产量的同方向的变化，但长期均衡价格不会发生变化。

（二）成本递增行业长期供给曲线

如果行业投入的生产要素的需求量在整个社会对这种要素的需求量中占有很大比重，或者这种投入的生产要素是专用性的，即只有这种生产要素才能生产这种产品，没有别的要素可替代，此时行业产量的扩大将引起所需生产要素价格的上涨，从而单位产品的平均成本（LAC）将提高，例如，如果行业使用的高素质劳动力需求增加而出现供给短缺，就会出现成本增长的情况，或者行业所必需的矿物资源只能在某种土地上得到，那么随产出增加，作为投入的土地成本增加，这种平均成本随产量增加而上升的行业就称为成本递增行业。成本递增行业的长期供给曲线的特征是一条向右上方倾斜的曲线，如图 5－12 所示。

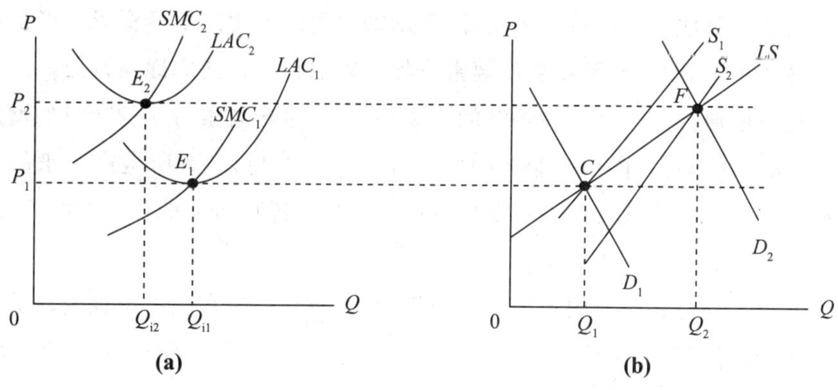

图 5－12　成本递增行业的长期供给曲线

在图 5－12(a)中,开始时单个厂商的长期均衡点 E_1 与图 5－12(b)中行业的一个长期均衡点 C 是相互对应的。它们表示在市场均衡价格水平 P_1,厂商在 LAC_1 曲线的最低点实现长期均衡,此时单个厂商的利润为零。

假定市场需求增加使市场需求曲线向右移至 D_2 曲线的位置,从而与原市场短期供给曲线 S_1 相交形成新的更高的价格水平 P_2。在 P_2 价格水平下,厂商短期内会以 SMC_1 曲线所代表的生产规模从事生产,并从中获得利润。

从长期来看,由于利润的吸引而使新厂商加入到该行业,会造成整个行业供给增加。由于行业供给增加,一方面会增加对生产要素的需求。但与成本不变行业不同,在成本递增行业,生产要素需求的增加会引起生产要素的市场价格上升,从而推动厂商的成本曲线上升,如图 5－12(a)中的 LAC_1 曲线和 SMC_1 曲线的位置分别向上移动至 LAC_2 和 SMC_2。另一方面,行业供给增加直接表现为图 5－12(b)中市场供给曲线 S_1 向右移动至 S_2。经过这番调整,致使厂商和行业分别在图 5－12(a)中 E_2 点和图 5－12(b)中 C 点实现厂商的长期和行业的长期均衡。这时,在由图 5－12(b)中 D_2 曲线和 S_2 曲线所决定的新的市场均衡价格水平为 P_2,图 5－12(a)中厂商在 LAC_2 曲线的最低点实现长期均衡,每个厂商的利润又都为零,且使 $Q_2 = \sum_{i=1}^{n} Q_{i2}$。

将图 5－12(b)中 C、F 这两个行业长期均衡点连接起来的曲线 LS 就是行业的长期供给曲线,该曲线的特点是向右上方倾斜的。它反映了在长期中行业的产品价格和供给量呈同方向变动的规律。需要强调的是,市场需求的变动不仅会引起行业长期均衡价格的同方向的变动,还会引起行业长期均衡产量的同方向的变动。

(三)成本递减行业的长期供给曲线

在现实生活中,由于存在外部经济与技术进步,有些行业会在增加产量的同时,产量的平均成本却随之下降。例如,同样品质电视机的价格较之 20 年价格降了 10 倍之多,但是市场供给量却比从先增加了 10 倍还多。怎样解释这一现象呢?我们说,它是成本递减行业。与成本递增行业相反,**产量增加所引起的生产要素需求的增加不仅没有使生产要素价格升高,反而使生产要素价格下降的行业是成本递减行业。**这种行业引起成本递减的原因主要是外在经济的作用。比如,生产要素行业的产量的增加形成规模经济,从而使得行业内单个企业的生产效率得到提高,导致所生产出来的生产要素的价格下降。成本递减行业的长期供给曲线与成本递增行业的供给曲线相反,是向右下方倾斜的。如图 5－13 所示。

对图 5－13 的分析与对图 5－12 的分析相似,只是曲线在图中位置变动的方向正好相反。开始时,厂商在图 5－13(a)中左上方 E_1 点实现长期均衡,行业在图 5－13(b)中 C 点实现长期均衡,E_1 点和 C 点是相互对应的。区别在于,当市场价格上升,新厂商由于利润的吸引而加入到该行业以后,一方面,由于上成本递减行业,

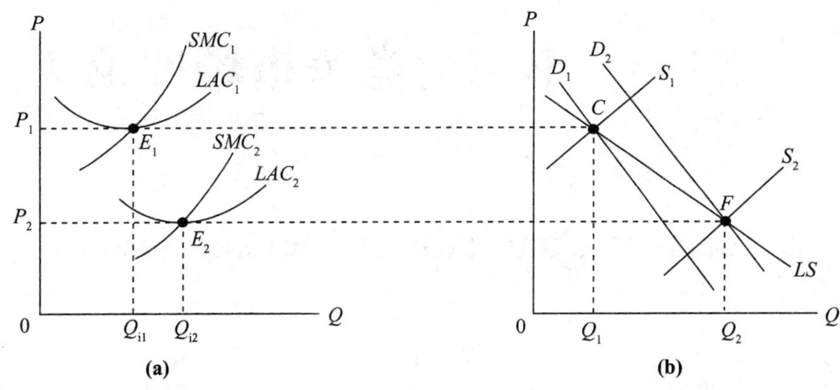

图 5－13　成本递减行业的长期供给曲线

行业供给增加所导致的对生产要素需求的增加,却使生产要素的市场价格下降了,这就使图中原来的 LAC_1 曲线和 SMC_1 曲线的位置向下移动到 LAC_2 曲线和 SMC_2 曲线的位置。另一方面,行业供给量的增加也直接表现为 S_1 曲线的位置向右移至 S_2。这两种变动一直要持续到厂商在图 5－13(a)中 E_2 点实现长期均衡和行业在图 5－13(b)中 F 点实现长期均衡为止。此时,在由 D_2 曲线和 S_2 曲线所决定的新价格水平 P_2,厂商在 LAC_2 曲线的最低点实现长期均衡,每个厂商的利润又恢复为零,且 $Q_2=\sum_{i=1}^{n}Q_{i2}$。

将 C、F 这两个行业长期均衡点连接起来的曲线 LS 就是行业的长期供给曲线。该曲线的特点是向右下方倾斜的,它表示在长期中,行业的产品价格和供给量呈反方向变动的规律。市场需求的增加会引起行业长期均衡价格的反方向的变动,同时还会引起行业长期均衡产量出现同方向变动。

以下举例说明成本不变、成本递增和成本递减这三种情况:

假定某完全竞争行业中市场需求函数为 $Q_d=70000-5000_P$,市场供给函数为 $Q_s=40000+2500_P$,由 $Q_d=Q_s$ 求得均衡价格 $P=4$。如果这时该行业中各厂商的 LAC 曲线的最低点价格也为 4,则该行业中所有厂商及行业本身在 $P=4$ 的价格水平上达到长期均衡。如果这时市场需求增加,需求曲线变为 $Q_d'=100000-5000_P$,

$Q_d'=Q_s$,可求得该行业新的均衡价格提高到 $P=8$。如果这时有新厂商加入,从而使市场供给曲线变为 $Q_s'=70000+2500_P$,由 $Q_d'=Q_s'$可求得该行业新的均衡价格仍为 $P=4$。这说明此行业属于成本不变行业。若新厂商加入使供给函数变为:

$Q_s''=55000+2500P$,由 $Q_d'=Q_s''$,可求得该行业新的均衡价格为 $P=6$,这说明该行业为成本递增行业。若新厂商加入使市场供给函数变为:$Q_s'''=85000+2500_P$,由 $Q_d'=Q_s'''$可求得该行业的均衡价格为 $P=2$,这说明该行业属成本递减行业。

第六章 不完全竞争市场理论

Imperfect Competition Market Theory

微软公司遭到反垄断诉讼

1999年,联邦法官托马斯·杰克逊宣布微软是垄断机构。被告方微软公司对比表示失望。就在当天,微软公司的股票就暴跌了6%,但是其竞争对手红帽子公司、苹果公司以及太阳公司的股票均有不同程度的上涨。

微软公司是不是垄断机构?按照第五章完全竞争厂商的四个特征看——行业内存在大量的厂商、产品无差异、被动接受市场价格以及进入无壁垒,至少它不是一个完全竞争的厂商。在西方经济学中,除了完全竞争市场外,经济社会中存在着不完全竞争市场的组织结构,其共同特征是竞争的不充分性,或具有一定的垄断性。微软公司在软件行业内是一大巨头,能够与其竞争的寥寥无几,它属于不完全竞争市场中的厂商。那么,不完全竞争厂商的需求曲线、收益曲线形状如何呢?它们是怎样进行产量和价格决策的?本章着重介绍不完全竞争市场的特征、不完全竞争厂商产品的价格决定和产量决定,以及对不同市场经济效率进行比较分析等内容。

第一节 不完全竞争市场概述

一、不完全竞争厂商的需求曲线

不完全竞争市场指**带有一定垄断成分、竞争不充分的市场,包括垄断市场、寡头市场和垄断竞争市场三类组织形式**。其中,垄断市场的垄断程度最高,寡头市场居中,垄断竞争市场最低。由于不完竞争厂商共同具有的垄断特性,使得它们必然具有共同的衍生特征:对自己所生产的产品的价格有一定的控制权。它们作为价格的被动接受者,面临的需求曲线是一条向右下方倾斜的曲线。一般来说,替代品越多,需求曲线弹性越大,倾斜程度越小,越陡峭;相反,替代品越少,需求曲线的弹性越小,倾斜程度越大,越平坦。垄断厂商因为几乎没有相近的替代品,它的需求曲线最为陡峭,其次是寡头,相对来说,最为平坦的需求曲线是垄断竞争市场,因为它的相近替代品最多。为了方便起见,我们假定需求曲线是线性的,用反需求函数来表示:

$$P = a - bQ \tag{6.1}$$

式中,a、b 为常数,且 a、$b > 0$。

二、不完全竞争厂商的收益曲线

由于厂商的平均收益 AR 总是等于商品的价格 P,所以不论是在哪个市场上,厂商平均收益曲线 AR 总是与其需求曲线 P 重合。不完全竞争厂商的 AR 曲线和它的需求曲线重合,都是同一条向右下方倾斜的曲线,则

$$AR(Q) = P(Q) = a - bQ \tag{6.2}$$

由于 AR 曲线是向右下方倾斜的,根据平均量和边际量之间的拉上拉下的关系可以推知,不完全竞争厂商的边际收益 MR 总是小于平均收益 AR,位于 AR 曲线的左下方,且也向右下方倾斜。

由反需求函数:$P = a - bQ$

可得总收益函数和边际收益函数分别为:

$$TR(Q) = P(Q) \cdot Q = aQ - bQ^2 \tag{6.3}$$

$$MR(Q) = TR'(Q) = a - 2bQ \tag{6.4}$$

从几何意义上看,MR 曲线平分由纵轴到需求曲线的任何一条水平线,这是不完全竞争市场曲线图形的一个规律。

由于每一销售量上的边际收益 MR 值,就是相应的总收益的 TR 曲线的切线斜率,所以当 $MR > 0$ 时,TR 曲线的斜率为正,总收益是增加的;当 $MR < 0$ 时,TR 曲线的斜率为负,总收益是减少的;当 $MR = 0$ 时,TR 达到最大值点。因此,总收益 TR 曲线是一条开口向下的抛物线。如图 6 - 1 所示。

如果微软公司的需求曲线是 $P = 10 - 2Q$,它的总收益 $TR = P \cdot Q = 10Q - 2Q^2$。

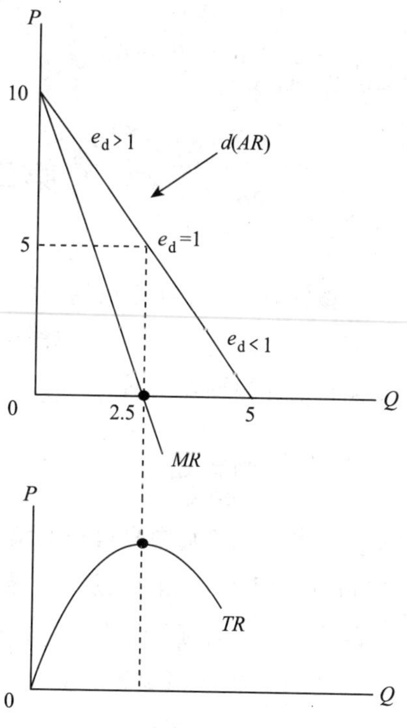

图 6 - 1　需求曲线、平均收益曲线和边际收益曲线

三、不完全竞争厂商确定产量和价格的利润最大化原则

接下来，我们想知道的事情是，微软作为不完全竞争厂商，在已知需求曲线和成本曲线的情况下，应该如何做出产量决策和价格决策。不完全竞争厂商要根据 $MR=MC$ 的原则做出产量决策和价格决策，因为它不是市场价格的被动接受者。

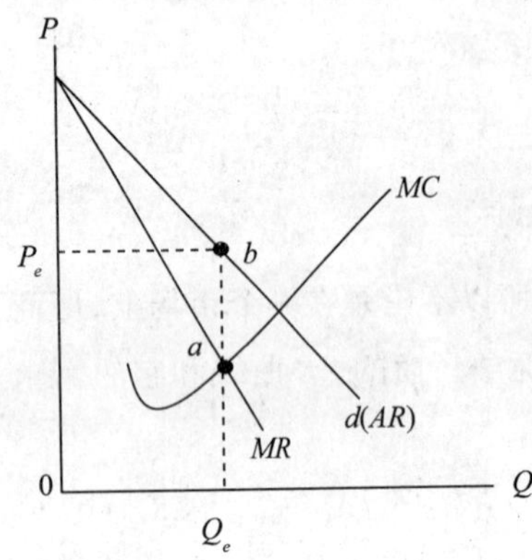

图 6－2　不完全竞争厂商的产量和价格的决策

在图 6－2 中，需求曲线 P 也是平均收益 AR 曲线，二者重合，表明价格是产量的函数。把边际收益 MR 曲线和边际成本 MC 曲线也画在图 6－3 的坐标中，我们看到：边际收益 MR 与边际成本 MC 相交于 a 点，a 点所对应的产量是 Q_e，价格是 P_e，二者的组合点 $b(Q_e,P_e)$ 在需求曲线上。我们说，b 点就是满足利润最大化的产量和价格的组合点。

假定微软公司的需求曲线是 $P=10-2Q$，短期总成本函数是 $STC=50+0.5Q^2$，则边际成本函数是 $SMC=Q$，边际收益函数是 $MR=10-4Q$。根据 $MR=SMC$ 的利润最大化原则，厂商应确定的产量是 $Q_e=2$，价格是 $P_e=6$。

第二节　垄断理论

微软公司属于哪个市场内的厂商，是不是微软垄断诉讼案所说的垄断机构呢？为了回答这个问题，我们首先要明确什么是垄断。另外还要清楚垄断产生的原因，以及垄断厂商在短期和长期的产量决策和价格决策等。

一、垄断概述

垄断是指市场中只有一个卖方，有数个买方的市场组织。垄断的本质是对供给的控制，有四个特征：第一，从厂商数量来看，垄断是整个行业中只有唯一一个厂商的市场组织。这个特征使得垄断厂商的需求曲线成为市场的需求曲线。第二，从所生产或经营的产品来看，该垄断厂商生产和销售的商品，独一无二，没有任何相近的替代品。垄断的这一产品特性决定了它的需求曲线缺乏弹性，非常陡峭。第三，从进入壁垒状况来看，其他任何厂商进入该行业都极为困难或不可能。这一点就注定了，垄断厂商不存在任何竞争对手。第四，垄断厂商对自己产品的价格有很强的控制力。因此，它的需求曲线向右下方倾斜。

独家垄断厂商在排除任何竞争对手,独立控制整个行业的生产或销售的情况下,它可以通过向市场少投放商品来提高价格的办法,取得超额利润。这就意味着垄断造成了一种社会成本,即只有少数消费者能够买到这种产品,且花费较高的价钱。这必然引起消费者的不满,因此,经济社会对于垄断深恶痛绝,对于垄断机构不断提起诉讼。但是如果严格按照垄断的这四条标准,我们不难断定,如同完全竞争一样,纯粹的垄断是不存在的,它只是理论上的一种假定。

垄断是怎样形成的? 我们说,垄断形成的根本性原因是进入壁垒。进入壁垒限制了其他厂家进入的可能性,从而圈定了一个没有竞争的领地,独家厂商可以调高价格独享超额利润。

围绕着进入壁垒,可能有四方面的原因:第一,拥有关键资源的排他性所有权。众所周知,高岭土是一种重要的非金属矿产,与云母、石英、碳酸钙并称为四大非金属矿,广泛应用于造纸、搪瓷、橡胶、陶瓷等工业领域,同时也是医药和国防等行业所必需的矿物原料。一些高新技术领域也开始大量运用高岭土作为新材料,原子反应堆、航天飞机和宇宙飞船的耐高温瓷器部件,也用高岭土制成。同时,国际高岭土资源十分紧缺。我国的茂名高岭科技有限公司就具有资源垄断优势,在当地独家控制高岭土的基本资源供给。这种对生产资源的独占,排除了经济中的其他厂商生产同种产品的可能性。第二,政府创造的垄断。其实,掌握关键资源进行资源垄断的案例是很稀少的,因为世界经济的一体化,导致任何资源的独占成为困难。在许多情况下,垄断的产生是源于政府给予一个企业排他性生产或经营某种商品或劳务的权利。例如英国历史上的东印度公司,就是由政府特许而垄断了对东方的贸易。我国给予专业外贸公司的玉米出口许可证,就排除了其他公司出口玉米的可能性。第三,自然垄断。**当一个厂商能以低于两个或更多厂商的平均成本为整个市场供给一种商品时,这个行业就是自然垄断。**自然垄断的产生源于规模经济。经济生活中,有些行业的规模经济只需较低的产量就能实现,这种行业生产的准入门槛相对较低,其他厂商容易进入,所以垄断成为困难。但是,个别行业的规模经济需要在一个很大的产量水平和巨大的资本设备运行水平才能得到充分的体现,以至于整个行业的产量只有由一个企业来生产时才有可能达到这样的生产规模。自然垄断的一个例子是供电。为了向一个城市提供民用电,厂商必须铺设遍及全市的输电设备,这需要巨额的资本垫付。假如有三家厂商参与竞争也提供这种服务,那么每个厂商都必须在全市重复铺设一套完整的线路,支付同样多的固定成本。然而,全市的用电量是相对稳定的,于是分摊在每度电上的成本,较之一家厂商来说要高出 2 倍。反之,如果一家厂商为整个市场服务,电的平均成本摊薄了。这就是说,在任何一种既定的产量情况下,厂商的数量越多,每个企业的产量越少,市场份额越低,平均成本越高,越难以实现规模经济。第四,由掌握特殊技术形成的垄断。如美国可口可乐公司就因长期控制了技术配方而垄断了这种产品的供给。那么,微软公司的软件操作系统的垄断属于哪种情况呢？我们说，至少应当属于技术垄断。

为了获得更多的利润，垄断厂可以利用产品价格的控制权，**对同一种产品按照不同价格收取钱款，实施价格歧视**(Price Discrimination)。在现实生活中，这样的例子很多。例如，消费者如果购买的产品数量多，通常可以争取到低于零售价格的批发价格。对于价格歧视，我们可以按照歧视程度的不同，把它分成三种类型。

一级价格歧视(First - degree Price Discrimination)。**如果厂商对于每一单位产品都按照消费者所愿意支付的最高价格出售的话，称为一级价格歧视。**一级价格歧视是按照消费者的需求价格定价，这种价格歧视剥夺了全部消费者剩余，因此又叫完全价格歧视。一级价格歧视的条件是：厂商能够完全洞察消费者的心理，知道每一单位产量的购买，消费者愿意支付的价格的详尽情况。基于这个条件可见，一级价格歧视仅仅是一种理论上的假定，现实生活中很难存在。

二级价格歧视(Second - degree Price Discrimination)。**二级价格歧视是指厂商对消费者的不同购买数量规定不同的价格。**这种价格歧视不像一级价格歧视那么严重，而且经济生活中也很常见。例如，消费者购买少量产品时的价格通常是相对较高的零售价格；如果购买数量较大，有可能享受较为优厚的批发价格；当购买量达到一个厂商认可的非常大的数量时，消费者可以享受最为优惠的出厂价格。

三级价格歧视(Third - degree Price Discrimination)。在不同的消费者具有不同的偏好、不同的销售市场是相互隔离且排除中间商由低价处买进商品、转手又在高价位市场出售从中获利的可能条件下，**垄断厂商对不同市场实施不同价格的做法称为三级价格歧视。**三级价格歧视在生活中也很常见。比如，微软公司的 vista 操作系统，就实行对欧美高收入地区与我国这样尚属于人均收入水平较低的发展中国家的市场差别定价，这种不同市场的差别定价就是典型的三级价格歧视。

我们知道完全竞争厂商的短期和长期均存在着产品数量和价格一一对应的具有规律性的供给曲线，其中，短期供给曲线是向右上方倾斜的 *SMC* 曲线，而长期，对应成本递增行业、成本递减行业和成本不变行业，供给曲线分别是向右上方倾斜、向右下方倾斜和水平的三种。但是垄断厂商则不同，由于存在着价格歧视，就可能出现，价格与销售数量非一一对应的关系，难以画出价格和数量一一对应的供给曲线。同样，凡是带有垄断色彩的厂商，如寡头、垄断竞争厂商，都不存在规律性的供给曲线。

二、垄断厂商的短期均衡

在非价格歧视情况下，垄断厂商为了利润最大化，短期内通常要根据 $MR = SMC$ 的原则制定价格决定产量。由于它的垄断性特征使得它在高价少销和低价多销之间权衡比较。但是在利润最大化的均衡点上，由于消费者的需求状况厂商无法控制，以及部分要素不能随便变动等原因，使得厂商也有亏损的可能。因此，也像完全竞争厂商一样，垄断厂商在短期均衡时，利润状况有五种。

获得超额利润。条件：$P_e > SAC$。

如图 6－3 所示，在厂商 $MR = SMC$ 的最优产量 Q_e 和价格 P_e 组合点 B 的下方，存在着一条 U 形的短期平均成本 SAC 曲线。这说明 Q_e 所对应的价格 P_e（平均收益 AR）大于平均成本 SAC，厂商的收益在弥补了所花费的全部成本获得正常利润后还有剩余，这部分剩余就是超额利润，在图中是四边形 MP_eBN 面积。因此，只要利润最大化的产量和价格组合点 B 位于 SAC 曲线的上方，厂商就会获得超额利润。

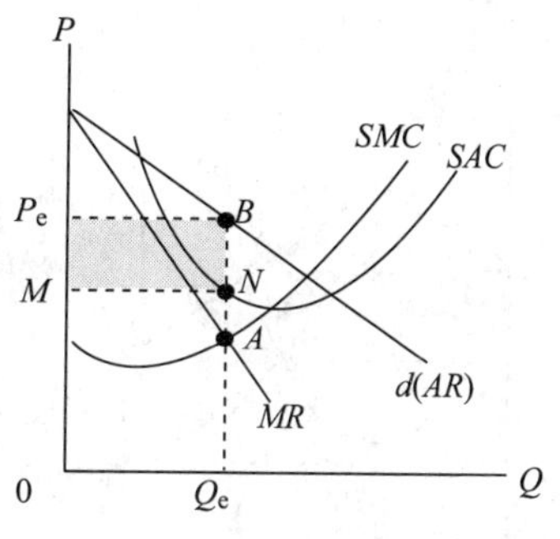

图 6－3　厂商获得超额利润

获得正常利润——收支相抵状态。条件：$P_e = SAC$。

当短期平均成本 SAC 曲线与需求曲线在 B 点相切时，说明 Q_e 所对应的价格 P_e（平均收益 AR）刚好等于平均成本 SAC，厂商的收益在弥补了所花费的全部成本获得正常利润后没有任何剩余，收支相抵，超额利润为零。因此，只要利润最大化的产量和价格组合点落在需求曲线与 SAC 相切的位置，厂商就会处于只有正常利润的状态。这种状态，厂商会乐于生产，因为除了通过长期调整，企业还存在赢利机会外，短期所获得的正常利润是按照机会成本核算的利润。如图 6－4 所示。

此外，亏损，生产比不生产强的条件是 $AVC < P_e < SAC$；亏损，生产与不生产临界点的条件是 $AVC = P_e$；亏损，坚决停产的条件是 $AVC > P_e$。

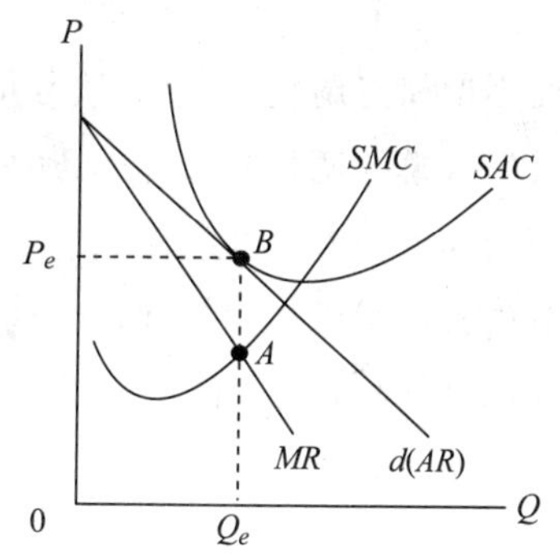

图 6－4　收支相抵状态

三、垄断厂商的长期均衡

我们看到，垄断厂商即使实现了 $MR = SMC$，在短期内，也可能亏损。但在长期，它一定能够获得超额利润。因为，其一，如果短期亏损，垄断厂商在较长时间中可以根据市场需求状况，调节生产设备及厂房规模达到赢利状态。当然，如果实在不能获利，它会选择退出这个行业，把资金转移到其他赢利行业上去。其二，由于垄断意味着竞争对手难以加入到该垄断行业之中，因此垄断厂商如果获得超额利润，在其他情况不变的情况下，也能够保持利润。

为了获得超额利润，在长期中，垄断厂商首先要调整生产设备及厂房，选择一个代表最低成本的最优生产规模 SMC 和 SAC，达到长期均衡产量下的 $MR = SMC = LMC$ 的利润最大化实现状态。如图 6－5 所示，最初生产规模为 SMC_1 和 SAC_1，短期均衡中的产量为 Q_1，价格为 P_1，Q_1 产量是在 $MR = SMC$ 处实现均衡的，此时的利润为 MP_1NF。

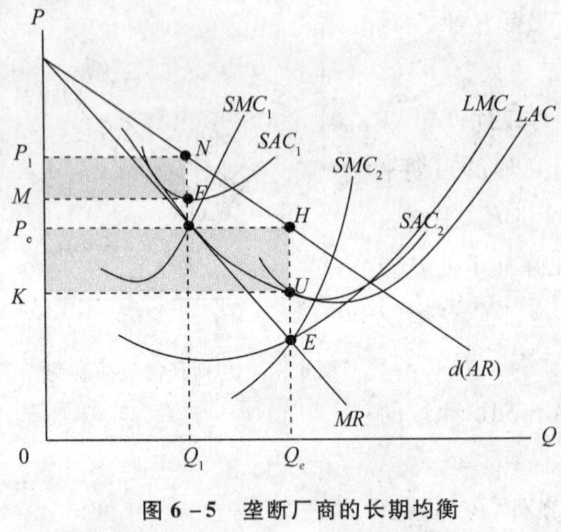

图 6-5　垄断厂商的长期均衡

但是，由于这时生产规模小，Q_1 产量不能满足需求。边际收益 MR 高于长期边际成本 LMC。在这种情况下，扩大产量会使总利润增加，所以厂商会不断增加产量，继续选择最优的生产规模。当规模扩大到 SMC_2 和 SAC_2，产量为 Q_e，价格为 P_e 时，MR 与 SMC_2 及 LMC 一起相交于 E 点，此时，$MR=LMC=SMC$，厂商可以得到最大利润 KP_eHU，从而达到完全垄断条件下的长期均衡。这时，Q_e 是长期的均衡产量，P_e 是长期的均衡价格。其次，尽管垄断厂商对于价格有控制权，但是它也不能随心所欲地把价格调整到超出消费者购买能力之上，也就是说，垄断厂商的销售受到市场需求的限制。如果市场需求不足，厂商不论如何调整，也会导致亏损，此时，厂商会退出该行业。因此，垄断厂商除了进行最优规模的调整和选择外，还要进行进出行业的选择。由于完全垄断条件下，没有新厂商加入分割它的超额利润，所以只要存在超额利润，厂商一般不会退出。KP_eHU 部分就是垄断厂商在长期获得的垄断利润。因此，我们可以得出结论，垄断厂商长期均衡的条件是：$P>LAC$。

第三节　垄断竞争理论

在现实经济中，完全竞争与完全垄断都是属于极端情况，普遍存在的是介于这两者之间的垄断竞争市场和寡头市场。不妨看一下超级市场的货架，我们会发现各式各样的火腿、不同包装的鲜牛奶，以及大量的冷冻食品系列。它们虽然品牌不同、包装有异，但是却存在实质性的相似性，令人眼花缭乱。

一、垄断竞争市场概述

垄断竞争市场是竞争和垄断两种因素相结合的市场结构。与寡头市场相比，它的竞争程度更大，与完全竞争市场相比，它含有一定的垄断成分。具体来说，它是这样一个市场组织：**一个市场中有许多厂商生产和销售有一定差别的同种产品。**

垄断竞争市场的特征：第一，厂商数目众多。这一特征与完全竞争市场相近。由于厂商数目众多，每个厂商占据的市场份额相对较低，导致了厂商普遍存在的一种心理,即厂商自认为自己行为的影响力很小,不会引起竞争对手的注意和反应,自己的行为不会招致竞争对手的任何报复和打击。也就是说,它常常假想竞争对手的价格是既定的,在这个假定前提下,往往独立采取一些经营行为。例如,理发行业或服装行业,它们常常独自采取一些降价策略,试图扩大市场份额。第二,产品同质有差异。垄断竞争厂商所生产的产品具有相似性和差异性两个特征。为了进一步说明这个问题,我们提出生产集团的概念,以与完全竞争和完全垄断市场的行业概念相区别。我们知道行业是生产同质无差别产品的厂商集合。而垄断竞争市场,厂商生产的同类有差别的产品的特征使得我们不得不放弃行业这个概念,转而使用生产集团(Production Group)的概念。因为**生产集团是指市场上生产同种有差别产品的厂商的集合**。我们不难看到,在垄断竞争市场的生产集团中有大量的企业生产有差别的同种产品。例如,牛肉面和鸡丝面是有差别的同种产品。产品之间相互替代的性质,决定了垄断竞争厂商的需求曲线比较平缓,即弹性较大。垄断竞争市场与完全竞争市场相比,最大的差异来自于产品的差异性特征。从价格上来看,垄断竞争厂商对自己所经营产品的价格有一定的影响力。它们对价格的控制力来自于产品的差异性。产品差别强化了它的垄断性,使得每个厂商对自己产品的价格可以经常做些调整,如降低价格排斥竞争对手进而扩大市场销售数量;有时厂商也会凭借自己独特的品牌或声誉把价格提高到超过竞争对手价格水平以上,以获得更多的利润。产品差异性的特征也使得垄断竞争厂商面临的需求曲线向右下方倾斜。从进出壁垒上看,垄断竞争厂商进入和退出集团很容易,进出壁垒非常小。这是由厂商的生产规模决定的。通常这类厂商的生产规模比较小,所用的生产资金比较少。俗话说,船小好调头。如果经营不善,很容易退出该集团,把生产要素转向别的赢利产业。例如,小型超市、书店、网吧等一般都具有这样的特征。

垄断竞争厂商的需求曲线除了上面谈到的向右下方倾斜和比较平坦的特点而外,与其他市场的厂商不同的是它面临两条需求曲线——主观需求曲线 d 和客观(实际)需求曲线 D。厂商的主观需求曲线 d 表示**在垄断竞争生产集团中的某个厂商改变产品价格,而集团内所有厂商的产品价格都保持不变时,该厂商的产品价格和销售数量的组合点的轨迹**。向右下方倾斜的 d 曲线之所以叫做主观需求曲线,原因在于这条曲线的假定前提,即某个厂商改变产品价格,而其他厂商的产品价格都保持不变。正如前面讲到的,由于垄断竞争集团内的厂商数目多、占据市场份额小的特征决定了垄断竞争厂商普遍存在的一种侥幸心理:认为自己行为的影响力很小,降低价格不会被竞争对手发现,在竞争对手保持价格不变的想象中,得到增加销售数量的好处,于是勾画出一条其他厂商的产品价格不变前提下自己调价的需求曲线。

垄断竞争厂商的客观需求曲线 D,表示的是在**垄断竞争生产集团中的某个厂商改变产品价格,而集团内其他厂商的产品价格都发生同样的变化时,该厂商的产品价格**

和它实际销售数量的组合点的轨迹。向右下方倾斜的 D 曲线之所以叫做客观需求曲线，原因仍然在这条曲线的假定前提上，即某个厂商改变产品价格，而其他厂商的产品价格会随之做出相同程度的调整。这个假定前提基本符合客观现实，比较真实。因为在信息发达、竞争异常激烈的市场经济条件下，厂商的一举一动都会引起竞争对手的注意，生怕自己的市场份额被对方抢去，一方降价，另一方必须随之降价，否则，就会处于被动。如图 6－6 所示，乐易方便面厂把价格从 P_1 降低到 P_2，山珍方便面厂为了不失去市场份额也做了同样程度的降价，于是，乐易方便面厂的实际销售数量是客观需求曲线 D 上的 Q_3，Q_3 小于它的预想销售量 Q_2，原因在于对手也降价了。所以，真实的情况是，乐易方便面厂降价的结果是它的销售数量沿着需求曲线 D 由 A 点移动到 C 点。此时，原来的 d_1 曲线沿着 D 曲线向下移动到 C 点，成为另一条主观需求曲线 d_2，d_2 是在其他厂商也相应降价以后，产生的新的主观需求曲线。于是，不难得出结论，当集团内其他厂商也随着它调整价格时，该厂商的主观需求曲线沿着市场需求曲线位移。图 6－6 中，每一个 d 和 D 的交点都代表垄断竞争市场被缩小后的主观想象的销售量与市场实际销售数量的结合。此时该厂商的销售数量是其他厂商调价后的市场销售数量的 $\frac{1}{N}$。

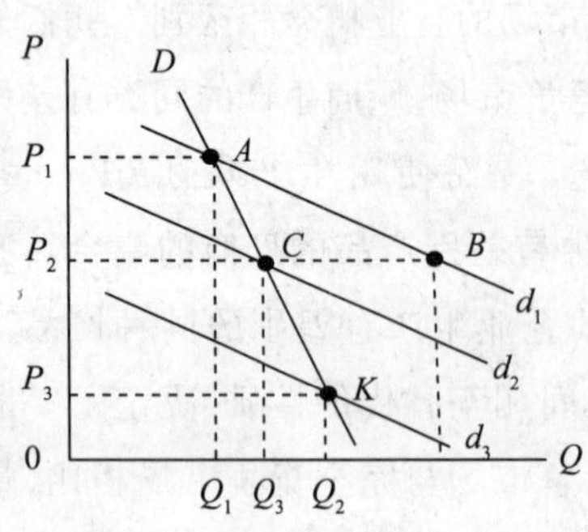

图 6－6　垄断竞争厂商的需求曲线

二、垄断竞争厂商的短期均衡

在垄断竞争条件下，厂商的产量和价格也是根据成本收益状况决定的，即根据 $MR=MC$ 的原则决定产量和价格。但需要注意的是，垄断竞争厂商的边际收益 MR 曲线是根据它的主观需求曲线 d 画出来的，而且在每一个 $MR=MC$ 利润最大化的产量和价格组合点上都会有一条市场需求曲线 D 与主观需求曲线 d 相交，表明市场供求相等。

垄断竞争厂商在短期内要根据利润最大化的 $MR=SMC$ 原则确定产量和价格。但是如同完全垄断、完全竞争厂商一样，利润状况仍然可能出现盈亏的五种情况：$P>SAC$，获得超额利润；$P=SAC$，收支相抵只获得正常利润的状态；亏损——生产比不生产强的状态，条件是 $AVC<P<SAC$；亏损——生产与不生产的临界点，$AVC=P$；坚决停产的 $AVC>P$ 状态。现在仅画出第一种状态的图。

在图 6－7 中，边际收益 MR 曲线与短期边际成本 SMC 曲线交于 K 点，说明 $MR=SMC$，此时厂商实现了短期均衡。Q_e 产量和 P_e 价格是在既定的成本情况下，厂商实现利润最大化的短期均衡产量和均衡价格。我们看到，均衡价格 P_e 大于短期平均成本 SAC，所以厂商存在超额利润，相当于四边形 NP_eMJ 的面积。这一超额利润的取得，很大程度上是由于存在着产品的差别性，是厂商根据需求和成本来确定自己产品价格的结果。

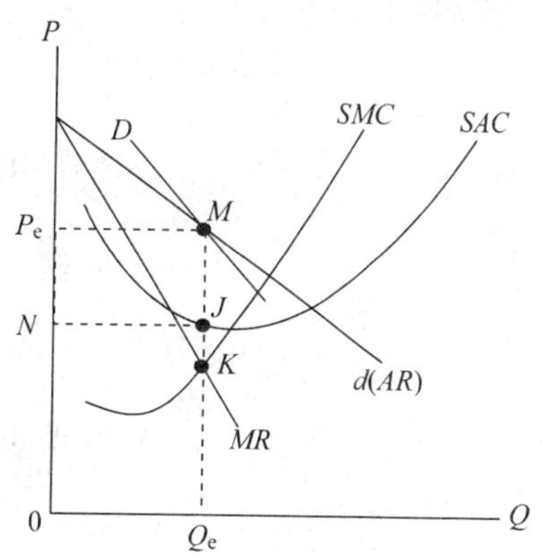

图 6－7　垄断竞争短期均衡

三、垄断竞争厂商的长期均衡

垄断竞争条件下的长期均衡过程，是短期均衡中获得的超额利润的减少直至消失的过程。从长期看，由于垄断竞争集团中存在着许多厂商，它们之间竞争激烈，通常会大打降价战，还因为，垄断竞争市场的进入和退出几乎没有壁垒，所以利润常常被众多厂商蚕食，因此，与完全垄断不同，垄断竞争厂商在长期均衡中的超额利润为零。这一分析结果可以很好地解释个人电脑市场。最初的电脑厂商，例如苹果公司和康柏公司赢得了很大利润，由于短期内存在的超额利润吸引了新厂商，再加之后来随着个人电脑产业进入壁垒的不断减少，许多小企业纷纷进入了这个市场，行业产量增加，价格下降。由于每一家企业只在市场中占据一小部分份额，尽管它们不懈地努力，但仍然无法赢得与其努力相称的经济利润。

下面，根据图 6－8 具体说明垄断竞争厂商的这一长期均衡的形成过程。

在图 6－8 中，d_1 为主观需求曲线和平均收益曲线，MR 为边际收益曲线。设 O 为原点，G 点为刚开始时的均衡点，Q_1、P_1 为短期均衡产量和价格。这时，由于存在四边形 CP_1GB 部分的超额利润，将吸引新厂商纷纷加入，导致价格下降。因为新厂商为抢占市场份额增加销售量而把价格降低，原厂商为维持其原市场份额和销售量，也要压低其商品价格。于是需求曲线 $d_1(AR_1)$ 和边际收益曲线 MR 就分别由原来虚线的位置下移至实线 $d_2(AR_2)$ 和 MR_2 位置。这时，d_2 曲线与 LAC 曲线相切于 K 点；MR_2 曲线与 LMC 曲线相交于长期均衡点 A，实现了 $MR_2=SMC_2=LMC$。长期均衡点 A 所对应的 Q_e 为长期均衡产量，P_e 为长期均衡价格。由于产量为 Q_e 时，$P_e=AR=LAC$，使总成本（TC）与总收益（TR）相等，均为 OP_ebQ_e 的面积，厂商存在的超额利润消失。至此，新厂商不加入，原厂商也不退出，从而实现了垄断竞争条件下的长期均衡。

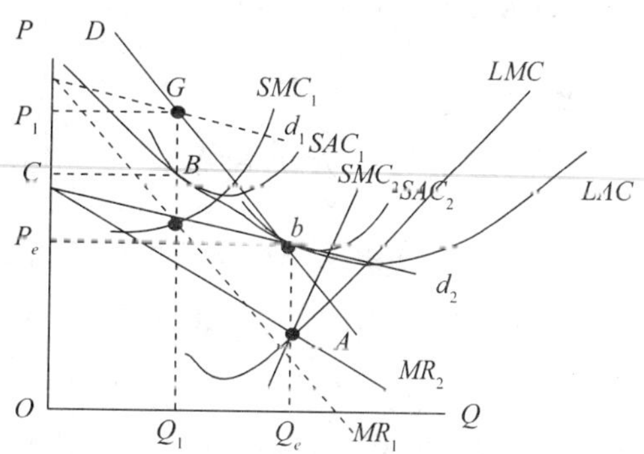

图 6－8　垄断竞争厂商的长期均衡

可见，垄断竞争条件下，若新厂商加入十分自由，则长期均衡条件不仅要求为 $P = LAC$。

第四节 寡头理论

与谷歌竞争 微软挺进搜索市场

在互联网搜索领域，微软落后于谷歌和雅虎。2007 年，有消息称，由于在 Double Click 竞购战中败给谷歌之后，微软加紧了对雅虎的"追求"。微软如果能够成功收购雅虎的话，它在搜索广告市场的份额将增至 27%，虽然距离谷歌 65% 的市场份额仍有较大差距，但微软在整个网络广告市场占有的份额将有较大的提升，可能会与谷歌之间的差距至少缩小 13%，这在一定程度上将改变竞争态势。那么，微软在搜索市场上是什么样的厂商？

我们看到，微软公司在软件市场上具有垄断势力，占据市场的绝大部分份额。但是，在互联网的搜索广告市场上，它是后来者。谷歌、雅虎、ASK 是几个占有较大市场份额的网络巨头，它们的一举一动对于整个市场来说都具有举足轻重的意义。这样的市场结构是我们将要研究的第三个不完全竞争市场类型——寡头垄断市场，简称寡头市场。

一、寡头市场及其特征

寡头市场是指某种产品的生产和销售被少数几家大企业控制的市场结构。在现实中，由于寡头垄断比完全垄断更为普遍，所以寡头市场在经济学的研究中占有更加重要的地位。在美国，除了互联网的搜索市场而外，钢铁、汽车、炼铝、石油、飞机制造、机械、香烟等重要行业都是寡头垄断市场。在这些行业中，总会有四五家大型公司的合计产量占全行业产量的 70% 以上。在日本、欧洲等发达国家或地区，也存在着同样的现象。由于寡头厂商的产销量在该行业中占据相当大的比重，因此每家厂商对市场的价格与产量都有较大的影响。这是一种介于完全垄断和垄断竞争之间的市场，与垄断竞争市场一样，既含有垄断因素又有竞争成分。但垄断程度更高，竞争程度相对较弱。从特征上来看，它更接近于垄断市场。

关于寡头市场的特征，我们仍将从厂商数目、产品特点、对价格控制程度以及进入壁垒等四个方面来加以说明。第一，从厂商数目来看。寡头市场中只有少数几家具有举足轻重的大企业占据市场，它们之间的竞争异常激烈。与其他三个市场不同的是，寡头企业之间存在着相互依存、相互制约的关系。任何一个企业必须考虑自己行为可能引起的竞争对手的反映，同时，还要时时揣度对手的心理动向以便做出应对措施。第二，从产品特点来看。寡头厂商从事同一产品或差别产品的生产，它们的产品比较相似，相互之间具有较强的替代性。如果按照产品的差异性划分，我们又可以把寡头分为两种类型：纯粹寡头和差别寡头。产品差别非常小的寡头称为纯粹寡头，例如钢铁、石油行业。生产有较大差别产品的寡头称为差别寡头，例如汽车、香烟、造船行业。第三，从厂商对价格的控制力来看。由于寡头市场的厂商数量少，决定了它们对自己的产品价格具有非常强的控制力。但是由于一个部门产品的绝大部分控制在少数几个大厂商手里，加上生产的又是非常接近的替代品，导致了寡头产品的需求交叉弹性相当大，一家寡头厂商的价格—产量决策变动，必然会直接地影响其对手的利益，反过来影响自己的收益。因此，它们不像垄断竞争厂商那样，常常大打降价战，而是多采用非价格竞争方式，避免价格竞争带来的不利后果，以至于市场价格一经确定，一般很少改变，它们会自觉地保持价格的相对稳定性。对于非价格之争，正如我们所了解的那样，寡头厂商往往千方百计地提高产品质量、改变包装设计、加大广告宣传力度、加强售后服务等，以制造产品差别抢夺对手的顾客。第四，从进入壁垒来看。通常，寡头市场是基于两大原因形成的：一是这些行业开始时投资巨大，使用的是大型先进设备，需要精细的专业分工和规模经营才有效益；二是政府对这些寡头的政策扶植，促进了寡头市场的形成。所以，寡头市场阻碍了其他厂商的进入，存在很大的壁垒。

寡头市场有垄断性也有竞争性。但是我们看到，它与垄断竞争的最大区别是，垄断竞争厂商在行动中，往往忽视对手可能有的反应，独断专行；相反，寡头厂商在自己行动之前总是考虑对手可能采取的行动，瞻前顾后，仔细斟酌后，才采取最有利的行动。因此，可以说，有多少关于竞争对手的反应方式就有多少寡头厂商的行为模型，如果不知道竞争对手的反应方式，就无法建立寡头厂商的模型。所以，迄今尚没有一个统一的寡头市场模型，也在情理之中。寡头厂商的行为可以分为勾结和不勾结的两种模型。下面简单介绍一个寡头厂商不勾结、独立行动的经典模型——古诺模型。

二、非勾结的寡头模型——古诺模型

古诺模型是一个寡头厂商非勾结的模型。它是由法国数理经济学家古诺在1838年提出来的，是最早的寡头模型。由于是两个厂商的简单模型，所以又叫“双头”模型。但其结论可以推广到一个市场有三四个厂商的情况中去。

古诺模型假定矿泉水市场只有两个厂商——甲和乙。甲、乙厂商占据整个市场，生产成本都是零；共同面临的需求曲线是线性的，它们对于市场需求信息的掌握是完全的。这两个厂商在已知对手产量的情况下，各自以消极的态度，适应对方的产量，在剩余的市场份额中确定能够给自己带来最大利润的产量。厂商对各自产量和价格的决定如图 6－9 所示。设 O 为原点，D 曲线为甲、乙两个厂商共同面临的需求曲线。由于生产成本为零，所以坐标中没有成本曲线。第一轮，甲厂商首先进入市场。由于成本为零，厂商的收益就是利润。根据几何定理，甲厂商取横轴截距的 $\frac{1}{2}$ 处，找到三角形 $\triangle OAB$ 内的最大内接矩形 OP_1CQ_1 作为最大利润，确定的产量是 $OQ_1=\frac{1}{2}OB$ 和价格 OP_1；接着，乙厂商入场。乙厂商面对甲厂商留给自己 $Q_1B=\frac{1}{2}OB$ 的市场容量，它也按照相同的方式找到三角形 $\triangle Q_1CB$ 中最大内接矩形面积 Q_1NMQ_2 作为总利润，把产量定在所剩余的市场容量 Q_1B 的 $\frac{1}{2}$ 处。此时的产量为 $Q_1Q_2=\frac{1}{4}OB$，市场价格被拉低到 P_2。由于乙厂商把价格降低到 P_2，使得甲厂商的总利润不再是原来的矩形面积 OP_1CQ_1，而是 OP_2NQ_1。第二轮，甲厂商在已知乙厂商留给自己市场总容量 $\frac{3}{4}$ 份额的情况下，重新寻找最大的利润并做出产量和价格的决策。它仍然按照三角形中取横轴截距 $\frac{1}{2}$ 处的办法找到最大的内接矩形，确定的产量是 $\frac{3}{8}OB$；根据产量决定的价格低于 P_2 的价格，此时，它的市场份额减少了 $\frac{1}{8}$；然后，乙厂商进入市场，在已知甲厂商留给自己市场份额为 $\frac{5}{8}$ 的情况下，找到利润最大化的最优产量，即市场总容量的 $\frac{5}{16}$，根据这个产量，乙厂商定的价格更低了，但是较之上一轮，它的市场份额增加了 $\frac{1}{8}$。

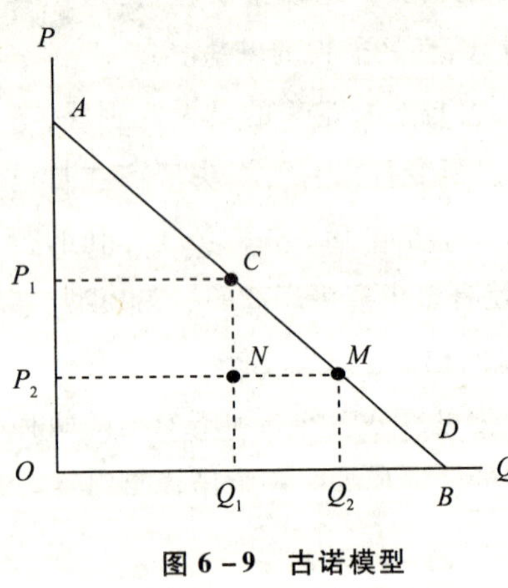

图 6－9　古诺模型

如此，一轮一轮地相互适应，每个厂商都在对方留给自己的市场份额中，被动地寻找自己的最优产量，甲厂商的市场份额不断减少，乙厂商的市场份额不断增加，最终达到了市场均衡。甲乙两个厂商都占有市场总份额的 $\frac{1}{3}$，产品价格非常的低廉。

甲厂商的均衡产量：$Q_{甲}=(\frac{1}{2}-\frac{1}{8}-\frac{1}{32}-\cdots)OB=\frac{1}{3}OB$

乙厂商的均衡产量：$Q_{乙}=(\frac{1}{4}+\frac{1}{16}+\frac{1}{64}+\cdots)OB=\frac{1}{3}OB$

行业的均衡总产量：$\frac{2}{3}OB$

如果把这个模型推广到 N 个厂商，那么可以得到一般性结论：

$$每个厂商的均衡产量 = 市场总容量 \cdot \frac{1}{1+N} \tag{6.5}$$

$$行业的总产量 = 市场总容量 \cdot \frac{N}{1+N} \tag{6.6}$$

三、勾结的寡头模型

古诺模型揭示的是，在寡头厂商相互被动适应对方，独立做出产量价格决策时，导致市场低价格的均衡情况。这种非勾结的决策行为对于消费者来说是有益处的，因为，产量竞争导致了价格的降低。然而，寡头厂商们对这种生产剩余的损失是不甘心的，为了避免损失，它们经常进行勾结串谋行动。

（一）操纵价格

操纵价格又称管理价格和受控制价格。所谓操纵，是相对于市场自发力量而言的，就在寡头条件下，价格的决定不是通过市场供求的作用，而是由少数几家大企业通过协议或默契规定的。价格一旦制定，同行业的其他几家厂商都要遵从，以这种方式形成的价格就叫做操纵价格。

操纵价格的形成是企业规模扩大的结果。正是由于少数几家规模很大的厂商控制了某种产品的绝大部分产销量，因而才有能力控制其价格和产量。

寡头垄断市场中，产品价格一经确定就比较稳定。因为寡头之间相互依存、相互制约，某个厂商欲变动价格都必须考虑相互之间的连锁反应。谁先降价，别人会降得更多，以保护自己的市场；谁先提价，别人不提，趁机夺走它的市场。由于少数几家规模巨大的厂商实力相当，为避免在竞争中两败俱伤，都不自行决定产品价格，而是通过“串谋下的协议”或“自发性的协调”办法来规定价格和产量。所谓“串谋下的协议”是指几家大厂商进行直接谈判达成正式或非正式的协议，拟定各厂商生产的产量和共同遵守的价格。所谓“自发性的协调”则指厂商不公然达成协议，而是每个厂商都综合考虑自己和对手的可能反应，结果将产量和价格调整到大家都能接受的水平。常见的一种价格制度叫“价格领袖制”，即价格先由某家大企业规定，其他几个厂商都追随的价格。在寡头垄断下，以“自发性协调”定价是比较普遍的现象。

在寡头垄断条件下，操纵价格的决定虽然不是通过市场供求的作用，但也必须正确地估计何种价格对自己以及对整个寡头集团来说是获得最大利润的最佳价格。在寡头人数少，又在产量和价格方面有一定的协议或默契情况下，操纵价格的决定与完全垄断条件下垄断价格的决定比较一致，二者的差别仅在于：完全垄断条件下是独家

生产 Q_e 的产量，而在这里却是几家大厂商共同生产 Q_e 产量，每个厂商只生产其中的一部分。要综合根据各厂商成本和收益情况，照顾各厂商的利益，从总体上决定一个都能接受的价格和产量。如图 6－10 所示，当 MR 与 MC 相交于 E 点时，$MR=MC$。此时 Q_e 为总产量，P_e 为大家共同认可的价格——操纵价格。各寡头厂商根据自己的实力和共同的协议或默契，生产适当的产量，占据适当的市场份额，分得适当超额利润，在各自成本和收益大体一致情况下，P_e 价格对每一个厂商以及寡头集团全体而言都达到了最佳地步，"联合利润"为最大。在各自成本和收益不一致情况下，厂商之间就要求得相互妥协，定出一个大家都能接受的利润水平，而非"最大联合利润"。由于寡头垄断条件下还存在一定程度的竞争，所以"操纵价格"一般低于垄断情况下的价格。

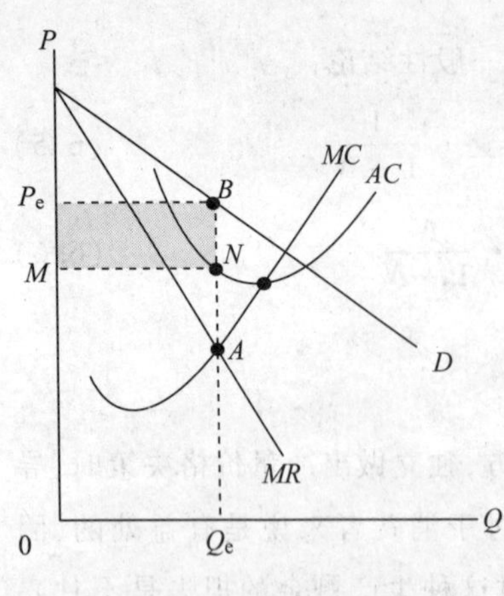

图 6－10　操纵价格的决定

（二）寡头垄断的 $dd(AR)$ 曲线及 MR 曲线的特点

操纵价格一经形成则不轻易改变的原因在于：若有人先行降低价格，就会马上遭到竞争对手更猛烈的削价报复；如果有人单独提价，对手不会跟随提价而会乘机夺取市场。假如有的厂商想通过其他手段制造产品差别达到提价目的，别的厂商也会照此办理。所以现行价格不易改变，使价格没有弹性。于是各寡头都面临一条向右下方倾斜弯折的需求曲线 $dd(AR)$，相对应的是一条非连续的边际收益曲线（MR）。图 6－11 是根据斯维齐于 1939 年发表的《寡头条件下的竞争》一文中提出的"折弯需求曲线"模型绘制而成的。

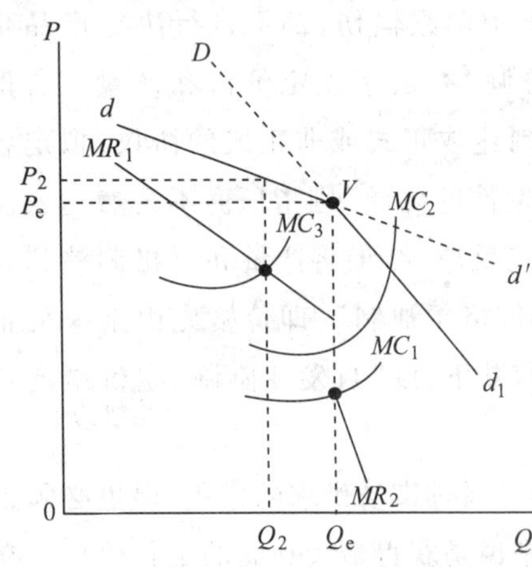

图 6－11　弯折的需求曲线模型

图 6－11 中 dVd' 是一家厂商的折弯需求曲线，折弯点 V 将其分为两个线段，V 点处有折角。市场价格 P_e 相当于折角所在的水平。由于需求曲线在 V 点折变，边际收益曲线断裂成 MR_1、MR_2 两条线段。在价格为 P_e 时，生产 Q_e 数量的产品，在 V 点以上的需求曲线 dV 比较平缓，需求的价格弹性很大，对应的边际收益曲线是 MR_1。表明只要该厂商提高价格超过 P_e，因其他厂商并不追随提价，结果会使它的产品销售量大减，以致总收益和总利润都将减少。在 V 点以下的需求曲线为 Vd'，它比较陡峭，其需求的价格弹性较小。

对应的边际收益曲线 MR_2 也较陡峭，表明只要该厂商把价格降低到 P_e 以下，其他厂商为不致丧失市场也不同程度地削减价格。这样，该厂商虽能增加些销售量，但其利润反比以前减少了。

图 6－11 中，MR 曲线间断点上那段垂直虚线表明，寡头厂商的产量和价格具有稳定性。厂商的边际成本只要在 MC_1 和 MC_2 区间内上下变动，都不会改变价格和产量。除非边际成本出现很大幅度的上升或下降。例如，当边际成本曲线上升为 MC_3 时，MR_1 和 MC_3 的交点决定的产量为 Q_2，通过这一产量在需求曲线 dV 段的对应点确定的价格为 P_2，产量下降，价格上升。

西方经济学认为，折弯需求曲线是存在于寡头厂商心目中的主观需求曲线，它为寡头厂商维持刚性价格提供了一种解释。所谓价格刚性是和完全竞争中市场价格显示的弹性相对而言的，即指当成本有着一定量的改变时而价格却保持不变。这种黏着不变的价格往往出现在钢铁、汽车等寡头市场。

从上面所述关于寡头市场的情况中可以看出，由于寡头对付其对手的策略是千变万化的，所以只有根据一定的对寡头行为的假设才能得出寡头市场的解。

第七章 要素供求理论

Theory of Factors Supply and Demand

美国 CEO 年薪为何让人咋舌!

据美国财经资讯公司彭博 2003 年公布的一份报告显示,2002 年,美国 243 家大型企业的 CEO 平均年薪已达到 1200 万美元。其中,年薪最高的 CEO 是苹果计算机公司的斯蒂夫·乔布斯,年薪高达 2.19 亿美元。这项排名的数据是由一家独立的经理人薪金信息研究机构 Equilar 提供的,它对 243 家公司的 CEO 做了 2000—2002 年的年薪调查,这些公司 2002 年的收入都至少达到 50 亿美元。

为什么这些 CEO 的年薪这么高呢? 很显然,这与他们所从事的职业有关,那么不同职业的工资为什么不同? 不同工作的工资又是由什么决定的?

在前面关于商品价格和产量决定的市场分析中,我们假定生产要素的价格是既定的,而没有探讨它是如何决定的。在推导产品需求曲线时,我们假定消费者的收入水平是既定的;在推导产品的供给曲线时,我们又假定工资和资本的价格是既定的。本章我们将放松这些假定,探讨生产要素的价格和使用量是如何决定的。

生产过程需要投入生产要素才能进行生产。生产要素一般包括土地、劳动力、资本和企业家才能。生产要素的价格就是要素所有者的收入,劳动的收入形式是工资,资本的收入形式是利息,土地的收入形式是地租,企业家才能的收入形式是利润。由于要素的价格和使用量决定了消费者的收入水平,因此生产要素市场理论又称为收入分配理论。本章从要素需求和要素供给两方面出发,研究要素价格决定问题,并在此基础上简要说明社会收入再分配不均等的度量问题。

第一节　要素需求理论

一、引致需求

尽管要素市场和产品市场一样,其价格和使用量都由市场的供求决定,但由于它们各自的需求者和供给者正好相反,因此其需求性质又有所不同。产品市场上,消费者是产品的需求者,而在要素市场上,厂商是要素的需求者。消费者对某种产品的需求是为了直接满足自身的需求,因此是直接需求;而生产者之所以需求生产要素,并非是希望从生产要素的直接使用中获得满足,而是为了通过使用生产要素,生产市场上需要的产品,以便从中获取利润。如果没有消费者对产品的需求,当然就不会有厂商对生产要素的需求,所以要素需求是一种由消费者对产品的需求所引致或派生出来的需求,称为引致需求或派生需求。例如,消费者购买服装,仅仅是为了满足自己需要,属于直接需求;而消费者对服装的需求引致了制衣厂去购买生产要素(如棉花、劳动力等)来生产服装,因此制衣厂对棉花和劳动力的需求属于引致需求。

同时,生产者对生产要素的需求是一种联合的需求或相互依存的需求。这是由于技术上的原因使得任何生产行为所需要的都不仅是一种生产要素,而是多种生产要素,必须同时购买所有的生产要素才能进行生产。当然,各种生产要素在一定程度上可以相互替代,这要取决于各种要素的相对价格。因此,对某种要素的需求,不仅取决于该要素本身的价格,也取决于其他要素的价格。

因为对生产要素需求的研究必须联系投入与产出之间的关系来进行,这就使得对生产要素需求的分析比对产品需求的分析复杂许多。具体来说,使用一种要素与使用多种要素所受到的影响因素不同,单个厂商对要素的需求与市场对要素的需求也不同。而且,产品市场竞争程度、要素市场竞争程度也都会对要素需求产生不同的影响。鉴于要素需求的复杂性,我们着重研究完全竞争厂商对一种生产要素的需求。

二、完全竞争厂商使用要素的原则

由于这里假定所研究的厂商是完全竞争厂商,即在要素市场中买卖双方人数众多,没有一个卖者或买者可以控制要素的价格,因而要素价格不随要素需求数量的变动而变动,是一个常数。厂商作为生产要素的需求者,他如何确定要素的使用数量呢?厂商使用生产要素进行生产的目的就是获取最大利润,生产者对某种生产要素需求多少,必须考虑使用要素的费用和使用要素的收益,在成本与收益之间进行比较。如果增加一个单位要素使用所增加的收益大于所增加的成本,企业会增加要素的使用量;

如果增加一个单位要素使用所增加的收益小于增加的成本，企业必然会减少要素使用，直到增加一个单位要素所增加的收益等于所增加的成本，才能够实现利润最大化。因此厂商使用要素必须遵循的原则是：**使用生产要素的边际收益等于使用生产要素的边际成本**。

生产要素的边际收益称为**边际生产力**，指在其他条件不变时，厂商增加一单位要素使用所增加的生产力。生产要素的边际生产力有两种表示形式：边际产品价值和边际收益产品。**边际产品价值**（VMP）是指在其他条件不变时，厂商增加一单位要素投入所增加产品的价值，用公式表示为：

$$VMP = MP \cdot P \tag{7.1}$$

其中，P 表示产品既定价格，MP 表示要素的边际产量。

边际收益产品（MRP）是指在其他条件不变时，厂商增加一单位要素投入所增加的产品收益，用公式表示为：

$$MRP = MP \cdot MR \tag{7.2}$$

其中，MR 表示产品的边际收益。

使用生产要素的边际成本称为**边际要素成本**（MFC），即在其他条件不变时，厂商每增加一单位要素使用所增加的成本。用公式表示为：

$$MFC = MC \cdot MP \tag{7.3}$$

其中 MC 表示产品的边际成本。这里需要强调的是，MC 是针对产品而言的，MFC 则是针对要素而言的，是要素的边际成本。

在完全竞争市场中，边际收益等于价格，即 $MR = P$，所以，$MRP = MP \cdot MR = MP \cdot P = VMP$。在边际报酬递减规律的作用下，随着使用要素数量的增加，边际产量递减，边际产品价值亦递减。边际产品价值曲线表示边际产品价值与要素使用量组合点的轨迹。在以横轴表示要素数量，纵轴表示边际产品价值的坐标图中，边际产品价值曲线向右下方倾斜，如图 7－1 所示。

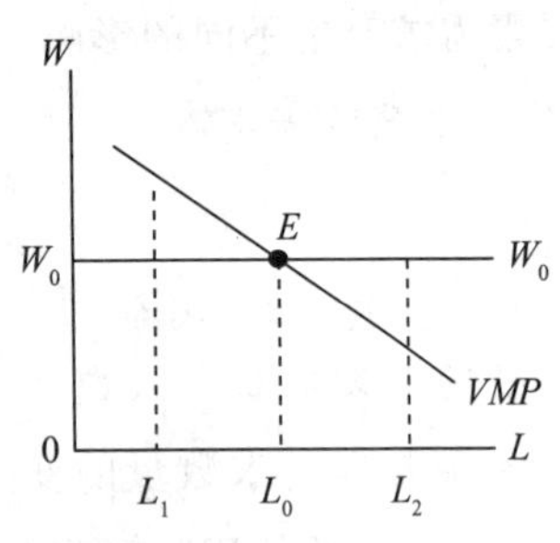

图 7－1　完全竞争厂商使用要素的原则

在完全竞争的要素市场上，生产要素的价格对生产者来说是既定的量，每个厂商都只是要素市场价格的被动接受者，它不会因为单个生产者增加或者减少生产要素的使用量而有所改变，即增加一单位要素使用所花费的成本始终等于要素的价格，因而边际要素成本线 MFC 是一条从既定的要素价格出发的一条水平线。

假设厂商只使用劳动这种要素，生产一种单一的产品，且追求最大化的利润。对于劳动这种要素来说，完全竞争厂商使用要素的边际收益即为边际产品价值，使用要素的边际成本即为工资。因而，完全竞争厂商使用要素的原则即为边际产品价值等于工资。如图7－1所示，边际产品价值曲线 *VMP* 向右下方倾斜，工资用 *W* 来表示。当工资为 W_0 时，边际要素成本曲线是从 W_0 出发的一条水平线，即工资线，*VMP* 曲线与工资线相交于 *E* 点。当劳动使用量为 L_1 时，边际产品价值大于工资，厂商还有利可图，因而会增加要素使用量；当劳动使用量为 L_2 时，边际产品价值小于工资，会造成厂商亏损，从而减少要素使用量；只有当劳动使用量为 L_0 时，边际产品价值曲线与工资线相交于 *E* 点，边际产品价值等于工资，厂商才把能赚到的利润都赚到手，获得最大利润。所以，完全竞争厂商使用要素的原则为边际产品价值等于工资，即：

$$VMP = W \text{ 或 } P \cdot MP = W \tag{7.4}$$

三、完全竞争厂商的要素需求曲线

厂商的要素需求曲线表示在其他条件不变时，厂商对要素的需求量与要素价格组合点的轨迹。

前边分析了完全竞争厂商使用要素的原则，我们根据边际产品价值等于工资的原则来分析完全竞争厂商的要素需求曲线。对于每一个给定的要素价格，如果其他条件不变，那么必有一个要素需求量与此相对应。以劳动为例，在完全竞争市场，工资是既定的，工资线为一条水平线，边际产品价值曲线向右下方倾斜。完全竞争厂商的要素需求曲线可用图7－2来说明。

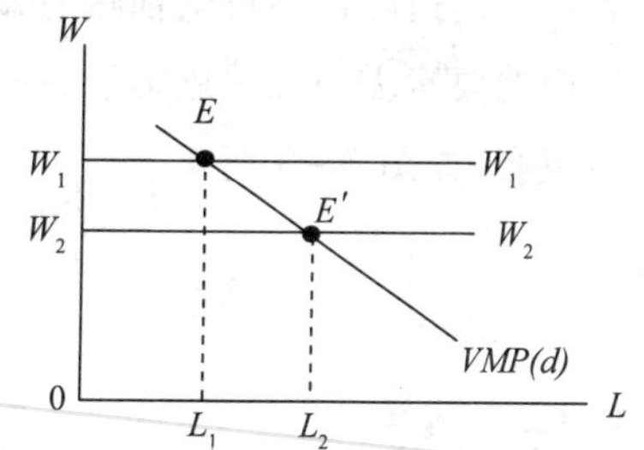

图7－2 完全竞争厂商的要素需求曲线

在图7－2中，纵轴表示劳动的价格工资 *W*，横轴表示劳动的数量 *L*，*VMP* 曲线为边际产品价值曲线。当工资为 W_1 时，要素价格线为 W_1，根据要素使用原则，当 $VMP = W_1$ 时，均衡点 *E* 决定了厂商对劳动的需求量为 L_1；当要素价格下降为 W_2 时，要素价格线为 W_2，均衡点 *E′* 决定了厂商对劳动的需求量为 L_2。*E* 点和 *E′* 点都反映了要素需求量与要素价格的关系，都是要素需求曲线上的点。当要素价格变化后，我们还可以找到很多这样的点，它们都在 *VMP* 曲线上，所以完全竞争厂商对劳动的需求曲线与劳动的边际价值曲线重合。在使用一个要素及不考虑其他厂商调整的情况下，*VMP* 曲线就是要素的需求曲线。

由图7－2可以看出，厂商要素需求曲线有两个特点：第一，厂商的要素需求曲线向右下方倾斜，这是因为劳动的边际产量随劳动使用量的增加而递减；第二，厂商的要素需求曲线与边际产品价值曲线重合。由于要素市场是完全竞争的，因此无论厂商如何调整要素使用量，要素价格总是固定的。要素需求曲线和边际产品价值曲线重合意味着，当要素价格发生变化时，要素需求量是沿着一条既定的边际产品价值曲线变动的。

这里需要注意的是，要素需求曲线与边际产品价值曲线虽然重合，但二者的含义却截然不同。边际产品价值曲线表示的是边际产品价值与要素使用量之间的关系，而要素需求曲线表示的是要素需求量与要素价格之间的关系。

因为 $VMP = MP \cdot P$，而 MP 又反映了边际生产率，所以 VMP 曲线的位置取决于产品价格和要素边际生产率。如果产品价格提高了，或者要素边际生产率提高了，VMP 曲线就会向右上方移动，这表明在相同的要素价格下，对要素需求量就会增加；反之，结果则相反。

四、市场的要素需求曲线

在产品市场中我们已经指出，产品市场需求曲线是由单个消费者的需求曲线水平加总得到的，同样，要素市场需求曲线也应该由单个厂商的需求曲线水平加总得到，只不过并不是一种简单的水平加总。

在分析单个厂商的要素需求曲线时，我们假定了要素价格变化时其他厂商不调整要素的使用量，因此产品市场中产品的供给也就不会发生变化，从而产品的价格不发生变化。但是，在分析市场需求曲线时，考虑到多个厂商的情况，这个假设就不再成立了。因为当要素价格变化时，市场中各个厂商都将调整自己的要素使用量，从而使他们在产品市场上的供给发生变化，于是产品价格就会随要素价格变化而变化，进而引起厂商的边际产品价值曲线移动。因此，在多个厂商调整要素使用量的情况下，单个厂商的要素需求曲线就需要进行调整。此时，厂商的要素需求曲线将不再与 VMP 曲线重合，如图 7 – 3 所示。

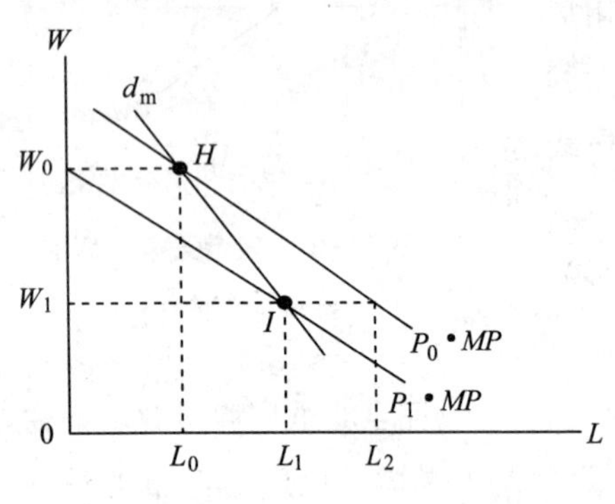

图 7 – 3　行业调整曲线

在图 7 – 3 中，边际产品价值曲线为 $P_0 \cdot MP$，当要素的价格为 W_0 时，根据要素使用原则，均衡点为 H 点，厂商对要素的需求量为 L_0；当要素价格下降为 W_1 时，如果不考虑行业内其他厂商的调整，厂商对要素的需求量为 L_2。若考虑到行业内其他厂商的调整，当要素价格下降为 W_1 时，各厂商都增加了要素使用量，增加产量，从而使产品供给增加，产品价格下降，产品价格下降使边际产品价值曲线下移到 $P_1 \cdot MP$，对应 W_1 的工资，均衡点为 I 点，厂商的要素需求量是 L_1，而不是 L_2。连接 H 点和 I 点，得到更为陡峭的要素需求曲线，亦称为行业调整曲线，用 d_m 表示。可见，行业调整后的需求曲线同样也向右下方倾斜，但与原需求曲线相比，更陡峭，斜率更大。

通过厂商的要素需求曲线可以求得市场的要素需求曲线。例如，假定完全竞争市场包含有 n 个厂商，每个厂商经过行业调整后的要素需求曲线分别为 $d_1, d_2, \cdots d_n$，整个市场的要素需求曲线 D 可看成所有厂商要素需求曲线的水平加总。

$$D = \sum_{m=1}^{n} d_m \tag{7.5}$$

如果假定这 n 个厂商的情况均一样的话，即

$$d_1 = d_2 = \cdots = d_n \tag{7.6}$$

则整个市场的要素需求曲线就是：

$$D = \sum_{m=1}^{n} d_m = n \cdot d_m \tag{7.7}$$

式中，d_m 可以是任何一个厂商的要素需求曲线。

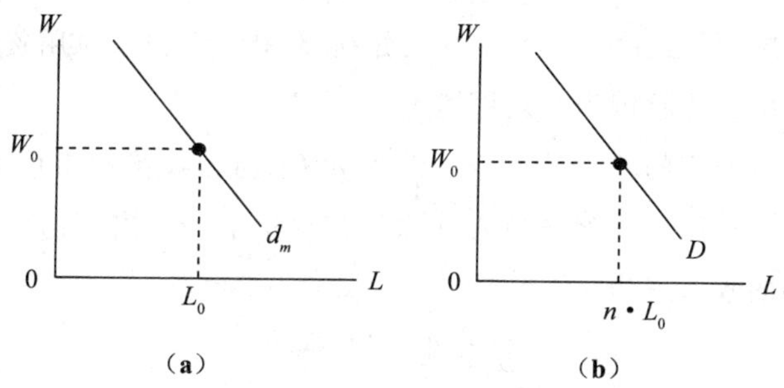

图 7－4　单个厂商和整个市场的要素需求曲线

如图 7－4 所示，图 7－4 (a) 是某个单个厂商的要素需求曲线 d_m，图 7－4(b) 是市场的要素需求曲线 D。当要素价格为 W_0 时，单个厂商的要素需求量为 L_0，则整个市场的要素需求量为 $n \cdot L_0$（假定 n 个厂商的情况完全相同）。

第二节　要素供给理论

一、生产要素供给的原则

对于厂商来说，生产要素往往可以被区分为中间生产要素和原始生产要素两种。中间生产要素是指那些由厂商拥有，并被再次投入市场过程的中间产品，如钢材、车床等。原始生产要素指由消费者拥有并向要素市场提供的诸如劳动、土地和资本等生产要素。因为中间要素即中间产品本身就是一般的产品，其价格决定的机理与产品价格决定相一致，所以本章关于要素价格决定完全局限于对原始生产要素的研究。原始生产要素的所有者为消费者，消费者的目的是追求效用最大化。

就要素所有者来说，他所拥有的要素在一定时期内是既定不变的，相应的对自己所拥有的生产要素可以有两种用途：在市场上出售或留为自用。如果在市场上出售，

消费者就可以获得收入,获得间接效用;如果留为自用,那么它就可以为消费者带来直接或间接的效用。因此,理性的消费者必须会在这两种用途上做一个合理的分配,以获得最大的效用。

那么,要素所有者如何在保留自用和提供给市场两部分之间进行选择呢？我们知道,消费者追求效用最大化的原则是:在消费者收入既定和商品价格既定的条件下,每一单位货币所购买到的各种商品的边际效用均相等。同样道理,在要素市场上,要素所有者在要素数量既定的条件下,每单位要素提供给市场所获得的边际效用与保留自用所获得的边际效用也应该相等。

提供给市场的资源的边际效用是指每增加一单位要素的供给量所带来的效用增量。它等于要素供给的边际收入与收入的边际效用的乘积。自用资源的边际效用指每增加一单位自用资源所带来的效用增量。

假定某消费者拥有的单一要素资源总量为 L_1,且该要素在市场上的价格为 W,同时设该消费者留为自用的要素量为 I,那么他在要素市场上出售的要素量为 $(L_1 - I)$,进而消费者获得的收入就为:

$$Y = W \cdot (L_1 - I) \tag{7.8}$$

为计算方便可变形为:

$$Y + W \cdot I = W \cdot L_1 \tag{7.9}$$

该式表明消费者在分配要素时,必须受到资源数量既定的约束,可以作为约束条件。

消费者的效用来自两个方面,一是出售要素的收入,二是自用要素的效用。这样就可以把消费者的效用函数写成 $U = U(Y, I)$ 。于是消费者的要素供给问题就转化为效用最大化问题了。

$$\text{Max}\ U = U(Y, I) \tag{7.10}$$

$$s.t \quad Y + W \cdot I = W \cdot L_1 \tag{7.11}$$

用拉格朗日法求一阶条件有:

$$dU/dI = dU/dY \cdot W \tag{7.12}$$

等式左边的 dU/dI 表示消费者留为自用要素资源的边际效用,等式右边的 dU/dY 表示消费者收入的边际效用。因为收入 Y 是要素供给量 L 的函数,因此,效用函数 $U(Y) = U[Y(L)]$,对该式两边的 L 求导有:

$$dU/dL = dU/dY \cdot dY/dL \tag{7.13}$$

其中的 dU/dL 表示要素供给的边际效用,dY/dL 表示要素供给的边际收入。一般来说,单个消费者在要素市场上所面临的要素需求曲线与单个厂商所面临的要素供给曲线一样,都为水平线,这样要素供给的边际收入就等于要素价格,即有 $dY/dL = W$。

于是,$dU/dI = dU/dY \cdot W$ 就可以变为 $dU/dI = dU/dL$。这个式子的经济含义是:

消费者为获得最大效用,必须满足作为留为自用的要素资源的边际效用与作为供给的要素资源的边际效用相等,这就是消费者的要素供给原则。

一般说来,生产要素的供给在不同的生产要素之间有很大差异,相应要素供给曲线的形状也有所不同。除了一般具有正斜率的要素供给曲线外,有的要素受资源条件所限,尽管价格提高了,但供给却不会发生任何变化,形成一条垂直的供给曲线。还有的要素,在要素价格提高的情况下,要素的供给量最初会随之增加,但当价格提高到一定程度后供给量又会减少,形成向后弯曲的供给曲线。

二、劳动供给曲线及均衡工资的决定

(一)劳动的供给曲线

劳动作为一种特定的要素资源有着特殊的供给曲线。我们知道,每个劳动者都拥有每天 24 小时的时间资源,这是固定的。同其他生产要素一样,时间作为一种资源对消费者来说,也有两种用途:在市场上出售获得收入和留为自用,其中,在市场上出售就是指劳动供给;留为自用,就称为个人闲暇。这样,供给市场的劳动时间与保留自用的时间就产生了相互替换的关系。

劳动不仅是工资的函数,而且也是闲暇的函数。工资和闲暇都能给劳动者带来效用,劳动者在不同的工资水平下愿意提供的劳动数量的大小,取决于他对工资和闲暇的评价。若提供一单位时间劳动所带来的效用大于一单位时间闲暇所带来的效用,他必然增加劳动时间;反之,他必然会减少劳动时间。

劳动者提供劳动的时间与保留闲暇的时间存在着此消彼长的关系,因此,劳动者供给市场的劳动数量也可以从他对闲暇的需求来进行分析。由于工资是闲暇的机会成本,所以可以把工资看做是闲暇的价格。从对闲暇需求的替代效应看,工资提高,即闲暇的价格上升,劳动者就会用劳动替代闲暇,对闲暇的需求量就会减少。从收入效应看,若是一般商品,闲暇的价格提高会使购买力下降,会使对闲暇的需求减少。但是,闲暇的价格即工资提高,意味着劳动者收入提高,又会使购买力增强,从而增加对闲暇这种高档品的需求。工资提高究竟是增加闲暇需求还是减少闲暇的需求还要看收入效应与替代效应的比较:若替代效应大于收入效应,则减少闲暇,增加劳动供给;若替代效应小于收入效应,则增加闲暇,减少劳动供给。

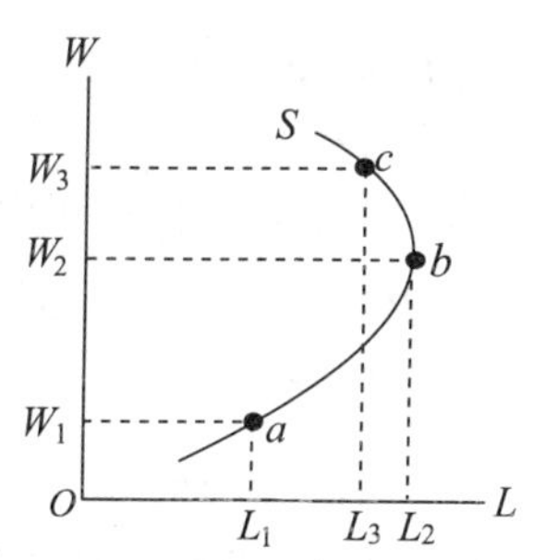

图 7-5 单个劳动者的劳动供给曲线

从劳动供给方面分析,替代效应是指工资提高对放弃闲暇的补偿越大,劳动的所有者就越愿意增加劳动供给而减少闲暇需求。收入效应是指工资提高使劳动者的收入水平提高,劳动者越有能力保持和享用更多的闲暇。一般来说,当工资水平较低时,替代效应大于收入效应,工资提高会使劳动供给增加，劳动的供给曲线为正斜率，向右上方倾斜；而当工资水平较高时，工资提高所带来的收入效应大于替代效应，劳动供给会减少，劳动的供给曲线为负斜率，向后弯曲。如图7－5所示，设O为原点，当工资为W_1时，劳动供给量为L_1，见图中的a点；当工资为W_2时，劳动供给量为L_2，见图中的b点；当工资为W_3时，劳动供给量为L_3，见图中的c点，连接a点、b点、c点得到一条向后弯曲的劳动供给曲线S。

通过将所有单个劳动者的供给曲线水平相加，即得到整个市场的劳动供给曲线。但在加总的过程中需要注意一个问题，即市场内提供劳动的劳动者数量是不是一定的。一般说来，随着工资的提高，将会吸引更多的劳动者进入劳动市场，劳动市场的供给曲线就会有所变化。我们知道，单个消费者的劳动供给曲线向后弯曲，但整个市场的劳动供给曲线仍然是向右上方倾斜的。这是因为，尽管在较高的工资水平上，现有的劳动者也许提供较少的劳动，但高工资会吸引新的劳动者进入劳动市场，这就抵消了原有的个人劳动供给量的减少，使得市场供给量依然是增加的，所以市场的劳动供给曲线仍然向右上方倾斜。

（二）均衡工资的决定

劳动市场的均衡是由劳动需求和劳动供给共同决定的。在完全竞争条件下，劳动的需求取决于劳动的边际生产力，在边际报酬递减规律的作用下，劳动的需求曲线向右下方倾斜，表明劳动的需求量与工资呈反向变动；劳动供给曲线向右上方倾斜，表明劳动供给量与工资同方向变动。劳动市场的均衡是由劳动的需求曲线和劳动的供给曲线的交点所决定的，由此决定了均衡工资和均衡劳动数量。

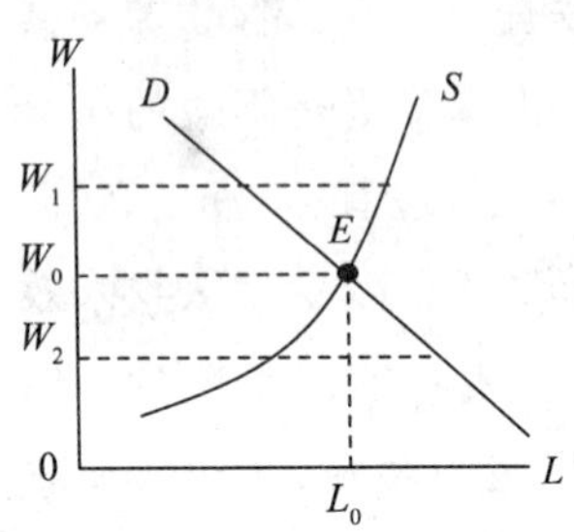

图7－6　均衡工资的决定

在图7－6中，劳动的供给曲线S和劳动需求曲线D相交于E点，决定了均衡工资为W_0，均衡劳动数量为L_0。

当工资为W_1时，劳动供给大于劳动需求，劳动供过于求，工资必然下降，工资下降使劳动需求增加，劳动供给减少，最终达到供求均衡；当工资为W_2时，劳动供给小于劳动需求，劳动供不应求，工资必然上升，工资上升使劳动需求减少，劳动供给增加，最终达到供求均衡；只有当工资为W_0时，劳动供给与劳动需求相等，工资稳定下来，实现了均衡工资和均衡数量。

因为均衡工资是由劳动的供给和劳动的需求决定的，凡是影响劳动供给和劳动需求的因素都会影响到工资水平。

劳动供给曲线位置的变化有以下原因：第一，非劳动收入即财富的变化。较多的财富增加了劳动者享受闲暇的能力，从而减少了它的劳动供给。第二，社会习俗。例如是否支持妇女参加劳动。第三，人口的总量及其年龄、性别构成对劳动供给也有影响。而劳动需求曲线变化的主要原因有：第一，技术水平高低。技术水平提高，减少劳动需求；技术水平降低，增加劳动需求。第二，宏观经济景气与否。宏观经济景气指数上升，增加劳动需求；反之减少劳动需求。

均衡工资水平由劳动市场的供给曲线和需求曲线决定，且随着这两条曲线的变动而变动。当劳动需求曲线向右移动，即劳动需求增加，由于劳动供不应求，均衡工资会上升；当劳动供给曲线向右移动，即劳动供给增加，由于劳动供过于求，均衡工资会下降。

三、土地供给曲线及地租的决定

经济学上的土地泛指一切自然资源。地租就是使用土地的报酬，是土地所有者的收入。地租作为土地服务的价格，与工资决定的机理相同，同样是由土地的需求与供给决定的。但是土地作为一种自然资源，具有数量有限、位置不变及不能再生的特点，因此地租的决定就有着自己的特点。

（一）土地的供给曲线

土地供给曲线是一条位于既定土地数量上的一条垂线，如图 7－7 所示。这种形状是由土地供给的特点决定的。土地供给表现出供给基本上是不变的，只有在极其特殊的情况下，才能增加或减少供给量的特点。假定土地只有一种用途即提供给市场，因为土地没有自用用途，其机会成本为零。在这种情况下，即使土地价格下降，提供给市场的土地数量也不变，土地供给量不随土地价格的变化而变化。

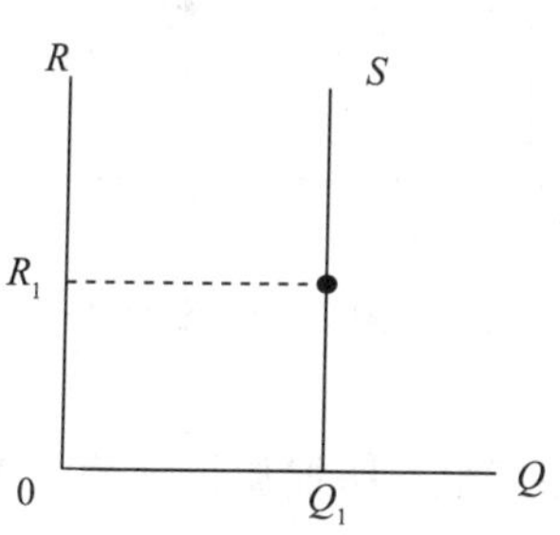

图 7－7 土地供给曲线

（二）均衡地租的决定

土地的需求曲线和一般要素的需求曲线形状一样，都是向右下方倾斜的。不同的是，劳动市场的供给曲线向右上方倾斜，而土地市场的供给曲线则是垂直的。将土地市场的需求曲线和供给曲线结合起来，即可得到土地的均衡地租，如图 7－8 所示。

在图 7－8 中，土地的供给曲线 S 和土地的需求曲线 D 相交于 E 点，交点 E 决定了均衡地租为 R_0。

（三）均衡地租的变动

因为土地供给不能增加，如果给定了不变的土地供给，土地服务的价格完全由土地需求曲线决定。进一步观察图 7－8 可发现，当土地的边际生产力提高或土地产品的需求增加从而粮食价格提高时，土地的需求曲线从 D 移至 D'，D' 与土地供给曲线相交于 E' 点，地租上升为 R_1。土地需求曲线右移表明土地的需求增加了，但土地的供给仍为 S，在 R_0 的地租

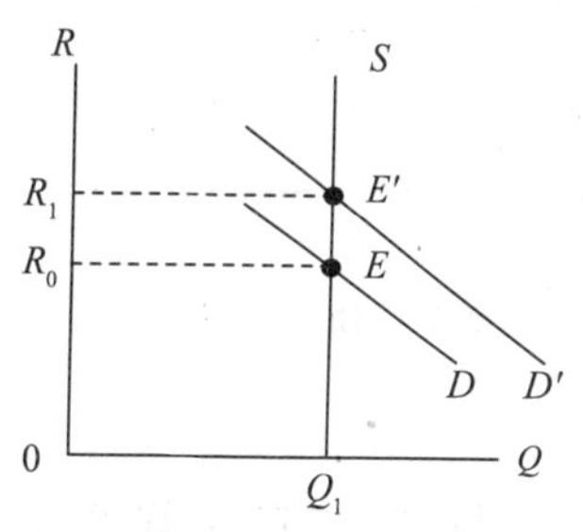

图 7－8 均衡地租的决定

水平出现了供求缺口,导致地租上涨。

(四)租金、准租金和经济租金

地租是土地服务的价格,地租与固定不变的土地有关。租金是供给固定不变的一般资源的服务价格,即一般化的地租。

准租金是对供给量暂时固定的生产要素的支付,即固定生产要素的收益。因其性质类似地租,而被马歇尔称为准租金。在短期内,固定资产是固定不变的,与土地的供给相类似,不论这种固定资产是否取得收入,都不会影响其供给。短期在固定生产要素不变的情况下,厂商的总收益扣除总可变成本之后的余额被看做是固定生产要素的收益。

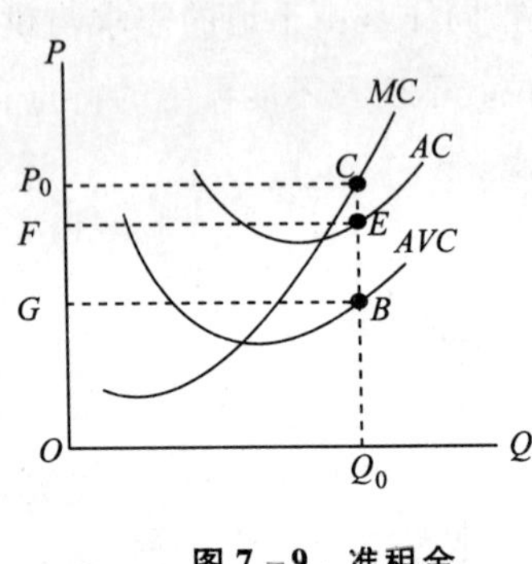

图 7 - 9　准租金

如图 7 - 9 所示,设 O 为原点,假定产品价格为 P_0,则厂商将生产的产量为 Q_0,这时总可变成本为面积 $OGBQ_0$,它代表了厂商为生产 Q_0 所必须支付的可变生产要素成本,固定要素得到的则是剩余部分 GP_0CB,GP_0CB 被称为准租金。准租金由固定总成本和经济利润两部分构成。当经济利润为 0 时,准租金等于固定总成本;当经济利润为负时,准租金小于固定总成本。

经济租金是指生产要素的所有者所得到的收入高于他们所期望得到的收入的部分。经济租金等于要素收入与其机会成本之差。经济租金的几何解释类似于生产者剩余,如图 7 - 10 所示,设 O 为原点,图中要素供给曲线以上,要素价格线以下的阴影区域 AR_0E 为经济租金。要素的全部收入为 OR_0EQ_0,但按照要素供给曲线,要素所有者为提供 Q_0 数量要素所愿意接受的最低收入是 $OAEQ_0$。因此,阴影部分 AR_0E 是要素的"超额"收益,即使去掉,也不会影响要素的供给。

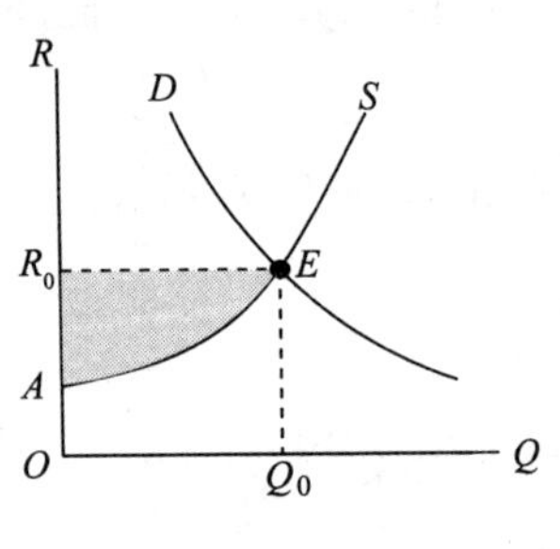

图 7 - 10　经济租金

显然,经济租金的大小取决于要素供给曲线的形状,如果供给曲线的弹性无穷大,为一条水平线,那么经济租金就为 0;如果供给曲线完全无弹性,为一条垂线,那么经济租金就为全部的要素收入,此时,它正好等于租金。

准租金与经济租金不同,准租金仅在短期内存在,而经济租金则在长期中存在。

四、资本市场均衡及利率的决定

(一)资本和利息

资本是一种基本的生产要素,是指以赢利为目的,直接或间接应用于生产过程的资金。利息是厂商在一定时期内利用资本的生产力所支付的代价。资本所有者提供了资本,得到利息。利息用利率来计量。利率是利息在每一单位时间内(例如一个月或一年)在资本中所占的比率。

资本的数量是可变的,资本的供给来源于储蓄。经济学把储蓄定义为现期收入超过现期消费的余额,它可以表现为银行存款,亦可表现为其他资产形态。时间偏好理论认为,人们具有一种时间偏好,即在未来消费与现期消费中,人们是偏好现期消费的。这是因为未来是不确定的,从而难以预期的。为此,人们对物品未来效用的评价总要小于现在的效用。由于人们总是偏好现期消费,因此放弃现期消费提供资本就应该得到利息作为回报。而且,利率越高,对消费者放弃现期消费的回报越大,人们越愿意储蓄。

资本之所以能够带来利息,也可用迂回生产理论来解释。迂回生产就是先生产资本品,然后用这些资本品去生产消费品。迂回生产提高了生产效率,而且迂回生产的过程越长,生产效率越高。现代生产的特点就在于迂回生产。但迂回生产如何能实现呢? 这就必须有资本。所以说,资本使迂回生产成为可能,从而提高了生产效率。这种由于资本而提高的效率就是资本的净生产力。迂回生产理论认为,资本具有净生产力是资本能带来利息的根源。

(二)资本市场均衡和利率的决定

利率取决于资本的需求与供给。资本的需求主要指企业投资对资本的需求,可以用投资来代表资本的需求。资本的供给主要是储蓄,可用储蓄代表资本的供给。这样就可以用投资与储蓄来说明利率的决定。

企业贷款进行投资的目的是实现利润最大化,必然要进行投资收益与投资成本的比较。投资收益取决于预期利润率,投资成本取决于资本市场利率,只有预期利润率高于利率至少等于利率才值得投资。利润率越是高于利率,纯利润就越大,企业也就越愿意投资。这样,在利润率既定时,投资就随着利率的变化而变化,利率越高,投资越少;利率越低,投资越多。因此,投资需求曲线是一条向右下方倾斜的曲线。

人们进行储蓄,放弃现期消费是为了获得利息。利息率越高,人们越愿意增加储蓄,从而储蓄曲线向右上方倾斜。把向右下方倾斜的投资需求曲线和储蓄曲线放在一个图中,可求出资本市场的均衡,即当投资与储蓄相等时实现了均衡利率和均衡的资本量。

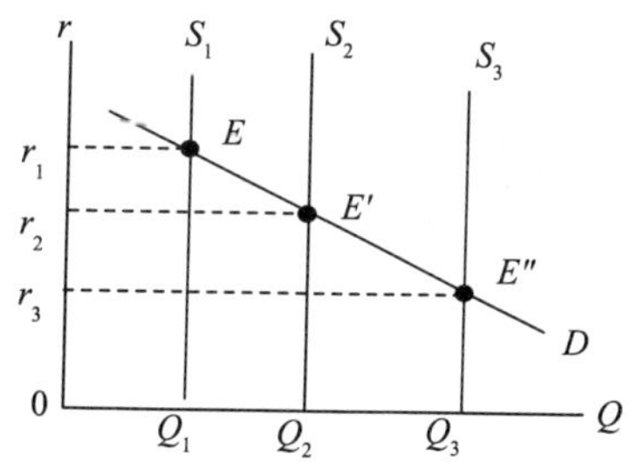

图 7－11　资本市场的均衡

资本作为一种存量,在短期内其数量是固定不变的,即不能使储蓄随时变成现实有用的资本,所以,资本的短期供给曲线是一条垂直线。资本的需求是由资本的边际生产力决定的,因此资本的需求曲线是一条向右下方倾斜的线。如图 7－11 所示。假设开始时，资本数量为 Q_1，短期资本供给曲线就是 S_1，资本需求曲线与资本短期供给曲线的交点 E 决定了短期均衡利率水平为 r_1，资本数量为 Q_1。

在短期均衡点上，利率决定了储蓄的数量，资本存量决定了折旧的数量。在 r_1 的利率水平上，由于利率较高，储蓄较多，储蓄量大于折旧量，使资本存量增加。从长期来看，资本存量增加会使短期资本供给曲线向右移动到 S_2，S_2 与资本需求曲线的交点 E' 决定了短期均衡利率水平为 r_2，资本数量为 Q_2。资本供给曲线向右移动使利率下降，储蓄减少，若储蓄量仍然大于折旧量，资本存量继续增加，短期资本供给曲线继续向右移动，直到资本存量的增加与资本折旧恰好相等，资本数量和利率都稳定下来，资本市场达到长期均衡。

第三节　分配不公理论

到此为止，我们已经分析了西方经济学分配论中的要素价格决定理论。生产要素价格的决定理论是分配论的一个重要组成部分，但并不是分配论的全部内容。除了要素价格决定之外，分配论还包括收入分配的不平等程度等。

一、洛伦兹曲线

美国统计学家洛伦兹（M. O. Lorenz）于 1905 年提出了旨在用以比较和分析一个国家在不同时代，或者不同国家在同一时代的收入与财富的平等状况的洛伦兹曲线（Lorenz Curve）。洛伦兹首先将一国总人口按收入由低到高排队，然后计算出各收入组（占总人口的 20%）所得到的收入占全社会总收入的百分比。再由低到高进行累计，再将这样得到的人口累计百分比与收入累计百分比的对应关系描绘在图形上，即得到洛伦兹曲线。

表 7－1　　收入分配资料（%）

占人口比重	占收入比重	人口累积	收入累积
20	3	20	3
20	4.5	40	7.5
20	17.5	60	25
20	27	80	52
20	48	100	100

我们用图 7－12 予以说明。在图 7－12 中，设 O 为原点，横轴 OH 表示人口的百分比，纵轴 OM 表示收入的百分比。联结两对角线的直线 OL（45°）是收入完全平等线。我们看到，在这条对角线上，20% 的人口得到 20% 的收入，60% 的人口得到 60% 的收

入,80%的人口得到80%的收入等。这条线上的任何一点都表明:人口的百分比与其所得到的收入百分比是相等的,社会收入分配是完全的公平。

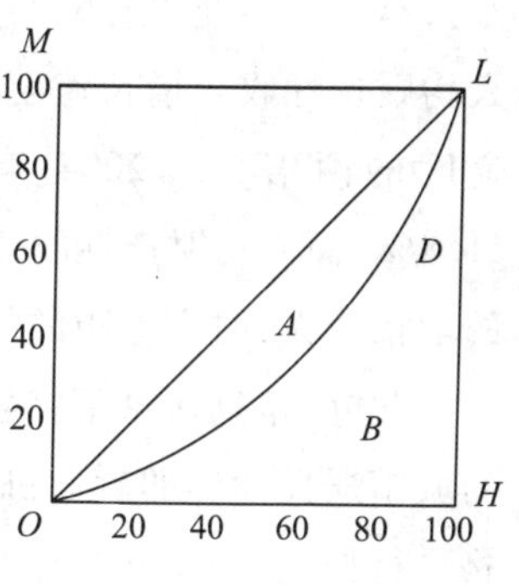

图7-12　洛伦兹曲线

相应的,图7-12中的折线 OHL 是完全不平等线。该线表明,社会成员除一人之外,其余的人收入都是零,只有最后的这个人得到了收入的100%。

根据表7-1的收入分配资料,将人口累计百分比和收入累计百分比的对应关系描绘在图形上,即得到洛伦兹曲线 ODL。洛伦兹曲线处于完全平等线和完全不平等线之间,凸向横轴。该曲线上每一点都表明一定百分比的人口拥有的收入在总收入中所占有的比重。洛伦兹曲线与完全平等线 OL 越接近,收入分配就越平等。与完全不平等线 OHL 越接近,收入分配就越不平等。

二、基尼系数

由于洛伦兹曲线反映了每一等级人口的实际收入同完全平等的收入之间的偏离,因此,可以说它在某种意义上抓住了收入分配不平等的本质。为了更好地用指数来反映社会收入分配的不平等状况,意大利经济学家基尼(C. Gini)根据洛伦兹曲线计算出了一个反映一个国家贫富差距的指标,这就是基尼系数。

如果我们把图7-12中洛伦兹曲线 ODL 与完全平等线 OL 之间的面积用 A 表示,称为"不平等面积",把 ODL 与完全不平等线 OHL 之间的面积用 B 来表示,OHL 与45°线之间的面积 $A+B$ 就是"完全不平等面积"。基尼系数是指不平等面积与完全不平等面积之比。若设 G 为基尼系数,则:

$$G = \frac{A}{A+B} \tag{7.14}$$

如果 $A=0$,则 $G=0$,表明收入分配完全平等;如 $B=0$,则 $G=1$,表明收入分配完全不平等,实际的基尼系数总是大于零,小于1。

基尼系数越小,收入分配越平均;基尼系数越大,收入分配越不平均。按国际上通用的标准,基尼系数小于0.2表示绝对平均;0.2~0.3表示比较平均;0.3~0.4表示基本合理;0.4~0.5表示差距较大;0.5以上表示收入差距悬殊。

运用洛伦兹曲线与基尼系数可对各国收入分配的平等程度进行对比,也可对各种政策的收入分配效应进行比较。

三、收入分配不平等的原因

造成收入不均等的原因很多,其中,个人财产占有上的差别是重要原因之一。财产占有差别会使占有财产多的人得到很多的利息、地租、租金等财产收入。当前全国人均财产性收入增长速度已经超过劳动收入(城镇工薪收入和农村经营性收入)增长速度的两倍。以2004年前三季度为例,全国城镇居民人均工薪收入同比增长11.8%,而人均财产性收入中的出租房屋收入增幅竟高达54.5%。由于财产性收入的增幅较大,财产差距的扩大会进一步加剧收入分配的不平等程度。

此外,市场体系不完善,不平等竞争条件也造成收入差距过大。如农村人口没有与城镇居民同等的就业机会,在就业和工资上受到歧视;垄断行业凭借垄断力量对价格进行控制,使垄断行业与一般行业职工间的收入差距呈持续扩大趋势。"十五"期间,中国的电力、煤气、供水、铁路、通信等行业职工平均工资年增长率均出现了提速,高于"九五"期间平均增长率3~5个百分点。与此同时,金融和保险业、党政机关和社会团体也分别较"九五"期间提高7个百分点和5个百分点以上。

四、调节收入分配的政策

收入分配不均等会导致一系列的经济社会问题,缩小收入差距是各个国家的必然选择。解决收入分配差距过大的问题,必须从多方面努力。要积极推进市场化取向的改革,为企业和个人提供具有平等机会的市场竞争平台;同时政府应当积极利用再分配手段,调节由于结果不平等带来的收入分配差距过大问题。征收个人所得税实行累进税率,根据收入的高低确定不同的税率,对高收入者按高税率征税,对低收入者按低税率征税。开征遗产税、赠与税、财产税等,纠正财产分配的不平等。增加政府转移支付,通过给穷人提供补助来缩小收入差距。完善社会保障制度与社会保险,建立保护劳动者的各种法律,包括最低工资法和最高工时法以及环境保护、食品和医药卫生等法,加强各种福利设施和公共工程的建设,扩大教育和技术培训,缩小个人能力差别,使工资收入差距缩小。

政策效果可用洛伦茨曲线来检验。如果洛伦兹曲线趋向完全平等线,则政策效果明显;若洛伦兹曲线向完全不平等线靠近,则表明收入分配差距进一步拉大,政策失效。

第八章　一般均衡与福利经济理论

General Equilibrium and Welfare Economics Theory

前面各章是在假定其他条件不变的情况下，孤立地研究局部的产品或要素的市场价格决定问题，而没有考虑不同产品或要素市场之间的联系，这被称做局部均衡分析。局部均衡分析因其简明而被广泛应用，然而局部分析毕竟是在众多假设下的一种理论分析。从实际经济生活来看，各种经济现象是互相联系、相互影响的。因此，本章我们的分析也将从局部均衡分析扩展到一般均衡分析，从孤立的市场价格研究转入对整个经济系统相互关系的研究。

在研究一般均衡分析时，往往涉及在市场经济体系中，一般均衡状态是否具有经济效率的问题，即怎样有效地利用资源并合理地进行分配，才能使整个社会的福利最大，因此，本章也包括福利经济学的内容。

第一节　一般均衡理论

两位经济学家的赌博

20世纪80年代，美国的两位经济学家为了坚持自己的观点在关于人类前途的问题进行了一场赌博。一位是马里兰州立大学的朱利安·西蒙(Julian Simon)，另一位是斯坦福大学的保罗·埃尔里奇(Pawl Ehrltch)。埃尔里奇是悲观派，认为由于人口爆炸、食物短缺、不可再生性资源的消耗、环境污染等原因，人类的前途不妙。西蒙是乐观派，认为人类社会的技术进步和价格机制会解决人类发展中出现的各种问题，人类前途光明。他们谁也说服不了谁，于是决定赌一把。他们争论涉及的问题太多，赌什么呢？他们决定赌不可再生性资源是否会消耗完的问题。悲观派埃尔里奇认为这种不可再生性资源迟早会用完，那时人类的末日就到了。这种不可再生性资源的消耗与危机表现为其价格大幅度上升。乐观派西蒙的观点是，这种资源不会枯竭，价格不但不会大幅度上升，反而会下降。

为此，他们选定了5种金属：铬、铜、镍、锡、钨。各自以假想的方式买入1000美元的等量金属，每种金属各200美元。以1980年9月29日的各种金属价格为准，假如到1990年9月20日，这5种金属的价格在剔除通货膨胀的因素后上升了，西蒙就要付给埃尔里奇这些金属的总差价。反之，假如这5种金属的价格下降了，埃尔里奇将把总差价支付给西蒙。这场赌博的时间真长，到1990年，这5种金属无一例外地跌了价。埃尔里奇输了，他按照事先确定的承诺，把自己输的57607美元交给了西蒙。那么，资源价格下降会带来哪些连锁反应？

前边我们所研究的产品市场均衡和要素市场均衡都是单独考察单个市场，假设该市场商品的需求和供给仅仅被看成是其本身价格的函数，其他商品的价格则被假定为不变，该市场的需求曲线和供给曲线共同决定了市场的均衡价格和均衡数量，这种均衡属于局部均衡。而一般均衡是研究一个经济社会中所有的相关联的单个市场价格和数量的同时决定问题。完全竞争市场一般均衡的严格定义应满足三个条件：第一，在一般均衡价格体系下，每个消费者提供自己所拥有的投入要素，并在各自的预算约束下实现其效用最大化；第二，每个厂商在该价格体系和给定的技术水平下决定要素的投入和产出量以实现利润最大化；第三，每个要素市场和产品市场上的总需求都等于总供给。此时，就把该经济称为一般均衡状态。

为了更好地理解整个经济体系中各个不同市场的相互作用过程，这里先以一个简化的市场经济进行考察。在一个简化的市场经济中，总共包括四个市场，其中两个是要素市场，另外两个是产品市场。为了方便，假定第一个要素市场是石油市场，第二个要素市场是石油的替代品——煤，第一个产品市场是以石油为投入品的汽油，第二个产品市场是与汽油互补的小汽车。各个市场间的相互影响可以用图示表示出来。如图8－1所示。

现在假定所有市场在开始时均处于均衡状态。原油的供给减少会使它的供给曲线向左移动到S'，相应的价格上升到P_1，均衡数量减少到Q_1。然而整个经济系统的产品市场和要素市场是相互依存和相互影响的，原油市场的价格变化将影响其他市场的调整；而其他市场的调整又会反过来进一步影响原油市场，从而最终的原油均衡价格和数量并不一定就是P_1和Q_1。

原油价格变动对汽油市场的影响。汽油以原油作为原料，原油价格上升会导致汽油成本上升，使汽油供给减少。即汽油的供给曲线向左移动到S'，新的均衡价格上升为P_1，均衡数量减少到Q_1。进一步，原油价格上涨会引起其替代品——煤的需求增加，使需求曲线从D向右移动到D'，均衡价格上升为P_1，均衡数量增加到Q_1。最后再来讨论汽油的互补品汽车市场。汽油价格上涨会使作为互补品的汽车需求减少，汽车的

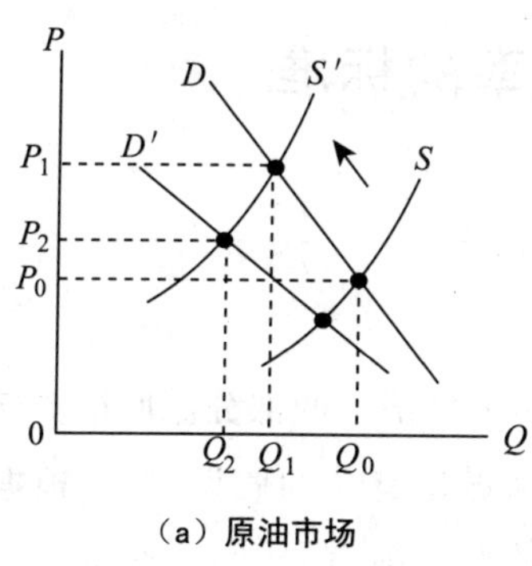

（a）原油市场

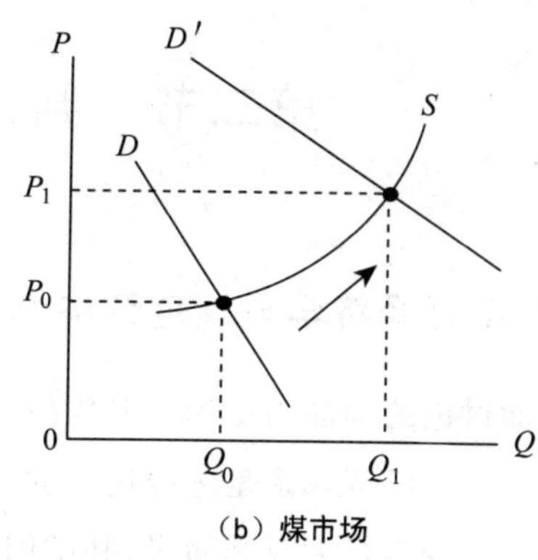

（b）煤市场

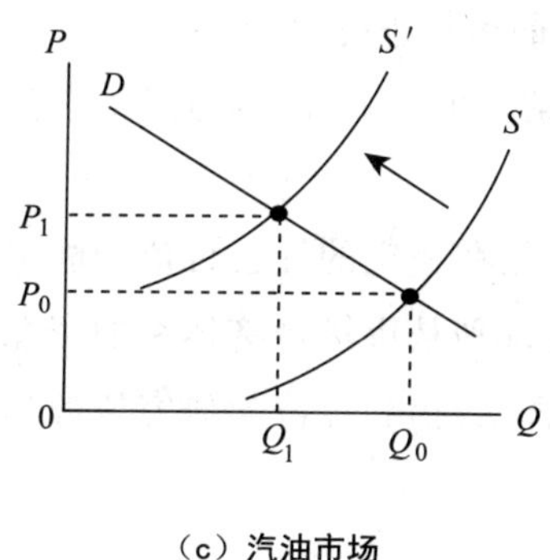

（c）汽油市场

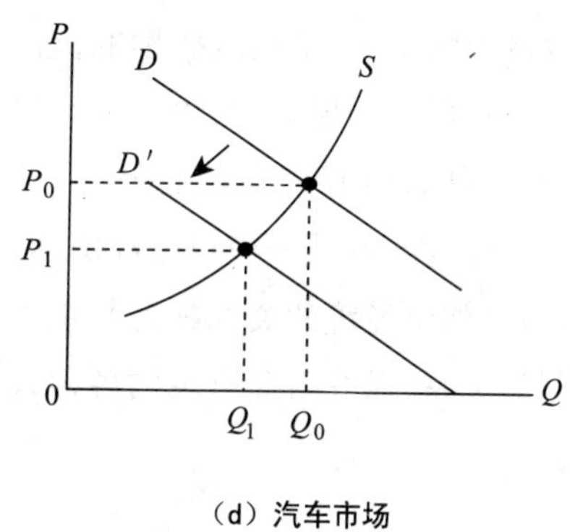

（d）汽车市场

图 8－1　市场之间的相互关系

需求曲线从 D 向左移动到 D'，从而均衡价格下降为 P_1，均衡数量减少到 Q_1。

从上面分析可以看出，原油涨价影响到汽油市场、煤市场以及汽车市场；反过来，汽油市场、煤市场以及汽车市场价格的变化也会进一步影响到原油市场。首先，汽油价格上升会让生产者提高对原油的需求，而汽油数量的下降则会减少该需求，因此原油的需求曲线可能左移或右移；其次，汽车市场价格下降及数量减少很可能使原油需求曲线左移；最后，煤市场价格上升及数量上升则会增加对原油的需求。最终的结果，原油的需求曲线受其他市场的影响可能左移，也可能右移，这取决于两方面力量的大小。若原油的需求曲线左移至 D'，相应的均衡价格和均衡数量变为 P_2 和 Q_2。而原油市场的价格变化将再一次影响其他市场，从而引起它们的调整；而其他市场的调整又会反过来进一步影响原油市场，如此一直继续下去，直到所有市场又都重新达到均衡状态。

第二节 判别经济效率的标准

一、实证经济学与规范经济学

前面讨论的局部均衡和一般均衡,主要都属于实证经济学的部分。所谓**实证经济学**是研究实际经济体系是怎样运行的,它对经济行为做出有关的假设,然后根据假设分析和陈述经济行为及其后果,并试图对结论进行检验。简言之,实证经济学回答的是"是什么"的问题。与实证经济学相对应的是规范经济学。**规范经济学**是试图从一定的价值判断出发,根据这些标准,对一个经济体系的运行进行评价,并进一步说明一个经济体系应当怎样运行,以及为此提出相应的对策。也就是说,规范经济学回答的是"应当是什么"的问题。

福利经济学就是一种规范经济学。福利经济学是在一定的社会价值判断标准条件下,研究整个经济的资源配置与个人福利的关系,特别是市场经济体系的资源配置与福利的关系,以及与此有关的各种政策问题。简言之,福利经济学研究资源的最优配置。

二、判断经济效率的标准

如何判断不同资源配置方案的优劣及确定最优资源配置呢?为了回答这个问题,先来看一个简单的情况:假定整个经济社会只有甲和乙两个人,且只有两种可能的资源配置状态 A 和 B。甲和乙对资源配置状态的选择有三种可能:一种认为 A 优于 B,一种认为 B 优于 A,还有一种认为 A 与 B 无差异。用符号可表示为:

$$A > B, B > A, A = B \tag{8.1}$$

其中的符号"$>$"表示"优于","$=$"表示"无差异于","$<$"表示"劣于"。

由于甲有三种可能的选择,乙也有三种可能的选择,因此从整个社会来看就有9种可能的选择情况,以 B' 表示乙的选择,则有:

1. $A > B, A > B'$　　2. $A > B, A = B'$　　3. $A > B, A < B'$

4. $A = B, A > B'$　　5. $A = B, A = B'$　　6. $A = B, A < B'$

7. $A < B, A > B'$　　8. $A < B, A = B'$　　9. $A < B, A < B'$

把这9种可能的选择情况按甲和乙不同的态度可分为三大类型:一类是甲、乙意见完全相同,如上述9种可能选择中的第1、第5、第9种情况;另一类是甲、乙意见完全相反,如第3、第7种情况;还有一类是甲、乙的意见基本一致,如上述剩余的第2、第4、第6、第8四种情况。

如果甲和乙的看法一致，此时可认为甲乙两人的共同看法代表了社会的看法，从社会来看他们的意见就是最好的；但是如果甲和乙的意见完全相反，则从社会的角度难以说明 A 和 B 哪个最优，除非能够假定甲或乙的意见无关紧要，从而可以不加以考虑，否则不能判断 A 和 B 的优劣；如果甲和乙的意见虽然不一致，但二者无根本对立，例如甲认为 A 优于 B，乙认为 A 与 B 无差异，此时从社会的观点看也有 A 优于 B 。

进一步推广，**如果至少有一人认为 A 优于 B，而没有人认为 A 劣于 B，则从社会的观点看亦有 A 优于 B 。这就是帕累托最优状态标准，简称帕累托标准。**

利用帕累托标准，可以对资源配置状态的任意变化做出判断：**如果既定的资源配置状态的改变可以使至少有一个人的状况变好，而没有使任何人的状况变坏**，则认为这种资源配置状态的变化是"好"的；否则认为是"坏"的。这种以帕累托标准来衡量为"好"的状态改变称为**帕累托改进。如果对于某种既定的资源配置状态，所有的帕累托改进均不存在，即在该状态上，任意改变都不可能使至少有一个人的状况变好而又不使任何人的状况变坏，则这种资源配置状态就是帕累托最优状态。**

帕累托最优状态又称为经济效率。满足帕累托最优状态就是具有经济效率的；反之，不满足帕累托最优状态就是缺乏经济效率的。

第三节　交换的帕累托最优条件

他们的交换能够增加利益吗？

小张和小李两人总共有 20 袋粮食和 10 匹棉布，其中，小张拥有 14 袋粮食和 3 匹棉布，小李则拥有其余的 6 袋粮食和 7 匹棉布。

在总量既定的前提下，由于小张拥有的粮食较多，棉布较少，他可能更偏好棉布；而小李的情况不一样，他拥有的粮食相对较少，棉布较多，他可能更偏好粮食。因此，小李可能用棉布去交换小张的粮食。那么，这种交换能为他们两个人带来利益吗？

达到帕累托最优状态所需具备的条件称为帕累托最优条件。帕累托最优条件包括交换的帕累托最优条件、生产的帕累托最优条件以及生产和交换的帕累托最优条件。

讨论交换的帕累托最优条件可以首先研究两种既定的资源在两个消费者之间的分配问题，然后将所得结论推广到一般情况。

假设有两个消费者 A 和 B，消费两种商品 X 和 Y，两种商品的既定数量为 $\overline{X}$ 和 $\overline{Y}$，

消费者 A 对产品 X 的消费量记作 X_A，对产品 Y 的消费量记作 Y_A，消费者 B 对产品 X 的消费量记作 X_B，消费者 B 对产品 Y 的消费量记作 Y_B。则有：

$$X_A + X_B = \overline{X}, Y_A + Y_B = \overline{Y} \tag{8.2}$$

下面我们用一种叫埃奇渥斯盒状图的工具来分析两种既定的资源在两个消费者之间的分配问题。如图 8－2 所示。盒子的水平长度表示整个经济中产品 X 的数量 $\overline{X}$，盒子的垂直高度表示整个经济中产品 Y 的数量 $\overline{Y}$。O_A 为消费者 A 的原点，O_B 为消费者 B 的原点。从 O_A 水平方向向右表示消费者 A 对产品 X 的消费量 X_A，垂直向上表示消费者 A 对产品 Y 的消费量 Y_A；从 O_B 水平方向向左表示消费者 B 对产品 X 的消费量 X_B，垂直向下表示消费者 B 对产品 Y 的消费量 Y_B。埃奇渥斯盒状图中的任意一点确定了一套数量，表示消费者 A 和消费者 B 消费商品 X 和 Y 的一对组合。盒子的边界确定了两种商品在两个消费者之间的所有可能的分配情况，在盒子的垂直边上的任意一点，表明某个消费者不消费 X，在盒子水平边上的任意一点，表明某个消费者不消费 Y。现在的问题是，这些分配状况中哪些是帕累托最优状态呢？为了分析这一点，我们需要在埃奇渥斯盒状图中画出两个消费者的无差异曲线。消费者 A 的无差异曲线凸向坐标原点 O_A，消费者 B 的无差异曲线凸向坐标原点 O_B。

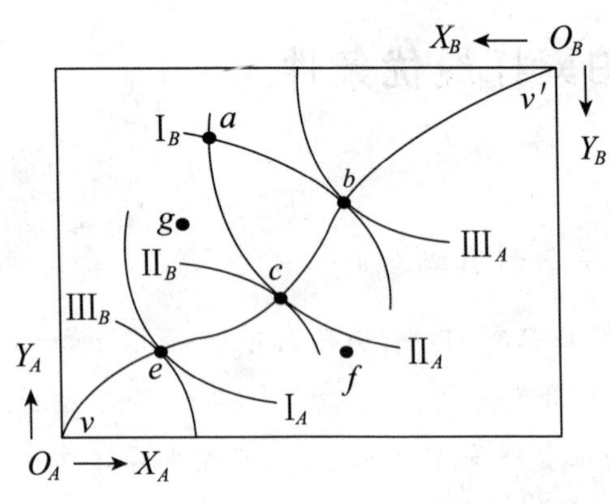

图 8－2　交换的帕累托最优

图 8－2 中，I_A、II_A、III_A 表示消费者 A 的无差异曲线；I_B、II_B、III_B 表示消费者 B 的无差异曲线。离原点越远的无差异曲线效用水平越高。

假设消费者 A 和消费者 B 对商品 X 和 Y 的消费组合在 a 点，a 点必定在两个消费者的无差异曲线上，即消费者 A 和消费者 B 分别有一条无差异曲线经过 a 点。并且，这两条无差异曲线或者在 a 点相交，或者在 a 点相切。从图 8－2 中可以看出，a 点处于两条无差异曲线的交点，此时是否存在帕累托改进的可能？若分配组合沿着 I_B 从 a 点移动到 b 点，消费者 A 的效用水平从 II_A 提高到 III_A，而消费者 B 的效用水平仍然保持在 I_B 不变。同理，若分配组合沿着 II_A 从 a 点移动到 c 点，消费者 B 的效用水平从 I_B 提高到 II_B，而消费者 A 的效用水平仍然保持在 II_A 不变。因此，a 点的资源配置存在帕累托改进的余地，不是帕累托最优状态。由此得出结论：在交换的埃奇渥斯盒状图中，任意一点如果它处在消费者 A 和消费者 B 的两条无差异曲线的交点上，则它就不是帕累托最优状态，因为在这种情况下，总存在帕累托改进的余地，即总可以改变该状态，使至少有一个人的状况变好而没有人的状况变坏。

另一方面，如果初始的产品分配状态处于两个消费者无差异曲线的切点上，是否存在帕累托改进的可能呢？让我们看图中的 c 点，如果 c 点向上移动到 b 点，消费者 A 的效用提高了，而消费者 B 的效用却降低了，不是帕累托改进；c 点向下移动到 e 点，消费者 B 的效用提高了，而消费者 A 的效用却降低了，也不是帕累托改进；c 点移动到 g 点或 f 点，消费者 A 和消费者 B 的效用都降低，更不是帕累托改进。因此，两个消费者无差异曲线的切点上的商品组合不存在帕累托改进的余地，因此实现了交换的帕累托最优状态。

无差异曲线的切点不只是 c 点一个，还有点 b 和点 e 以及其他许多未在图 8－2 中画出的点都是无差异曲线的切点，从而代表着帕累托最优状态。把埃奇渥斯盒状图中所有的两个消费者无差异曲线的切点连接起来，得到一条曲线 VV'，这条曲线就叫做交换的契约曲线，它表示两种产品在两个消费者之间的所有最优分配的集合。

应当指出，在交换的契约曲线上，两个消费者的分配具有不同情况，从 c 点向上移动到 b 点，消费者 A 的效用提高是以牺牲消费者 B 的利益为代价的，所以不能说哪一点更好一些，因为根据帕累托标准，它们是不能比较的。

从交换的帕累托最优状态可以得到交换的帕累托最优条件。我们知道，交换的帕累托最优状态的点在两个消费者无差异曲线的切点上，而无差异曲线的切点表示在该点上两条无差异曲线的斜率相等。无差异曲线斜率的绝对值又叫做两种商品的边际替代率，因此交换的帕累托最优状态的条件可以表示为：两个消费者对两种商品的边际替代率必须相等。如果设对于消费者 A 和 B 来说，X 代替 Y 的边际替代率分别用 MRS_{XY}^{A} 和 MRS_{XY}^{B} 来表示，则交换的帕累托最优状态条件公式为：

$$MRS_{XY}^{A} = MRS_{XY}^{B} \tag{8.3}$$

为了理解这个边际条件，可以举一个例子来说明。假定在初始的分配中，消费者 A 的边际替代率等于 3，消费者 B 的边际替代率等于 6。这意味着，消费者 A 愿意放弃单位的 X 来交换不少于 3 单位的 Y。因此，消费者 A 若能用 1 单位的 X 交换到大于 3 单位的 Y 就表示增加了自己的福利；消费者 B 的边际替代率等于 6 意味着 B 愿意放弃不多于 6 单位的 Y 来交换 1 单位的 X。相应的，消费者 B 若能用小于 6 单位的 Y 交换到 1 单位的 X 就表示增加了自己的福利。可见，如果消费者 A 用 1 单位的 X 交换到 5 单位的 Y，而消费者 B 用 5 单位的 Y 交换到 1 单位的 X，则他们两人的福利都得到了提高。而且，只要两个消费者对两种商品的边际替代率不相等，上述这种重新分配就总是可能的，就总存在帕累托改进的余地，也就是说，当边际替代率不相等时，产品的分配未达到帕累托最优状态，需要进行改进。

第四节　生产的帕累托最优条件

两个厂商交换后福利如何？

两个厂商 A 和 B 总共拥有两种生产要素，其中劳动 20 单位，资本 10 单位。其中，厂商 A 拥有劳动 13 单位，资本 4 单位；厂商 B 拥有劳动 7 单位，资本 6 单位。而且这两个厂商劳动对资本的边际替代率不同，厂商 A 劳动对资本的边际替代率为 1，厂商 B 的劳动对资本的边际替代率为 3。

通过比较发现，厂商 A 拥有的劳动数量较多，资本数量较少，其对资本的评价较高；而厂商 B 拥有的资本较多，劳动较少，他对劳动的评价较高。假如厂商 A 用相对充裕的劳动去交换厂商 B 的资本，那么这种交换能提高这两个厂商的产量吗？能增进他们的福利吗？

本节的讨论与交换的帕累托最优条件非常相似。交换的帕累托最优条件研究了两种既定数量的产品在两个消费者之间的分配情况，而本节生产的帕累托最优条件将研究两种既定数量的要素在两个生产者之间的分配问题，然后将所得结论推广到一般情况。

假定市场上只有两个生产者 C 和 D，使用既定数量的两种要素 L 和 K 进行生产。生产者 C 对要素 L 的使用量记作 L_C，对要素 K 的使用量记作 K_C；生产者 D 对要素 L 的使用量记作 L_D，对要素 K 的使用量记作 K_D 。则根据两种生产要素数量既定得到：

$$L_C + L_D = \overline{L}, K_C + K_D = \overline{K} \tag{8.4}$$

与上节类似，我们仍用生产的埃奇渥斯盒状图来分析两种既定数量的要素在两个生产者之间的分配问题。如图 8 - 3 所示。盒子的水平长度表示整个经济中要素 L 的数量 $\overline{L}$，盒子的垂直高度表示整个经济中要素 K 的数量 $\overline{K}$ 。O_C 为生产者 C 的坐标原点，O_D 为生产者 D 的坐标原点。从 O_C 水平方向向右表示生产者 C 对要素 L 的使用量 L_C，垂直向上表示生产者 C 对要素 K 的使用量 K_C；从 O_D 水平方向向左表示生产者 D 对要素 L 的使用量 L_D，垂直向下表示生产者 D 对要素 K 的使用量 K_D 。

埃奇渥斯盒状图中的任意一点，都表示生产者 C 和生产者 D 对要素 L 和 K 的使用量的一对组合。盒子的边界确定了两种要素在两个生产者之间的所有可能的分配情况。那么，在埃奇渥斯盒子中全部可能的要素分配状态中，哪些是帕累托最优状态呢？为了研究这一点，需要在盒中加入每个生产者的生产函数的信息，即等产量线。图中，I_C、II_C、III_C 表示生产者 C 的等产量线；I_D、II_D、III_D 表示生产者 D 的等产量线。离原点越远的等产量线产量水平越高。

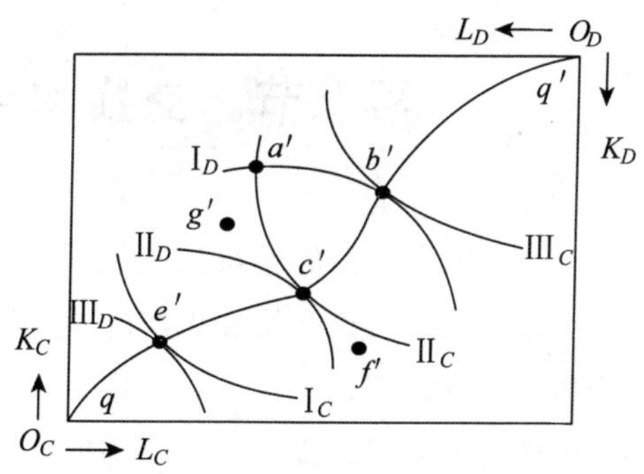

图 8-3 生产的帕累托最优

假定生产函数是连续的,现在在盒中任选一点 a',a' 点必定在两个生产者的等产量线上,即生产者 C 和生产者 D 分别有一条等产量线经过 a' 点。并且,这两条等产量线或者在 a' 点相交,或者在 a' 点相切。从图中可以看出,a' 点处于两条等产量线的交点,此时是否存在帕累托改进的可能?若两个生产者的要素使用组合沿着 I_D 从 a' 点移动到 b' 点,生产者 C 的产量就从 II_C 提高到了 III_C,而生产者 D 的产量仍然保持在 I_D 不变。若要素组合是沿着 II_C 从 a' 点移动到 c' 点,生产者 D 的产量从 I_D 提高到 II_D,而生产者 C 的产量仍然保持在 II_C 不变。因此,a' 点的要素组合存在帕累托改进的余地,不是帕累托最优状态。由此得出结论:在生产的埃奇渥斯盒状图中,任意一点如果它处在生产者 C 和生产者 D 的两条等产量线的交点上,则它就不是帕累托最优状态。

与 a' 相区别,如果资源配置的初始状态处于两个生产者等产量线的切点上,则容易看出此时不存在任何帕累托改进的余地。例如图中的 c' 点,c' 点向上移动到 b' 点,生产者 C 的产量提高了,而生产者 D 的产量却降低了,不是帕累托改进;c' 点向下移动到 e' 点,生产者 D 的产量提高了,而生产者 C 的产量却降低了,也不是帕累托改进;c' 点移动到 g' 点或 f' 点,生产者 C 和生产者 D 的产量都降低,更不是帕累托改进。因此,两个生产者等产量线的切点上的要素组合不存在帕累托改进的余地,而是实现了生产的帕累托最优状态。

把埃奇渥斯盒状图中所有的两个生产者等产量线的切点连接起来的曲线 qq' 叫做生产的契约曲线,它表示两种要素在两个生产者之间的所有最优分配的集合。

与交换的契约曲线一样,在生产的契约曲线上,两个生产者的分配具有不同情况,从 c' 点向上移动到 b' 点,生产者 C 的产量提高是以牺牲生产者 D 的利益为代价的,所以,不能说哪一点更好一些,因为根据帕累托标准,它们是不能比较的。只能说生产的契约曲线以外的点,总存在比它更好的点,而这些点在生产的契约曲线上。

从生产的帕累托最优状态可以得到生产的帕累托最优条件。由于生产的帕累托最优状态的点在两个生产者等产量线的切点上,而等产量线的切点表示在该点上两条等产量线的斜率相等,等产量线斜率的绝对值就是两种要素的边际技术替代率,因此,生产的帕累托最优状态的条件可以表示为:两个生产者对两种要素的边际技术替代率相等。用公式表示为:

$$MRTS_{LK}^{C} = MRTS_{LK}^{D} \tag{8.5}$$

第五节　交换和生产的帕累托最优条件

在研究了交换的帕累托最优条件和生产的帕累托最优条件之后，这一节将交换和生产综合起来讨论交换和生产的帕累托最优条件。应当注意的是，交换和生产的帕累托最优条件并不是交换的最优条件和生产的最优条件的简单并列，交换的帕累托最优和生产的帕累托最优只能说明消费和生产各自是最有效率的，而交换和生产的帕累托最优条件是要研究二者综合起来是否达到了最优，即消费者和生产者相互之间如何实现最优。

为了研究交换和生产的帕累托最优，我们把在交换的帕累托最优条件和生产的帕累托最优条件研究中所作的假定合并起来，即假定整个经济只有两个消费者 A 和 B，他们在既定数量的两种商品 X 和 Y 之中进行选择。只有两个生产者 C 和 D，他们在既定数量的两种要素 L 和 K 之中进行选择，以生产两种产品 X 和 Y。为简便起见，假定生产者 C 生产产品 X，生产者 D 生产产品 Y。我们先从生产方面开始，再把消费问题引进来，最后再综合讨论交换和生产的帕累托最优条件。

一、生产可能性曲线

（一）生产可能性曲线及生产可能性边界

现在我们已经知道，生产的契约曲线 qq' 代表了所有生产的帕累托最优状态的集合。生产的契约曲线上的每一点均为两个生产者等产量线的切点，因而这些点既表示最优投入，同时也表示了一定量要素投入在最优配置时两个生产者所能生产的一对最优产出。而且，在契约曲线上各点所代表的最优产出之间，两种产品的产量存在此消彼长的关系，即一种产品的增加是以另一种产品的减少为代价的。例如，在图 8－3 生产的埃奇渥斯盒状图中，契约曲线上 c' 点所表示的一对最优产出为 II_C 和 II_D，如果设 II_C 所表示的产出 X 的数量为 X_1，II_D 所表示的产出 Y 的数量为 Y_1，则 c' 点所表示的一对最优产出量为 (X_1, Y_1)。c' 点向上移动到 b' 点，生产者 C 的产量提高到 III_C，而生产者 D 的产量却降低为 I_D，如果设 III_C 和 I_D 为 X_2 和 Y_2，则 b' 点就表示最优产出量 (X_2, Y_2)。以此类推，契约曲线上的每一点，都可得到相应的两种产品所有最优产出量。

我们把从契约曲线上得到的所有最优产出组合描绘在几何图中，得到图 8－4 的情形。图中横轴表示最优产量中 X 的数量，纵轴表示最优产量中 Y 的数量。例如，契约曲线上 c' 点所表示的一对最优产出量为 (X_1, Y_1) 描绘在图中为 c'' 点，b' 点表示最优产出量 (X_2, Y_2) 描绘在图中为 b'' 点。把所有这些最优产出量组合点连起来可以得到一条曲线 PP'，曲线 PP' 被称为生产可能性曲线，**生产可能性曲线是在技术水平和资源既**

定条件下，生产两种产品的最优产出组合的点的轨迹。

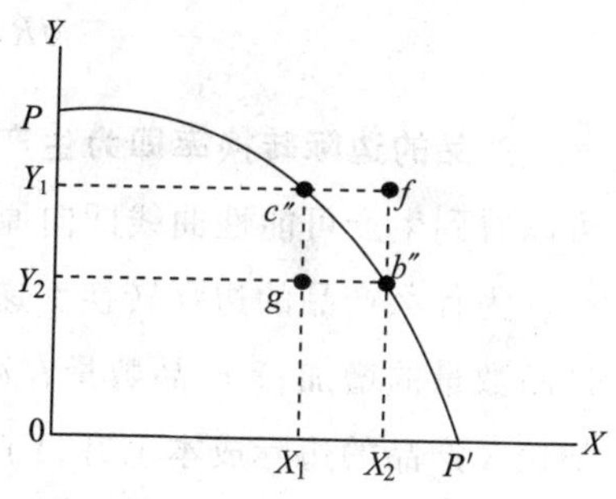

图8－4　生产可能性曲线

由于生产契约曲线表示在既定数量的生产要素下已经实现了最优配置，因而生产可能性曲线上的点就表示在技术水平和资源既定条件下，生产两种产品的最大产出组合，而生产可能性曲线以内的点所代表的产出组合不是最优产出组合。在生产可能性曲线以外的点的产出组合在既定资源下是不可能生产出来的。因此生产可能性曲线又叫做生产可能性边界。

前面我们在分析生产可能性曲线时假定了技术水平和资源既定，当放松这一假定时，生产可能性曲线的位置就会发生变化。如果技术水平提高或投入要素数量增加，则每一个最优产出组合的数量都会增加，从而使生产可能性曲线向右上方移动，这表示生产可能性边界扩大；反之，如果技术水平降低或投入要素数量减少，则每一个最优产出组合的数量都会减少，从而使生产可能性曲线向左下方移动，这表示生产可能性边界的缩小。

如图8－5所示，假定在初始的技术水平和资源既定条件下的生产可能性曲线为PP'，c'点所表示的一对最优产出量为(X_1, Y_1)，现在如果技术水平提高或投入要素数量增加了，则最优产出组合将不再是c'点所表示的一对最优产出量为(X_1, Y_1)，而是c''点所表示的一对最优产出量为(X_2, Y_2)，生产可能性曲线向右移动到PP''。

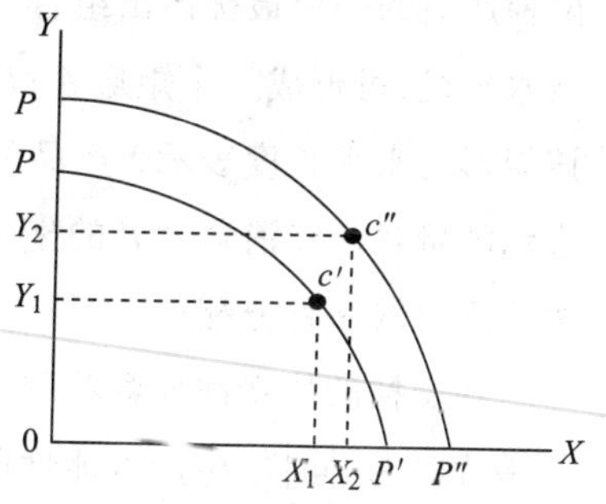

图8－5　生产可能性曲线的变动

（二）产品边际转换率

从生产的契约曲线可知，一种产出的增加必然伴随着另一种产出的减少，两种最优产量之间呈现一种“转换”关系。换句话说，在资源数量既定的情况下，生产X产品使用的资源与生产Y产品所使用的资源间存在相互消长的关系，多生产X产品，必然少生产Y产品；反之，少生产X产品就可以多生产Y产品，即一种产出的增加必然伴随另一种产出的减少。因此，生产可能性曲线表示出两种产品相互转换的关系，又叫做产品转换曲线。而两种产品的这种相互转换关系使生产可能性曲线向右下方倾斜，斜率为负。

生产可能性曲线的斜率的绝对值为$\left|\frac{\Delta Y}{\Delta X}\right|$，其含义即一单位X产品转换为Y产品的比率，因此又称为产品的边际转换率，表示为：

$$MRT_{XY} = \lim_{\Delta X \to 0} \left| \frac{\Delta Y}{\Delta X} \right| = \left| \frac{dY}{dX} \right| \quad (8.6)$$

产品的边际转换率即为生产可能性曲线的斜率的绝对值。另一方面,我们从图中可以看到生产可能性曲线凹向原点,斜率的绝对值递增,即产品的边际转换率递增。

为什么产品的边际转换率递增呢? 从图8-4中我们看到,从c''点到b''点,随着X产品数量的增加,Y产品数量在减少。在边际报酬递减规律的作用下,X产品数量的增加使X产品的边际成本上升;Y产品数量减少使Y产品的边际产量提高。X产品的边际成本上升说明,少生产一单位X产品所节省下来的资源会更多;Y产品的边际产量提高说明节省下来的资源生产Y产品的效率会更高。也就是,少生产一单位X产品的资源可以生产更多的Y产品,所以产品转换率递增。

二、生产和交换的帕累托最优条件

在研究了生产可能性曲线的情况之后,我们就可以利用生产可能性曲线把生产和交换两个方面结合在一起,从而得到生产和交换的帕累托最优条件。如图8-6所示。首先在生产可能性曲线上任选一点,例如B点。由前面生产可能性曲线的性质可知,B点也是生产契约曲线上的一点。同时,B点也表示在技术水平和资源既定条件下,生产两种产品的一个最优产出组合($\overline{X}$, $\overline{Y}$),从B点分别向横轴引一条垂线,向纵轴引一条水平线,可形成一个矩形$A\overline{Y}B\overline{X}$,该矩形正好可以看做一个交换的埃奇渥斯盒状图,该矩形的水平长度表示X产品的数量,垂直高度表示Y产品的数量,设A点和B点分别表示消费者A和消费者B的坐标原点,则该矩形中的任意一点表示既定产出在两个消费者之间的一种分配。

在交换的埃奇渥斯盒状图$A\overline{Y}B\overline{X}$中,契约曲线$VV'$上的任意一点均为交换的帕累托最优状态。同样,生产可能性曲线上的B点是从生产的契约曲线上推出来的,也即给定了一个生产的帕累托最优状态。现在的问题是:一条交换的契约曲线上有无穷多个交换的帕累托最优状态与之对应,但交换契约曲线上的任意一个最优状态并不一定表示在与生产联合起来看时也达到了最优状态。那么,交换契约曲线上哪一点才符合生产和交换的帕累托最优条件呢?

我们知道,交换的契约曲线上的任意一点表示两个消费者的商品边际替代率均相等,但不同的点之间的边际替代率是不等的。边际替代率即是无差异曲线的斜率的绝对值,产品边际转换率则是生产可能性曲线的斜率的绝对值。从图8-6中我们看到,在交换的契约曲线上,过各点的无差异曲线的切线与过点B的生产可能性曲线的切线S可能平行,也可能不平行,即产品边际替代率与产品转换率可能相等也可能不相等。如果产品边际替代率与产品转换率不相等,则可以证明这时并未达到生产和交换的帕累托最优状态。

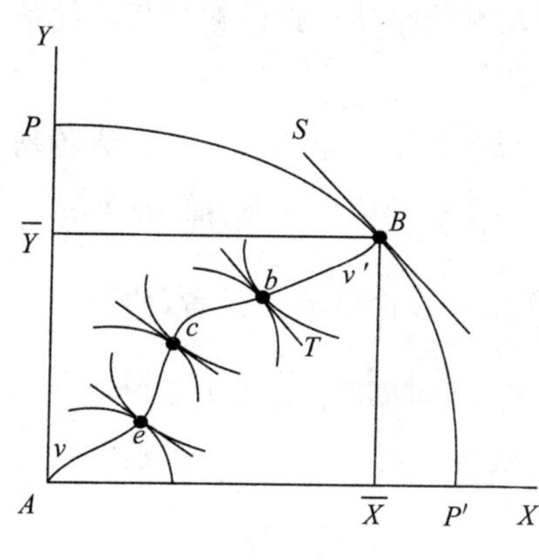

图 8-6　生产和交换的最优

例如，假定产品的边际转换率为 3，边际替代率为 1，产品的边际转换率为 3 意味着对于生产者来说，生产 1 单位 X 所用的资源能生产 3 单位 Y；边际替代率为 1 意味着对于消费者来说，1 单位 X 和 1 单位 Y 的效用相等。此时，若生产者少生产 1 单位 X，就可多生产 3 单位 Y，只要给消费者 1 单位 Y 来代替少生产的那 1 单位 X，就能保持消费者的效用水平不变，而多生产出的那 2 单位 Y 则代表了社会福利的净增加。

同样产品边际转换率小于边际替代率的情况也成立。假定产品的边际转换率为 1，边际替代率为 3，产品的边际转换率为 1 意味着对于生产者来说，生产 1 单位 X 所用的资源能生产 1 单位 Y；边际替代率为 3 意味着对于消费者来说，1 单位 X 的效用相当于 3 单位 Y 的效用。此时，生产者多生产 1 单位 X，少生产 1 单位 Y，多生产的 1 单位 X 相当于 3 单位 Y 的效用，使消费者的效用水平得到了提高，社会福利净增加 2 个单位 Y。因此，只要边际替代率与产品转换率不等，就存在帕累托改进的余地，即未达到帕累托最优。

图中过 b 点的无差异曲线的切线 T 与生产可能性曲线上过 B 点的切线 S 平行，产品边际替代率与产品转换率相等，此时，不存在帕累托改进的余地，实现了生产和交换的帕累托最优。因此，生产和交换的帕累托最优条件是产品的边际替代率等于产品边际转换率。公式为：

$$MRS_{XY} = MRT_{XY} \tag{8.7}$$

第六节　完全竞争与帕累托最优状态

在前面的市场结构理论分析中，我们说完全竞争的市场是最有效率的。那么，竞争的均衡与帕累托最优状态之间是什么关系呢？或者更加具体一些，完全竞争经济的一般均衡状态是否实现了帕累托最优呢？

首先，看交换的帕累托最优条件：$MRS_{XY}^{A} = MRS_{XY}^{B}$。效用论中关于消费者均衡的条件是消费者对两种商品的边际替代率等于两种商品的价格之比，即 $MRS_{XY}^{A} = \frac{P_X}{P_Y}$，$MRS_{XY}^{B} = \frac{P_X}{P_Y}$，在完全竞争的条件下，消费者是既定价格的接受者，两种商品的价格之比对所有的消费者都是一致的，因此，$MRS_{XY}^{A} = MRS_{XY}^{B}$。完全竞争经济能够实现交换的帕累托最优条件。在完全竞争经济中，既定的商品均衡价格使交换的帕累托最优条件得以实现。

其次，看生产的帕累托最优条件：$MRTS_{LK}^{C} = MRTS_{LK}^{D}$。生产论中关于生产者均衡的条件是生产者对两种要素的边际技术替代率等于两种要素的价格之比，即 $MRTS_{LK}^{C} = \frac{P_L}{P_K}$，$MRTS_{LK}^{D} = \frac{P_L}{P_K}$，在完全竞争的条件下，生产者是既定要素价格的接受者，两种要素的价格之比对所有的生产者都是一致的，因此，$MRTS_{LK}^{C} = MRTS_{LK}^{D}$。完全竞争经济能够实现生产的帕累托最优条件。在完全竞争经济中，既定的要素均衡价格使交换的帕累托最优条件得以实现。

最后，看生产和交换的帕累托最优条件：$MRS_{XY} = MRT_{XY}$。产品的边际转换率为 $MRT_{XY} = \left|\frac{\Delta Y}{\Delta X}\right|$，表示增加 ΔX 就必须减少 ΔY，或者增加 ΔY 就必须减少 ΔX，所以，可以把 ΔY 看做 X 的边际成本（机会成本），把 ΔX 看做 Y 的边际成本（机会成本），用 MC_X 和 MC_Y 分别代表产品 X 和产品 Y 的边际成本，则产品 X 和产品 Y 的边际转换率可以写作：

$$MRT_{XY} = \left|\frac{\Delta Y}{\Delta X}\right| = \left|\frac{MC_X}{MC_Y}\right| \tag{8.8}$$

在完全竞争市场中，生产者利润最大化的条件是产品价格等于其边际成本，于是有 $P_X = MC_X$，$P_Y = MC_Y$，即

$$MRT_{XY} = \left|\frac{\Delta Y}{\Delta X}\right| = \left|\frac{MC_X}{MC_Y}\right| = \frac{P_X}{P_Y} \tag{8.9}$$

再根据效用论中消费者效用最大化的条件 $MRS_{XY} = \frac{P_X}{P_Y}$，于是综合起来我们有 $MRS_{XY} = \frac{P_X}{P_Y} = MRT_{XY}$。因此，完全竞争经济能够实现生产和交换的帕累托最优状态。

第九章　市场失灵与微观经济政策

Market Failure and Microeconomic Policy

第一节　垄断

谁会买旧车呢？

在旧车交易市场里，我们看到大多车都油漆一新。谁都知道，有些旧车还相当好，而有些则早该报废了。从外表上看你无法判断旧车的质量，卖主也不会告诉你车的真相。如果真是这样，那谁会买旧车呢？然而二手汽车的交易量却相当大，甚至在一些发达国家二手车的总销量已经超过了新车，成为汽车销售的主流。这种市场又是如何运行的呢？

一、市场失灵

传统经济学认为，基于亚当·斯密“看不见的手”所建立起来的市场经济体系，在价格机制的调节下，能使整个经济自动地趋于和谐与稳定，完全经济能够实现资源的理想配置。然而，在现实生活中，价格对经济的调节作用并没有理论上的那么完美。由于种种原因，价格在调节经济的过程中会带来许多的副作用，使市场不能发挥其应有的作用，出现市场失灵现象。一般说来，市场配置资源的缺陷主要表现在：第一，市场不能提供公共物品；第二，市场中的垄断因素阻碍了生产要素的自由流动；第三，市场经济活动经常受失业和通货膨胀等经济波动的影响；第四，信息不对称影响了市场效率；第五，市场本身无法有效的解决外部性；第六，市场在处理公平与效率的问题上作用有限，不能有效缩小贫富差距。市场经济的这些缺陷表明，由于受市场失灵的影响，单独依靠市场调节并不能使资源的运用达到最优状态，因而需要政府活动加以补救。**西方经济学把由于垄断、公共物品和外部性导致的资源配置低效率状态称为“市**

场失灵”(Market Failure)。经济学家认为,通过实施一系列微观经济政策,“市场失灵”可以纠正,可以使经济体系运行达到帕累托最优状态。

一票难求

每年春节,火车票都不好买,春运“一票难求”的现象随处可见。相对于汽车运输市场的灵活多动,为什么铁路运输市场就显得那么“迟钝”了?为什么无人敢向铁路运输部门叫板了呢?

垄断(Monopoly)是指一种特殊的商品市场结构。微观经济理论的垄断仅仅指完全垄断,而微观经济政策的垄断定义则是广义的,不仅涉及独家垄断,还包括两个或多个厂商控制一个行业的全部或大部分供给的情况。西方经济学界对垄断市场运行的看法不尽相同。熊彼特就曾对垄断厂商的作用归结为三点:第一,垄断利润是创新活动的投资来源。垄断企业通过减少产量,提高价格为其进一步研发新产品提供了必不可少的经费,进而加速改进产品;第二,垄断没有消除竞争,只是改变了竞争的方式。竞争的方法有很多种,除了价格竞争、销售竞争和质量竞争外,还有新产品、新技术、新组织形式的竞争,这些竞争在长期会产生与完全竞争十分类似的行为;第三,垄断有利于减轻经济萧条和经济波动。由于大垄断企业相对于中小企业更为稳定,抗冲击能力更强,更具有技术和财力上的优势,因而对经济社会波动起到稳定作用。

尽管熊彼特等不少经济学家更多的是赞美垄断的积极作用,但从更一般的意义上来说,垄断对市场经济的有效运行是一种危害。垄断是造成市场失灵的原因之一,它容易造成经济资源浪费和社会福利损失。下面以完全垄断为例进行分析。如图 9-1 所示。

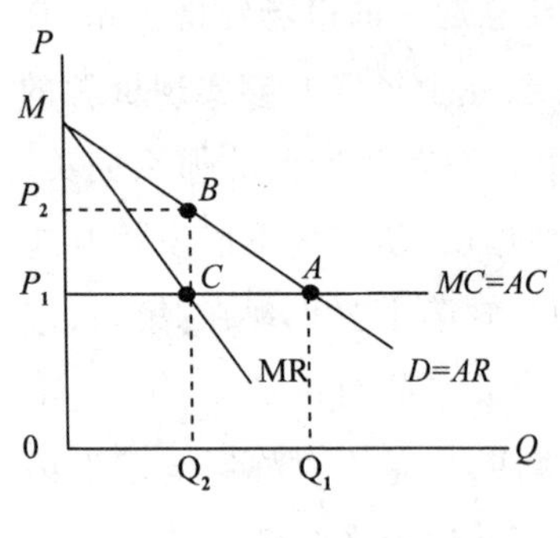

图 9-1　垄断与低效率

图 9-1 说明了垄断的定价制度及所引起的经济上的浪费。横轴表示产量,纵轴表示价格,曲线 D 和曲线 MR 分别表示垄断厂商需求曲线和边际收益曲线,再假定垄断厂商的规模报酬不变,即平均成本和边际成本相等且固定不变,用直线 $AC = MC$ 表示。为了获得最大利润,垄断厂商在边际收益等于边际成本处生产,相应垄断厂商的产量为 Q_2,价格应该是 P_2,显然这个价格高于边际成本,消费者购买也较少。这说明垄断厂商的利润最大化状况并没有达到帕累托最优状态,因为这时消费者愿意为增加额外一单位产量所支付的数量超过了生产该单位产量所引起的成本。因此,存在帕累托改进的余地。如果垄断厂商将产量

增加到 Q_1，价格根据需求曲线降低到 P_1，这时边际成本 MC 曲线与平均收益 AR 曲线相交，符合完全竞争市场均衡条件。因为在 Q_1 产量水平上，消费者愿意为增加额外一单位产量所支付的货币量等于生产该单位产量所耗费的成本。此时，从消费者剩余和生产者剩余来看，实现了社会福利最大，不再有任何帕累托改进的余地。

如果产量和价格是完全竞争条件下的产量 Q_1 和价格 P_1，经济利润就为零，消费者剩余为 AMP_1，总的经济福利就等于 AMP_1。而当垄断厂商把价格提高到 P_2 时，经济利润为 BCP_2P_1，消费者剩余为 BMP_2，总的经济福利为 BCP_1M，减少的消费者剩余的一部分 BCP_1P_2 转化为垄断者的利润。$\triangle ABC$ 的面积就是垄断所引起的社会福利的纯损失，它是由垄断所造成的低效率带来的。

既然在 Q_1 产量更有效率，那么在实际生活中，为什么均衡产量不是发生在帕累托最优状态 Q_2 上呢？原因就在于垄断厂商和消费者之间以及消费者本身之间难以达成相互一致的意见。例如，垄断厂商和消费者之间就额外的收益分割问题可能存在很大分歧，难以达成一致。同时，消费者本身之间在如何分摊弥补垄断厂商利润损失的一揽子支付问题上也可能出现分歧。最后，还可能无法防止某些消费者不负担一揽子支付而享受降价的好处，即无法防止“**免费搭便车者**”。由于上述各种困难，实际上得到的通常便是无效率的垄断情况。

同时为了获得和维持垄断地位从而享受垄断的好处，厂商常常需要向政府官员行贿或雇佣律师向政府官员游说等，这种为获得和维持垄断地位从而得到垄断利润的寻租(Rent - Seeking)活动也是一种纯粹的资源浪费，进一步加剧了垄断的低效率情况。

二、政府的政策

在垄断市场条件下，不仅生产效率没有得到最大发挥，资源没有最好利用，而且垄断势力会造成无谓损失，引起社会福利的净损失。同时，垄断产生的产业和政治的结合只有利于大企业而不利于社会。所以，大多数西方学者认为必须反对垄断，推动竞争，充分发挥“看不见的手”的作用。以美国为例，近几十年来所采用的限制垄断的策略主要有以下几个方面。

(一)反托拉斯政策

19 世纪末 20 世纪初，美国出现了第一次大兼并，形成了一大批经济实力雄厚的大企业。这些大企业被称为垄断厂商或托拉斯。这里的“垄断”不只是局限于一个企业控制一个行业的全部供给的“纯粹”情况，而且也包括几个大企业控制一个行业的大部分供给的情况，如美国的钢铁工业、汽车工业、化学工业。1890—1950 年美国国会通过一系列法案和修正案来反对垄断。其中，包括《谢尔曼法》、《克莱顿法》、《联邦贸易委员会法》、《罗宾逊—帕特曼法》、《惠特—李法》和《塞勒—凯弗维尔法》，统称反托拉斯法，为了反对垄断，其他西方国家中也先后出现了类似的法律规定。

美国的反托拉斯法规定,限制贸易的协议或共谋、垄断或企图垄断市场、兼并、排他性规定、价格歧视、不正当竞争或欺诈行为等都是非法的。例如,《谢尔曼法》规定:任何以托拉斯或其他形式进行的兼并或共谋,任何限制洲际或国际的贸易或商业活动的合同,均属非法;任何人垄断或企图垄断,或同他人联合共谋垄断洲际或国际的一部分商业和贸易的行为,均认为是犯罪,违法者要受到罚款或判刑。《克莱顿法》修正和加强了《谢尔曼法》,禁止不公平竞争,认为导致削弱竞争或造成垄断的不正当做法是非法的。《联邦贸易委员会法》规定,建立联邦贸易委员会作为独立的管理机构,授权防止不公平竞争及商业欺诈行为。《罗宾逊—帕特曼法》规定,卖主为消除竞争而实行的各种形式的不公平的价格歧视是非法的,以此保护独立的零售商和批发商。《惠特—李法》修正和补充了《联邦贸易委员会法》,宣布损害消费者利益的不公平交易为非法,以保护消费者。《塞勒—凯弗维尔法》补充了《谢尔曼法》,宣布任何公司购买竞争者的股票或资产以减少竞争或企图造成垄断的行为是非法的,并禁止一切形式的兼并,包括横向兼并、纵向兼并和混合兼并。这种兼并是指大公司对小公司的兼并,不包括小公司之间的兼并。

(二)公共管理策略

公共管理政策是指西方国家的管制机关对公用事业的价格和产量的管制。美国的经济实行管制是从1887年成立的国际商业委员会(ACC)开始的,1913年扩大到银行,1920年以后扩大到公用事业。通常公共管制可以分为两类,一类是对所谓自然垄断行业的管制,另一类是对所谓非自然垄断行业的管制。

自然垄断主要指由技术条件和需求条件共同作用而形成的垄断形式,主要包括供电、邮电、煤气、铁路等公用事业。对于这些企业来说,技术上都要求有大规模生产才会有效率,需求上属所有消费者共同使用的性质。自然垄断不属于反托拉斯范围,但需要政府管理。对这些行业实行管制时最重要的办法是由公用事业委员会确定垄断厂商的管制价格。如图9-2所示。

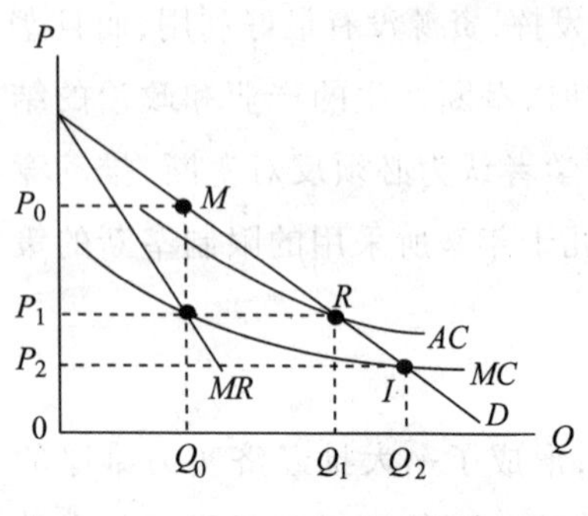

图9-2 对自然垄断的管制

由于自然垄断行业存在着递增的规模报酬,因此,垄断厂商的边际成本与平均成本是递减的。在图9-2中,如果不实行价格管制,M点就是垄断厂商的利润最大化点,相应的垄断价格为P_0,产出水平为Q_0。毫无疑问,此时的垄断价格太高,而产量Q_0很少。价格和平均成本之间的差额表明垄断者得到相当高的利润,同时,也产生了社会福利的无谓损失。如果按完全竞争条件定价为P_2,定量为Q_2,则垄断厂商无法弥补其平均成本,将不会有厂商在该行业经营。因而,为了既能使垄断弥补其平均成本,又尽可能地减少社会福利的无谓损失,政府应把价格管制在 P_1 的水平。

非自然垄断是指由垄断产品供给、垄断原料来源、掠夺性定价等原因造成的垄断。西方经济学家们认为,从长期看,对非自然垄断行业的管制在于创造了一种人为的市场力量。因为实行公共管制的结果使得成本和价格提高,保护现有的厂商而反对新的竞争者。

(三)其他限制垄断的办法

除反托拉斯法律限制和公共管理策略外,政府还可以通过向垄断者征收重税,进而减少垄断厂商的利润,以减轻某些社会所无法接受的垄断的影响。然而这种征税的办法并不能增加垄断厂商的产量,甚至垄断厂商还可以利用提价的办法将赋税负担转嫁给消费者,从而维护自己的垄断利益。烟草行业就是这种情况的典型,国家对烟草企业征税,但烟草企业通过把税负转嫁给消费者的方式来维持自己的高利润。此外,对垄断行业实行国有化政策在西方国家中也得到广泛的运用,虽然美国较少使用这种方法,但从日本的电话行业以及西欧的国有铁路等国有化实践看,这种办法也被证明是有效的。

第二节　外部性

为什么邻居们可以"不劳而获"?

琪山品阁居民区有一个户主在自己的院子里种植了许多花草树木,该户主不仅需要投入不少的金钱来买这些植物,而且还要时常照看它们。这些都可以算作是这个户主为种植花草所投入的成本。很显然,他的这种行为使其左邻右舍都受益。因为邻居们不仅可以欣赏花草,还可以呼吸更加新鲜的空气。该户主的每个邻居都得到了某种程度的受益,可是没有一个邻居需要为此而分担户主付出的成本。我们该如何解释这种行为呢?

一、外部性的定义

到目前为止,我们讨论的微观经济理论隐含了一个假定,即单个消费者或生产者的经济行为对其他人的福利没有影响,不存在"外部影响"。但在实际经济中,这个假定往往是不成立的。在很多时候,某个生产者或消费者的一项经济活动会给社会上其他成员带来某种程度的影响,产生外部性。

外部性(Externalities)**是指一个人或一个厂商的行为对另一个人或另一厂商的福**

利产生了直接影响，而这种影响却没有在市场交易中显现出来。

对于上述定义有六点需要说明：第一，外部性的这种影响是直接发生的，不能通过价格机制来完成。例如对企业排放的污水、公共场所吸烟等对他人造成的损害难以进行准确度量，也难以通过市场交易的方式来反映。第二，外部性是一种人为的活动。第三，外部性是由经济主体行为的主要目的派生出来的影响。如企业排放污水的主要目的是降低成本以实现更多的利润，但却派生出了污染。第四，外部性可以分为正的外部性和负的外部性。正的外部性是指一个经济主体的经济活动导致其他经济主体获得了额外经济利益的情况，这种经济活动的私人成本大于社会成本。负的外部性是指一个经济主体的经济活动导致其他经济主体蒙受额外经济损失的情况，这种经济活动的私人成本小于社会成本。第五，外部性可以发生在消费领域，也可以发生在生产领域。第六，外部性可以分为空间上的外部性和时间上的外部性。空间上的外部性是指，某项经济活动在一定空间上对其周围的经济主体所造成的额外收益或损失，一般是对经济活动的现实影响。时间上的外部性是指目前的某项经济活动对未来时期可能造成的额外收益或损失。一般是对经济活动将来的影响，即一代人的经济活动对子孙后代的影响。

二、外部性与市场失灵

外部性的存在使经济主体承担的成本和收益与其经济活动的真实成本收益不相符合，也即私人成本和社会成本、私人效益和社会效益之间存在差异。也正是由于外部性的影响，才造成价格体系不再传递为获得效率所必需的正确信息，即使完全竞争条件下的资源配置也将偏离帕累托最优状态，从而使资源达不到最优配置，致使“看不见的手”失去作用，出现市场失灵。

下面我们来分析外部性如何导致市场失灵？首先分析正的外部性的情况。假定某经济主体采取某项行动的私人利益为 V_P，该行动所产生的社会利益为 V_S。由于存在正的外部性，因而有 $V_P < V_S$。假如该经济主体采取这项行动的私人成本 C_P 大于私人利益而小于社会利益，即 $V_P < C_P < V_S$，则这个人显然不会采取这项行动，尽管从社会的角度看，该行动是有利的。很明显，在这种情况下帕累托最优状态没有得到实现，或者说还存在有帕累托改进的余地。如果这个人采取这项行动，则他所蒙受损失部分为 $(C_P - V_P)$，社会上其他人由此而得到的好处为 $(V_S - V_P)$。由于 $(V_S - V_P)$ 大于 $(C_P - V_P)$，故可以从社会上其他人所得到的好处中拿出一部分来补偿行动者的损失。结果是使社会上的某些人的状况变好而没有任何人的状况变坏。因此，我们可以得出结论：在存在正外部性的情况下，私人行动的水平常常要低于社会所要求的最优水平。所以说，在完全竞争经济中，私人用于基础研究的资源少于社会最优化的需要。

再来分析负的外部性的情况。假定某个经济主体采取某项活动的私人成本和社

会成本分别为 C_P 和 C_S。由于存在负的外部性，故有 $C_P < C_S$。如果该经济主体采取该行动所得到的私人利益 VP 大于其私人成本而小于社会成本，则它显然会采取该行动，尽管从社会的观点看，该行动是不利的。很明显，此时的帕累托最优状态没有得到实现。如果它不采取这项行动，则放弃的好处即损失为($V_P - C_P$)，但社会上其他人由此而避免的损失却为($C_S - C_P$)。由于($C_S - C_P$)大于($V_P - C_P$)，故如果以某些方式重新分配损失的话，就可以使每个人的损失都减少。

图 9-3 具体说明了在完全竞争条件下，生产的负外部性是如何造成市场失灵的。MC_P 为私人的边际成本，MC_S 为社会的边际成本。由于存在着生产上的负外部性，故社会的边际成本高于私人的边际成本，从而社会边际成本曲线 MC_S 位于私人边际成本曲线的上方，它由虚线 $MC + ME$ 表示。其中，ME 可以看成边际负外部性，即由于厂商增加一单位生产所引起的社会其他人所增加的成本。单个厂商仍然以个人的边际收益等于个人的边际成本来决定其均衡产量为 Q_0；但是，由于在生产的负外部性经济部门，既定生产的私人收益和社会收益是一致的，故使社会利益达到最大的产量应当是社会边际收益等于社会边际成本时的 Q_1。因此，从社会的角度看，生产的负外部性造成产品生产过多，超过了帕累托最优所要求的产量 Q_1。

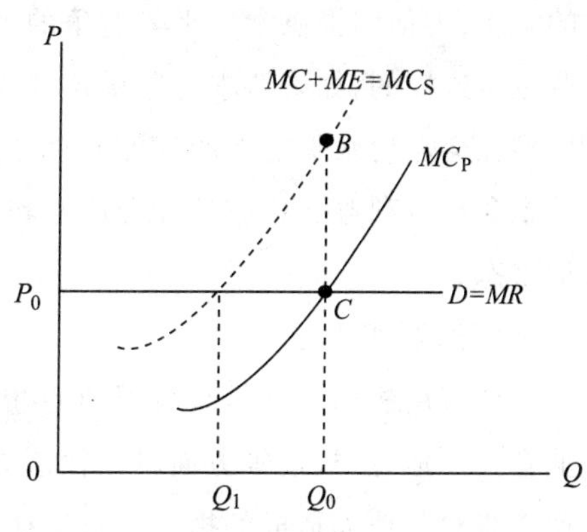

图 9-3　负外部性与市场失灵

三.克服外部性的对策

我们已经知道，外部性实际上是造成市场失灵的一种原因，会引起资源配置不当。针对外部性，采取的一般办法是引入政府的干预。下面介绍几种常见的干预形式。

(一)政府的直接控制

直接控制是政府对几乎所有威胁健康和安全方面产生负的外部性行为的一种管理办法，该办法规定所有生产者必须减少外部影响。通常的形式是政府制定排放标准，进行排放收费。例如，在美国，依照 1970 年的净化空气法案，汽车被要求在一定时期内将其三种主要污染物的排放减少 90%。1977 年，发电厂被命令将其硫化物排放减少 90%。在 1984 年，要求石棉生产者净化空气，以至于每立方厘米空气中所能发现的石棉纤维不超过两根。这些都是政府采取直接对外部影响进行控制的典型例证。

(二)使用税收和补贴

为了避免直接控制的一些不利因素，许多经济学家提出了一种新的工具，即使用税收和补贴。对产生负外部性的企业，国家应该征税，其数额应该等于该企业采取行动给社会其他成员造成的损失,从而使该企业的私人成本恰好等于社会成本。实际中典型的就是对污染企业的控制。政府可以以征税或污染费的形式向企业征收费用,这个费用相当于企业生产的私人成本与社会成本的差额。从图 9-3 中可以看到,厂商在生产数量为 Q_0 时,给社会造成的污染为 CB。这样,此厂商应该为污染而缴纳的税金正好等于 CB,此时厂商在生产 Q_0 产量时所支付的总成本即为 MCs ,污染得到了补偿。对于产生正外部性的企业,政府应该进行补贴。例如,教育事业不但有利于提高公民的素质,为他们提供参与平等竞争的地位,而且会产生巨大的外部经济效果。科研事业也是这样的,如果要求这些单位都成为营利机构,那么它们提供的有利服务必将降低到社会需要水平之下的程度。总之,不管是哪种情况,只要政府采取措施使得私人成本和私人利益与相应的社会成本和社会利益相等,则资源配置就可能接近帕累托最优状态。

(三)法律手段

政府用法律而不是政府干预的办法来解决所造成的负的外部性,例如对污染性企业在建厂地址、规模等方面以法律法规条文形式予以约束。这样,具有负外部性的生产者将对其他人造成的损害负有法律上的责任。即假定一个纺织企业对其他人带来了污染,则遭受污染侵害者会向法律部门提起诉讼,以要求对生产或对健康损害的补偿。实际上,这种办法是导致外部影响内部化的一种制度,因为这时造成污染的纺织厂为了避免承担诉讼和赔偿费用,会自行地把产量推进到 $MR_P = MC_S$ 那一点,从而可以使经济社会处于有效率的状态。

除了政府干预思想可以解决外部性问题外,还可以通过市场机制来共同克服外部性。市场机制在特定的条件下也可以纠正外部性,并且还可以降低减少污染的成本。比如有两个造纸厂 A 和 B ,它们的排放量都是 3 吨。现在政府颁发给每个厂商一张排污许可证,每张许可证允许持证者排放 1 吨的污水。如果有厂商超标排放,那么它将受到巨额罚款。假定造纸厂 A 处理第一吨污水的成本是 1000,处理第二吨污水的成本是 2000,处理第三吨污水的成本是 3000;造纸厂 B 处理第一吨污水的成本是 4000,处理第二吨污水的成本是 5000,处理第三吨污水的成本是 6000。如果许可证不可交易,那么造纸厂 A 处理 2 吨污水的总成本是 $1000+2000=3000$;造纸厂 B 处理 2 吨污水的总成本是 $4000+5000=9000$。全社会为处理这 4 吨污水共需耗费 12000 的成本。如果引入市场机制允许排放许可证交易,造纸厂 B 的减排边际成本高于 A,这样它就会购买 A 的许可证。那么许可证将以怎样的价格成交呢?如果许可证的转让价格是 4000,则造纸厂 A 的减少排污成本是 $1000+2000+3000-4000=2000$;造纸厂 B 的成本为 $4000+4000=8000$;这样整个社会的总成本是 $2000+8000=10000$。相比于许可证不能交易的情况,这些许可证交易节约了 $12000-10000=2000$ 的成本。实际上,只要许可证的交易价格在 3000~5000 之间,都可以节约成本,使资源的配置更具有效率。

四、外部性的私人解决办法

有效解决外部性问题，并非政府直接干预行动才有效率，通过私人办法也可能把事情处理好。

（一）用道德规范和社会约束来解决

公共场所禁止随地吐痰就是典型的用道德规范来解决的。“己所不欲，勿施于人。”它告诉我们，要考虑到我们的行动如何影响其他人。

（二）通过慈善行为解决外部性

许多慈善行为的产生就是为了解决外部性问题。例如，对希望工程捐款就是因为教育会对社会产生正的外部性。

（三）通过利益各方签订合约来解决外部性问题

例如，当钢厂和养鱼场之间存在负外部性时，就可以通过签订合约的方式来解决，以达到消除负外部性的目的，或者实现外部性问题内部化。

（四）科斯定理

我们已经知道外部性总是会带来资源配置缺乏效率的问题，针对纠正外部性问题，经济学家罗纳德·科斯提出通过清晰的界定产权可以改善资源的配置效率。他的分析表明：有关各方的自愿谈判在有些情况下将导致有效率的结果。他认为，只要双方的交易成本为零，财产的法定所有权的分配不会影响经济运行的效率。也就是说，**假定不发生交易成本（这一假定暗含着完全竞争），在产权明确化以后，就不用政府出面干预，靠市场机制所导致的均衡必然符合最有效率的帕累托状态**。下面用实例说明：

假如某地有一个钢厂，它的周边就是渔场，我们知道钢厂向河流排放污水会损害渔场的产量。钢厂在实际生产中除了投入各种原材料、资金和劳动力外，还在免费地使用一种资源——“排污权”。在外部性条件下，显然可以将这种“排污权”看做钢厂的投入要素，因为如果不投入这种要素，钢厂就无法开工。而从渔场的角度看，它需要的是河流免遭污染的权利。如果钢厂使用“排污权”，那么渔场免遭污染的权利就会被侵害。外部性的问题也就出现在这一对矛盾的权利上面。现在假设把“排污权”赋予钢厂，钢厂就不会去考虑污染问题，此时假设钢厂的利润 2000，而渔场受到钢厂污染，利润只有 800。如果双方都发现，钢厂减轻一定量的污染，利润变为 1600，而渔场由于水质变好其利润增加到 1400，那么双方可以通过协商和交易使各自的利润提高。假如渔场提议钢厂将污染减轻，并给予钢厂 500 的补偿，钢厂的利润就变成 1600 + 500 = 2100，增加了 100 的利润。而渔场的利润 1400 − 500 = 900，利润也增加了 100。由此可见，只要钢厂的污染还有减轻的可能，双方都有可能进行谈判以增加利润。最终的结果是污染降低到社会最优水平，有效地解决了外部性影响。

然而,一些西方经济学家则认为,科斯定理在现实中难以行得通。首先,交易成本不可能为零,谈判中必然发生费用,有人违约还要发生诉讼费等。其次,即使交易成本为零,也存在着"策略性行动"的情况。这种策略性行动就是交易者想到用现实存在的条件来使自己达到最大利益所采取的姿态。最后,科斯定理忽略了收入分配效应。因为不同产权分配方式可以造成不同的收入分配,而收入分配导致的后果又是不容忽视的。

第三节 公共物品

为什么黄牛没有绝种?

在整个历史上,许多动物物种都遭受到了灭绝的威胁。当欧洲人第一次到达北美洲时,这个大陆上的野牛数量超过了6000万头。由于19世纪的广泛猎杀,到1900年政府开始立法保护时仅剩下400头左右了。同样,在现在非洲的一些国家,大象也面临着类似的困境。然而,并不是所有具有商业价值的动物都面临着这种威胁。例如,黄牛是一种有价值的食物来源,但没有一个人担心黄牛会很快绝种。为什么大象的商业价值威胁到了大象,而黄牛的商业价值却是护身符呢?

科斯定理认为只要产权的界定是明确的,且交易成本为零,那么资源的配置就会是有效率的。然而,在现实的经济生活里,交易费用不但不为零,而且可能很高昂。很多情况只靠清晰地界定产权是无法解决外部性带来的低效率的。下面介绍的公共物品就是这样的情况。

一、公共物品的性质及其分类

(一)公共物品的性质

我们在普通市场上常见的物品主要是私人物品,例如,水果、衣物等。实际上,在私人物品外,还存在着公共物品。公共物品是指供整个社会共同享用的物品,它一般由政府提供。

公共物品与私人物品相比具有不同的性质。二者的区别不是从所有权的角度进行定义的,因此,不能把公共物品等同于公共财产,也不要把私人物品等同于私人财产,更不要把公共物品等同于政府提供的物品。因为除公共物品外,政府也提供其他一些物品和劳务,如养老金、失业补助以及某些与私人企业所生产的完全相同的东西。公共物品与私人物品不同之处在于公共物品具有非排他性和非竞争性两大特性。

私人物品具有排他性。对商品支付价格的人才能消费商品,同时购买的这件商品只能给支付价格的消费者带来效用,其他人不能享受此物品的效用。与此不同的是,公共物品的消费和使用上具有非排他性。非排他性指在不付费的情况下,想享用商品的消费者很难或者不可能被排除在消费群体之外。一个典型的例子就是国防,一国的国防保护了本国的每一个公民,任何居民都不会被排除在强大的国防保护之外。然而,公共物品的非排他性特征意味着消费者可能做一个"搭便车者",即免费的平等享用公共物品。

从对资源的竞争角度来看,私人物品具有竞争性。因为对某种私人物品需求的增加会使得更多的资源用于生产该产品而不能生产其他产品,或者说如果某人已消费了某种商品,则其他人就不能再消费这种商品了。与私人物品不同,公共物品的消费通常是具有非竞争性的。从消费方面来说,任何人增加对这种商品的消费都不会减少其他人所可能得到的消费水平。如航船对灯塔的使用,一旦灯塔造好并投入使用,额外船只对它的使用不会增加它的任何运作成本。从生产方面来说,商品的非竞争性指的是在给定的生产水平下,向一个额外消费者提供商品的边际成本为零。也即是消费者的增加,并不需要增加新的产品供给。

(二)公共物品的分类

实际中我们看到,有些公共物品同时具有非排他性和非竞争性,而另一些公共物品可能只具有其中一个性质。为此,根据非排他性和非竞争性的程度,公共物品可以进一步划分成纯公共物品、准公共物品和公共资源。

纯公共物品是指完全具有非排他性和非竞争性的物品,或由于技术原因排他成本很高,因而事实上无法排他的物品。例如国防、法制、外交、灾情、交通安全和基础科学研究等。纯公共物品必须以"不拥挤"为前提,一旦拥挤,增加一个消费者就会影响其他人的消费,便会影响"公共物品"性质。同时纯公共物品还具有不可逃避性。也就是说,即使这种公共物品对于某个社会成员来说是不必要的,但他也别无选择,只能消费这类物品。

准公共物品是指具有非竞争性但不具有非排他性的物品。例如观众未坐满的电影院和球场看台、不拥挤的火车、有线电视等。它也常常被称为"俱乐部物品"。

公共资源是指具有竞争性但无排他性的物品。例如清洁的空气和水、矿藏资源、鱼类以及野生动物等。公共资源常常会出现过度使用的问题,被称为"公共地的悲剧"。公共海域的鱼类就属于公共资源,由于无排他性,每个渔民都可以到公共海域去捕鱼。但由于存在竞争性,渔民在利益的驱动下,必然要多捕鱼。假如每个渔民都这样做,只会让海域的鱼类越来越少,最终的结果就是无鱼可捕,出现哈丁悲剧情形。美国学者哈丁在 1968 年发表的一篇文章中举了这样一个具体事例:一群牧民面对向他们开放的草地,每一个牧民都想多养一头牛,因为多养一头牛增加的收益大于其购养成本,是合算的,尽管因平均草量下降,可能使整个牧区的牛的单位收益下降。每个牧民都可能多增加一头牛，草地将可能被过度放牧，从而不能满足牛的食量，致使所有牧民的牛均饿死。这就是公共资源的悲剧。对公共物品的分类我们也可以用表 9－1 来表示。

表 9－1　　公共物品的分类

	非竞争性	竞争性
非排他性	纯公共物品	公共资源
排他性	准公共物品	私人物品

二、公共物品和市场失灵

根据前面所学的知识我们知道，厂商实现利润最大化的生产水平必须满足边际成本等于边际收益这一条件。公共物品的非竞争性意味着边际成本几乎等于0，根据均衡条件，相应的边际收益也应该等于0。然而边际收益为0，则意味着产品是免费提供的，很显然，这在私人物品市场上是不可能发生的。由于公共物品的非排他性，所有消费者都想当"搭便车者"，都不愿付费，这使得私人经营无法进行。因此，按照市场上通行的追求自身利益最大化的原则，公共物品不能在市场机制下由私人厂商提供。

我们可以通过图 9－4 来了解私人物品与公共物品最优数量的决定。为简便起见，假定社会上只有 A 和 B 两个消费者，D_A 和 D_B 分别是这两个消费者对某种产品的需求曲线。图 9－4(a) 所讨论的是私人物品，商品的市场供给曲线为 S，将消费者 A 和 B 的需求曲线在水平方向上相加，就可以得到市场需求曲线 D。市场需求曲线 D 与供给曲线 S 交点所决定了该私人物品的均衡数量就是 Q_e，均衡价格为 P_c，这个均衡数量 Q_e 就是该私人物品的最优数量，因为在这个产量水平上，每个消费者的边际收益恰好等于商品的边际成本。

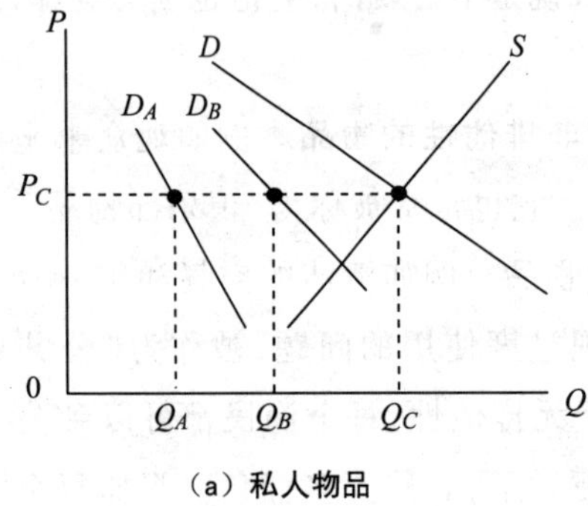

（a）私人物品

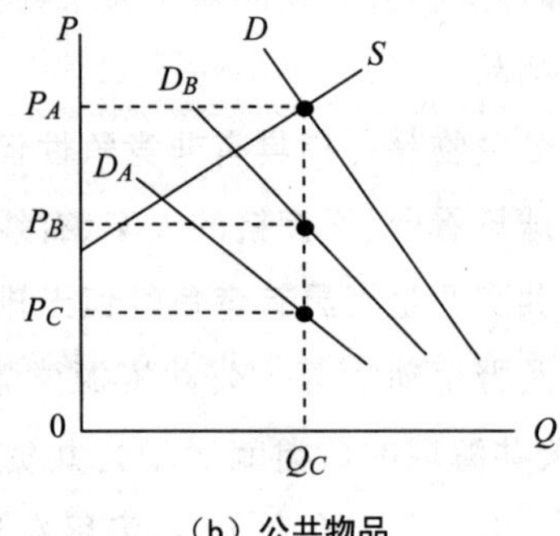

（b）公共物品

图 9－4　私人物品与公共物品的均衡决定

现在来看公共物品的情况。在图 9－4(b) 中，我们仍然假定每个消费者对公共物品的需求曲线时已知的，为 D_A 和 D_B，公共物品的市场供给曲线为 S。这里需要注意的是，公共物品的市场需求曲线不是个人需求曲线的水平加总，而是把消费者 A 和 B 的需求曲线在垂直的方向上相加。之所以如此，是因为公共物品具有非排他性与非竞争性，消费者使用的都是同样数量的同种物品。不同消费者对各种公共物品愿意支付的价格之和，构成公共物品的价格。在公共物品的供给量为 Q_e 的情况下，消费者 A 和 B 愿意支付的价格按各自的需求曲线分别是 P_A 和 P_B。当消费量为 Q_e 时，消费者 A 和 B 所愿意支付的价格之和就是 P_e。

公共物品的非竞争性和非排他性特征决定了它只能主要靠政府提供。在每个消费者对公共物品的需求曲线存在且已知的条件下，假如对每个消费者单独征收分别为 P_A 和 P_B 的税费，并用于公共物品的提供，理应使该公共物品的供求实现均衡。但实际操作中这种想法很难实现，因为公共物品的需求曲线只是抽象分析，难以具体描绘。首先，单个消费者通常并不很清楚自己对公共物品的需求价格。其次，即使单个消费者了解自己对公共物品的偏好程度，他们也不会如实说出来，为了少支付或不支付价格，消费者会低报或隐瞒自己对公共物品的偏好，争取在享用公共物品时"免费搭车"。由于单个消费者对公共物品的需求曲线不会自动显示出来，故无法将它们加总得到公共物品的市场需求曲线，并进而确定公共物品的最低数量。

尽管如此，我们仍然可以说，市场本身提供的公共物品通常低于最低数量，即市场机制分配给公共物品的资源常常不足。由于公共物品的非竞争性，没有人必须为他所消费的公共物品去与其他任何人竞争。如果消费者认识到他自己消费的机会成本为0，就会尽量少支付给生产者，以换取消费公共物品的权利了。如果所有消费者均按此行事，则消费者支付的数量就不足以弥补公共物品的生产成本，其结果便是低数量的产出，甚至是0产出。

因此，公共物品的存在是市场失灵的又一个重要原因，很多靠市场无法生产的公共物品，只能由政府通过税收等形式提供给社会的所有成员。这同政府的特殊性质和特殊目标有关。从特殊性质来看，政府可以让所有的消费者都当免费"搭车者"，因为政府的目的不是利润最大化，而且提供公共物品的经费，政府可以通过税收来获得，这样表明上看起来的免费"搭便车"，从整体上看都间接地买了票。从特殊追求目标看，政府追求的是社会福利最大化，为此，政府希望消费者越多越好，进而才会增大社会福利，也即政府有提供公共物品的积极性。

三、政府对公共物品的对策

依据排他性和竞争性的程度，我们把公共物品划分为纯公共物品、准公共物品和公共资源。下面我们分别说明政府对不同的公共物品所采取的不同措施。

（一）纯公共物品

纯公共物品是向全体社会成员提供的，且在消费上不具有竞争性，受益上不具排他性的物品或服务。虽然根本无法定价和收费,如国防、基础科学研究、天气预报等,但纯公共物品的生产和供给也是需要花费成本的,这部分成本也是需要补偿的。因此,政府可以利用自己的特殊身份通过税收的形式获得所需要的经费来提供这类公共服务。

(二)准公共物品

准公共物品由于具有排他性,因而是可以制定价格和收费的。第一,政府提供的一部分准公共物品可以通过市场并按照市场机制来获得它们的价格,比如供水、道路、电视广播等。第二,政府管理的公共物品供给部门提供的准公共物品可以采取一部分由政府补贴、一部分按较低的价格收费来实现。如教育、医疗等。第三,政府可以通过与企业签订合同授权经营准公共物品。如国际上现在通行的允许私人企业以建设—经营—转让(BOT)的方式参与公共基础设施及服务的提供。即政府允许私人企业投资建设公共基础设施,并通过若干年的特许独家经营,等收回自己的投资并获得利润后,再由政府接受该项公共基础设施。第四,政府可以对民营公共物品的提供采取资助的方式,主要的形式有补助津贴、优惠贷款、无偿捐赠、减免税收、直接投资等。财政补贴的主要公共领域是科学技术、住宅、教育、卫生、保健、复员军人安置、图书馆、博物馆等。政府参股,其中较为典型的就是民办高校的兴起。第五,政府通过收益风险债券、收购股权、国有企业经营权转让、公共参与基金的方式来参股建设桥梁、水坝、发电站、高速公路、铁路、电讯系统、港口等。比较引人注目且效果较好的参股领域之一是高科技开发研究。第六,西方国家在许多公共领域允许各种社会团体和个人自愿提供服务,只要遵守宪法和有关专门法律,不管是个人、团体、宗教、慈善事业、股份公司、企业家、基金会还是境外人士,均可参与服务。

(三)公共资源

加勒特·哈丁(Garrit Hadin)在1968发表的《The Tragedy of the Commons》一文中谈到对“公共地的悲剧”有许多解决办法。可以将之卖掉,使之成为私有财产;也可以作为公共财产保留,但准许进入,这种准许可以采用多种方式来进行。哈丁说,“这些意见均合理,也均有可反驳的地方,但是我们必须选择,否则我们就等于认同了公共地的毁灭,我们只能在国家公园里回忆它们。”但对于像公共草地、人口过度增长、武器竞赛这样的困境“没有技术的解决途径”。所谓技术解决途径,是指仅在自然科学中的技术的变化,而很少要求或不要求人类价值或道德观念的转变。因此,防止公共资源悲剧主要有两种办法:一是制度上的,即建立中心化的权力机构,无论这种权力机构是公共的还是私人的——私人对公共地的拥有即处置便是在使用权力;二是道德约束,道德约束与非中心化的奖惩联系在一起。根据现实中的具体情况,结合公共资源的特征,政府可以采用明晰产权的办法,使公共资源具有长期的排他性,这在一定程度上可以缓解公共资源的过度利用。但最根本的办法还是政府的硬性管制,通过行政的、法律的和经济的手段来综合解决,实现公共资源的可持续发展。

第十章 国民收入核算体系

The System of National Accounts

宏观经济学以整个国民的经济活动为考察对象,其中心理论是国民收入决定理论。要从总体上把握整个国民经济活动,就需要有一套定义和计量总产出和总收入的方法,即国民收入核算体系。

第一节 国内生产总值

GDP 先生的自述

我是20世纪最伟大的发明之一

我是一把尺子,一面镜子,衡量着所有国家与地区的经济表现

我能衡量很多东西,同时,我也衡量不了很多东西

我是一个重要的数字,但任何数字都有它的"陷阱"

我重要但不至上,别为求我的增长不择手段

我不是万能的,但没有我是万万不能的

电视、报纸上经常会提到GDP这样一个重要的经济指标,比如在席卷全球金融海啸面前,温家宝总理提出了我国GDP增长"保八目标";2010年我国GDP首度超过日本,成为全球第二大经济体等。你想知道什么是GDP及GDP的核算方法吗?那就让我们一起走进GDP先生的神秘花园吧!

一、国内生产总值的内涵

国内生产总值(Gross Domestic Product,GDP)是指一个国家或地区在一定时期内运用生产要素所生产的全部最终产品(物品和劳务)的市场价值。在理解这个概念时需要注意以下几点:

第一,GDP是最终产品的概念而不是中间产品的概念。中间产品的价值不计入

GDP,否则会造成重复计算。**中间产品(Intermediate Product)是指生产出来后又为生产其他产品而被消耗掉的产品;最终产品(Final Product)是指生产出来由其最后使用者购买的产品。**比如小麦的价值为100元,磨成面粉后价值变为120元,接着做成面包价值变为150元。这其中小麦和面粉是中间产品,面包就是最终产品,GDP只计算面包的价值150元。如果我们将中间产品计入,总价值就是370元,这显然是一个被重复计算的数字。

第二,GDP是生产的概念而不是销售的概念。GDP是一定时期内(往往为一年)所生产而不是所销售掉的最终产品价值。若一企业某年生产了100万元产品,只卖掉80万元,所剩20万元的产品可看做企业自己买下来的存货投资,同样计入GDP,即100万元。如果第二年企业将这20万元的存货卖掉,它也不能计入第二年的GDP。

第三,GDP是流量的概念而不是存量的概念。流量是一定时期内发生的变量,存量则是一定时点上存在的变量。如一个国家人口总数为存量,而一年内新增加的人口量就是流量。通常,在二手房市场上交易的二手房不计入GDP,因为它在生产年份已经算过了,但所发生的交易费用要计入GDP。

第四,GDP是一个地域的概念而不是国籍的概念。GDP是一国地理范围内生产的最终产品的市场价值,是一个地域概念,也就是说凡是在本国领土上创造的收入,不管是否为本国国民,都应计入本国的国内生产总值,这就是所谓的国土原则。如地处我国的美资企业创造的收入应计入我国GDP。

与此相联系的另一概念是国民生产总值。**国民生产总值(Gross National Product, GNP)是一个国民概念,是指某国国民运用全部生产要素所生产的最终产品的市场价值。**也就是说凡是本国公民创造的收入,不管是否在国内,都计入国民生产总值。如果运用这种计算方法,则地处我国的美资企业创造的收入将计入美国的GNP。GDP和GNP是一对孪生兄弟,都是反映宏观经济的总量指标,但因其计算口径不同,又有一定的区别。它们之间的具体关系可用下面的公式来描述:

$$GNP = GDP + NFP \tag{10.1}$$

其中,NFP**称为国外净要素支付(Net Factor Payment),是指本国国民在国外取得的要素收入减去外国国民在本国取得的要素收入。**如果NFP>0,说明该国公民从外国获得的收入超过了外国公民从该国获得的收入;如果NFP<0时,说明的情况正好相反。有些国家(如美国)NFP值比较小,可以忽略不计,所以其GNP和GDP基本相等,二者使用差别并不大,前者强调的是民族工业,即本国人办的工业,而后者更侧重于境内工业,即在本国领土范围内的工业。1993年,国家统计局正式取消传统的国民收入核算,国内生产总值成为我国国民经济核算的核心指标。随着国际经济联系加强,强调身份区别的GNP的重要性相对下降,重视地域范围的GDP重要性相对上升,

从而使 GDP 成为越来越重要的总产出指标。

第五,GDP 是一个市场价值的概念而不是一个自给自足实物的概念。这包含两层含义:一是仅指在市场上进行交换的经济活动所导致的价值,而不经过市场销售的最终产品不计入 GDP 中,像家务劳动、子女对父母的照顾等非市场活动不计入 GDP 中。二是 GDP 的数值,是按照计算期内产品或劳务的数量与价格的乘积所得到的,它不仅受到计算期产量变动的影响,也会受到计算期价格水平变动的影响。假如某国一年生产 50 万本作业本,当每本销售价格为 10 元时,该国 1 年生产作业本的市场价值为 500 万元,而当每本销售价格为 9 元时,则计入的 GDP 为 450 万元。

通过上述分析,大家是不是对 GDP 先生多了一些了解呢？现在,让我们再回过头来听听 GDP 先生的自述。

“我是 20 世纪最伟大的发明之一”,“我是一把尺子,一面镜子,衡量着所有国家与地区的经济表现”。美国著名经济学家萨缪尔森(诺贝尔奖得主)和诺德豪斯在他们的著名教科书《经济学》中指出,国内生产总值是 20 世纪最伟大的发明之一。“正如太空中的人造卫星能够探测地球各大洲的天气一样,GDP 能够给你一幅关于经济运行状态的整体图画。这就使得总统、国会以及联邦储备委员会能够搞清楚:经济是过冷还是过热,是需要刺激一下还是需要紧缩一点,是否有衰退或者通货膨胀的威胁。”“如果没有诸如 GDP 这些核算经济总量的指标的话,政策制定者们只能在杂乱无序的数据海洋中漂泊。GDP 及其相关数据资料就像灯塔一样帮助政策制定者们把经济驶向关键的目标。”

“我能衡量很多东西,同时,我也衡量不了很多东西。”GDP 虽然重要但也绝非十全十美,有许多物品和劳务价值都无法考虑,也无法全面反映效益、福利等其他与发展相关的内容。此外,还有些反映人们生活质量的内容如闲暇、幸福感等,由于不能由价格来体现,也无法计入 GDP,这些都显示出 GDP 的局限性。

“我重要但不至上,别为求我的增长不择手段。”现有的 GDP 并没有反映一个国家的自然资源使用和环境保护等方面的情况。**如果对环境资源进行核算,从现行 GDP 中扣除环境资源成本和对环境资源的保护服务费用,其计算结果可称作绿色 GDP。**但这种绿色 GDP 很难进行统计,所以世界上只有少数国家(如墨西哥)采用过这个指标。一个国家如果以过度消耗资源,牺牲环境为代价盲目追求 GDP,是难以实现可持续发展的。

“我是一个重要的数字,但任何数字都有它的‘陷阱’。”GDP 某种意义上只是用来衡量那些易于度量的经济活动的营业额,而不能很好地衡量效益、效率、质量和实际国民财富。例如“豆腐渣”工程虽然增加了 GDP 数量,但却是没有质量的生产活动,也不可能带来社会财富的累积。我国在 1978—2002 年的 24 年间 GDP 的年平均增长率为 9.4%,而反映全社会劳动效益的指标——社会劳动生产率却为 6.6%,慢于 GDP 的同期增长;反映工业企业投入产出的综合指标总资产贡献率,由 1978 年的 24% 降为 2001 年的 8.9%,23 年间下降 63%。

"我不是万能的,但没有我是万万不能的。"尽管 GDP 存在着一些问题和不足,但我们必须看到 GDP 作为一个国家和地区经济活动总量的测度指标有其不可替代的作用,已被广泛地应用于政治、经济、外交、研究等各个领域,深刻地影响着我们每个人的生活。

二、国内生产总值的核算方法

上面我们介绍了 GDP 的含义,那么它是如何计算出来的呢?由于宏观经济中存在一个恒等关系:产出 ≡ 收入 ≡ 支出,在此基础上形成了以下三种核算 GDP 的方法,即支出法、收入法和生产法。

(一)支出法

支出法(Expenditure Approach)是从最终使用者使用的角度核算一个国家(或地区)一定时期内生产的最终产品或劳务的一种方法。现实中,产品和劳务的最终使用者有消费者、私人企业、政府和国外部门。故用支出法核算 GDP,就是核算经济社会在一定时期内消费者的消费(C)、私人企业的投资(I)、政府部门的购买(G)以及国外部门的净出口($X-M$)这几方面支出的总和。

消费支出(Consumption,C)指消费者消费支出,包括购买耐用消费品、非耐用消费品和劳务。耐用消费品包括家用电器、小汽车等;非耐用消费品包括食物、衣服等;劳务包括教育、医疗、旅游等。

投资支出(Investment,I)指私人企业投资支出,即实物资本存量的增加或更新,如厂房、住宅、机器设备及存货等的支出。投资包括固定资产投资和企业存货投资。**固定资产投资指建造新厂房、购买新设备、建筑新住宅等的投资。**应注意的是,住宅支出虽然是居民消费的内容,但住宅像别的固定资产一样是长期使用、慢慢地被消耗的,所以在统计中将它纳入到投资中。**存货投资(Inventory Investment)是企业在一定时期内存货实物量变动的市场价值,即期末价值减期初价值的差额,再扣除当期由于价格变动而产生的持有收益。**存货包括生产单位购进的原材料、燃料和储备物资等存货,以及生产单位生产的产成品、在制品和半成品等存货。

从另一个角度来说,投资也指总投资,即重置投资与净投资之和。其中,**重置投资也称为折旧,指在一定时期里资本物品由于损耗造成的价值减少。**固定资产折旧的提取可以按照相应规定的固定资产折旧率来计提。净投资是总投资减去折旧后剩余的部分。

政府购买支出(Government Purchase,G)是指政府购买商品和劳务的支出,如政府的国防支出、政府建筑道路的费用、雇佣公务员的工资等。实际上,政府支出包括购买性支出和转移支付两类。前者是政府花费于商品和劳务，直接形成社会需求的支出，因而计入 GDP；而后者是政府无偿地转移到其他人或组织手中的支出，如发放救济金等，由于它没有产生相应的物品或劳务的交换，不能计入 GDP。我们在这里提到的 G 就是政府购买支出。

净出口（Net Exports，NX）指净出口的差额。用 X（Export）表示出口，用 M（Imports）表示进口，则（$X-M$）就是净出口，即一国产品和劳务的出口价值减去产品和劳务的进口价值的差额。净出口反映的是国外对本国产品和劳务的净购买情况。对于不同的国家来说，净出口数值可正可负。当净出口为负值，表示进口额大于出口额，即产生贸易逆差。

把上述四个项目加总，用支出法计算 GDP 的公式可写成：

$$\text{GDP} = C + I + G + NX \tag{10.2}$$

表 10－1　　中国按支出法计算的 GDP

年份	国内生产总值（亿元）	最终消费支出（亿元）	资本形成总额（亿元）	净出口（亿元）	资本形成率（%）	最终消费率（%）
1995	63216.9	36748.2	25470.1	998.6	40.3	58.1
1996	74163.6	43919.5	28784.9	1459.2	38.8	59.2
1997	81658.5	48140.6	29968.0	3549.9	36.7	59.0
1998	86531.6	51588.2	31314.2	3629.2	36.2	59.6
1999	90964.1	55636.9	32951.5	2375.7	36.2	61.2
2000	98749.0	61516.0	34842.8	2390.2	35.3	62.3
2001	108972.4	66878.3	39769.4	2324.7	36.5	61.4
2002	120350.3	71691.2	45565.0	3094.1	37.9	59.6
2003	136398.8	77449.5	55963.0	2986.3	41.0	56.8
2004	160280.4	87032.9	69168.4	4079.1	43.2	54.3
2005	186700.9	96918.1	79559.8	10223.0	42.6	51.9

注：支出法国内生产总值不等于国内生产总值是由于计算误差的影响。

数据来源：《中国统计年鉴（2006）》。

依据我国现行的统计口径，用支出法统计时，GDP 分为最终消费支出、资本形成（投资）和净出口三项。表 10－1 显示了 1995—2005 年按支出法计算的 GDP 统计项目及数据。其中，最终消费支出包括居民消费支出和政府消费支出两部分，消费是 GDP 中最大的一项，最终消费率即消费占 GDP 的比重在 50% 以上。资本形成总额包括固定资本形成总额和存货增加两部分。资本形成率即资本形成总额占 GDP 的比例通常在 1/3 以上。此外，净出口总量从 1995 年不到 1000 亿元逐渐增加到 2005 年突破了万亿；净出口占 GDP 的比值也逐年提高，这也显示我国企业参与国际竞争的强度越来越大，外贸顺差比较明显。

(二)收入法

收入法(Income Approach)**是一种从收入角度来核算 GDP 的方法**。这种方法将生产要素所有者在生产中所得到的各种收入相加,即包括劳动者得到的工资、土地所有者得到的租金、资本所有者得到的利息、企业利润以及政府税收等。这些收入同时也构成了企业的生产成本,故这种方法又称为成本法。因此,用收入法核算的 GDP 应包括以下一些项目:

(1)**工资**。指劳动者的报酬,不仅包括所有对工作的酬金、津贴和福利费,也包括雇主向社会保险机构缴纳的所得税及社会保险税。

(2)**利息**。指个人给企业所提供的货币资金所得的利息收入,如银行存款利息、企业债券利息等,不包括政府公债利息及消费信贷利息。

(3)**租金**。包括出租土地、房屋等的租赁收入及专利、版权等收入。

(4)**公司利润**。公司利润是指公司收益中扣除了工资、租金、利息等成本项目后的剩余,这一部分主要包括公司所得税、股东红利及公司未分配利润等,也可称为公司税前利润。

(5)**非公司企业主收入**。非公司企业主是指那些不受人雇佣的独立生产者,在我国主要是那些个体经济者,如医生、律师、农民和个体老板等。他们使用自己的资金,自我雇佣,其工资、利息、利润、租金常混合在一起作为非公司企业主收入。

(6)**间接税和企业转移支付**。这些虽然不是生产要素创造的收入,但要通过产品价格转嫁给购买者,故也应视为成本,计入 GDP。企业转移支付包括对非营利组织的社会慈善捐款和消费者呆账等。企业间接税是指企业缴纳的货物税或销售税、周转税等。

(7)**资本折旧**。它虽非要素收入,但包括在总投资中,也应计入 GDP。

把上述各个部分加起来,就得到收入法计算国内生产总值的公式:

$$\text{GDP} = 工资 + 利息 + 利润 + 租金 + 间接税和企业转移支付 + 折旧 \qquad (10.3)$$

表 10-2　　中国按收入法计算的 GDP　　单位:亿元

项目＼年份	1992	1995	1997	2002
劳动者报酬	3537.4	7595.7	41540.3	58950.5
生产税净额	12052.4	27893.7	10245.0	17462.2
固定资产折旧	3273.8	7811.2	10312.2	18740.6
营业盈余	7780.6	16147.4	13606.6	26705.6
合计	26644.3	59448.1	75704.1	121858.9

数据来源:根据《中国统计年鉴》(1996、1998、2000、2006)整理而得。

依据我国现行的核算体系,用收入法计算的 GDP 是在投入产出表框架下进行的。表 10-2 显示了我国 1992 年、1995 年、1997 年和 2002 年用收入法核算的 GDP 数据。

在此方法下计算的 GDP 包括以下四项内容:一是劳动者报酬,主要包括劳动者收入和非公司企业主收入两部分。二是生产税净额,主要是指生产税减生产补贴后的余额。生产税指政府对生产单位从事生产、销售和经营活动以及因从事生产活动使用某些生产要素(如固定资产、土地、劳动力等)所征收的各种税、附加费和规费。生产补贴与生产税相反,指政府对生产单位的单方面转移支出,因此视为负生产税,包括政策亏损补贴和价格补贴等。三是固定资产折旧,即为了弥补固定资产在生产过程中的价值损耗而提取的价值。四是营业盈余,主要是指常住单位创造的增加值扣除劳动者报酬、生产税净额和固定资产折旧后的余额。

(三)生产法

生产法(Production Approach)又叫部门法或增值法,指一国常住单位在一定时期内生产的商品和服务超过同期投入的非固定资产价值的差额,即所有常住单位的增加值之和。这种计算方法反映了国内生产总值的来源。

运用这种方法进行计算时,各生产部门要把使用的中间产品的产值扣除,只计算所增加的价值。商业和服务等部门也按增值法计算。卫生、教育、行政、家庭服务等部门无法计算其增值,就按工资收入来计算其服务的价值。但由于区分中间产品和最终产品很困难,而最终产品的数量又过于复杂,一般是将国民经济划分为各个部分计算。

理论上,可以运用以下公式进行计算:

$$GDP = \sum(\text{各部门的总产出} - \text{该部门的中间消耗}) = \sum \text{各部门的增加值} \tag{10.4}$$

依据我国现行的统计制度,把国民经济分成了三次产业,即第一产业是指农、林、牧、渔业。第二产业是指采矿业,制造业,电力、建筑业以及煤气和水的生产和供应业。第三产业是指除第一、第二产业以外的其他行业。所以我国采用了计算三次产业下各个部门增加值的方法来统计 GDP。表 10 - 3 反映的就是 2004 年我国用生产法计算的 GDP,从中可以看到:三次产业中第二产业对 GDP 的贡献最大,所占比重为 46.2%;其次是第三产业,所占比重为 40.4%;剩下 13.4% 的比重为第一产业所做的贡献。

表 10 - 3　　2004 年中国按生产法计算的 GDP

行业	增加值(亿元)	增加值构成(%)
总计	159878.3	100.0
第一产业	21412.7	13.4
农林牧渔业	21412.7	13.4
第二产业	73904.3	46.2
工业	65210.0	40.8
采矿业	7628.3	4.8
制造业	51748.5	32.4
电力、燃气及水的生产和供应业	5833.3	3.6
建筑业	8694.3	5.4

续表

行业	增加值(亿元)	增加值构成(%)
第三产业	64561.3	40.4
交通运输、仓储和邮政业	9304.4	5.8
信息传输、计算机服务和软件业	4236.3	2.6
批发和零售业	12453.8	7.8
住宿和餐饮业	3664.8	2.3
金融业	5393.0	3.4
房地产业	7174.1	4.5
租赁和商务服务业	2627.5	1.6
科学研究、技术服务和	1759.5	1.1
地质勘查业		
水利、环境和公共设施管理业	768.6	0.5
居民服务和其他服务业	2481.5	1.6
教育	4892.6	3.1
卫生、社会保障和社会福利业	2620.7	1.6
文化、体育和娱乐业	1043.2	0.7
公共管理和社会组织	6141.4	3.8

注:本表行业分类为按新国民经济行业分类(GB/T 4754—2002)划分,农林牧渔服务业包括在第一产业中。

资料来源:《中国统计年鉴(2006)》。

以上支出法、收入法与生产法是从不同的角度来核算 GDP 的。从理论上说,三种方法计算的 GDP 在量上是相等的,但实际核算中常有误差,因而要加上一个统计误差项来进行调整,使其达到一致。实际统计中,一般国民经济核算体系以支出法所计算出的国内生产总值为标准。

三、名义 GDP 与实际 GDP

在前面我们所讨论的 GDP 是一个市场价值概念,即所谓的**名义 GDP,是用生产产品和劳务当年的价格计算出来的国内生产总值**,那么名义 GDP 的增加可能是由于市场价格的上升或产量的增加引起的,它不能反映出实际产出的变动。而经济福利更好的衡量指标是相应的经济中物品和劳务产出的价值,不应当受价格变动的影响,为实现这一目的,我们使用**实际 GDP,即用过去某一年作为基期的价格计算出来的价值。**

为了分析得更清楚,我们假设某国的最终产品以苹果和香蕉为代表,设基期为 2001 年,现期为 2011 年,可以得到:

名义 GDP = 2011 年苹果的价格 × 2011 年苹果的数量 + 2011 年香蕉的价格 × 2011 年香蕉的数量

实际 GDP = 2001 年苹果的价格 × 2011 年苹果的数量 + 2001 年香蕉的价格 × 2011 年香蕉的数量

可以发现,实际 GDP 反映的是在价格不变的情况下,苹果和香蕉的产量变化情况。从另一个层次来看,由于一个社会向其成员提供的经济满足能力最终取决于物品和劳务的数量。所以,实际 GDP 提供了一个比名义 GDP 更明确的经济福利衡量指标。

此外,我们可以利用 GDP 折算指数来反映经济中物价总水平发生的变动。**所谓 GDP 折算指数(GDP deflator)是指名义 GDP 和实际 GDP 的比率:**

$$\text{GDP 折算指数} = \frac{\text{名义 GDP}}{\text{实际 GDP}} \tag{10.5}$$

GDP 折算指数衡量相对于其基年价格的产出价格,可以综合反映一个国家(或地区)物价变动的总水平,也可以反映国内生产总值(增加值)的实际水平(如实际总量规模、实际增长速度等)。其实,各国通常所用的衡量物价指数还包括消费物价指数(CPI)和生产物价指数(PPI),这三项指标略有差别,在生活中也会经常接触到,感兴趣的同学不妨深入了解一下。

由于名义 GDP 并不能反映一个国家或地区的实际产出,因此如果不做特殊说明,以后各章中涉及的产出总是指实际 GDP,并用英文小写字母 y 表示。其他的变量,如消费、投资和政府支出等也可以用英文小写字母 c、i、g 表示其剔除价格变动后的实际消费、实际投资和实际政府支出。

第二节　其他指标

小指标,大差距

2001 年初《北京晚报》报道,2000 年北京的人均 GDP 达到了 2700 美元,按当时人民币与美元 8:1 的简单换算,约为 2 万余元。不少读者给报社打电话说,前几天刚报道过北京人均年收入为 1 万余元,现在却翻了一番,这是怎么回事呢?

其实这两个数字都没错,关键是读者把人均 GDP 和人均收入这两个不同的概念混为一谈了。

在西方国民收入核算(SNA)体系中包含了一系列指标体系,除了前面介绍的国内生产总值(GDP)和国民生产总值(GNP)外,还有国内生产净值(NDP)、国民收入(NI)、个人收入(PI)和个人可支配收入(PDI)等内容,它们从不同的角度反映一个国家或地区经济发展的水平,而且相互之间有着密切的关系。

一、国内生产净值

国内生产净值(Net Domestic Products,NDP)是一个国家或地区一年中的国内生产总值(GDP)减去生产过程中消耗掉的资本折旧所得出的净增长量。折旧是指固定资本的消耗,由于资本折旧是生产经济中的成本,所以减去折旧表示经济活动的净结果。从理论上讲,NDP的概念比GDP更能反映国民收入和社会财富变动的情况,但由于GDP同NDP相比,容易确定统计标准,而且折旧费的计算方法不一,政府的折旧政策也会变动,因此各国还是常用GDP而不常用NDP。

二、国民收入

国民收入(National Income,NI)也是一个衡量产出的概念,它是指按生产要素报酬计算的狭义国民收入,即工资、利息、租金和利润的总和。从国内生产净值中扣除企业间接税和企业转移支付(加政府补助金)就得到这一狭义的国民收入。企业间接税和企业转移支付是列入产品价格的,但并不代表生产要素创造的价值或者收入,因此计算狭义国民收入时必须扣除。相反,政府给企业的补助金不列入产品的价格,但成为生产要素收入,因此应当加入。

三、个人收入

个人收入(Personal Income,PI)是指个人实际得到的收入。上述国民收入并不完全等于个人收入。因为一方面国民收入中有些项目不会成为个人收入,需要从中减去。如公司利润中的未分配利润、公司所得税、劳动者收入中的社会保障支出。另一方面,个人所获得的实际收入中有部分不是要素收入,没有列入国民收入中,因此需要把这部分收入加上。如政府对个人的转移支付(包括公债利息)、企业转移支付、利息调整,其中,利息调整主要是指个人由于借贷关系而发生的利息。

四、个人可支配收入

个人可支配收入(Personal Disposable Income,PDI)是指从个人收入中减去个人税收和非税收性支付的余额。个人税收包括个人所得税、财产税、遗产税和赠与税等。非税收性支付包括罚金和馈赠等。这部分收入是人们可以用以消费或储蓄的收入。

有关收入核算指标就介绍到这里,通过前面的学习,我们会发现各项指标名字往往相差不大,比如国内生产总值和国民生产总值,国民收入和个人收入等。但是小指标里面往往潜藏着大差异,尤其是用于计算整个庞大的国民经济活动的时候,这时候我们再回头看看引文中的小故事,也就不足为怪了。

第三节　投资储蓄恒等式

国民经济中存在一个恒等关系：总支出≡总收入，从理论上看，用支出法和收入法所计算出的国内生产总值应该是一致的。其中，总支出代表了社会对最终产品的总需求，而总收入和总产量代表了社会对最终产品的总供给。因此，**从国内生产总值的核算方法中又可以得出这样一个恒等式：投资=储蓄。**

这个等式在宏观经济学中十分重要，我们先从两部门经济入手研究国民经济中的恒等关系，然后由简入繁，再来研究三部门经济与四部门经济的情况。为了便于以后各章分析问题，我们假定不考虑折旧、间接税与企业转移支付。此时，GDP = NDP = NI，用 Y 表示。

一、两部门储蓄—投资恒等式

所谓**两部门经济是指假设只有私人企业和消费者这两种经济单位所组成的经济社会，没有政府，也没有对外贸易，**是一种最简单的经济结构。

从总需求或总支出的角度看，两部门经济中的 GDP 包括消费者对商品或劳务的消费需求以及企业的投资需求两部分，它反映的是从消费者流向企业的货币量，因为消费者进行了消费，就会形成相应企业的销售收入。而企业投资的资金来源也是消费者。如果用 C 代表消费，用 I 代表投资，则用支出法核算的 GDP 用公式表示为：

$$Y = C + I \tag{10.6}$$

从总供给或收入的角度看，Y 就是指整个社会在某一时期所能提供的总产出，它反映的是生产者有多少货币流向消费者。因为最终产品与劳务是由各种生产要素生产出来的，并体现为生产要素所有者的收入，即形成了消费者的收入。消费者将这些收入分为消费与储蓄两部分。如果用 S 代表储蓄，S_P 为个人储蓄，则由收入法核算的 GDP 用公式可以表示为：

$$Y = C + S_P \tag{10.7}$$

那么由 $C + I = C + S_P$

两边同时消去 C，则可以写为：

$$I = S_P \tag{10.8}$$

公式(10.8)表明，在两部门经济中，投资等于储蓄。对此，我们也不难想象，在一个非常原始的经济中，人们能够储蓄的方式其实就是用它来从事实物投资，如储存粮食或者建设灌溉渠道等。

二、三部门储蓄—投资恒等式

所谓**三部门经济是指除厂商、居民户外，再加上政府部门所组成的经济社会。**在三部门经济中,政府的经济活动通过税收与政府支出来实现的。政府通过税收(T)与支出(G)和居民户、企业发生经济上的联系。

从总需求角度看,除了居民户的消费需求和企业的投资需求外,还有政府的需求。即政府的支出也会形成企业的收入,总需求用公式表示为:

$$Y = C + I + G \tag{10.9}$$

从总供给或收入的角度看,除了居民户供给的各种生产要素之外,还有政府的供给。如果以 T 代表政府净收入(政府税收收入减去政府转移支付),那么从收入角度核算的 GDP 包括了消费、储蓄和政府净收入三部分,用公式表示为:

$$Y = C + S_P + T \tag{10.10}$$

由于 $C + I + G = C + S + T$

公式两边同时消去 C,并整理有:

$$I = S_P + (T - G)$$

这里,$(T - G)$可看做政府储蓄 S_g,当它是正值就表示政府存在预算盈余,是负值则表示政府出现预算赤字。这样,公式(10.11)也可以表示储蓄(私人和政府储蓄的总和)和投资的恒等关系成立。

$$I = S_P + S_g \tag{10.11}$$

三、四部门储蓄—投资恒等式

所谓**四部门经济是指除了企业、居民户、政府外,还有国外部门一起所组成的经济社会**。在四部门经济中,国外部门通过进出口经济活动,将国内各个部门联系起来。

从总需求或总支出的角度看,国外部门的需求主要净出口即出口减去进口体现的。其中出口来代表国外部门对本国商品或劳务的需求,进口表示国内部门对国外部门商品或劳务的需求。

所以,在四部门经济中,总需求不仅包括消费需求、投资需求与政府购买支出,而且还包括净出口。如果以 NX 代表净出口,X 代表出口,M 代表进口,则 $NX = X - M$,当 NX 大于零表示贸易顺差,小于零表示贸易逆差。用公式表示总需求:

$$Y = C + I + G + NX \tag{10.12}$$

从收入的角度看,四部门经济中,除了居民户的各种生产要素收入和政府的收入外,还有国外部门的收入,这里主要是指本国居民对外国人的转移支付如对外国遭受自然灾害而进行的捐款等,用 Kr 表示,用公式可以表示为:

$$Y = C + S_P + T + Kr \tag{10.13}$$

同样,

$$C + I + G + NX = C + S_P + T + Kr$$

公式两边同时消去 C,整理可得:

$$I = S_P + (T - G) + (M - X + Kr)$$

这一等式是四部门经济中的储蓄—投资恒等式。因为 S 为居民私人储蓄，$(T - G)$ 为政府储蓄，而 $(M - X + Kr)$ 则为看做国外对本国的储蓄，记做 S_r。

$$I = S_P + S_g + S_r \tag{10.14}$$

可见，总储蓄（私人、政府和国外）仍等于投资。

通过以上分析，我们可以看出不论是两部门、三部门还是四部门经济，储蓄和投资始终是相等的。但这里需要注意的是，在国民收入核算中，这种恒等关系是一种事后关系。因为核算中所涉及的消费、投资、进出口等各项活动均已在计算期内发生。所以从国民收入会计角度看，事后的投资和储蓄总是相等的。1997—2001 年，虽然我国社会总需求出现了不足，但是在每年统计时涉及的活动都是已发生的，故投资储蓄等式仍成立。然而，在实际的经济生活中，在一年生产活动的过程期间，由于影响投资和储蓄的因素各异，所以二者并不完全相等，这也使得总需求和总供给出现不均衡，从而造成了宏观经济的短期波动，所以需要进行调节。从这个意义上讲，要进行宏观经济的调节，就需要考察国民收入的均衡条件，找出影响国民收入波动的因素。而投资和储蓄恒等关系所体现的正是总需求和总供给之间的均衡关系，也是均衡国民收入决定理论的出发点，这便是人们对投资储蓄恒等关系研究的意义所在。

第十一章　宏观经济目标与政策

The Objective of National Economy and Policy System

我们在第十章中较为详尽地分析了国民经济核算的各种指标，它们是反映一国经济运行状况的晴雨表，政府透过晴雨表及时做出相应的决策来实现国民经济目标，保证经济健康运行。在此基础上，本章进一步阐述需求管理政策要实现的目标、政策工具，目的在于说明政府是如何运用宏观经济政策解决经济问题、增进社会福利的。

第一节　宏观经济目标

“问题在经济，笨蛋！”

“问题在经济，笨蛋！”这是1992年美国总统选举中，比尔·克林顿的竞选口号，这句话用做标语来暗示当时在老布什领导下美国经济陷于严重衰退，他应当下台。1990年美国经济出现疲软，生产总水平下降，失业增加。经济正是选民最为关注的问题，这一口号触及了他们渴求经济转好的脆弱神经，足以使布什总统连任希望破灭。

克林顿上任后，美国享受了10年中最强劲的经济业绩，失业率下降到20世纪70年代以来的最低水平，同时还保持着低的通货膨胀率及良好的经济发展势头。

那么衡量经济好坏的标准是什么？克林顿的妙招是什么？

西方经济学认为，宏观经济政策的目标可归结为充分就业、物价稳定、经济可持续均衡增长和国际收支平衡。

一、充分就业

所谓充分就业，并非是指人人都有工作，而是指维持在自然失业率的就业状态。凯恩斯把西方国家的失业分为三种情况：摩擦失业、自愿失业和非自愿失业。摩擦失业是指在生产过程中由于难以避免的摩擦造成的暂时的、局部的失业，其中包括由于劳动力的流动性不足、信息的不对称、工种转换的缓慢和困难等原因引起的失业。自愿失业是指劳动者不愿接受现行工资水平而造成的失业。非自愿失业是指愿意接受现行工资但仍找不到工作的状态。**充分就业是指除了摩擦失业和自愿失业外所有愿意工作的人都按其愿意接受的报酬找到工作的状态。广义的充分就业，不仅指劳动这种生产要素，而是指全部生产要素，都按其所有者愿意接受的价格，全部用于生产的状态。**目前，大多数西方经济学家认为存在4% ~6%的失业率是正常的。由于就业关系到个人生活水平，关系到宏观GDP数量大小，因而是宏观经济的首要控制目标。一旦失业严重偏离自然失业率，则认为宏观经济进入萧条之中，决策者就要采用宏观政策工具加以干预，以实现充分就业。

二、物价稳定

物价稳定指的是要维持一个低而稳定的通货膨胀率，这种通货膨胀率能为社会所接受，对经济不会产生不利的影响。实际上，温和的通货膨胀是一种润滑剂，有利于经济更好地发展。物价稳定是一般价格水平的稳定，而并非指某种个别商品价格的稳定。在市场交换中，各种商品的价格经常处于不断的变化中，有些商品涨价，有些商品降价，而且各种商品价格变动幅度也不相同。一般价格水平是表示价格变动的总体水平，通常是借助价格指数来表示的。价格指数是在给定的时段里，一组商品的平均价格如何变化的一种指数，主要有消费物价指数(CPI)和生产物价指数(PPI)。消费物价指数是衡量家庭或个人消费的商品和劳务价格变动的指标，生产物价指数是表示批发市场上大宗成交的商品价格变动的指数。

三、经济可持续均衡增长

经济可持续均衡增长是指经济社会在持久时间内，人均产量或人均收入，以一个适度、均衡的持续的增长率增长。该目标是在以往“均衡增长”目标基础上，引入“可持续发展”理念的结果。经济可持续均衡增长目标，要求既要经济发展，又要兼顾资源与环境承载，是生态环境友好前提下的经济增长，也就是当代人的经济增长不以牺牲后代人经济增长为代价，满足代际公平要求；该目标要求经济增长不是一段时间GDP正增长，另一段时间GDP负增长，而是持久时间内的均衡平稳地增长。经济增长和失业常常相互关联，如何在维持一个较高的增长率的情况下实现充分就业，是西方国家宏观经济政策追求的目标之一。

四、国际收支平衡

在开放经济中，各国之间经常发生商品与劳务的进出口贸易及资本的流入、流出，从而影响国际收支平衡。国际收支平衡是一种既无大的国际收支赤字又无大的国际收支盈余的状态。一国的国际收支状况不仅反映了这个国家对外经济交往状况,还反映了该国经济的稳定程度。国际收支出现赤字或盈余,都会直接影响国内经济的运行,同时对国内价格水平、就业等方面产生冲击。

宏观经济政策的四个目标之间既存在互补关系也存在交替关系。例如,在运用扩张性财政政策和货币政策来实现充分就业时,容易引发通货膨胀,导致物价上涨。而充分就业会引起国民收入的增加,在边际进口倾向既定的情况下,必然引起进口的增加,从而导致国际收支状况恶化。此外,经济增长过程中的通货膨胀也是难以避免的。

可见,在制定经济政策时,必须对协调政策目标,权衡轻重缓急和利弊得失,在运用政策手段时,必须相互配合、协调一致,根据不同时期的具体情况确定重点目标,兼顾其他目标,将各项政策手段配合成整体性的宏观经济政策的战略措施,促进经济又好又快地发展。

第二节　财政政策

罗斯福新政的启示

直至1929年美国大萧条之前,主流经济学家都存在市场万能思想,认为经济在"看不见的手"作用下自动实现均衡。然而,大萧条像当头棒喝,惊呆了经济学界。在人们一筹莫展之际,罗斯福新政在一片经济衰退的愁云惨雾中,通过花费数十亿美元采取措施挽救美国经济,为理论界医治大萧条创伤留下了一大经典案例。罗斯福新政给了凯恩斯不小的启示,于是,在1936年出版的《就业、利息和货币通论》中,他另辟蹊径地提出了宏观需求管理政策主张,奠定了现代宏观经济理论基础。

众所周知,1929—1933年资本主义社会爆发的严重经济危机导致3000多万人失业和1/3的工厂停产。整个资本主义社会经济水平因此倒退到第一次世界大战之前的状态。面对这样的大危机,传统的经济学既不能从理论上给予解释,也不能为战胜危机、走向复苏指出正确道路。就在社会经济不知何去何从的时候,正如"掉在牛顿头上的苹果"一样,凯恩斯提出了需求管理理论。凯恩斯认为,经济的增长状况如何,不取决于供给,而取决于需求。需求旺盛经济将快速增长,需求不足经济将衰退甚至发生经济危机。1929年席卷西方社会的经济大萧条,就是社会有效需求不足累计的结果。要防止萧条,政府就要主动实施需求管理,采用财政政策与货币政策。本节介绍财政政策。

一、自动稳定器

实际上，经济有自发调节、自动稳定的功能，自动稳定器恰似人体内五脏六腑各器官对人的健康有自我修复功能一样，在经济体系发生轻度变化时，可以缓解经济波动。**自动稳定器（Automatic Stabilizers）或称内在稳定器，是财政制度本身所固有的，在经济进入衰退或繁荣时，自动刺激需求或抑制通胀，从而熨平经济波动的机制。**

税收的自动变化是最重要的自动稳定器。当经济进入衰退时，人们的收入普遍减少，企业的利润也在下降，将导致政府税收减少，这种自动的减税会刺激总需求，从而抑制衰退。反之，当经济繁荣时，失业率下降，人们收入增加，企业利润上升，导致税收的自动增加，从而抑制总需求的增加，减轻由于需求过大而引起的通货膨胀。

政府支出的自动变化也是一种自动稳定器，这里主要是指政府的转移支付。当经济进入衰退时，失业增加，符合救济条件的人数增多，失业救济和其他社会福利支出将增加，政府支出的自动增加，将抑制人们消费需求的下降，从而刺激了总需求；反之亦然。

农产品价格维持制度也具有自动稳定器的作用。经济萧条时，农产品价格会下降，由于政府按照支持价格收购农产品，使农产品价格维持在一定的水平，从而农民的收入水平不会下降，进而总需求的下降也很有限的。相反，经济繁荣时，农产品价格有上升的趋势，政府为了稳定农产品价格，会减少对农产品的收购甚至抛售农产品，控制农产品价格的上升，抑制农民收入的增长，因此，总需求的上升也很有限的。

当然，自动稳定器的作用是有限的，它伴随经济形势变化自动发生，是防止经济波动的第一道防线。正是由于财政自动稳定器作用有限，凯恩斯主张，政府要主动出击，人为改变财政收支调节经济，实现宏观经济目标。

二、功能财政思想

功能财政思想是凯恩斯需求管理思想的重要组成部分，认为不能以财政收支平衡作为财政政策目标，而应该以稳定经济为基本出发点进行宏观调控，实现无通货膨胀的充分就业。为实现这个目标，需要赤字就赤字，需要盈余就盈余，而不应为实现财政收支平衡而妨碍政府财政政策的正确制定和实行。比如，在经济萧条时，财政收入较低，即使会导致更大的赤字，也要通过扩大财政支出和减税来抑制萧条；当经济过热时，财政收入较高，即使会出现更大的盈余，也应采取减少政府支出和增税的紧缩性财政政策来控制经济的膨胀。这样，政府**为了实现无通货膨胀的充分就业水平，主动使用财政政策调节经济，而不管财政收支是盈余还是赤字的财政政策思想为功能财政思想。**

这种功能财政思想是对原有财政平衡预算思想的否定。在平衡预算思想下，政府宏观调控以政府预算平衡为目标，结果可能会加大经济的波动。比如，在经济萧条时，政府为了避免财政赤字的产生，加大税收而降低政府支出，会使萧条加深；在经济繁荣时期，政府为了减少盈余，采取减税和增加财政支出的经济政策，将加剧通货膨胀。大萧条时期，美国政府就采取扩大财政支出的手段，使得经济转危为安。

当然，即使按照功能财政思想，政府也不能只追求经济的稳定而对财政赤字置之不理。财政赤字过高将对经济产生诸多不利影响，当繁重的债务迫使政府向中央银行透支，就容易导致通货膨胀，使公民负担加重，降低政府的信誉，甚至产生经济危机。“二战”以后，美国政府几乎每年都是账上一片红灯高照，到20世纪70年代，美国政府频繁地在赤字财政和平衡预算两种财政政策之间摇摆，最终平衡预算让位于赤字财政。这一时期，美国深深地陷入了“滞胀”（即经济停滞与通货膨胀并存）危机不可自拔，此时如果用扩张性的政策会加重通胀，而用紧缩性政策又会加重停滞，要在“滞胀”中找到平衡是非常困难的，正因为这种并发症很难医治，所以对经济的危害也是长期而巨大的。因此，政府决策要在多方面进行权衡，以确定采取的政策方向。

功能财政思想与自动稳定器显著不同，前者是政府的主动行为，而后者是财政制度本身的自动行为。当自动稳定器作用比较小，不足以调节大的经济波动时，政府就按照功能财政的思想主动出击，积极采取对策。功能财政思想的具体表现就是斟酌使用的财政政策。

三、斟酌使用的财政政策

财政政策（Fiscal Policy）是指政府通过改变财政收支，影响总需求进而影响就业和国民收入的系列政策。财政政策是国家调控经济、实现宏观经济目标的最主要政策工具之一。凯恩斯《就业、利息和货币通论》在出版的特殊历史背景下，特别强调了财政政策对摆脱大萧条的作用，认为财政政策是医治资本主义“病症”的“一味主药”。在经济低迷时期，应采用积极的财政政策，通过增聘公共部门工作人员、在公共基础设施项目上大量投入现金，修建公路、铁路、增加医院和学校投入，刺激经济，拉动需求。

（一）财政政策工具

政府支出指整个国家中各级政府支出的总和，分为政府购买和转移支付两类。

政府购买（Government Purchases）是指政府用于物品和劳务的购买或支出，包括国防支出、公务员工资、购买机关办公用品和政府投资兴建基础设施等。政府可以通过政府购买的增加和减少来影响总需求，进而影响经济。当经济衰退时，政府通过提高政府支出来增加社会的总需求水平，抑制衰退；反之，当经济高涨时，政府通过减少政府支出来降低社会总需求，抑制通货膨胀。

转移支付（Transfer Payments）是指政府在社会福利、保险、贫困救济和补助等方面

的支出。转移支付是一种货币性支出,它并没有改变全社会的总收入,而是将收入在不同社会成员之间进行重新分配,通过影响消费者的可支配收入来影响社会消费水平,进而影响国民收入。因此,转移支付间接地改变社会总需求,对国民收入影响的效果不如政府购买强烈。

通过上面的学习,我们应明确政府为一位公务员支付薪水是属于政府购买的行为。而当这位公务员退休后,领取社会保障津贴时,政府的这份支出就不属于政府购买,而是政府转移支付。

政府收入(Fiscal Revenues)主要来源于两个渠道——税收和公债。

税收(Taxation)是政府为实现其职能按照法律预先规定的标准,强制地、无偿地取得财政收入的一种手段。税收根据不同的标准可以做不同的分类:企业要缴增值税、所得税;个人收入超过一定数额的时候要缴个人所得税;对于不动产还要征收财产税。

税收既是西方国家财政收入的主要来源,也是国家实施财政政策的一个重要手段。一般来说,降低税率,减少税收绝对量都可通过增加可支配收入来增加总需求和国民收入;反之亦然。因此在需求不足时,可采取减税措施来抑制经济衰退;在需求过旺时,可采取增税措施来抑制通货膨胀。

公债(Public Debts)即政府债务,包括中央政府债务和地方政府债务,其中中央政府债务叫做国债。政府发行公债,一方面能增加财政收入,从而影响财政收支;另一方面能影响货币供求,调节社会总需求水平。因此,公债也是一种宏观政策工具。

当政府税收收入不足以弥补政府支出时,就会产生财政赤字;反之,就会产生财政盈余。当今世界很少有国家出现财政盈余,或多或少都会出现财政赤字。政府可以通过向中央银行透支和发行公债来应对财政赤字问题。向中央银行透支相当于增加了社会的货币存量,会造成货币的贬值,可以形象地比喻为向公众征收了通货膨胀税。所以,作为一个负责任的政府,会选择发行公债的方式弥补赤字。在美国,公民通常用他们的养老基金来购买政府债券,这对于他们来说是比较可靠的低风险投资。因此,公债是西方国家财政收入的另一来源。

财政政策对经济的调节,按照其作用方向可划分为扩张性(积极的)财政政策和紧缩性财政政策两类,具体体现就是斟酌使用的财政政策。

(二)斟酌使用的财政政策

当经济出现严重衰退或是过热时,还是离不开相机抉择的财政政策,这时候政府需对症下药,及时稳定经济局势。因此,**为确保经济稳定,政府要审时度势主动采取一些财政措施,即变动支出水平或税收以稳定总需求水平,使之接近物价稳定的充分就业水平,这种政策思想被称为斟酌使用的财政政策(Discretionary Fiscal Policy)**。

当经济萧条时,总需求不足、失业增加,政府就要实行相应的扩张性财政政策,通过增加政府支出和减少税收来刺激总需求;在经济繁荣时,总需求过旺,物价持续上涨,政府就要实行紧缩性财政政策，通过减少政府支出和增加税收来抑制总需求。总之，政府在使用经济政策时应仔细斟酌，逆对经济风向，交替使用扩张性和紧缩性财政政策。

大萧条时，美国政府实行的罗斯福新政与凯恩斯"斟酌使用财政政策"相契合，使美国经济走出衰落。现在我们再回过头来品味一下伟大的梅纳德·凯恩斯思想背后的深意："他主张在此时应率先通过现金借贷和消费来刺激经济、聘用公共部门工作人员、在公共基础设施项目大量投入现金，修建公路、铁路、医院和学校等。"

在危机面前，美国实行扩张性的财政政策，推行赤字财政，大力增加政府开支。这样可以增加就业机会，公民有了收入，边际消费倾向就会提高，通过乘数效应，提高的经济总量远高于实际注入的公共资金额，更多的消费就需要企业提供更多的产品，这时企业就会重新获得生产动力。这样，经济又会重新运转起来，进入一个良性循环轨道，从而摆脱危机。

"还需降低利率，这也能刺激经济走向好转。"危机的时候，很多企业面临巨大的冲击，处于破产的边缘，一旦大量企业破产势必将产生巨大的连锁反应，这不仅危及与其有经济关系的其他企业，也会失去部分就业岗位，并且形成规模的有形或无形资产也会面临被废弃的危险。这个时候，也许政府给予少量的帮扶就能重新让机器快速转动起来，重新创造利润，避免巨大损失。降低市场利率可以降低企业生产成本，减轻企业负担，在危机时帮助企业渡过难关。企业存活了，就能带动经济复苏。实际上，危机当前信心也是非常重要的，市场的恐慌会让经济陷入更加恶劣的境遇，政府的支出不仅带给了经济成倍的回报，也抚平了不安的情绪。这些对于 2008 年爆发的金融危机也是很有启发的，现在你能理解我国在金融风暴袭来时果断实施扩张性财政政策，投资 4 万亿扩大内需等政策的含义吗？

第三节　货币政策

走下神坛格林斯潘成危机"罪魁"?!

很多人对格林斯潘并不陌生，1987 年他掌舵美联储驶过暗礁丛生的 20 世纪 80 年代，使美国在 90 年代经历了前所未有的繁荣，曾被誉为仅次于美国总统的二号人物，他给的"灵丹妙药"是低利率和放松管制。然而，2007 年由美国次贷危机衍生的国际金融危机，他被问责。金融界反思华尔街金融风暴，把格林斯潘列为次贷危机的"罪魁祸首"。认为，正是当年颇有成效的宽松货币政策导致了房地产泡沫，引发了金融危机。

那么什么是货币政策？**货币政策是指一个国家根据既定目标，通过中央银行运用公开市场业务、再贴现率及法定准备金率等政策工具，改变流通中货币量，影响利率、影响私人投资，进而影响总需求，以此来调节国民收入的政策。**由于货币政策是通过银行制度来实现的，所以在了解货币政策作用机制之前，先介绍一些有关西方银行制度的知识。

一、商业银行与中央银行

银行制度是指为促进信贷活动和商品货币流通，以利于经济有秩序地发展而建立的一套金融制度。现代银行体系由中央银行与商业银行构成。

商业银行(Commercial Banks)是指能够吸收公众存款、发放贷款、办理结算等多种业务的金融企业，主要业务涉及负债业务、资产业务和中间业务。负债业务是吸收存款，包括活期存款、定期存款和储蓄存款。资产业务是指商业银行运用资金的业务，分为放款业务和投资业务两类。中间业务是指银行不需运用自己的资金，代客户承办支付和其他委托事项而收取的手续费，一般有汇兑业务、信用证业务、代客买卖业务和租赁业务等。

中央银行(Central Bank)是一国金融体系的核心，具有特殊的地位与功能。中央银行也是中央政府的一个组成部分，不同国家中央银行有专门名称，比如在法国称为法兰西银行(Bank of France)、在英国称为英格兰银行(Bank of England)、在美国称为联邦储备银行(Federal Reserve Bank)、在我国则称为中国人民银行(People's Bank of China)。

中央银行的业务包括对内、对外两个部分。具体来说，它有三个职能：首先，中央银行是发行的银行。所谓发行的银行，是指它拥有发行银行券的特权，负责全国本币的发行，并通过调控货币流通稳定币值。其次，中央银行是银行的银行。所谓银行的银行，是指中央银行是商业银行的银行，即主要指同商业银行发生业务关系，集中商业银行的准备金并对他们提供贷款(通过再贴现和抵押贷款等实现)。最后，中央银行是政府的银行。所谓政府的银行，是指中央银行代表国家贯彻执行财政金融政策，代为管理财政收支。

曾任美联储主席的马丁曾评价，央行行长的工作就是“在派对开始时，拿走大酒杯”。这句话的意思是，当经济强劲增长、企业都创纪录地赚取利润时，经济就有失控的危险。而当大家举杯庆贺的时候，央行必须保持冷静，通过提高利率，努力使“派对”结束，防止经济过热。央行必须有远见卓识，既能未雨绸缪，又能在适时驱动经济，轮转国家经济的航母稳定地行进。

二、存款创造与货币供给

我们知道，在银行体系中，商业银行为公众提供存贷款服务，中央银行又为商业银行提供贷款服务,货币供给是通过公众、商业银行、中央银行三个角色的相互作用来实现的。下面我们通过具体模型来说明存款创造和货币供给。

(一)最简单的存款创造模型

为了清楚地说明这个问题,我们先假想出一个简化的银行体系:首先假设,所有的银行存款都是活期存款,即不用事先通知就可随时提取的银行存款。还假定,由中央银行为某一商业银行 A 提供 100 万元的货币,商业银行 A 用此提供贷款。

在这样约束条件的银行体系下,银行 A 决定将 100 万元留存一部分货币,以便储户提取现金的时候有货币支付,余下的贷给需要的人。我们将这些**银行得到但没有贷出去的存款称为准备金,总存款中银行用做准备金的比例称为准备金率或准备率**(Reserve Ratio)。

我们假设,银行 A 决定将存款准备金率定为 20%,并把其余的 80 万元贷出去,于是这个国家的货币供给增加了 80 万元。银行 A 贷出的 80 万元通过消费、投资等渠道,到达了某些人手中,如果获得这笔钱的人又将全部的 80 万元存入另一个商业银行 B,则银行的存款总额又增加了 80 万元。如果同样,银行 B 按照 20% 提取准备金 16 万元,并将其余的 64 万元贷出,则整个社会的货币供给又增加了 64 万元,依此类推得到最终存款总额(用 D 表示)为 500 万元。

这时候大家也许会发现,商业银行可以创造多少货币,取决于准备金率的大小。实际上,这笔原始存款(用 R 表示)及准备率(用 r_d 表示)之间的关系可以用公式表示为:

$$D = \frac{R}{r_d} \tag{11.1}$$

中央银行新增一笔原始货币供给将使银行存款总和,即货币供给量扩大为这笔新增的原始货币供给量的 $\frac{1}{r_d}$ 倍。我们称 $\frac{1}{r_d}$ 为**货币创造乘数**,表示为:$k=\frac{1}{r_d}$,本例中 $r_d=0.2$,则 $k=5$。

这是一个很神奇的变化,通过银行信贷的乘数效应,货币的供给由 100 万元变为 500 万元,社会购买能力由此大大增强。然而在整个社会购买能力增强的同时,负债(贷款)也在增加,因此任何人也都没有因此变富。

从这个模型还可以发现,货币的供给不能只看到中央银行起初投放多少货币,还应该更重视由于货币创造乘数作用而增加的货币,而它又与准备金率密切相关,准备金率越大,乘数作用越小,创造出的货币供给越小。

(二)超额准备金的存款创造

目前各国一般都以法律形式规定商业银行必须保留的最低数额的准备金,即法定存款准备金。**存款准备金超过法定准备金的部分,为超额准备金**。超额准备金的数量越多,表明银行留存的资金越多,货币供给越少。

若我们认为上例中的准备金率r_d仅为法定准备率，并以r_e表示超额准备金率。在商业银行里，超额准备金率的大小一般与贷款利率和中央银行的再贴现率有关。当市场利率较大时，银行愿意提供更多贷款从而获得更高的收益，所以不愿意留超额准备金；反之亦然。因此，超额准备金率与市场利率成反比。

再贴现是中央银行向商业银行提供资金的一种方式，再贴现率是中央银行向商业银行提供资金的利率。这项利率越高，说明商业银行在中央银行获得资金越困难，商业银行只好多留超额准备金以备临时需要。因此，超额准备金与再贴现率成正比。

（三）存在现金漏出的存款创造

在我们前边的论述中，暗含着这样一个假设，银行客户将一切货币存入银行，支付完全通过银行转账，而不会透出现金。而事实上，客户很可能不是将全部贷款存入银行，而是将得到的贷款抽出一部分现金，就形成一种现金漏出，因为现金和准备金一样不能作为下一轮信贷的基础。这样货币创造乘数又会打折扣。若用r_c表示现金在存款中的比率即现金存款比率，准备金和现金漏出的比例为$r_d + r_e + r_c$，存款创造乘数就为：

$$k = \frac{1}{r_d + r_e + r_c} \tag{11.2}$$

（四）货币供给公式

在既存在着法定准备金和超额准备金又存在着现金漏出的情况下，中央银行投入的货币总额可能全部被商业银行留作准备金或者被非银行部门留作现金。因此，**货币供应量的基础是商业银行的准备金总额（法定的和超额的）和流通在银行体系以外的现金所构成，我们称其为基础货币或强力货币。**

在存在现金漏出的情况下，如果用M表示货币供给，用H表示基础货币。决定货币供给的公式为：

$$M = H \cdot \frac{r_c + 1}{r_d + r_e + r_c} \tag{11.3}$$

由于超额准备金率与市场贷款利率和中央银行再贴现率有关，因此，**货币供给可以看做是基础货币供给、法定准备金率、市场贷款利率、中央银行再贴现率和现金存款比率的函数。**

然而，货币创造乘数是一把“双刃剑”，银行存款多倍扩大的连锁反应也会发生相反的作用，即客户不是存入而是取走存款时，银行存款会以同样的倍数缩小。

三、货币政策及其工具

从上面分析可以知道，货币供给取决于中央银行的货币政策，中央银行决定的是基础货币，而商业银行可以通过基础货币创造更多的货币。货币政策和财政政策一样，也可以调节国民收入以达到稳定物价、充分就业、实现经济稳定增长的目标。前者直接影响总需求的规模,后者需要通过利率的变动间接地对总需求产生影响。

那么,中央银行运用哪些工具来控制货币供给量呢?下面,我们将介绍美联储在其货币工具库中的三种主要工具:法定准备金率、再贴现率政策和公开市场业务。

(一)法定准备金率

中央银行可以通过变动法定准备金率来改变货币的供给量,所有银行的信用都必须扩张或者收缩,降低法定准备金率就相当于提高了货币乘数,即增加了货币供给;反之亦然。

调整法定准备金率对于调整货币供给量有一个时滞,一般要过一段时间才起作用,一旦起作用将有非常强烈的效果。这是货币政策中的一剂猛药,中央银行一般情况下不会轻易使用这个工具。所以当银行准备金率的调整时,也能表明政府调控的重大决心。

2007 年,我国经济持续高速增长,通货膨胀迹象明显。为了避免经济发展由偏快转为过热,减少通货膨胀的压力,控制价格过快上涨等一系列问题,央行一年内 10 次提高法定存款准备金率,每次提高 0.5%,最后一次为 1%。但从这里大家就可以发现,当年的调控力度是很大的。

(二)再贴现率政策

中央银行的另一种货币政策工具就是再贴现率,**商业银行把商业票据出售给中央银行或者用自己持有的政府债券做担保向中央银行借款的业务,这种业务称为再贴现**,也就是当美联储向银行进行贷款时所收取的利率。

中央银行作为最后的贷款者,主要是为了协助商业银行及其他存款机构对存款备有足够的准备金。如果商业银行提供了过多的贷款,或者某一客户出人意料地取走了一大笔存款,商业银行会因准备金临时不足而造成周转不灵,商业银行就会向中央银行借款。此时,如果再贴现率提高,就意味着商业银行借款成本随之增加。

在我们前边推导出的货币供给公式中也能看出这一点,超额准备金率是再贴现率的函数,并与再贴现率同方向变化。当再贴现率增加时,商业银行为了避免去中央银行贴现,就会多留超额准备金,用于发放贷款的资金就会减少,从而货币供给减少。当再贴现率减少时,商业银行向中央银行借款的成本降低,就会少留准备金来提供贷款获得利润,这样货币供给增加。

虽然再贴现率政策是中央银行最早运用的货币政策工具,但却不是最常使用的,它往往只作为补充手段和公开市场业务结合在一起执行。因为再贴现的政策主要是为了满足商业银行临时准备金不足,借款期限通常很短。银行及其他存款机构也会尽量避免去贴现窗口借款,只是将其作为紧急救援手段,以免被误认为自己财务状况出现问题。例如,当华尔街和各大城市蒸蒸日上地发展时,中央银行很少发挥作用,因为银行一般可以从同业银行拆借资金,费用更便宜,手续更简单。但是在其他时候,如金融危机来临，饱受危机困扰的其他银行都没有资金，中央银行的紧急贷款就成了一件关系重大的“救生衣”。

所以，商业银行是否向中央银行借款，也不由中央银行决定，故在运用此政策上有失主动。此外，利率的变动往往会对经济社会很多方面产生影响，因此一般情况下不会经常变动。

（三）公开市场业务

公开市场业务是西方中央银行最常用也是最重要的货币政策工具。公开市场业务是指**通过在公开市场上买卖政府债券，以控制货币供给和利率的政策行为。**

政府债券是政府为弥补财政赤字而发行的支付利息的国库券或债券。中央银行与公众一样可以参与政府债券买卖的交易，当中央银行向公众买卖政府债券时就进行了公开市场业务操作。

在美国，为了增加货币供给，美联储会在公开市场上购买政府债券，若联储直接从公众手中买进债券，把货币给予卖者，这就增加了基础货币，从而增加了货币供给；反之，中央银行卖出政府债券，则从买者手中收回了货币，这就减少了基础货币，从而减少了货币供给。

这是各国中央银行最常用的控制基础货币的工具，因为这项政策比较温和，对经济起微调的作用。而法定准备金率和再贴现率都是相对强硬的手段。实际上，美联储几乎在周末以外的每一天都在纽约证券市场进行公开市场业务活动。

通常，一个国家的中央银行在改变法定准备金率和再贴现率的时候，一般都被看做是货币政策的重大变化。例如，美国“9·11”恐怖袭击事件之后，为刺激经济复苏，当时的联储局主席格林斯潘便是加速减息，联邦基准利率在一年之内下调 11 次，导致市场利率从 6.5% 调降到 1.75%，到 2003 年 6 月，短期利率下降到 1%，创 46 年来最低水平。

三种货币政策工具也常常需要配合使用。当央行在公开市场操作中出售政府债券时，市场上债券供给增多，债券价格就会下降，市场利息上升（债券价格与利率成反比），即商业银行向顾客贷款利率也将提高。以防商业银行增加向中央银行的贴现，再贴现率也就必须相应提高。相反，当央行认为需要扩大信用而在公开市场买进债券时，也可同时降低再贴现率。

除上述三种主要货币政策工具外，还有道义劝告等辅助方式。**道义劝告是指中央银行运用自己在金融体系中的特殊地位和威望，通过对银行及其他金融机构的规定或劝告，影响其贷款和投资方向，以达到控制信用的目的。**例如，美联储制定了使用贴现窗口的规定：为了避免银行利用贴现贷款谋取利润，对单个银行取得贴现贷款的频率做出限制。因此，如果过于频繁地申请贴现贷款，将来的申请可能遭到拒绝，这样便起到了控制商业银行信贷的目的。在繁荣时期，这样的政策可以起到控制通货膨胀的效果。

第十二章　简单国民收入决定理论

Theory of Primary National Income

蜜蜂的寓言

从前有一群蜜蜂过着奢华的生活，整个蜂群兴旺发达、百业昌盛。后来在一个哲学蜂的劝说下，它们改变了原有生活习惯，崇尚节俭朴素，反而使社会凋敝、经济衰落，最后被敌手击败，纷纷逃散的后果。

你能从这则寓言中得到什么启示？

“蜜蜂的寓言”说的是：过奢华的生活会使社会兴旺发达，而崇尚俭朴反而使经济凋敝萧条。这显然与正常的经济发展思路以及艰苦朴素的道德价值取向相悖，但是在经济学上的不仅有其存在的依据，而且还在20世纪30年代的资本主义大危机中展示出重大的现实价值。那么，“蜜蜂由奢入俭反而使处境艰难”的怪现象为什么能解释经济危机并为资本主义世界指出摆脱经济危机的道路？这一理论给资本主义社会指出的又是什么道路呢？为解开谜团，我们将从本章开始介绍凯恩斯的需求管理理论。边际消费倾向递减、资本边际效率递减、流动性偏好三个规律以及产品市场、货币市场、劳动力市场和国际市场四个市场是该理论所包含的三个主要心理规律和所要涉及的四个市场。

我们首先从仅包括产品市场的简单国民收入决定理论开始介绍。简单国民收入决定理论涉及乘数理论和凯恩斯的第一个心理规律——边际消费倾向递减规律。

第一节　凯恩斯消费与储蓄理论

抑制或减少需求，会导致经济衰退、社会落后。增加需求，才能带来经济进步、社会繁荣。据此，凯恩斯建立了以总需求为中心的国民收入决定理论，并随即引发了经济思想史上著名的“凯恩斯革命”，更为重要的是这场革命的辉煌硕果——现代宏观经济学的建立。

一、消费理论

经济社会是否繁荣取决于社会有效需求,所以对总需求构成的研究理所当然是研究国民收入决定因素的起点。而消费需求是总需求的重要组成部分,因此我们的学习也从消费理论开始。

消费是指家庭部门购买产品和劳务的行为,例如买水、看电影、买电脑等都是消费行为。现实生活中,影响消费的因素很多,例如收入水平、价格水平、利率水平、消费者资产、消费信贷、风俗习惯、偏好类型等都会影响社会个体的消费水平。但是凯恩斯认为,收入水平是影响消费需求各因素中的决定性因素。在这里,我们需要预先说明两点内容:第一,在微观经济学中,我们强调消费需求主要由价格决定,而在宏观经济学中,我们为什么又强调收入消费的决定性作用?原因在于对宏观总量进行研究时,价格虽然影响商品的需求,从而影响总消费的构成,但却不会改变由需求量与价格共同决定的消费总量。而收入水平却是决定总消费水平的最重要的因素。第二,何种收入决定消费?是当期收入还是未来收入?我们很容易理解未来收入对消费的影响作用,例如,一个知道自己购买的彩票中头奖,近日能得到100万元奖金的人,可能会提高自己的消费水平。由于未来收入预期的形成方式及其对消费水平的影响问题都很复杂,所以经济学家也提出了不同的假说:如生命周期假说、永久收入假说等。为了简化学习内容,我们略去了对未来收入的考量,这里谈到的收入都是指当期收入。因此,这种消费关系也常常被称为凯恩斯的绝对收入消费理论。

边际消费倾向递减规律质疑

20世纪70年代的改革开放,使国内居民的可支配收入迅速增加,消费倾向也随之发生了显著变化。80年代,伴随着收入的增加,边际消费倾向和平均消费倾向呈增加趋势,达到了0.9以上。

因此,有人对凯恩斯的消费理论提出了质疑,我们又该如何看待这一问题呢?

消费倾向是1936年凯恩斯在《就业、利息和货币通论》中提出的理论。消费倾向最初是用来描述家庭划分其收入中消费和储蓄比例情况的概念,后来被许多经济学家引用到宏观经济模式中,起着表述消费规律的作用。

关于收入和消费的关系,凯恩斯认为存在一条基本心理规律:**随着收入的增加,消费也会增加,但是消费的增加不如收入增加的多**。一般说来,消费函数表示的是消费支出与决定消费的各因素之间的依存关系。而在我们的学习中，只考虑消费和收入之间的依存关系。所以把**消费和收入的这种关系称作消费倾向或消费函数**(Consumption Function)。用公式表示为：

$$c = c(y) \tag{12.1}$$

式中，y 为收入。

消费倾向分为平均消费倾向和边际消费倾向。

平均消费倾向(Average Propensity to Consume，APC)是指消费在收入中所占的比例。用 y 表示收入，c 表示消费，则：

$$APC = \frac{c}{y} \tag{12.2}$$

边际消费倾向(Marginal Propensity to Consume，MPC)是指消费增量在收入增量中所占的比例。即当人们得到 1 元收入时导致消费上所要增加的数量。如果用 Δy 代表收入的变动，Δc 代表消费的变动，则：

$$MPC = \frac{\Delta c}{\Delta y} \tag{12.3}$$

消费倾向具有如下性质：

1. 边际消费倾向（MPC）是递减的，且 $0 < MPC < 1$。当所增加的收入全部用于储蓄时，$\Delta c = 0$，故 $MPC = 0$；当所增加的收入 Δy 全部用于消费，即 $\Delta c = \Delta y$，故 $MPC = 1$。

2. 平均消费倾向可以大于 1，等于 1 或小于 1，但总的来说平均消费倾向是递减的。平均消费倾向小于 1 和等于 1 的情况容易理解，分别表示消费量小于和等于收入水平；平均消费倾向大于 1 就是消费量大于收入，表示通过动用储蓄、依赖消费信贷或社会救济等方式实现消费的情况。

3. 平均消费倾向和边际消费倾向都是递减的，但平均消费倾向大于边际消费倾向，即 $APC > MPC$。这是因为即使是没有收入，为了生存，人类也要保证基本的消费(可以动用存款、通过消费信贷或依靠社会救济)。

西方经济学者为简化分析，通常假定边际消费倾向为常数，消费函数是线性函数，记作：

$$c = \alpha + \beta y \tag{12.4}$$

式中，α 表示自发消费或基本消费，即收入为零时也会存在的消费，因为人类的生存依赖于对各种生活必需品的消费，所以即使没有收入，也要进行消费，所以自发消费 α 是大于零的常数。β 即为 MPC，也是个不变的常数，βy 表示收入引致的消费。所以，消费等于自发消费与引致消费之和。而消费函数 $c = \alpha + \beta y$ 的经济意义也正是如此。

相对于线性消费函数而言，非线性消费函数更为接近现实，它不仅反映了随着收入的增加，边际消费倾向递减的规律，即随着收入的增加，每一单位收入增加量带来的消费增长是不断减少的。而且还反映了消费的有界性：消费随收入增加而增加，但不会无限增加，当消费达到某一高水平后，消费量就会变成常数，也就是当收入水平很高时，增加的收入并不会导致消费的增加。虽然变动的边际消费倾向更接近实际，但也会使问题复杂，不利于我们分析国民收入的决定。因此，在不会影响分析问题本质的情况下，我们假定消费函数为线性。

消费函数可以用表和曲线的方式表示，如表 12 - 1 与图 12 - 1 所示。

表 12 - 1　　某家庭消费函数

	(1)y	(2)c	(3)MPC	(4)APC
A	900	911	—	1.01
B	1000	1000	0.89	1.00
C	1100	1085	0.85	0.98
D	1200	1160	0.75	0.97
E	1300	1220	0.60	0.93
F	1400	1275	0.55	0.91
G	1500	1320	0.45	0.88

表 12 - 1 中的数字表明，收入为 900 美元时，消费为 911 美元，入不敷出。当收入为 1000 美元时，消费也为 1000 美元，收支平衡。当收入依次为 1100 美元、1200 美元、1300 美元、1400 美元直至 1500 美元时，消费依次随着增加到 1085 美元、1160 美元、1220 美元、1275 美元和 1320 美元。即收入增加时，消费随之增加，但增加得越来越少。收入依次以 100 美元的幅度增加时，消费额度依次增加 89 美元、85 美元、75 美元、60 美元、55 美元和 45 美元。边际消费倾向与平均消费倾向都是递减的，但 $MPC < APC$。

据表 12 - 1 可做出如图 12 - 1 所示的消费曲线，图中，45°线上任一点到两坐标轴的垂直距离都相等，表示收入和消费相等，即全部收入都用于消费的情况。$c = c(y)$ 曲线是消费曲线，表示消费与收入之间的函数关系。图中 B 点是消费曲线和 45°线的交点，此时消费支出和收入相等。B 点右方表示消费小于收入。随着消费曲线向右延伸，它与 45°线的距离也越来越大，这就说明 c 随 y 的增加而增加，但是增加幅度要越来越比 y 增加的幅度小。消费曲线上任一点的斜率，都是与这点的收入水平相对

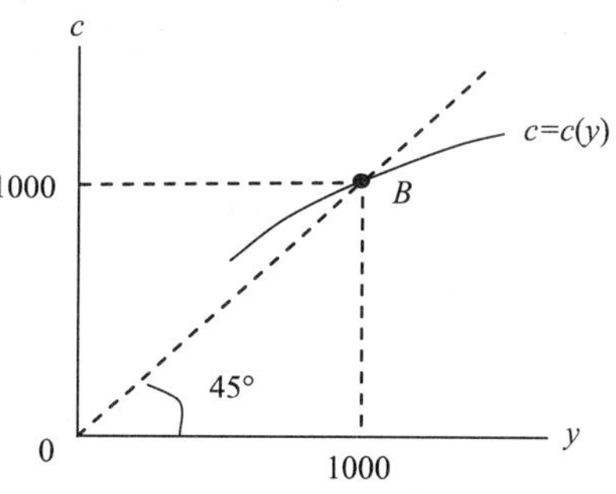

图 12 - 1　消费曲线

应的 MPC；消费曲线上任一点与原点相连而成的射线的斜率，都是在这一收入水平下的 APC。图 12－1 中消费曲线的形状和曲线上各点与原点的连线的斜率越来越小，这说明 MPC 与 APC 都是递减的。

凯恩斯边际消费倾向递减规律具有这样的政策含义：由于边际消费倾向递减规律的作用，所以随着收入的增加，消费增加的速度会越来越缓慢，导致整个社会陷入有效消费不足和商业不景气的经济危机中。这就客观需要政府进行宏观调控以抑制消费不足，为流通领域注入活力。

在我国改革开放初期，人们从极度贫困中走出来，增加的收入首先是用于大规模购买耐用消费品，进行补足性消费。在很长一段时间内，支出比重呈现上升状态。而这种消费倾向递增的情况只是一种特定时期的特殊情况。资料显示，1994 年以后，边际消费倾向明显下降，达到了 0.64。

二、储蓄函数

一般情况下，储蓄函数是指储蓄与影响它的各因素之间的相互关系。如收入水平、利率水平、个人偏好以及制度、风俗、习惯等都是影响储蓄的因素。但与分析消费一样，我们依然假定储蓄只受收入的影响，而把储蓄与收入的这种关系称作储蓄函数（Saving Function）。其公式是：

$$s = s(y) \tag{12.5}$$

与消费函数一样，储蓄函数也可以分成平均储蓄倾向和边际储蓄倾向。

平均储蓄倾向（Average Propensity to Saving，APS）是指储蓄在收入中所占的比例。如用 y 表示收入，用 s 表示储蓄，则：

$$APS = \frac{s}{y} \tag{12.6}$$

边际储蓄倾向（Marginal Propensity to Saving，MPS）是指储蓄增量在收入增量中所占的比例。即当人们每得到 1 元收入时导致储蓄所要增加的数量。如果用 Δy 代表收入的变动，Δs 代表储蓄的变动，则：

$$MPS = \frac{\Delta s}{\Delta y} = \frac{\mathrm{d}s}{\mathrm{d}y} \tag{12.7}$$

根据表 12－1 的数据，可列出储蓄函数的数字如表 12－2 所示。

表 12－2　某家庭储蓄函数

	(1) y	(2) c	(3) s	(4) MPS	(5) APS
A	900	911	－11	—	－0.11
B	1000	1000	0	0.11	0
C	1100	1085	15	0.15	0.02
D	1200	1160	40	0.25	0.03
E	1300	1220	80	0.40	0.07
F	1400	1275	125	0.45	0.09
G	1500	1320	180	0.55	0.12

根据表 12－2，可画出消费曲线和与之存在一定对应关系的储蓄曲线。如图 12－2 所示，$s=f(y)$ 曲线表示储蓄和收入之间的函数关系。*B* 点是储蓄曲线和横轴交点，此时 $c=y$，收支平衡，*B* 点右侧有正储蓄，左侧有负储蓄，随 *s* 曲线向右延伸，它和横轴的距离越来越大，表示 *s* 随 *y* 而增加，且增加幅度越来越大。储蓄曲线上点的斜率就是此点对应收入水平下的边际储蓄倾向 *MPS*，储蓄曲线上任一点与原点相连而成的射线斜率就是平均储蓄倾向 *APS*。图 12－2 所表示的 *s* 和 *y* 是非线性的关系。如果二者呈线性关系，即消费曲线和储蓄曲线为一直线的话，则由于 $s=y-c$，且 $c=\alpha+\beta y$，因此：

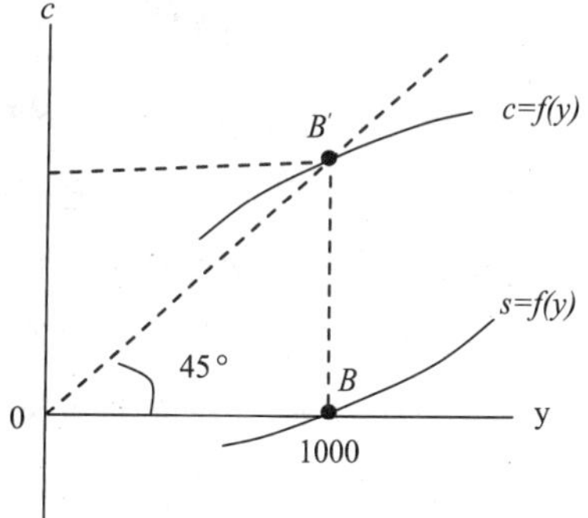

图 12－2　消费曲线和储蓄曲线

$$s=y-c=y-(\alpha+\beta y)=-\alpha+(1-\beta)y \tag{12.8}$$

三、消费函数和储蓄函数的关系

消费和储蓄是一般家庭得到收入后通常会做的两件事。储蓄是收入中未被消费的部分。即 *s* 是 *y* 扣除 *c* 的余额，因此可以分析得到消费函数与储蓄函数之间存在如下关系：

第一，*c* 和 *s* 互为补数，二者之和总等于收入：

$$c+s=\alpha+\beta y-\alpha+y-\beta y=y \tag{12.9}$$

公式(12.9)中 *c* 和 *s* 的关系在图 12－2 中得到表现。图中，当收入为 y_0 即 1000 美元时，消费支出等于收入，储蓄为零。在 *B* 点左方，消费曲线 *c* 位于 45°上方，表明 $c>y$。故储蓄曲线位于横轴下方为负值；在 *B* 点右方，*c* 曲线位于 45°下方，故 *s* 曲线位于横轴上方为正值。

第二，如果 *APC* 和 *MPC* 都随收入增加而递减，且 $APC>MPC$，则 *APS* 和 *MPS* 都随收入增加而递增，但 $APS<MPS$，表现在图形上，*s* 曲线上任一点与原点连成的射线的斜率总小于 *s* 曲线上该点的斜率。

第三，*APC* 和 *APS* 之和恒等于 1，*MPC* 和 *MPS* 之和恒等于 1。

$$\because\ y = c + s\ ;\ \Delta y = \Delta c + \Delta s\ ;$$

$$\therefore\ \frac{y}{y} = \frac{c}{y} + \frac{s}{y} = APC + APS = 1$$

$$\frac{\Delta y}{\Delta y} = \frac{\Delta c}{\Delta y} + \frac{\Delta s}{\Delta y} = MPC + MPS = 1$$

由此可知:$1 - APC = APS$; $1 - APS = APC$

$1 - MPC = MPS$; $1 - MPS = MPC$

四、社会消费函数

上述分析都是立足于单个家庭的,而宏观经济学关心的却是整个社会的消费函数,即社会总消费和总收入之间的关系。西方经济学认为,虽然社会消费函数是单个家庭消费函数的总和,但并非是各家庭消费函数的简单加总。原因在于,家庭是社会的细胞,但是就像把所有细胞简单堆放在一起不能组成生命体,还要考察各个细胞间的作用关系一样,从家庭消费函数出发求社会消费函数时,还要受到社会各部门彼此作用关系的制约,各社会部门之间的制约主要通过如下限制条件影响社会总消费。

一是国民收入的分配。越是富有的人,就越有储蓄能力。因此,不同收入阶层的人对应的 MPC 不同。一般而言,收入少的贫困者 MPC 倾向相对较高,收入多的富有者 MPC 倾向相对较低。因此,国民收入分配越不均等,社会消费曲线就越是向下移动;反之,则向上移动。

二是政府税收政策。如政府通过实行累进个人所得税,以税收的形式将富有者的一部分收入征收过来,并以政府购买支出或是转移支付的形式参与消费,这些原来能用于储蓄的收入就会转化为公众的收入,增加了穷人的可支配收入,并最终用于消费。这样,就会提高社会总消费水平,社会消费曲线向上移动;反之,社会消费曲线就会向下移动。

三是公司未分配利润在利润中所占比例。公司未分配利润从整个社会的角度看,也是一种储蓄。如果分给股东,则必定会有一部分参与消费。因此,若公司提高未分配利润在利润中所占的比例,就起到了增加储蓄、收紧消费的作用,使消费曲线向下移动;反之,如降低公司未分配利润的比例,将其分给股东,就会起到减少储蓄,提高消费的作用,使社会消费曲线向上移动。

除此之外,还有很多其他因素会影响社会消费函数,因此社会消费曲线万万不能通过将家庭消费曲线简单相加得到。但不可否认的是,在考虑种种限制条件后,社会消费曲线的基本形状会和家庭消费曲线有很大的相似之处。

第二节　简单国民收入决定

在不论需求量为多少，经济社会均能以不变的价格提供相应产量的假定条件下，可以得出社会总需求决定一个社会国民收入的命题。根据凯恩斯定律，短期内由于存在菜单成本等改变价格的成本，价格是具有黏性的，总需求的变动只会引起产量和收入的变化，而不会引起价格的波动。在这个假定下，**与总需求相等的国民收入，称为均衡收入。**国民收入决定理论，要说明的就是总需求如何决定均衡收入水平以及均衡收入水平是如何变动的。

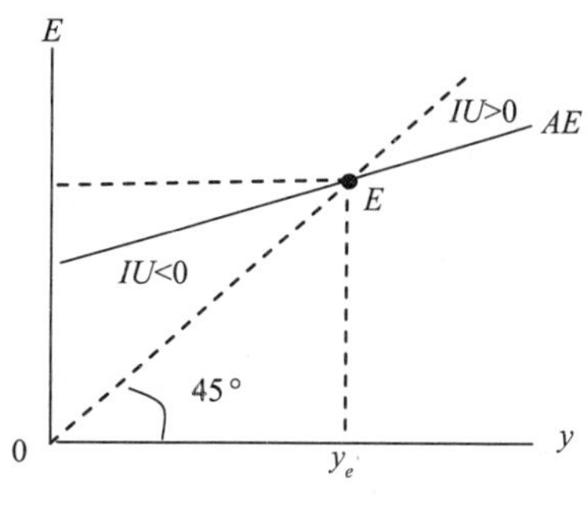

图 12－3　均衡产出

一、均衡收入

在社会存在大量闲置生产能力的情况下，均衡的国民收入由总需求决定。当总需求小于实际产出或总供给时，卖不出去的多余产品必然会以非意愿存货投资的形式存在，增加存货投资，相当于增加了以产品形式的储蓄，表现为流通缩减，导致生产萎缩，并使经济趋于萧条。形成上述连锁反应的原因在于在这种需求减少的情况下，企业会相应地控制生产，使宏观国民收入减少；反之，如果总需求大于总供给，即社会供给不足，产品供不应求，则必然引起生产扩大，使经济趋于繁荣，从而国民收入增加。因此，顾名思义，只有当实际产出与总需求相等，并且生产既不增加也不减少，不再变动的时候，才能说国民收入处于均衡状态。所以，均衡收入是指与总需求相等的收入，即总产出（总收入）等于总支出（总需求）。用 y 表示总收入，AE 表示总支出，则国民收入均衡条件记为：

$$y = AE \tag{12.10}$$

上述均衡条件我们也可以用图 12－3 来说明，图中横轴代表国民收入，纵轴表示总支出（总需求），45°线表示国民收入等于总支出。AE 代表总支出，当 AE 与 45°线相交于 E 点时，决定了均衡的国民收入水平为 y_e。在 y_e 的左边总需求大于总产出，非意愿存货投资为负，这说明了企业生产不仅不会增加非意愿存货投资，而且有一部分存货会投入到流通领域中，并以商品的形式卖出，引起企业生产增加，国民收入增加；而在 y_e 的右边总需求小于总产出，非意愿存货投资为正，在这种情况下，商品供过于求，企业的生产只会导致非意愿存货投资增加，而这种非意愿投资的增加必然使企业减少生产，从而导致国民收入减少。所以，只有当非意愿存货投资为零，即实际产出与总需求一致的时候,国民收入才处于均衡状态。

通过以上分析可以得到:在凯恩斯的理论体系中,均衡收入是由总需求决定的。若资源尚未得到充分利用,各种资源不会制约生产的情况下,总产出随着总需求的增加而增加,也就是总供给并不会决定或影响国民收入。同时,由于存在大量闲置资源,任何需求的增加都不会引起价格波动,不需要考虑价格对国民收入的影响。因此,在这种情况下,如果社会需求不足,必然会减少均衡的国民收入。通过上述分析,"蜜蜂的寓言"中节约消费导致经济凋敝这一"怪现象"的原因就显然明了——需求对国民经济具有决定性作用。

二、两部门经济中国民收入的决定

在两部门经济中,只存在两个支出主体即家庭和企业,因此,总支出或总需求由消费和投资构成,即 $E=c+i$。为简化分析起见,在收入决定简单模型中,我们假定投资是个不随国民收入水平变化的固定量,即投资 i 为常数。

由于储蓄函数是由消费函数派生的,所以无论是用收入等于支出作为起点分析均衡收入决定的消费函数法还是用储蓄函数的形式将投资等于储蓄作为起点进行均衡收入决定的分析都会得到相同的结论。两种分析过程如下。

(一)用收入等于支出决定均衡收入

在两部门经济条件下,总需求包括消费需求和投资需求,根据定义,均衡收入的公式为:

$$y=c+i \tag{12.11}$$

将消费函数 $c = \alpha + \beta y$ 代入均衡公式整理得:

$$y = \frac{\alpha + i}{1 - \beta} \tag{12.12}$$

如,消费函数为 $c = 100 + 0.9y$,投资 i 始终为600,则均衡收入:

$$y = \frac{100 + 600}{1 - 0.9} = 7000$$

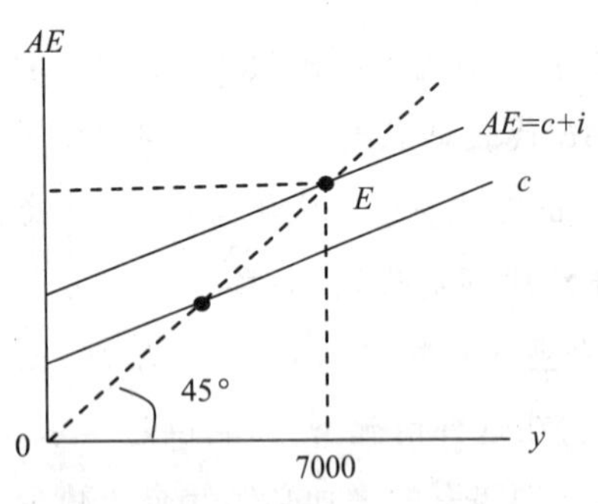

图 12-4 支出法决定均衡产出

均衡收入的决定也可用图 12-4 表示,即用消费曲线加投资曲线和45°线相交决定收入。图中,消费曲线 c 加上投资曲线 i 得到消费投资曲线 $c+i$,这条曲线就是总支出曲线。由于投资始终等于600,因此,$c+i$ 曲线所形成的总支出曲线与 c 曲线平行。其间垂直距离为600,即等于投资,总支出线和45°相交于 E 点,决定的均衡收入为7000,这时,家庭想要有的消费支出与企业想要有的投资支出的总和正好等于收入,即产量。若经济离开这个均衡点,企业销售量就会大于或小于它们的产量,从而被迫进行负投资或存货投资,即出现意外的存货减少或增加,引起生产的扩大或收缩,直至回到均衡点为止。

(二)用投资等于储蓄决定均衡收入

在两部门经济中,总需求 $AE = c + i$,总收入 $y = c + s$,因为均衡条件为总需求等于总收入,所以,国民收入的均衡条件也可以表示为:

$$i = s \tag{12.13}$$

把储蓄函数 $s = -\alpha + (1-\beta)y$ 代入公式(12.13),$i = -\alpha + (1-\beta)y$,整理得:

$$y = \frac{\alpha + i}{1 - \beta} \tag{12.14}$$

上例,当 $c = 100 + 0.9y$ 时,$s = -100 + (1-0.9)y = 1000 + 0.1y$,$i = 600$,令 $i = s$,即 $600 = -100 + 0.1y$,得 $y = 7000$。因此只有当收入 $y = 7000$ 时,$i = s = 600$,从而达到均衡。也可用图 12-5 表示用投资等于储蓄的方法决定收入。图 12-5 中,s 代表储蓄曲线,i 代表投资曲线,由于 i 不随收入变动,因而 i 曲线与横轴平行,其间距离始终等于 600。i 曲线与 s 曲线相交于 E 点,对应的收入为均衡收入。若实际产量小于均衡收入水平,表示投资大于储蓄,社会生产供不应求,企业存货意外减少,就会扩大生产,使收入水平向右移动,直至均衡收入为止;相反,若实际生产大于均衡收入,表明投资小于储蓄,社会生产供过于求,企业存货意外地增加,就会减少生产,使收入水平向左移动,直至均衡收入为止。

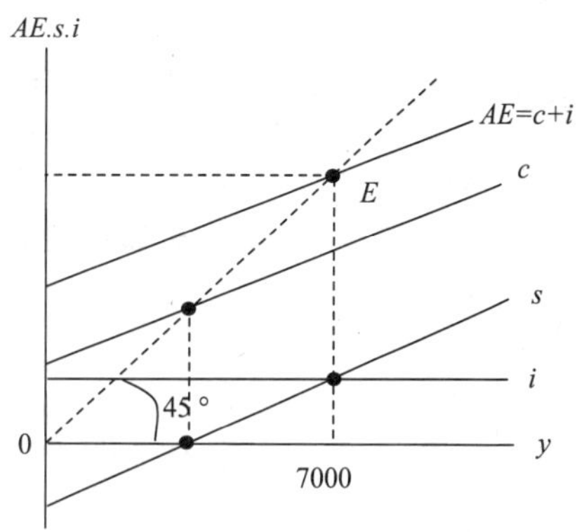

图 12-5　储蓄函数法决定均衡产出

均衡收入是由市场自发调节实现的。出于追求利润的动机,厂商会在产品相对过剩时削减生产而在产品相对紧缺时增加生产,以趋向均衡。这种自发调节是微观经济学供求规律在宏观经济场合发生作用的结果,表明经济运行本身存在自我调节或自我矫正的机制。即便没有政府干预等外力发挥作用,市场参与主体出于自身利益的分散决策,也能够自发调节至均衡状态。

三、三部门经济中国民收入的决定

三部门经济是指除了企业和居民之外,再加上政府部门组成的经济社会。三部门经济条件下,总需求不仅包括消费需求和投资需求,还包括政府购买支出。根据均衡收入的定义,均衡收入公式为:

$$y = c + i + g \tag{12.15}$$

三部门经济中，由于个人收入要缴纳税收，消费为个人可支配收入的函数，表述为：$c = \alpha + \beta y_d$。现实社会中，税收分为两种情况：一种是定量税；一种是比例所得税，简称为比例税。前者是不随收入变动而变化的税收；后者随收入变动而变化。税收量是收入水平的函数。为简化分析，本书中我们只考虑定量税的税收情况，即认为税收是不随收入变化的定量。依据上述假设，税收函数可以设为：

$$T = t_0 \quad (t_0 > 0) \tag{12.16}$$

式中，t_0 为常数。因此，个人可支配收入为：$y_d = y - t_0 + t_r$，把个人可支配收入代入消费函数，得：$c = \alpha + \beta y - \beta t_0 + \beta t_r$。

假定政府购买 g 和政府转移支付 t_r 是给定的外生变量，为不变的常数，把消费函数代入公式(12.15)，经整理得到三部门经济中的均衡收入公式：

$$y = \frac{\alpha + i + g - \beta t_0 + \beta t_r}{1 - \beta} \tag{12.17}$$

例如，若消费函数 $c = 100 + 0.8y_d$，投资 $i = 150$，政府购买支出 $g = 200$，政府转移支付 $t_r = 62.5$，税收 $T = 250$，则根据三部门经济中的均衡收入公式，可求得均衡收入 $y = 1500$。

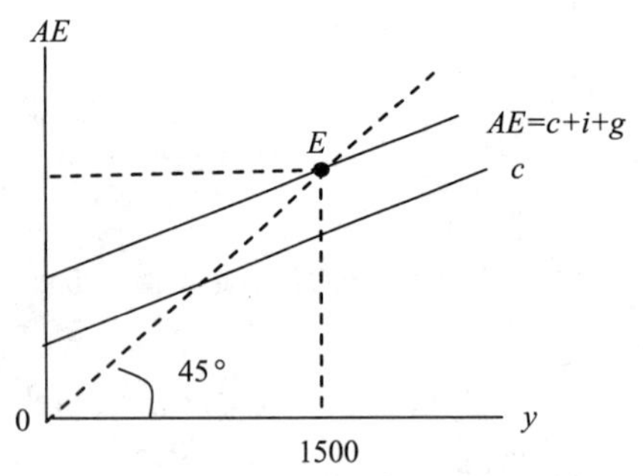

图 12－6　三部门均衡产出的决定

在三部门经济中，均衡收入的决定仍可用收入—支出模型即总支出曲线和 45°线交点来说明，如图 12－6 所示。图中，在曲线上，加上政府支出 g，便可得到三部门经济社会总支出曲线 $c + i + g$，该曲线与 45°线交点 E 决定了均衡收入水平。经济偏离这一点，就会处于失衡状态。只有回到这一均衡点上，经济社会才会处于稳定状态。

四、四部门经济中国民收入的决定

目前，各国经济都是不同程度的开放经济，即与外国有贸易往来或其他经济往来的经济。在开放经济条件下，一国的均衡国民收入不仅取决于国内消费、投资和政府购买支出，还取决于净出口，即

$$y = c + i + g + nx \tag{12.18}$$

式中，nx 指净出口，是出口和进口之间的差额，即 $nx = x - m$，其中出口(x)表示本国商品在外国的销售，代表着国外对本国的商品需求。在总需求中为什么要引入进口(m)这一因素呢？这是由于 $c + i + g$ 虽然代表了家庭、企业和政府的全部支出，但并不意味着这些支出一定会全部花费在本国生产的商品上。企业可能会购买外国设备，政府可能购买外国武器，家庭也可能购买外国产品用于消费。因此，应当从国内总

支出中扣除进口部分的支出，才能代表对本国产品的真正总支出或总需求。于是，$c+i+g+x-m$ 才能成为对本国产品的真正需求。显然，进出口变动也会同消费、投资、政府购买、税收、储蓄等一样，影响国民收入。

在净出口 nx 中，当国民收入水平提高时，一般可假定 nx 会减少；而国民收入水平下降时，nx 会增加。这是因为，在 $nx=x-m$ 中，出口 x 一般是由外国的购买力和购买需求决定的，本国难以左右，因而假定它是外生变量。而进口却会随本国收入提高而增加，因为本国收入提高后，人们会增加对进口产品的需求。可以把进口写成收入的函数：

$$m = m_0 + \gamma y \tag{12.19}$$

式中，m_0 为自发性进口，即和收入没有关系或不受收入变动影响的进口部分。例如那些本国不能生产，但又为国计民生所必需的产品，不管收入水平如何，都是必须进口的。γ 表示边际进口倾向，即收入增加 1 单位时进口会增加多少。把进口函数代入净出口函数，得：$nx=x-m_0-\gamma y$。

把净出口函数代入四部门经济国民收入均衡条件，整理得出：

$$y = \frac{\alpha + i + g - \beta t_0 + \beta t_r + x_0 - m_0}{1-\beta+\gamma} \tag{12.20}$$

例如，已知消费函数 $c=100+0.8y_d$，投资 $i=150$，政府购买支出 $g=200$，政府转移支付 $t_r=62.5$，税收 $T=250$，出口 $x=40$，进口 $m=100+0.2y$，求均衡收入。根据四部门经济中国民收入均衡条件，代入消费函数、投资、政府购买支出和净出口，得：

$$\begin{aligned} y &= c+i+g+x-m \\ &= 100+0.8(y-250+62.5)+150+200-60-0.2y \end{aligned}$$

可求得均衡收入 $y=600$。

在四部门经济中，均衡收入的决定仍可用收入—支出模型即总支出曲线和 45°线交点来说明，如图 12－7 所示。图中，在 $c+i+g$ 曲线上，加上净出口 nx 便可得到四部门经济社会总支出曲线 AE，该曲线与 45°线交点 E 决定了均衡收入水平。经济偏离这一点，就会处于失衡状态。只有回到这一均衡点上，经济社会才会处于稳定状态。

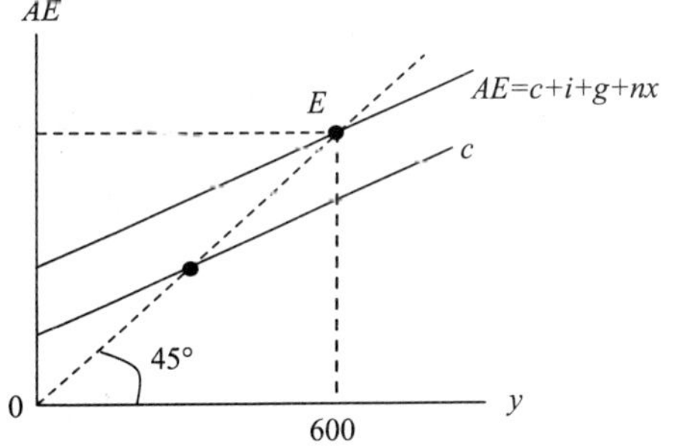

图 12－7　四部门均衡产出的决定

第三节 乘数理论

不要小视你的1元钱花费

凯恩斯认为"消费不足会导致经济危机",所以他反对储蓄,主张积极的消费。在一次广播中,他对民众讲道"如果你节省6便士的消费,就会导致一个人一整天的失业"。

的确,根据他的需求理论,在经济萧条时,刺激消费是有效的经济手段。但是为什么仅仅6便士的消费就可以使一个人失业一天呢?每个人花费1元钱,对就业、产出的增加又会发挥怎样的作用呢?

均衡国民收入对应既定的总需求,如果影响总需求的因素发生变化,则原有的均衡被打破,产生新的均衡。乘数理论就是要说明经济变量的变化对国民收入或国民产出影响程度的理论。

一、乘数理论概述

(一)乘数理论的提出

乘数概念是由凯恩斯的学生卡恩1931年在《国内投资与失业的关系》一文中首先提出来的。他提出乘数特指就业乘数,即为了对净投资增量和总就业量之间实际数量关系进行描述,指出就业量变化是投资量变化的函数。他的就业乘数说明了初始净投资增量和总就业增量之间的比例关系系数。按照卡恩的就业乘数,当净投资增加时,总就业增量是初始就业增量的一个倍数。

凯恩斯在《就业、利息和货币通论》中论述关于边际消费倾向递减这一基本心理规律时,得出了必须刺激投资的结论。并认为卡恩的乘数理论在刺激投资方面也有意义。即当投资增加时,收入增量就是投资增量的一个倍数,即存在投资增量和收入增量之间的比例关系系数——投资乘数。

(二)乘数的一般概念和投资乘数

乘数(Multiplier)有时又被译作倍数,指一种经济变量的变化与带来这种变化的另一种经济变量变化的比例。

投资乘数(Investment Multiplier)指收入的变化与带来这种变化的投资支出变化的比率。如果以k_i代表投资乘数,以Δy代表收入增量,Δi代表投资增量,则投资乘数就可以表示为:

$$k_i = \frac{\Delta y}{\Delta i} \tag{12.21}$$

（三）投资乘数作用的机理

下面来分析投资为什么能够促使国民收入成倍的增长？其作用机理是什么？与哪些因素有关系？

我们假定投资从600亿美元增加到700亿美元，又根据两部门经济中均衡收入公式 $y = \frac{\alpha + i}{1 - \beta}$，在边际消费倾向是0.9的情况下，均衡收入就会从7000亿美元增加到8000亿美元。之所以投资增加100亿美元时，收入会10倍地增加，是因为增加这100亿美元投资用来购买投资品时，实际上是用来购买制造投资品所需要的各种生产要素。故所有者手中，使居民增加的100亿美元收入，只是投资对国民收入的第一轮增加。原因在于这100亿美元收入的一部分会在消费和投资领域发挥作用，进行对国民收入的第二轮增加，同理进行第三轮、第四轮……的国民收入增加。

值得注意的是，增加100亿美元投资所购买的机器设备仍是最终产品，其价值构成国民收入。

比如：在 $MPC = 0.9$ 的情况下，增加这100亿美元收入会有90亿美元用来购买消费品，于是，这90亿美元又会以工资、利息、租金、利润的形式流入生产消费品的生产要素所有者手中，从而使社会居民收入增加90亿美元，此为国民收入的第二轮增加。

同样，这些消费品生产者会把90亿美元收入中的81亿美元（$100 \times 0.9 \times 0.9 = 81$）用于消费，使社会总需求提高81亿美元。这个过程不断继续下去，最后使国民收入增加1000亿美元。这一国民收入不断增加的过程可以表示为：

$$\begin{aligned}
&100 + 100 \times 0.9 + 100 \times 0.9 \times 0.9 + \cdots + 100 \times 0.9^{n-1} \\
&= 100(1 + 0.9 + 0.9^2 + \cdots + 0.9^{n-1}) \\
&= 100 \times \frac{1}{1 - 0.9} \\
&= 1000
\end{aligned}$$

可见，当投资增加100亿美元时，均衡收入会增加1000亿美元。根据公式 $k_i = \frac{\Delta y}{\Delta i} = 10$，$\Delta y = k_i \Delta i$。

上面例子也说明，投资乘数：

$$k_i = \frac{1}{1 - MPC} \tag{12.22}$$

如用 β 代表 MPC，则可表示为：$k_i = \frac{1}{1 - \beta}$

由于 $MPS = 1 - MPC$，因此，$k_i = \frac{1}{1 - MPC} = \frac{1}{MPS}$

可见，乘数大小与 MPC、MPS 有关，即 MPC 越大或 MPS 越小，乘数越大。

乘数是把“双刃剑”。以上是从投资增加的角度说明乘数效应，而同样原理，投资减少也会引起收入以相同的方式不断减少。

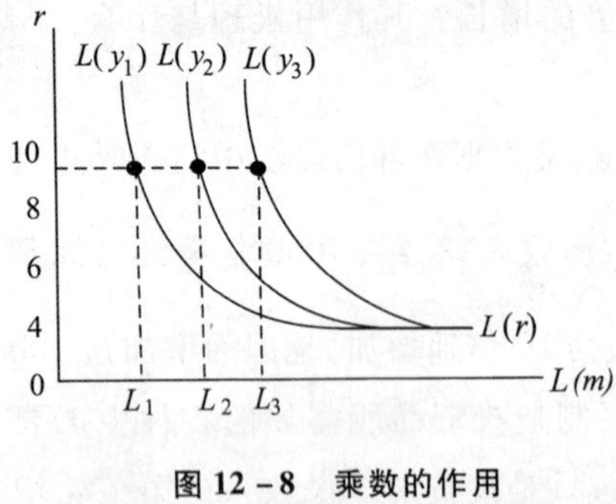

图 12－8　乘数的作用

乘数效应也可以用图 12－8 表示。图中，$c+i$ 为原来的总支出线，$c+i+\Delta i$ 代表新的总支出线。原均衡收入为 y，新的收入均衡为 y_e，$\Delta y = k_i\Delta i$ 相当于上例中投资从 600 亿美元增加到 700 亿美元，即 $\Delta i = 100$ 亿美元时，均衡收入从 7000 亿美元增加到 8000 亿美元，即 $\Delta y = 1000$ 亿美元，$k_i = 10$。

投资虽然对国民收入具有成倍扩张的作用，但其本身也要受到以下前提条件的制约。

第一，乘数作用的发挥要求社会上存在闲置的生产能力，工人存在大量的失业现象。如果一国经济不存在过剩的生产能力，或者投资的增长超过闲置生产能力的数量，也就是说生产受到资源因素的制约，不能很好地满足需求，那么，新增加的投资以及新增投资引起的新增消费，就不会起到刺激产量和收入增加的作用，只会引起物价上涨。

第二，投资乘数作用的顺利发挥，还有赖于边际消费倾向和边际储蓄倾向的稳定。如果储蓄决定不独立于投资决定，实际的投资乘数作用就会降低。比如，增加投资会引起利率一定程度的上升，利率的上升又会抑制投资需求的增长。这将影响投资增加引起收入增加这种效应的发挥。

第三，货币供应量也会对投资乘数作用的发挥产生影响。例如，在货币供应量不足以适应投资和消费支出的增加时，增加投资和消费就会引起货币需求的增加和利率的提高。而利率的提高又会反过来鼓励储蓄，进而影响投资乘数效应的发挥。

第四，政府的税收和支出，也会直接或间接影响收入和支出，从而影响投资乘数发挥作用。

以上说明的是投资变动引起国民收入变动存在乘数效应。实际上，总需求的其他任何变化，如消费的变动、政府支出的变动、净出口的变动，乃至影响总需求的因素，如税收或转移支付的变动等都会引起收入若干倍的变动，即发挥乘数效应。以消费为例，假定原来的消费函数为 $c = 1000 + 0.8y$，投资 $i = 600$ 亿美元，根据两部门经济中的均衡收入公式，均衡收入 $y = 8000$ 亿美元。当自主消费从 1000 亿美元减为 800 亿美元时，收入将变为 7000 亿美元。可见，消费需求减少 200 亿美元，储蓄增加 200 亿美元，会使国民收入减少 1000 亿美元，同样减少 5 倍。

按照传统的道德观念，增加储蓄是好的。根据消费与储蓄对国民收入的不同影响，西方经济学家得出一个与传统道德观相矛盾的推论：按照储蓄变动引起国民收入反方向变动的理论，增加储蓄会减少国民收入，使经济衰退，是恶的；而减少储蓄会增加国民收入，使经济繁荣，是好的。这一推论被称为"节俭的悖论"。"蜜蜂的寓言"讲的就是这个道理。应该指出的是，增加储蓄会使国民收入减少、减少储蓄会使国民收入增加的结论仅仅适用于各种资源没有得到充分的利用，从而总供给可以无限增加的情况。在各种资源得到充分的利用，总供给的增加受到限制时，这一结论就不适用了。

二、三部门经济中的各种乘数

凯恩斯只分析了简单的两部门经济中的投资乘数，后来的凯恩斯主义者发展了乘数理论，把它应用到存在政府部门和对外开放的情况中，研究乘数的变化。

在三部门经济中，由于政府参与经济活动，所以在供求不相等时，就可以通过变动政府收支来调节。而政府购买支出及税收的变动都有乘数作用。下边就分别介绍在三部门经济中的各种乘数及其作用。

（一）投资乘数

根据三部门经济中国民收入决定的公式（12.17）$y = \frac{\alpha + i + g - \beta t_0 + \beta t_r}{1 - \beta}$，可得到投资乘数的公式：

$$k_i = \frac{dy}{di} = \frac{1}{1 - \beta} \tag{12.23}$$

（二）政府购买支出乘数

政府购买支出乘数是指收入变动对引起这种变动的政府购买支出变动的比率。以 Δg 表示政府支出变动，Δy 表示收入变动，k_g 表示政府购买支出乘数，则：

$$k_g = \frac{\Delta y}{\Delta g} = \frac{dy}{dg} \tag{12.24}$$

根据三部门经济中国民收入决定的公式（12.17）$y = \frac{\alpha + i + g - \beta t_0 + \beta t_r}{1 - \beta}$，可得到政府购买支出乘数的公式：

$$k_g = \frac{dy}{dg} = \frac{1}{1 - \beta} \tag{12.25}$$

（三）税收乘数

税收乘数是指收入变动对税收变动的比率。税收乘数有两种：一种是税收绝对量变动对总税收的影响；另一种是税率变动对总收入的影响。这里只介绍第一种。以 ΔT 表示税收绝对量的变动，Δy 表示收入变动，k_T 表示税收乘数，则：

$$k_T = \frac{\Delta y}{\Delta T} = \frac{dy}{dT} \tag{12.26}$$

根据三部门经济中国民收入决定的公式(12.17) $y = \frac{\alpha + i + g - \beta t_0 + \beta t_r}{1-\beta}$,可得到税收乘数的公式:

$$k_T = \frac{dy}{dT} = \frac{-\beta}{1-\beta} \tag{12.27}$$

式中,k_T 为税收乘数,税收乘数为负数,这表明收入随税收增加而减少,随税收减少而增加。其原因是税收增加,表明人们可支配收入减少。因而税收变动和总支出变动方向相反。

(四)政府转移支付乘数

政府转移支付乘数是指收入变动对政府转移支付变动的比率。以 Δt_r 表示政府转移支付变动,Δy 表示收入变动,k_{t_r} 表示政府转移支付乘数,则:

$$k_{t_r} = \frac{\Delta y}{\Delta t_r} = \frac{dy}{dt_r} \tag{12.28}$$

根据三部门经济中国民收入决定的公式(12.17) $y = \frac{\alpha + i + g - \beta t_0 + \beta t_r}{1-\beta}$,可得到政府转移支付乘数的公式:

$$k_{t_r} = \frac{dy}{dt_r} = \frac{\beta}{1-\beta} \tag{12.29}$$

政府通过转移支付增加可支配收入会使消费增加,并进而引起总支出和国民收入的增加,因而政府转移支付乘数为正值。

比较政府购买支出乘数、税收乘数和转移支付乘数,可以看出政府购买支出乘数大于税收乘数以及政府转移支付乘数。这是因为,政府购买支出增加的1美元会全部用于消费,使总支出即总需求增加1美元。但是减税和转移支付都是通过增加收入增加消费的办法,这一做法会使可支配收入增加1美元,但这1美元中存在用于增加储蓄的成分,并不是全部用于增加消费。因此,减税和增加转移支付1美元对收入变化的影响没有增加1美元政府购买支出对收入变化的影响大。

由于政府购买支出乘数大于税收乘数以及政府转移支付乘数,因此,西方经济学认为,政府通过改变购买支出水平影响宏观经济活动的效果,要大于通过改变税收和转移支付的效果,是更有效的财政政策手段。

同时,也正是由于政府购买支出乘数同税收乘数、转移支付乘数不同,所以政府可以在保证财政预算平衡的情况下,通过调整政府购买支出水平与税收、转移支付量,达到增加国民收入的目的,这就是所谓的平衡预算乘数的作用。

(五)平衡预算乘数

平衡预算乘数是指政府收入和支出同时以相等数量增加或减少时国民收入变动

对政府支出变动的比率。

因为政府购买支出乘数大于税收乘数,所以当政府收入和支出同时等量增加时,国民收入增加的数值等于政府购买支出改变量(税收改变量)。反之,政府收入和支出同时以相等数量减少时,国民收入减少的数值等于政府购买支出改变量(税收改变量)。则平衡预算乘数:

$$k_b = \frac{\Delta y}{\Delta g} = \frac{\Delta y}{\Delta T} = 1 \tag{12.30}$$

式中,k_b 为平衡预算乘数,其值为1。

三、四部门经济中的各种乘数

根据四部门经济中国民收入决定的公式(12.20),$y = \dfrac{\alpha + i + g - \beta t_0 + \beta t_r + x_0 - m_0}{1 - \beta + \gamma}$,可得到四部门经济的乘数公式:

$$k_i = \frac{dy}{di} = \frac{1}{1 - \beta + \gamma} \tag{12.31}$$

$$k_g = \frac{dy}{dg} = \frac{1}{1 - \beta + \gamma} \tag{12.32}$$

$$k_{t_0} = \frac{dy}{dt_0} = \frac{-\beta}{1 - \beta + \gamma} \tag{12.33}$$

$$k_{t_r} = \frac{dy}{dt_r} = \frac{\beta}{1 - \beta + \gamma} \tag{12.34}$$

与三部门经济不同,四部门经济中总需求还包括净出口,净出口同样有乘数作用,净出口乘数又称为对外贸易乘数,对外贸易乘数用 k_{x-m} 表示,是指收入量的变化与带来收入量变化的净出口变化的比率,即净出口增加1单位所引起的国民收入变动量。对外贸易乘数的公式为:

$$k_{x-m} = \frac{dy}{d(x - m)} = \frac{1}{1 - \beta + \gamma} \tag{12.35}$$

总需求任何组成部分的变动都有乘数作用,消费的乘数公式与投资乘数的表达式相同。消费增加同样会引起国民收入的成倍增加,因为消费与储蓄存在相互消长的关系,所以储蓄增加会引起国民收入的成倍减少。

第十三章 IS-LM模型

IS-LM Model

凯恩斯的"矛盾"

在《就业、利息和货币通论》中,凯恩斯说明了国民收入取决于有效需求。但在阐述这一问题时,却陷入了循环推论的矛盾:利率通过投资影响收入,收入通过货币需求影响利率;也就是说,收入决定于利率,利率也决定于收入。那么,如何解决这一矛盾呢?

凯恩斯的后继者希克斯发现了这一循环推论的矛盾,他把商品市场和货币市场结合起来,建立了商品市场和货币市场的一般均衡模型,即IS-LM模型,以解决循环推论问题。后来,美国经济学家汉森对该模型做了进一步的说明,并用若干数学方程式予以修改,进行宣传和普及,所以IS-LM模型又称希克斯—汉森模型。本章首先介绍代表产品市场均衡的IS曲线,然后介绍代表货币市场均衡的LM曲线,最后,把IS曲线和LM曲线结合在一起,分析满足商品和货币两个市场同时均衡的收入和利率的决定。

第一节 IS模型

一、投资的决定

在第十二章分析简单国民收入决定的模型中,投资只是作为一个外生变量即常数来参与国民收入的决定。但在现实生活中,投资并非外生变量,要研究国民收入如何决定,就必须研究投资本身的决定。而且值得注意的是,由于经济学中的投资是资本的形成,即社会实际资本的增加,因此我们要分析的投资是包括厂房、设备和存货这类增加社会实际资本的投资。

影响投资决策，进而影响社会投资水平的因素有很多，主要包括实际利率水平、预期收益率和投资风险等。

（一）实际利率与投资

凯恩斯认为投资的前提条件是预期利润率大于或等于资本市场的利率。资金持有者是否会把资金投入到新的实物资本中，即是否会进行投资，取决于预期利润率与购买这些资产而必须借入款项所要求的利率的大小关系。前者小于后者时，赔本生意，不能投资；前者大于后者时，有利可图，值得投资。因此，在决定投资的诸因素中，利率是首要的。当然，这里的利率是指由名义利率减去通货膨胀率后的实际利率。原因在于利息是投资成本，即使投资资金是自有资金不用付利息，也存在机会成本，所以在投资的预期利润率既定时，企业是否进行投资，首先取决于利率的高低，利率上升时，投资量就会减少；反之，利率下降，投资量就会增加，即投资是利率的减函数。我们把投资与利率之间的这种减函数关系称为投资函数，表示为：

$$i = i(r) \qquad (13.1)$$

为了简化起见，假定投资和利率存在线性关系，投资函数可以表示为：$i = e - dr$，式中，e 表示与利率无关的投资即自主投资，dr 即投资需求中与利率有关的部分。d 是投资需求对利率的反应系数，表示利率每变动 1 个百分点时投资的变动量。例如，i = 1250 − 250r，这里，1250 为自主投资，250 是利率对投资需求的影响系数，表示利率每变动 1 个百分点，投资会变动 250。根据投资函数可画出投资曲线，如图 13 − 1 所示。横轴表示投资量，纵轴表示利率，投资曲线向右下方倾斜，表示投资与利率反向变动的关系。

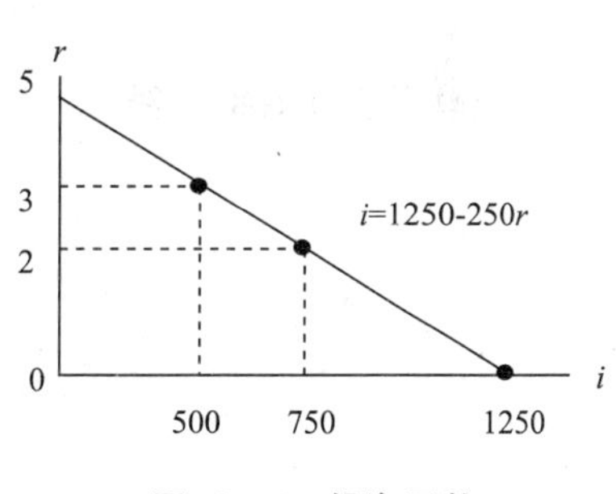

图 13 − 1　投资函数

（二）资本边际效率曲线

资本边际效率（MEC）是凯恩斯提出的，用以说明投资需求曲线的概念，也是其第二心理规律的核心概念。按他的定义：**资本边际效率**（Marginal Efficiency of Capital，MEC）**是一种贴现率，这种贴现率正好使一项资本品在使用期内各预期收益的现值之和等于这项资本品的供给价格或者重置成本。**它表明一个投资项目的收益每年应按何种比例增长才能达到预期的收益，因此，它就是预期利润率。投资者在选择投资项目时，必然选择预期利润率较高的项目。例如，我们假定一个厂商面临 A、B、C、D 四种可供选择的投资项目，每个投资项目都是 100 万元，其资本边际效率分别为 8%、6%、4% 和 2%。那么，厂商对项目的选择要优先选择资本边际效率高的项目，因此随着投资量的增加，所投资项目的资本边际效率递减。如图 13 − 2 所示，资本边际效率曲线向右下方倾斜,表示随着投资量的增加,资本边际效率递减。资本边际效率递减是凯恩斯的一条重要心理规律,它是导致有效需求不足的一个重要原因。

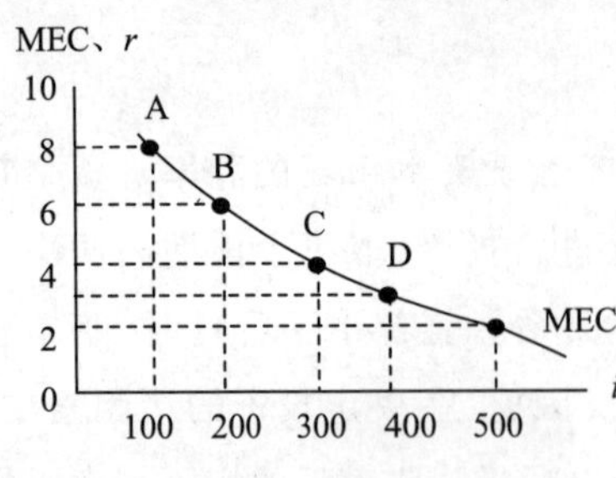

图 13－2 资本边际效率曲线

厂商投资的条件是预期利润率大于等于资本市场的利率。如果市场利率为 8%,只有 A 项目可以投资,投资额为 100 万元,投资与利率的组合在资本边际效率曲线上的 A 点;如果市场利率为 4.5%,A 项目可以投资,投资额为 100 万元,投资与利率的组合在资本边际效率曲线上的 A 点,资本边际效率曲线上的点同时也是投资曲线上的点,所以投资曲线与资本边际效率曲线重合。假定市场利率为 4.5%,则 A、B 两个项目可以投资,投资总额为 200 万元,如果市场利率为 3.5%,则 A、B、C 三个项目都可以投资,投资总额为 300 万元。这表明利率越低,投资量越大,投资量与利率之间存在着反方向变动关系。投资量与利率之间的关系可通过投资曲线表现出来。

(三)投资边际效率曲线

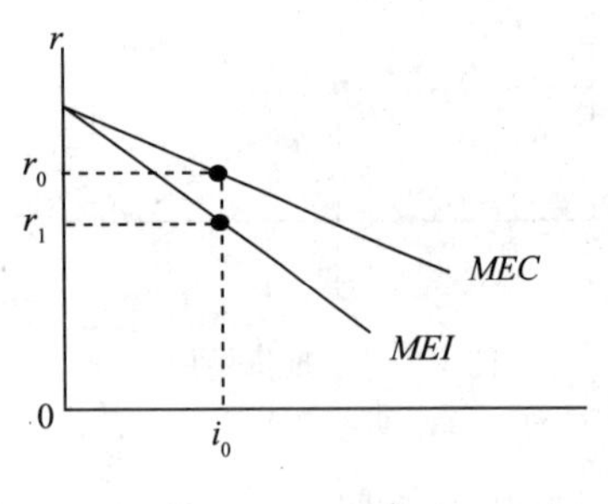

图 13－3 MEC 和 MEI

用资本边际效率曲线代替投资曲线的这种做法是不对的。因为在利率下降的情况下,如果每个企业都增加投资,资本品的价格即利率就会上升,在预期收益不变时,资本边际效率必然下降,这种由于资本品价格上升而缩小的资本边际效率叫做**投资边际效率**(Marginal Efficiency of Investment,MEI)。如图 13－3 所示,在相同的预期收益下,投资边际效率小于资本边际效率。因此投资边际效率曲线(MEI)和资本边际效率曲线(MEC)有相同的纵轴截距,前者在后者的下方,投资边际效率曲线比资本边际效率曲线更陡峭,表明利率的变动对投资的影响更小一些,投资需求利率系数 d 较小。因为投资边际效率曲线考虑到资本品价格的变动,更符合实际,所以投资边际效率曲线(MEI)才能代表投资曲线。

(四)风险与投资

投资是现在的事,收益是未来的事,未来的结果究竟会如何,总有不确定性。人们会对未来的结局进行预测,企业的投资决策正是根据这种预测。然而,即使是最精明的企业家,也不可能完全准确无误地预测未来。因此,资本市场上投资风险因素会影响企业的投资需求。如果收益不足以补偿风险可能带来的损失,企业就不会愿意投资。这里的所谓风险,包括未来市场的走势、产品价格涨落、生产成本的升降、实际利率的变化以及政府宏观经济政策的改变等,都具有不确定性。一般来说,整个经济趋于繁荣时,企业会认为前景乐观,从而会认为投资风险较小,投资意愿较强;而在经济呈现下降趋势时,企业对未来较为悲观,从而会认为投资风险较大,投资意愿较弱。正是基于这个原因,凯恩斯认为投资需求与投资者的乐观和悲观情绪有很大关系,甚至认为企业家的身体健康状况等原因都影响其情绪,进而影响投资需求。这实际上说明了投资需求会随人们承担风险的意愿和能力而变化。

二、IS 曲线

IS 曲线是用于说明产品市场均衡条件的。先从两部门经济来研究。两部门经济中的产品市场的均衡条件为 $y=c+i$ 或 $i=s$,所以,所有使消费函数和投资函数发生变化的因素,都影响这一均衡。

(一)IS 曲线

IS 曲线(IS curve)是在产品市场均衡的条件下,收入与利率组合点的轨迹。IS 曲线是从投资函数、储蓄函数以及产品市场均衡条件中推导出来的。在这里我们省去对推导过程的阐述,仅通过函数关系和图形两种方式对 IS 曲线进行说明。

前边我们分别研究了消费函数和投资函数,消费函数为 $c=\alpha+\beta y$,储蓄函数为 $s=-\alpha+(1-\beta)y$,投资函数为 $i=e-dr$,根据均衡条件,令 $i=s$,得:

$$y=\frac{\alpha+e-dr}{1-\beta} \tag{13.2}$$

公式(13.2)符合产品市场均衡条件 $i=s$,所以称为 IS 方程。

IS 方程反映收入与利率之间反向变动的关系。例如,投资函数 $i=2000-400r$,消费函数是 $c=1000+0.6y$,代入 $y=\frac{\alpha+e-dr}{1-\beta}=\frac{1000+2000-400r}{1-0.6}$,得 IS:$y=7500-1000r$。把 IS 方程的函数关系反映到平面坐标图中,就可以得到 IS 曲线。

在图 13-4 中,纵轴代表利率 r,横轴代表收入 y,根据 $y=7500-1000r$,则 $r=3$,$y=4500$;$r=6$,$y=1500$,把这些收入和利率的组合描绘在坐标图中,可以得到一条向右下方倾斜的 IS 曲线。它反映收入与利率之间反向变动的关系。这条曲线上任意一点都代表一定的利率和收入的组合,在这样的组合下,投资和储蓄都是相等的,即 $i=s$,从而产品市场是均衡的。

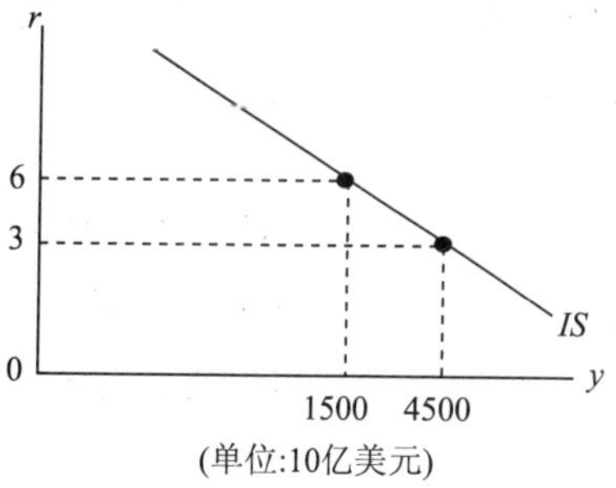

图 13-4 IS 曲线

由于产品市场并不总是处于均衡状态,因此,收入与利率的组合点并不都在 IS 曲线上。如图 13-4 所示,IS 曲线右上方的点与 IS 曲线上的点相比较,在收入相等的情况下,储蓄会相等,但是由于线右上方点代表着较高的利率,所以投资会小于线上点的投资,又由于线上的点具有投资与储蓄相等的特点,所以线右上方点的投资小于储蓄;IS 曲线左下方的点与处于线右上方的点具有相反的特点。一般说来,凡是位于 IS 曲线右上方的收入与利率的组合,都是投资小于储蓄的非均衡组合;凡是位于 IS 曲线左下方的收入与利率的组合,都是投资大于储蓄的非均衡组合;只有在 IS 曲线上的收入与利率的组合,才是投资等于储蓄的均衡组合。

(二)IS 曲线的斜率及 IS 曲线的移动

IS 曲线向右下方倾斜,说明 IS 曲线的斜率为负。IS 曲线是由投资曲线和储蓄曲线推导出来的,因此,IS 曲线的斜率由投资曲线和储蓄曲线的斜率决定。两部门经济中,IS 曲线的代数表达式为:

$$y = \frac{\alpha + e}{1 - \beta} - \frac{d}{1 - \beta}r \tag{13.3}$$

式中,$-\frac{d}{1-\beta}$ 是 IS 曲线斜率的倒数,显然,IS 曲线的斜率即取决于边际消费倾向 β 和投资需求利率系数 d。

投资对利率敏感时,利率的较小变动就会引起投资的较大变化,进而引起收入发生较大变动,反映在 IS 曲线上,利率较小变动就要求有较大的收入变动与之配合,才能实现产品市场的均衡。表示投资需求对利率的反应程度的需求利率系数 d 越大,IS 曲线斜率的绝对值就越小, IS 曲线就越平缓。β 是边际消费倾向,如果 β 较大,IS 曲线斜率的绝对值仍会较小。这是因为,β 较大,意味着支出乘数较大,从而利率变动引起投资变动时,收入会有较大幅度变动,因而 IS 曲线就较平缓。由于 β 一般较稳定,所以,影响 IS 曲线斜率的,主要是投资需求利率系数 d。

从公式(13.3)可以看出,$\frac{\alpha + e}{1 - \beta}$ 为 IS 曲线的横轴截距,消费和投资的增加都会使 IS 曲线的横轴截距增大,使 IS 曲线向右移动;反之,消费和投资的减少使 IS 曲线的横轴截距变小,使 IS 曲线向左移动。若投资增加,IS 曲线移动的幅度为 $\Delta y = \Delta i \cdot \frac{1}{1 - \beta}$。

三部门经济中,产品市场的均衡条件为:$y = c + i + g$。假设实行定量税,消费函数为 $c = \alpha + \beta y_d$,个人可支配收入为 $y_d = y - t_o + t_r$,投资函数是 $i = e - dr$,代入均衡条件,比例税下三部门的 IS 曲线:$y = c + i + g = \alpha + \beta(y - t) + \beta t_r + e - dr + g$,整理得:

$$y = \frac{\alpha + e + g + \beta(t_r - t)}{1 - \beta} - \frac{d}{1 - \beta} r \tag{13.4}$$

由公式(13.4)可知,收入与利率仍然呈反向变动的关系,IS 曲线仍然向右下方倾斜,只是 IS 曲线的斜率即 IS 曲线的陡峭程度发生了变化。

在公式(13.4)中，$-\frac{d}{1-\beta}$为 IS 曲线斜率的倒数，IS 曲线的横轴截距为 $\frac{\alpha+e+g+\beta t_r}{1-\beta(1-t)}$，因此，IS 曲线的位置取决于消费、投资、政府购买、转移支付和税收的变动。

第二节　LM 模型

货币市场的均衡条件是货币供给和货币需求相等。本节先研究货币需求和货币供给的决定因素，然后再分析二者的均衡。在货币需求理论中，将重点介绍凯恩斯的灵活偏好理论。这也是三大心理规律中最后的规律。

一、利率的决定

我们已经知道利率(Interest Rate)决定投资、影响国民收入的理论，然而利率本身又是如何决定的呢？凯恩斯否定了古典学派传统的投资和储蓄都只与利率有关的观点，认为储蓄不仅决定于利率，更重要的是储蓄量的大小取决于收入水平；收入不增加，即使利率提高，储蓄也不会增加。因此，只有确定收入水平，才能建立储蓄与利率的关系，而如果不知道储蓄函数，就不能确定利率，从而投资水平和国民收入水平也就不能确定。所以，凯恩斯得出结论，利率不是由储蓄与投资决定的，而是由货币供给和货币需求决定的。而这二者中，货币的实际供给量(用 m 表示)一般由国家加以控制，是外生变量。所以我们重点分析货币需求。

(一)货币需求动机

西方学者认为，在一定时期，人们所拥有的财富数量总是有限的。而有限财富的存在形式却是多种多样的，比如以实物等不动产、有价证券、货币等各种形式持有财富。当然，由于财富是有限的，所以人们若以货币形式拥有财富的比例越大，则以其他形式拥有财富的比例就越小。**货币需求**(Demand for Money)**是指以货币形式保留财富的需求**。人们持有货币不会增值，故在拥有其他形式的资产预计能带来较高收益的情况下，就会相应地缩减对货币的需求。因此，不管人们持有货币的动机多么强烈，仔细权衡以货币形式保存财富所要花费的成本都是必要的。

对于借款方而言，利息就是他为获得一定量货币所必须支付的价格。而对于货币持有者来说，利息则是其持币的机会成本，即持有货币就得不到的利息收入。如市场年利率为5%，则持有1000美元的人每年就会失去50美元的利息收入；如果利率降为3%，则其持币的机会成本就会降至30美元。

有时人们会放弃可能取得的利息而将不能生息的货币持有手中，凯恩斯总结为存在三类不同的持有货币的动机。

一是**交易动机**。这是指个人或企业将货币持有手中是为了进行正常的交易活动。由于收入和支出在时间上的不同步,个人和企业需要持有货币以备支付日常需要的开支。出于此种动机所需要的货币量的多少,取决于收入水平、管理水平和商业制度。一般而言,管理水平和商业制度在短期内可假定其固定不变,于是按照凯恩斯的说法,出于交易动机的货币需求量主要决定于收入。收入越高,交易的数量越大,所交换的商品和劳务价值越高,为应付日常开支所准备的货币量也就越大。

二是**谨慎动机或预防性动机**。这是指为了预防意外支出而持有一部分货币的动机,如个人或企业为应付事故、失业、疾病等意外事件需要而预先持有的一定数量货币。我们在这里尤其要提到的是,家庭用于医疗的预防性动机所需的货币量是随着年龄的增加而不断增加的。另外在目前教育收费的情况下,以教育培训为目的用途的预防性动机货币需求量逐步增加,并已经在预防性动机中占据较大比重。因此,如果说货币的交易需求根源于收入和支出间的不同步性,则货币的预防性需求产生的原因就是未来收入和支出间的不同步性,根源于未来收入和支出的不确定性。西方经济学家认为,对于微观个体而言,对货币的预防性需求量主要取决于他对意外事件的看法,但从全社会的宏观角度看,这一货币需求量大体上也和收入成正比,是收入的函数。

如用 L_1 表示交易动机和谨慎动机所产生的全部实际货币需求量,用 y 表示实际收入,则这种货币需求量和收入的关系可以表示为

$$L_1 = L_1(y) = ky \tag{13.5}$$

在公式(13.5)中,k 为出于上述二动机所需货币量占实际收入的比例,称为货币需求收入系数。例如,若实际收入 $y = 2000$ 万美元,$k = 10\%$,则 $L_1 = 2000 \times 0.1 = 200$ 万美元。

三是**投机动机**。这是指人们为了抓住有利的购买有价证券的机会而持有一部分货币的动机。假定人们一时不用的财富只能以货币或债券这样两种形式保存,债券能带来收益,而闲置货币没有收益,那么人们为什么不全都购买债券,而要在二者之间做选择呢?原因是人们将货币持有手中就是等待时机,以利用有价证券价格水平的波动进行投机。现实生活中,债券价格是与利率反向变动的,若一张债券1年可获收益10美元,银行利率为10%,则此时债券的价格为100美元,因为在利率为10%的情况下,100美元存入银行才可得到利息10美元;如果银行利率为5%,则这张债券的价格为200美元,因为利率为5%的情况下,200美元存入银行才能得到10美元的利息。由此可以看出,债券价格会随利率的降低而提高,随利率的提高而降低。由于债券市场的价格是不断波动的,而人们对于这种波动往往会持有不同的预测态度。预计债券价格将上涨(即预期利率将下降)的人,就会用货币买进债券以备日后以更高价格卖出;反之,预计债券价格下降即利率上涨的人,就会卖出债券转而持有货币以备日后债券

价格下跌时再买进。通过贱买贵卖来赚取债券价格涨跌之间的差额是投机者的本性。而这种为买卖债券获取收益而形成的保留货币的需求,就是对货币的投机性需求。可见,有价证券未来价格的不确定性是货币投机需求的必要前提,这一需求与利率呈反方向变化。

如图 13 - 5 所示,当利率较高,即有价证券价格较低时,人们会认为债券价格已经降低到了正常水平以下,并预计价格将很快回升,这样就会抓住机会及时买进有价证券,人们手中出于投机动机而持有的货币量就会减少。相反,如果利率较低,即有价证券价格较高时,人们认为债券价格已涨到正常水平以上,并预计就要回跌,从而会抓住时机卖出有价证券。这样,人们手中出于投机动机而持有的货币量就会增加。

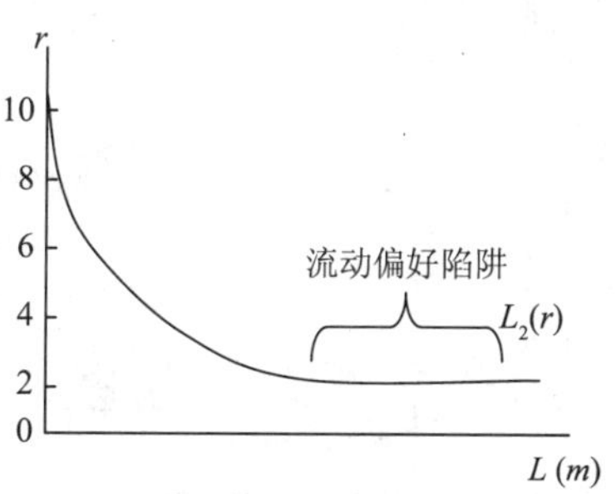

图 13 - 5 货币投机需求曲线

总之,对货币的投机性需求取决于利率的高低。如果用 L_2 表示货币的投机需求,用 r 表示利率,则这一货币需求量和利率的关系可表示为:

$$L_2 = L_2(r) = -hr \tag{13.6}$$

公式(13.6)称为货币投机需求函数。式中,h 表示投机需求利率系数,即利率变动一个百分点投机需求的变动量,h 越大,利率变动一个百分点所引起的投机需求变动就越多,货币投机需求曲也就越平坦。在图 13 - 5 中,投机需求利率系数 h 是投机需求曲线斜率的倒数,h 越小,货币投机需求曲线越陡峭; h 越大,货币投机需求曲线越平坦。

(二)流动偏好陷阱

上述分析说明了对利率的预期是人们调节财富在货币和证券之间选择配置比例的重要依据。利率越高,货币需求量就越小。当利率极高时,这一需求量等于零,因为人们认为这时候的利率不可能继续上升,或者说有价证券价格不大可能会再下降,因而将所持有的货币全部转换成有价证券,货币需求近于零;反之,当利率极低,比方说 1% ,人们就会认为这时的利率不可能再低,或者说有价证券的市场价格不大可能再高而只会跌落,因而会将持有的有价证券全部换成货币。人们因为害怕证券价格的下跌,为了免于遭受损失,即使有了货币也绝不肯再去买有价证券。人们不管多少货币都愿意持有手中的这种情况叫做**凯恩斯陷阱**或**流动偏好陷阱**(Liquidity Preference Trap)。在流动偏好陷阱,货币需求利率系数 h 趋向于无穷大,货币投机需求曲线水平。凯恩斯提出了**流动偏好**(Liquidity Preference)的概念,是指人们持有货币的偏好。由于货币可以随时用做交易、应付不测之需或做投机之用,是流动性或灵活性最大的资产,所以人们对货币产生的特殊偏好,称为流动偏好。

(三)货币需求函数

货币的总需求(L)是人们对货币的交易需求、预防需求和投机需求的总和,用 L_1 表示货币的交易需求和预防需求,用 L_2 表示货币的投机需求,则货币的总需求函数为:

$$L = L_1 + L_2 = L_1(y) + L_2(r) = ky - hr \tag{13.7}$$

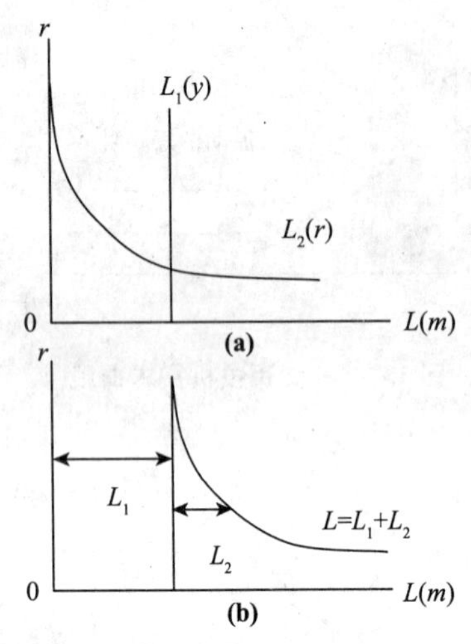

图 13-6　货币需求曲线

用图 13-6 来表示货币需求函数。图13-6(a)中垂线 L_1 表示为交易动机和谨慎动机的货币需求曲线,它是收入的函数,与利率无关,因而垂直于横轴。L_2 表示投机动机的货币需求曲线,它最初向右下方倾斜,表示货币投机需求随利率下降而增加,最后为水平状,表示流动偏好陷阱。在图 13-6(b)中,将 L_1 和 L_2 水平相加,可得到包括 L_1 和 L_2 的货币需求曲线,这条货币需求曲线表示在收入水平一定的情况下,货币需求量和利率的关系。当利率上升时,货币需求减少;利率下降时,货币需求增加。利率变动对货币需求量的影响表现为货币需求曲线上点的移动。

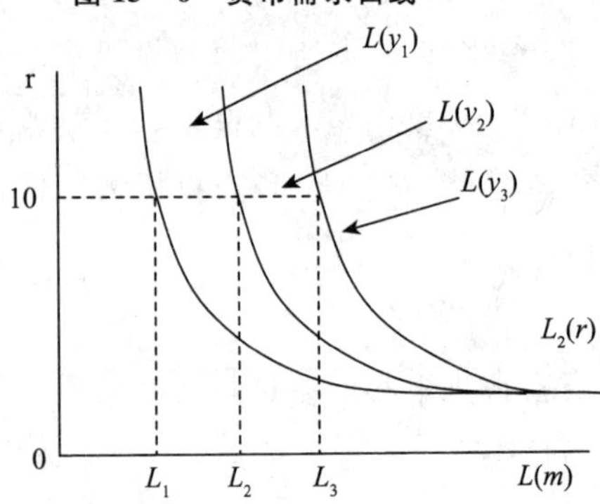

图 13-7　不同收入的货币需求曲线

货币需求与收入的关系是,随着收入增加,各个利率水平上的货币需求都会增加,货币需求曲线向右移动。图 13-7 中三条货币需求曲线分别代表收入水平 y_1、y_2 和 y_3 时的 L 曲线。可见,货币需求量与收入的正向变动关系是通过货币需求曲线的平行移动来表示的;而货币需求量与利率的反向变动关系则是通过货币需求曲线向右下方倾斜来表示的。

(四)利率的决定和变动

货币供给(Money Supply)是指一国在某一时点上所保持的不属政府和银行所有的硬币、纸币和银行存款的总和。一国货币供给量是由国家货币政策调节的,是外生变量,其大小与利率无关。因此,货币供给曲线是一条与横轴垂直的直线。用 M、m 和 P 依次代表名义货币量、实际货币量和价格指数,则:

$$m = M/P \tag{13.8}$$

如图 13-8 所示,设 O 为原点,货币供给曲线 m 与货币需求曲线 L 相交的 E 点就是均衡点,对应的利率 r_0 就是均衡利率。如果市场利率低于均衡利率 r_0,导致货币需求超过货币供给，人们会感到手中持有的货币太少，从而卖出有价证券，使证券价格下降，利率上升。而利率的上升又引起对货币需求的减少，直到货币供求相等时为止。相反，当市场利率高于均衡利率 r_0，货币需求小于货币供给时，人们会感到手中持有的货币太多，从而用多余的货币买进有价证券。于是，证券价格上升、利率下降。这种情况将一直持续到货币供求相等时为止。只有当货币供求相等时，利率才不再变动。

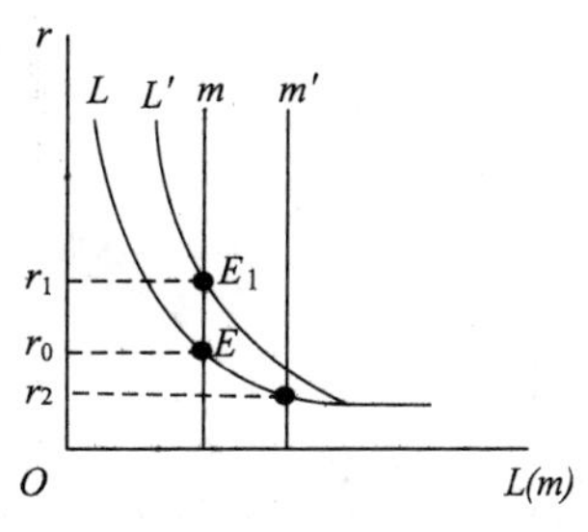

图 13－8　均衡利率的决定

货币需求曲线和货币供给曲线的变动，会导致均衡利率的改变。如图 13－9 所示，若货币供给曲线不变，当人们对货币的交易需求或投机需求增加时，货币需求曲线从 L 向右移动到 L'，均衡利率会相应地从 r_0 上升到 r_1；相反，若货币需求曲线不变，当政府增加货币供给时，货币供给曲线 m 就会向右移动，到 m' 时，均衡利率就会从 r_0 下降到 r_2。如果货币需求曲线和货币供给曲线同时变动时，利率就会受到两者的共同影响，并在移动后的货币需求曲线和货币供给曲线交点上达到均衡。

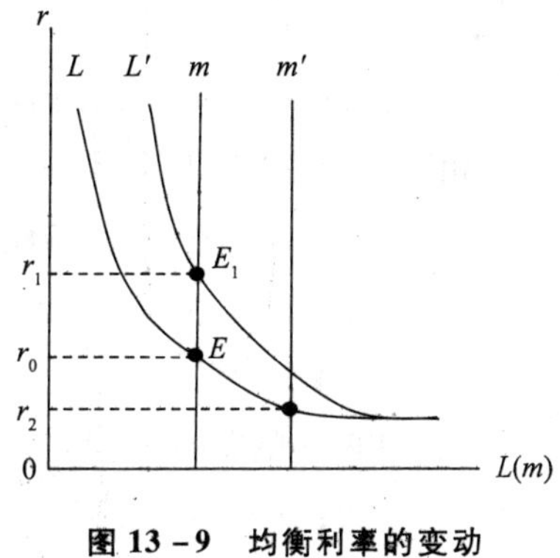

图 13－9　均衡利率的变动

二、LM 曲线

（一）LM 曲线

LM 曲线（LM curve）是从货币的投机需求函数、货币的交易需求函数以及货币市场均衡条件中推导出来的，是**在货币市场均衡的条件下，反映收入与利率之间关系的曲线**。LM 曲线可以通过函数关系和图形两种方式得以说明。

货币市场的均衡要求货币供给等于货币需求，即 $m = L = L_1(y) + L_2(r) = ky - hr$。整理得：

$$y = \frac{m}{k} + \frac{h}{k}r \tag{13.9}$$

公式（13.9）就是 LM 方程。假定货币的交易需求函数 $m_1 = L_1(y) = 0.5y$，货币投机需求函数 $m_2 = L_2(r) = 2000 - 400r$，货币供给量 $m = 3000$（假设价格指数为 1，$M = m$），则货币市场均衡时，$3000 = 0.5y + 2000 - 400r$，整理得到 LM 方程：$y = 2000 + 800r$。把它绘制到平面坐标图中，就得到图 13－10 中的 LM 曲线。图中，用纵轴代表利率 r，横轴代表收入 y，则可以得到向右上方倾斜的曲线。它反映了收入与利率 r 之间同方向变动的关系。这条曲线上任意一点都代表了一定的利率和收入组合，在这样

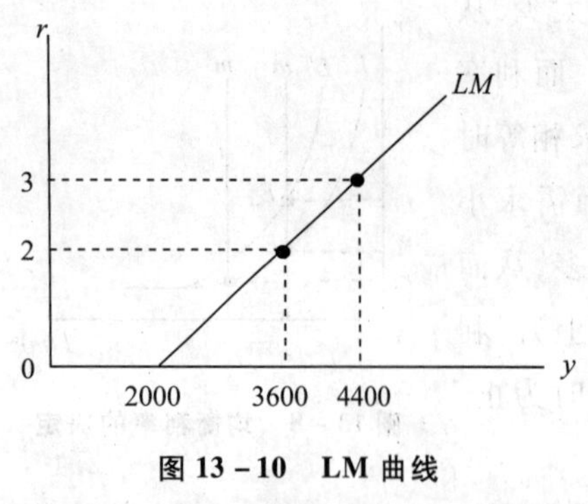

图 13-10 LM 曲线

的组合下,货币需求与货币供给相等,即线上的点表示的都是货币市场均衡点。

这里还需要说明的是,之所以将表示货币市场均衡的曲线命名为 LM 曲线,是因为早期经济学文献习惯用流动偏好(Liquidity Preference)的第一个字母 L 表示货币需求,用货币供给(Money Supply)的第一个字母 M 表示货币供给。

LM 曲线上的点表明货币供求相等时收入与利率的组合,所有不在 LM 曲线上的点,均为非均衡点。线上和线外的点虽然收入水平相同、储蓄相等,但是由于代表着不同的利率水平,因此引起的投机需求也不同,在货币供给既定的条件下,不能使货币需求和货币供给一致。所以依据这一原理分析后,我们可以得到,在 LM 曲线右下方的点都是货币需求大于货币供给的非均衡组合,在 LM 曲线左上的点都是货币需求小于供给的非均衡组合。

(二)LM 曲线的斜率

从图 13-11 中可以看出,LM 曲线的斜率取决于货币的投机需求曲线和交易需求曲线的斜率,即取决于 LM 曲线方程 $y=\frac{m}{k}+\frac{h}{k}r$ 中的 k 和 h 之值。式中 h/k 即 LM 曲线的斜率的倒数。当 k 为定值,随着货币需求对利率变动的敏感度 h 的变大,k/h 值会变小,LM 曲线会变平缓,斜率会变小;当 h 为定值时,货币需求对收入变动的敏感度越高,即 k 越大,k/h 就越大,于是 LM 曲线越陡峭,斜率越大。

西方学者认为,货币的交易需求函数一般较稳定,因此,决定 LM 曲线斜率的主要因素是货币的投机需求函数。由于存在流动偏好陷阱,在利率水平极低时,货币投机需求利率系数 h 无穷大,投机需求曲线近于一条水平线,这样的情况下,LM 曲线也成为水平的,如图 13-11 所示。

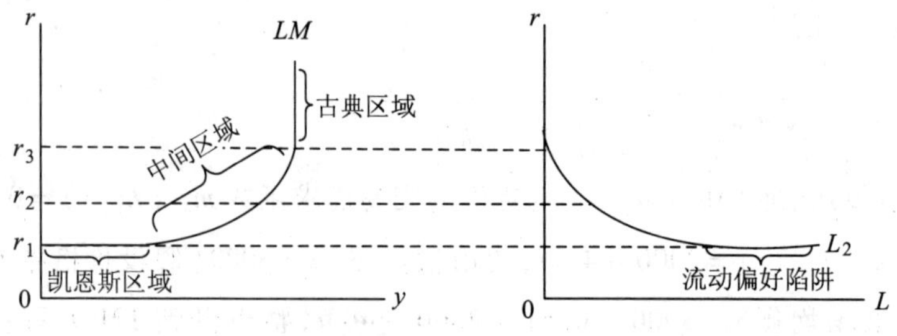

图 13-11 LM 曲线的三个区域

在图 13-11 中,当 r 降到 r_1 时,LM 就会成为一条水平线,这段水平区域称为“凯恩斯区域”,也称“萧条区域”。如果利率 r 上升到很高水平,如 r_3 以上时,货币投机需求利率系数 $h=0$,这时人们除了持有为完成交易必需的货币部分以外,不会为准备投机而持有货币。$h=0$ 时,LM 曲线是与纵轴平行的直线,不管利率怎样上升,货币投机需求 L_2 都是零,人们手持货币量都是为了满足交易需求。这符合古典学派的观点,故称 LM 曲线垂直于横轴的这段为“古典区域”。LM 曲线的“古典区域”和“凯恩斯区域”之间的区域就是“中间区域”。LM 曲线的斜率在“古典区域”无穷大,在“中间区域”为正值,在“凯恩斯区域”为零。

第三节　IS－LM 综合分析

一、两个市场同时均衡的收入和利率

在分析产品市场均衡时,我们假定已经存在货币市场的均衡利率,并且在均衡利率的基础上,研究国民收入水平的决定。在分析货币市场均衡时,我们用同样的方法,假定已经存在产品市场的均衡,并在既定的国民收入下,研究均衡利率水平如何决定。由此可以得出:只有给定利率,产品市场的收入才能决定;只有给定收入,货币市场的利率才能确定。这样,凯恩斯的理论就陷入了循环推论:收入依赖于利率,而利率又依赖于收入。凯恩斯的后继者发现了循环推论问题,为了解决这一问题,希克斯和汉森试图在两个市场同时决定均衡收入和均衡利率,提出了 IS-LM 模型。

通过前两节的分析我们知道:IS 曲线上有一系列可以使产品市场均衡的收入与利率的组合;LM 曲线上,又有一系列可以使货币市场均衡的收入与利率的组合。但能使产品市场和货币市场同时达到均衡的收入与利率的组合却只有一个,这个收入与利率的组合就在 IS 曲线和 LM 曲线的交点上。

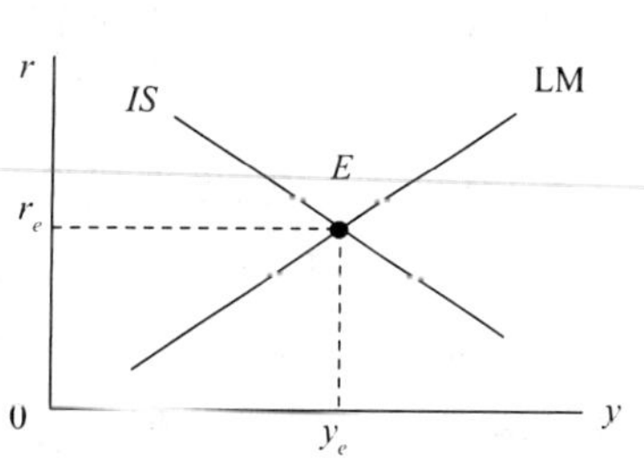

图 13－12　两市场均衡的收入和利率

如图 13－12 所示,在其他条件不变的情况下,IS 与 LM 两曲线的交点 E 表示同时满足产品市场均衡和货币市场均衡的利率与国民收入分别为 r_e 和 y_e。

产品市场和货币市场在各种因素的作用下,经常失衡,很难出现两个市场同时均衡的状态,但是市场机制的自动调整,会使失衡逐步趋向均衡。

在图 13－13 中,IS 曲线和 LM 曲线把坐标平面分成了Ⅰ、Ⅱ、Ⅲ、Ⅳ四个区域。区域Ⅰ、Ⅱ位于 IS 曲线的右上方,表示投资小于储蓄;区域Ⅲ、Ⅳ位于 IS 曲线的左下方,表示投资大于储蓄。区域Ⅱ、Ⅲ位于 LM 曲线的右下方,表示货币需求大于供给;区域

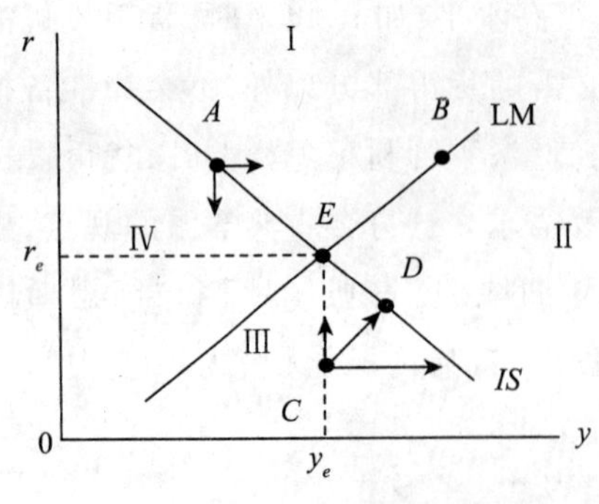

图 13－13　从不均衡到均衡的调整

Ⅰ、Ⅳ位于 LM 曲线的左上方，表示货币需求小于货币供给。

图 13－13 中的 A 点在 IS 曲线上，但不在 LM 曲线上，表明此时在产品市场达到了均衡状态，而货币市场的需求小于供给，这种供求状况会使利率下降。而利率下降，会导致投资增加，进而收入增加，在利率下降和收入增加两种力量的共同作用下，A 点趋近于均衡点 E。而 B 点在 LM 曲线上，不在 IS 曲线上，表明此时在货币市场达到了均衡状态，但产品市场 $i<s$，产品需求小于供给，会使收入减少，而 $i<s$，会使利率下降。同样原理，在收入减少和利率下降两种力量的作用下，B 点逐渐趋近于均衡点 E。C 点在区域Ⅲ中，既不在 IS 曲线上，又不在 LM 曲线上。首先，它在 IS 曲线的左下方，意味着 $i>s$，存在着超额商品需求，会推动收入增加；同时，该点又在 LM 曲线右下方，意味着 $L>m$，存在超额货币需求，会导致利率上升。两个方向力的合力会导致点 C 向右上方移动，直至 D 点。

一般来说，IS-LM 模型中的任意一个收入利率组合，即使存在产品市场失衡或货币市场失衡，在产品供求和货币供求关系的相互作用下，最终也总能自动实现均衡。

二、均衡收入和利率的变动

在给定的 IS 曲线和 LM 曲线下，可以确定产品市场和货币市场同时均衡的收入利率组合。但是若 IS 曲线和 LM 曲线发生变动，两线交点所确定的均衡收入和均衡利率就会发生变动。

当 LM 曲线不变，IS 曲线发生移动时，其移动源于总支出的变动。也就是说，改变总支出构成中的任何一个因素，都会导致 IS 曲线发生移动。从总体来看，总支出增加会导致 IS 曲线右移，总支出减少会导致 IS 曲线左移。如图 12－14 所示，在 LM 曲线不变的情况下，政府购买增加，IS 曲线右移到 IS_1，均衡点移动到 E_1，则相应的，收入由 y 提高到 y_1，利率由 r 上升到 r_1；反之，当政府购买减少时，IS 曲线左移到 IS_2。则收入由 y 减少到 y_2，利率由 r 下降到 r_2。

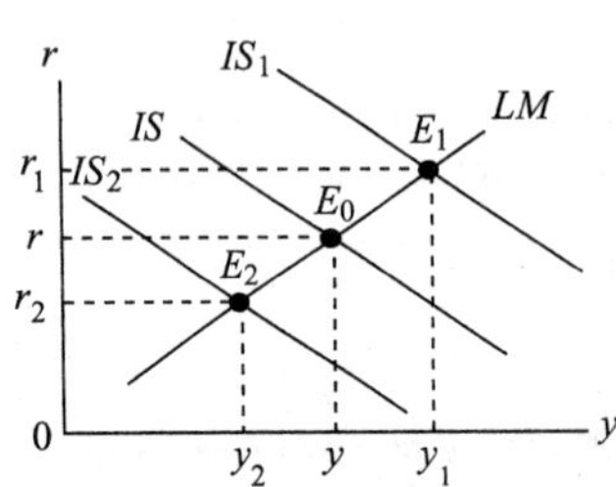

图13－14　IS 曲线移动对均衡的影响

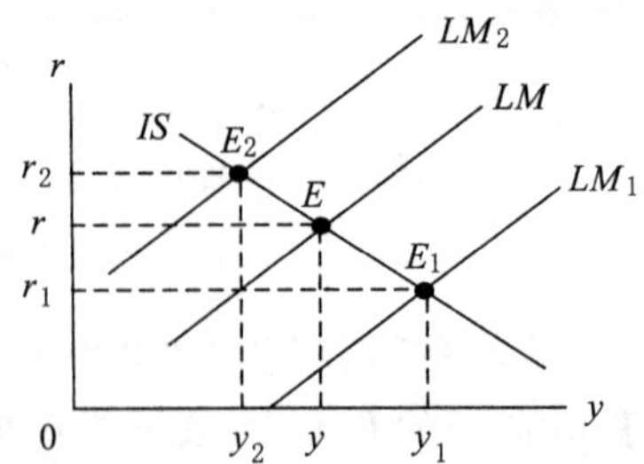

图 13－15　LM 曲线移动对均衡的影响

当 IS 曲线不变,LM 曲线发生移动时,其源于货币的投机需求、交易需求和货币供给量的变化,都会使 LM 曲线发生相应的移动。如图 13－15 所示,当政府实施扩张性货币政策,增加货币供给量时,LM 曲线右移到 LM_1,均衡点移动到 E_1,则收入 y 提高到 y_1,利率 r 降至 r_1;反之,若货币供给量减少,LM 曲线会左移到 LM_2,收入由 y 下降到 ym_2,利率由 r 上升到 r_2。

在现实生活中,IS 曲线和 LM 曲线常常同时移动,无论两者的方向和幅度相同还是不同,都可以参照前两种情况综合分析。

三、凯恩斯的基本理论框架

前面介绍的产品市场均衡、货币市场均衡及两个市场的同时均衡实际上都是西方经济学界对凯恩斯经济理论体系的标准阐释。凯恩斯在《就业、利息和货币通论》中阐述的经济理论为现代西方宏观经济学奠定了基础,这一经济理论可概括为以下主要内容:

(1)国民收入决定于消费和投资。

(2)消费由消费倾向和收入决定。消费倾向分为平均消费倾向和边际消费倾向。边际消费倾向介于 0 和 1 之间。因此,收入增加时,消费也增加。但在增加的收入中,用来增加消费的部分所占比例可能越来越小,用于增加储蓄的部分所占比例可能越来越大。

(3)消费倾向比较稳定。因此,国民收入的波动主要来自投资的变动。投资的增加或减少会通过投资乘数引起国民收入的多倍增加或减少。投资乘数与边际消费倾向有关。由于边际消费倾向大于 0 小于 1,因此投资乘数大于 1。

(4)投资决定于利率和资本边际效率,投资与利率呈反方向变动关系,与资本边际效率呈正方向变动关系。

(5)利率决定于流动偏好和货币数量。流动偏好是货币需求,由 L_1 和 L_2 组成,其中 L_1 来自交易动机和谨慎动机,L_2 来自投机动机。货币数量 m 是货币供给,由满足交易动机和谨慎动机的货币和满足投机动机的货币组成。

(6)资本边际效率由投资的预期收益和资本资产的供给价格或者说重置成本决定。

凯恩斯认为,资本主义经济萧条的根源在于消费需求和投资需求所构成的总需求不足以实现充分就业。消费需求不足是由于边际消费倾向小于 1,即人们不会把增加的收入全用来增加消费。而投资需求不足是由于资本边际效率在长期内递减。为解决有效需求不足,必须发挥政府的作用,用财政和货币政策实现充分就业。财政政策就是政府增加支出或减少税收以增加总需求,通过乘数原理引起收入多倍增加。而货币政策就是政府增加货币供给量以降低利率,刺激投资从而增加收入。由于存在"流动性陷阱",因此货币政策效果有限,增加收入主要靠财政政策。

凯恩斯经济理论的要点还可以用代表产品市场和货币市场同时均衡的数学模型来表示。

1. $s = s(y)$ 储蓄函数

2. $i = i(r)$ 投资函数

3. $i(r) = s(y)$ 产品市场均衡条件

4. $L = L_1 + L_2 = L_1(y) + L_2(r)$ 货币需求函数

5. $\frac{M}{P} = m = m_1 + m_2$ 货币供给函数

6. $m = L$ 货币市场均衡条件

根据1、2、3可求得IS曲线,根据4、5、6可求得LM曲线。求解IS和LM的联立方程,即可求得使产品市场和货币市场同时均衡的收入和利率。

第十四章　宏观政策效果分析

Analysis of Effects on Macro-Economy Policy

在凯恩斯主义者看来，短期经济波动的主要原因来自于需求，所以 IS-LM 模型构成了宏观需求管理的理论基础。我们知道，IS、LM 曲线的相交，决定了产品市场和货币市场的一般均衡。但是，该均衡经常不是充分就业的均衡，而且依靠市场的自发调节很难实现充分就业的均衡，因此，国家必须适时运用财政政策和货币政策进行调节。IS 模型对应的是财政政策，LM 模型对应的是货币政策。两大政策的运用，从图形上看，就是改变 IS 曲线和 LM 曲线的位置，使它们的交点位于充分就业的国民收入水平上。为了实现这一目标，我们需要知道宏观经济政策效果受哪些因素影响。因此，本章将运用 IS-LM 模型进行宏观经济政策效果分析。

第一节　财政政策效果分析

聚焦越战，喜哉？悲乎？

20 世纪 60 年代中期，美国发动了对越战争，美军驻越部队由最初的不足 2.5 万人增至后来的 35 万人。军费开支共达 5000 多亿美元，占美国 GDP 的 12%。

对战争受害者的悲悯和对纳税人税收使用不当的痛心，激发了和平爱好者对约翰逊政府的极端愤慨，美国人民走上街头游行示威，强烈要求停止战争。

时隔 40 年，人们对于和平的渴望有增无减。但是，当我们从经济学的视角看美国侵越战争时，战争带给美国的可能超乎想象。那将会是什么呢？

在西方国家的这两大基本经济政策中，凯恩斯主义者更加重视财政政策的作用，因此，我们先对财政政策效果进行分析。

一、财政政策效果的一般性分析

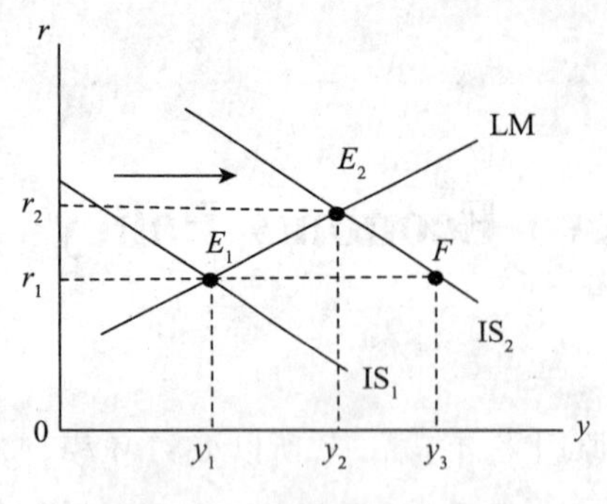

图 14－1　扩张性财政政策

第十一章谈到，**财政政策是指政府通过改变财政收支，影响总需求进而影响就业和国民收入的系列政策**。根据对总产出的影响方向，把财政政策分为扩张性财政政策和紧缩性财政政策。通常，降低税率、提高政府转移支付、增加政府支出，以增加社会总需求、提高总产出水平的政策被称为扩张性财政政策；相反，提高税率、减少政府支出或减少政府转移支付以抑制社会有效需求的政策是紧缩性财政政策。例如，当经济萧条时，政府可以采用减税措施，给个人多留些可支配收入，通过刺激消费需求带动生产和就业；也可以通过增加政府对商品与劳务的购买性支出 g，多搞些公共工程，或者增加政府转移支付 t_r，增加失业救济，拓展私人产品销路，增加社会总需求。政府还可以直接给私人企业投资补贴，如对清洁能源生产的企业给予补贴就会降低它们的投资成本，提高投资者投资积极性，增加生产和就业。如图 14－1 所示，扩张性财政政策措施会右移 IS 曲线，使均衡点沿着 LM 曲线向上移动，增加均衡收入，使之趋近于充分就业的产出。相反，在经济高涨、通货膨胀率上升太高时，政府也可以采用相反的政策，比如增税、减少政府购买、削减政府补贴等紧缩性财政政策，使总需求收缩，IS 曲线向左移动，降低均衡收入，控制物价上涨。

当国家使用财政政策时，如何考察政策效果？通常，**财政政策效果（Fiscal Policy Effects）表现为政府改变财政收支引起均衡收入的实际改变量**。如果不考虑充分就业对国民收入的约束，一项政策使均衡收入改变量越大，政策效果越好；相反，均衡收入实际改变量越小，说明政策效果越差。在特殊情况下，如果财政政策出台后，均衡收入没有任何改变，我们说财政政策完全无效；相反的情况，我们称政策效果是完全的。

衡量财政政策效果的大小，也可以通过图 14－1 来说明。图中，原始均衡点 E_1 所对应的均衡收入是 y_1。如果政府实施扩张性财政政策，如建一个机场，增加了政府对原材料购买 Δg，原来的 IS_1 曲线向右移动至 IS_2，相应的均衡点由 E_1 上移至 E_2。均衡收入也由原来的 y_1 增加到 y_2。$y_1 y_2$ 是政府政策带来的均衡收入实际增加量，就是政策效果。因此，我们说，从原始均衡点 E_1 到新均衡点 E_2 的水平距离，亦即 $y_1 y_2$ 就是财政政策效果大小的图形表示。显然，这个距离越大，效果越好。

根据图 14－1，可以得到：

$$y_1y_2 = y_1y_3 - y_2y_3 \tag{14.1}$$

我们知道,不同时期、不同经济环境下,财政政策的效果是不同的。实践表明,在萧条程度较重时期,政府采用扩张性财政政策效果比较明显。但是在经济过热时期,使用紧缩的财政政策力图降低通货膨胀率效果并不理想。于是,我们渴望找到影响财政政策效果的因素。

让我们把图14-1和公式(14.1)结合起来考察。通过回忆第十三章内容,我们知道,y_1y_3 表达的是在均衡利率 r_1 不变的情况下,政府增加购买性支出 Δg,在增加企业收入的同时,带动了一系列的消费,在乘数作用下,国民收入的增加量为 y_1y_3。用公式表示为:

$$y_1y_3 = k_g\Delta g \tag{14.2}$$

需要注意的是,对于利率不变假定下的国民收入增加量 $y_1y_3 = k_g\Delta g$ 来说,只要边际消费倾向 β 不变,无论什么经济条件,是一般性萧条还是严重萧条,只要实施的政策相同,这个数值必然恒定不变。因此,不同经济条件下的 y_1y_2 的大小,仅取决于 y_2y_3。下面我们重点考察 y_2y_3 的经济含义。

事实上,一笔政府支出带来的国民收入增加量 y_1y_3 所做出的假定——银行利率不变,在实践中很难成立。因为扩张性财政政策使IS曲线向右移动,随着国民收入的增加,引起了人们对货币交易需求的增加。在货币供给不变的情况下,必然使投机的货币量减少,从而促使利率上升。在图14-1中,扩张性财政政策使银行利率由 r_1 上升到 r_2。利率的上升会抑制私人投资,使得私人投资量减少,在乘数的作用下,引起国民收入的一个减少量,所减少的部分就是 y_2y_3。由此我们说,由**政府支出增加引起利率上升而减少的私人投资,称为挤出效应**(Crowding Out Effects)。由挤出效应带来的财政政策损失就是 y_2y_3。可见,挤出效应越大财政政策效果越差;反之,挤出效应越小政策效果越好。挤出效应引起的收入减少量可以表示为:

$$y_2y_3 = k_i\Delta i = k_id\Delta r \tag{14.3}$$

根据公式(14.2)和公式(14.3),我们讨论影响挤出效应和财政政策效果的因素。

首先,货币需求利率系数 h 与挤出效应呈反向变动,与财政政策效果呈同向变动。在货币总量不变的前提下,当一项扩张性财政政策实施以后,货币交易需求的增加,引起了银行利率上升。银行利率上升幅度主要取决于货币投机需求利率系数 h。当 h 较大时,货币投资需求对利率变动非常敏感,既定的货币需求量变动仅需要较小的利率变动就可以了,所以,利率变动幅度较小。在投资需求利率系数 d 不变的情况,挤出的私人投资较少,挤出效应小,所以财政政策效果较好。反之,当 h 较小时,既定的货币需求量变动引起的利率变动幅度较大,挤出的私人投资较多,所以财政政策效果较差。

其次,投资利率系数 d 与挤出效应呈同向变动,与财政政策效果呈反向变动。投资

需求利率系数 d 是私人投资对银行利率变动的敏感系数。一般地，d 越大，私人投资对银行利率变动越敏感，引起 Δi 绝对值越大，挤出效应越大，财政政策效果越差。反之，d 越小，私人投资对银行利率变动越不敏感，Δi 绝对值越小，挤出效应越小，财政政策效果越差。

再次，边际消费倾向 β 与挤出效应呈同向变动，与财政政策效果呈反向变动。因为边际消费倾向 β 与投资乘数同向变动，β 越大，私人投资变动的乘数效应越大，所以挤出效应越大，相应的财政政策效果较差；反之，β 越小，私人投资变动的乘数效应越小，挤出效应越小，财政政策效果较好。

最后，货币需求收入系数 k 与挤出效应呈同向变动，与财政政策效果反向变动。因为政府支出增加引起国民收入增加，在 k 较大的情况下，引起的货币交易需求量较大，从而银行利率变动幅度大，挤出效应大，政策效果差；反之亦然。

需要说明的是，在短期内，k 和 β 相对比较稳定，因此 d 和 h 是影响挤出效应和财政政策效果的两个主要因素。

二、凯恩斯主义极端的财政政策效果

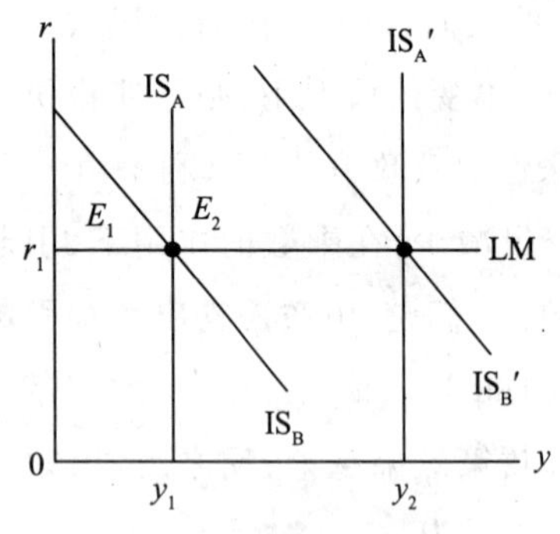

图 14－2　凯恩斯主义极端财政政策效果

通过上面的分析我们看到，LM 曲线越平缓，IS 曲线越陡峭，财政政策效果越好。那么，我们可以推断，当 LM 曲线水平（凯恩斯区域），IS 曲线垂直时，财政政策效果是完全的。现在让我们考察财政政策效果完全的情况，并说明原因。

通常，我们把**垂直的 IS 曲线与水平的 LM 曲线称为凯恩斯主义极端**。如图 14－2 所示。

为什么财政政策效果是完全的？首先我们对水平的 LM 曲线进行分析。

我们知道，水平的 LM 曲线意味着货币投机需求的利率系数无穷大，货币需求的利率弹性是完全的，银行利率的变动几乎是零，不会挤掉私人投资。从经济状态看，此时，经济处于极度萧条。由于银行利率极低，相对来说债券价格极高，人们认为，黯淡的经济前景不能维持当前债券的高价格，所以，为了规避风险，几乎会抛掉手中的全部债券，持有货币，处于所谓的凯恩斯陷阱阶段。人们手中持有大量流动性会导致这样一种可能：如果政府通过发放公债向私人部门借钱以扩大公共支出，实施扩张性财政政策的话，大量充裕的流动性，不会导致银行利率的上升，不会挤出私人投资，所以政策效果是完全的。如图 14－2 所示，在此阶段，IS 曲线即使不垂直，是向右下方倾斜的，财政政策效果也是完全的。

我们再来分析 IS 曲线。垂直的 IS 曲线说明，投资利率系数是零，私人部门对利率变动没有任何反应。因此，扩张性财政政策即使引起银行利率上升的话，也不会减少私人投资的数量。换言之，不会挤出私人投资，所以财政政策效果是完全的。

通过上述分析我们可以得出结论：**当经济极度萧条时，扩张性财政政策将十分有效**。关于这一点，凯恩斯在他的《就业、利息和货币通论》中有过充分而又深刻的论述。他认为，当经济萧条、利率极低，投资对利率的反应很不灵敏时，只有财政政策才是行之有效的。因此，我们把水平的 LM 曲线和垂直的 IS 曲线的结合叫做凯恩斯主义极端。

三、古典主义极端的财政政策效果

与上述情况相反，我们把 **LM 曲线垂直与 IS 曲线水平称之为古典主义极端**。

为什么古典主义极端财政政策完全无效？我们仍先从 LM 曲线的分析入手。垂直的 LM 曲线意味着，货币投机需求的利率系数等于零，说明货币需求处于完全无弹性状态。此时，利率水平很高，人们持有的债券价格非常低，人们预期债券价格很快会上涨，于是把手中的货币全部用于购买债券，持有的投机性流动性几乎为零。此时，如果政府实施财政政策，比如发放政府公债向私人借钱的话，会由于流动性紧缺而导致银行利率大涨。银行利率的巨幅提高必然挤出与政府注入经济中等额的资金，挤出效应是完全的，所以财政政策无效。如图 14 - 3 所示，此时，不论 IS 曲线的形状如何，财政政策都没有效果。

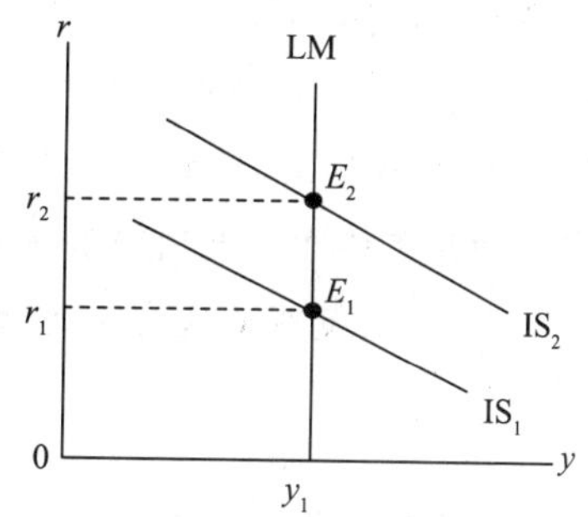

图 14 - 3　古典主义极端的财政政策

水平的 IS 曲线说明，投资利率系数无穷大，私人部门对利率变动非常敏感，银行利率的微小波动都会引起私人投资较大的变动。因此，扩张性财政政策如果引起银行利率的任何一点上升，都将挤掉足够多的私人投资。换言之，挤出的私人投资数量将与政府增加的投资一样多，所以财政政策效果完全被抵消。

综上所述，我们可以得出一个相反的结论：当经济极度高涨时，紧缩性财政政策几乎无效。因为垂直的 LM 曲线意味着，货币利率系数是零，货币需求仅与收入有关，这与古典主义经济思想相吻合，所以称之为古典主义极端。

第二节 货币政策效果分析

美联储:酒醉的探戈

20世纪70年代中后期,由于卡特政府的扩张性宏观经济政策的力度太大,使通货膨胀率由4.3%猛增到12.3%。为了避免出现通货膨胀螺旋,1979年第三季度,政府采取了紧缩性货币政策,货币供给的增长率由第三季度的13.9%骤降到第四季度的4.4%。信贷规模的大瘦身,使银行利率迅速从9.7%上升到11.8%;与此同时,国民生产总值的增长率变成了负数,1980年第二季度为-9.5%。为了防止由此产生的经济衰退,卡特政府又迅速采取了宽松的货币政策,1980年第三季度,货币投放又猛增了19.5%,结果通货膨胀再度飙升,这种忽冷忽热的政策终于使美国经济不堪折磨,于下一年进入了经济危机状态。

人们说,美联储这几次的政策调整犹如喝醉酒的舞者,上演的是酒醉的探戈。

看了上面的案例,我们首先应该明确什么是货币政策,接下来探讨影响货币政策效果的因素、货币政策的局限性。

一、货币政策效果的一般性分析

如第十一章所述,**货币政策是指一个国家根据既定目标,通过中央银行运用公开市场业务、再贴现率及法定准备金率等政策工具,改变流通中货币量,影响利率,影响私人投资,进而影响总求,以此来调节国民收入的政策**。按照对国民收入影响的方向,可以把货币政策划分为扩张性货币政策和紧缩性货币政策。一般地,中央银行在流通中增加货币投放,使国民收入增加的政策,属于扩张性货币政策;反过来,减少货币投放,降低国民收入的政策属于紧缩性货币政策。例如,为了对付经济萧条,政府通过增加货币供给,降低利息率,来刺激私人投资和消费,使生产和就业增加。反之,在经济过热、通货膨胀率太高时,中央银行通过在公开市场卖出债券或提高法定准备金率等政策,提高利率减少流通中的流动性,抑制投资和消费的快速增长,达到降低通货膨胀率的目的。前者是扩张性货币政策,后者是紧缩性货币政策。

中央银行增加或减少流通中的货币供给量在图形上表现为LM曲线的左右平移。如图14-4所示,中央银行为了抑制萧条、增加就业,实施了增加货币供给Δm的货币政策。该扩张性货币政策使得图中的LM_1曲线向右移动$\Delta m/k$单位成为新的LM_2曲线，它与IS曲线交于新的均衡点E_2。新均衡带来了银行利率的下降和均衡收入增加的效应。我们再来看美国应用货币政策的情况。从案例得知，1980年第二季度国民收入增长率为-9.5%，经济严重衰退。为了防止经济危机，第三季度卡特政府采取了增加货币投放19.5%的扩张性货币政策。这一政策使得国民收入大幅增加，从前期的-9.5%的增长率跳升到5.1%的增长率。

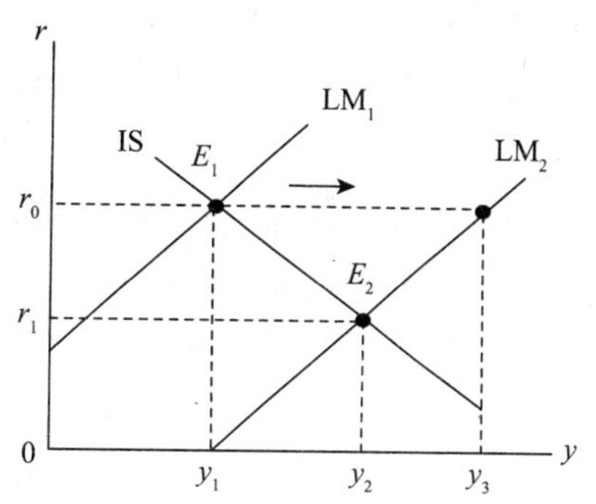

图14-4　扩张性货币政策

卡特政府的货币政策，就是LM曲线向右移动的情况。

那么，货币政策效果如何考察呢？

通常**货币政策效果**（Monetary Policy Effects）**表现为中央银行通过增减货币投放量，使LM曲线移动对国民收入产生影响的程度**。与讨论财政政策效果相同，一般地，在忽略充分就业均衡约束的情况下，一项货币政策引起的均衡收入改变量越大，政策效果越好；相反，同样的政策使得均衡收入的变动幅度很小，说明货币政策效果很差。在特殊情况下，如果货币政策出台后，均衡收入没有任何变动，此时，我们说货币政策完全无效；而相反的情况是货币政策效果是完全的。

在图14-4中，原始均衡点E_1所对应的均衡收入是y_1。如果政府实施扩张性货币政策，比如在公开市场上买入债券，就会增加流通中的货币量Δm，均衡利率由r_0下降到r_1，均衡收入也由原来的y_1增加到y_2。我们说$y_1\,y_2$就是由于货币政策带来的均衡收入的增加量。因此，从原始均衡点E_1到新均衡点E_2的水平距离，亦即$y_1\,y_2$就是货币政策效果大小的图形表示。显然，这个距离越大，政策效果越好。

那么，货币政策对均衡收入产生影响的内在机理是什么？

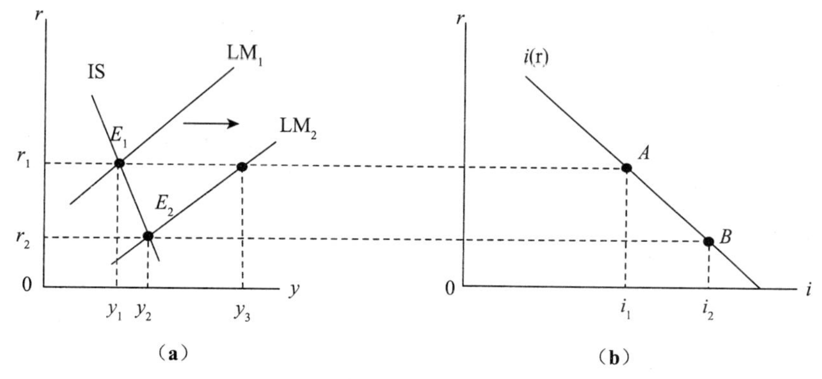

图14-5　扩张性货币政策引起私人投资增加

从图 14－5 中我们可以清晰地看到，中央银行通过流通中货币量的调整，使银行利率发生变动，而利率的涨落直接影响私人投资量，由此引起国民收入的变动。

图 14－5(a)显示，一向扩张性货币政策使得银行利率下降 $\Delta r = r_2 - r_1$，由此刺激了图 14－5(b)中的私人投资，使得私人投资量增加了 $\Delta i = i_2 - i_1$。私人投资的增加，扩大了就业，增加了生产，由此带来了 14－5(a)中的国民收入的增加，表明货币政策的实施有效果。该效果可以表示为：

$$\Delta y = y_1 y_2 = k_i \Delta i = k_i d \Delta r \tag{14.4}$$

由此可见，扩张性货币政策作用大小取决于两个因素：一是货币供给量的增加能使利率下降多少，这要取决于人们的货币需求行为；二是利率下降刺激投资数量增加多少，这取决于企业的投资意愿。根据公式(14.4)，凡是影响 Δi 和 Δr 的因素，都会影响货币政策效果。与分析财政政策效果时一样，在短期内边际消费倾向和货币需求收入系数相对稳定的情况下，我们集中研究投资需求的利率系数 d 和货币投机需求的利率系数 h 对货币政策效果的影响。

首先，h 的大小与货币政策效果呈反向变动。当一项扩张性货币政策实施以后，会引起银行利率的下降。银行利率下降的幅度一般来说主要取决于投机需求的利率系数。当 h 较大时，既定的货币需求量的变动引起的利率变动幅度较小，在投资需求利率系数 d 不变的情况，吸引的私人投资数量较少，所以政策效果较差。反之，当 h 较小时，利率变动幅度较大，吸引的私人投资数量较多，所以货币政策效果好。

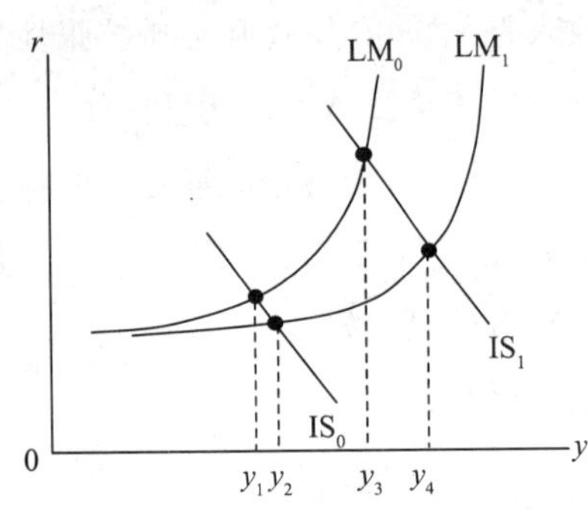

图 14－6　h 不同货币政策效果不同

下面我们给出两个不同斜率的 LM 曲线，说明不同 h 的货币政策效果。图 14－6 显示，在 LM 比较陡峭的阶段，h 比较小，利率下降幅度较大，货币政策效果较好，此时的政策效果是图中的 $y_3 y_4$。反之，在 LM 曲线比较平坦的阶段，h 比较大，银行利率下降幅度较小，货币政策效果 $y_1 y_2$ 较差。

其次，投资需求的利率系数 d 与货币政策效果正相关。因为 d 越大，私人投资对银行利率的变动越敏感，引起 Δi 的绝对值越大，带来的国民收入量越多，政策效果越好。反之，d 越小，私人投资对银行利率的变动越不敏感，Δi 的绝对值越小，政策效果越差。图 14－7 给出了两个斜率不同的 IS 曲线——IS_A 和 IS_B。我们看到，IS 曲线越陡峭，则移动 LM 时收入变化越小，货币政策效果越差。IS_A 的投资利率系数 d 较小，私人投资对利率下降不敏感，所以吸引的私人投资较少，政策效果不明显。这种情况通常发生在经济不景气时期，人们担心投资收益率太低，不敢贸然投资。相反，IS_B 曲线平坦，表现为 d 较大，人们的投资热情比较高涨，对利率的下降非常敏感，所以投资较多，引起的国民收入变化大，货币政策效果较好。

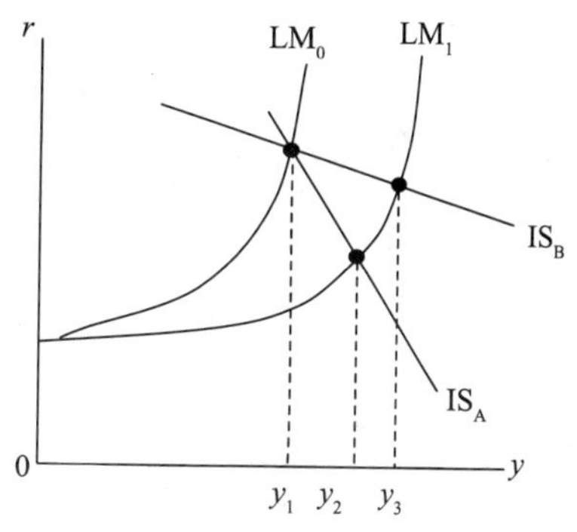

图 14－7　d 不同货币政策效果不同

二、凯恩斯主义极端的货币政策效果

通过上述分析我们看到，LM 曲线越平缓，IS 曲线越陡峭，货币政策效果越差。如果 LM 曲线水平，IS 曲线垂直，我们可以推断货币政策将会完全无效。

之所以在凯恩斯极端时货币政策完全无效，原因在于，水平的 LM 曲线意味着货币投机需求的利率系数无穷大，货币需求的利率弹性是完全的，扩张性货币政策基本不会引起利率下降。从经济形势来看，经济的极度萧条使得人们更加注重资金的安全性，为了不在股市崩盘时被套牢，会卖出全部债券，持有货币。如果中央银行增发货币，实施扩张的货币政策，希望通过降低银行利率增加私人投资，启动经济的话，由于大量充裕流动性的存在，以及人们的惜买心理，不会导致银行利率的进一步下降，所以，无法刺激私人投资。

同时，垂直的 IS 曲线更加剧了这种无效性。因为投资利率系数是零，即使扩张性货币政策使得利率有所下降的话，但由于私人部门对利率下降的事实，无动于衷，没有投资兴趣，所以货币政策无效。如图 14－8 所示。我国在 1997 年亚洲金融危机的影响下，经济持续走低，为了刺激私人投资，我国连续降低利息率，但是收效甚微。由此我们可以得出结论：当经济极度萧条时，扩张性货币政策无效。

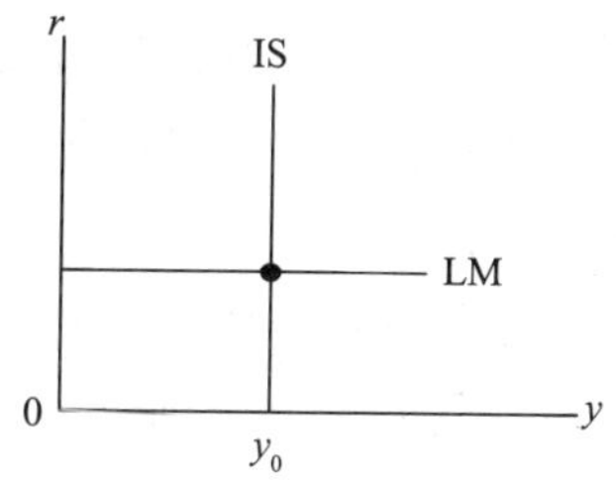

图 14－8　凯恩斯主义极端的货币政策效果

三、古典主义极端的货币政策效果

与上述情况相反，**当经济处于 LM 曲线垂直与 IS 曲线水平的古典主义极端时，货币政策效果是完全的**。

但经济处于极度高涨时，LM 曲线呈现垂直状态，货币投机需求的利率系数等于零，货币投机需求的利率弹性处于完全无弹性状态。此时，如果中央银行在公开市场上卖出政府债券的话，会促使债券价格降低，货币供给量减少，利率大幅度上升，从而抑制私人投资的增加，减少国民收入，降低通货膨胀率。**此时，不管 IS 曲线的形状如何，货币政策效果都是完全的**。如图 14－9 所示。同时，水平的 IS 曲线进一步说明，私人部门对利率变动非常敏感，银行利率的微小波动都会引起私人投资较大的变动。

因此,紧缩性货币政策减少了流通中货币量,引起银行利率的任何一点上升,都会引起私人投资的巨大减少量,所以货币政策效果是完全的。这说明,**在经济过热阶段货币政策效果更加理想**。

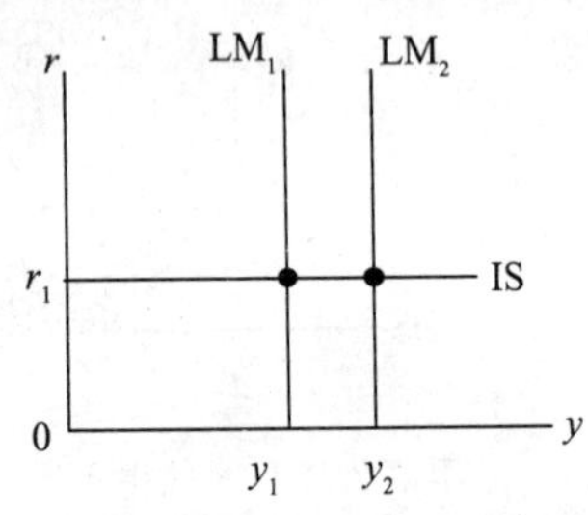

图 14-9　古典主义极端的货币政策效果

四、货币政策的局限性

货币政策与财政政策一样,也存在着局限性。

第一,货币流通速度不变的假定很难成立。从货币市场的供求情况看,增加或减少货币供给要影响利率的话,通常是以货币流通速度不变为前提的。如果这一前提不成立,货币政策就很难收到应有的效果。比如,在经济过热时期,中央银行为了抑制通货膨胀,通常实施紧缩银根,放慢货币供给增长率,实施紧缩性货币政策。然而,由于消费者担心货币贬值,通常不愿意把货币持在手上,而希望花出去变成实物。于是,人为提高的购买速度加快了货币流通速度,增加了流通中的货币供给量。此时,即使中央银行主动采取降低货币供给量的政策,也无法起到抑制通货膨胀的作用。反过来,当经济萧条时期,由于人们对未来前景的担忧,不愿意把手中的货币换成实物,或者说是不敢去花钱,这样就人为地降低了货币流通速度。货币流通速度的降低,可能抵消了中央银行增加货币供给对经济的影响。当货币流通速度抵消了政府的货币量变动时,货币政策无效。

第二,货币政策对需求拉动的通货膨胀效果比较好,但是对于成本推动型通货膨胀几乎无效。通货膨胀发生的原因和条件在不同时期、不同国度有着巨大的差别。比如,发展中国家通货膨胀的原因往往不是由于需求过度增长造成的,而是由于经济结构的不合理,在供给方面存在着结构性的"瓶颈"状况所致,主要表现为基础设施的落后、资本的匮乏和生产效率的低下,再加上市场机制的不完善等导致供给的无弹性,从而使总供给的增加始终赶不上总需求的增加。因此,发展中国家的通货膨胀并不完全是一种货币现象,而是一种由经济失衡所造成的价格现象。在这种情况下,货币政策不能从根本上解决问题,因为货币政策旨在解决总需求的问题。

第三,在通货膨胀时期实行紧缩的货币政策可能效果比较显著,但在经济衰退时期,实行扩张的货币政策效果就不明显。因为萧条时期,厂商对经济前景普遍悲观,存在着资本边际效率下降的预期。此时,即使中央银行松动银根,降低利率,投资者也不敢到银行贷款扩大生产。特别是由于存在着流动性陷阱,不论货币供给增加多少,利息率都不会降低。这样,货币政策作为反衰退的政策,其效果就相当有限。关于这一点,诚如我们在本节所分析的凯恩斯主义极端情况。

第四,货币政策作用存在外部时滞。中央银行变动货币供给量,要通过影响利率,再影响投资,然后再影响就业和国民收入,不像财政政策那样直接,而是要经过相当长一段时间迂回地起作用。从微观经济学可知,在长期,企业无论是扩大生产还是缩小生产,要改变规模,通常要经过一个相当长的时期。因此,市场利率变动以后,投资规模并不会很快发生相应变动,这就决定了货币政策存在着严重的时滞性。货币政策的时滞性限制了货币作用的效果,因为很有可能等到货币政策生效时,经济已经自发回到平衡点,所以本来想起到稳定作用的政策可能适得其反了。同时,经济具有很大的不确定性,还没等到货币政策发挥效力,经济形势可能发生了与管理层当初制定政策时候正好相反的情况,结果,货币政策不仅没有烫平经济波动,反而起到了推波助澜的作用。

第五,开放经济会抵消部分货币政策效果。对外开放,使得资本在国际间流动更加自如。这种国际间的资本流动会抵消部分货币政策。例如,当经济萧条时,中央银行采取降低利率的扩张性货币政策,以刺激国内投资。但是低的国内利率会促进国际资本的流出,从而减少了流通中的资本量,进一步降低投资需求。

第三节　财政政策与货币政策综合运用

是不是一项政策使国民收入改变的幅度越大越好？在上一节的分析中似乎容易得出这样的结论。然而,这又与美国 20 世纪 70 年代货币政策的真实效果背道而驰——巨幅紧缩性政策导致经济负增长,强劲的扩张性货币政策又使经济出现过高的通货膨胀率,因此,宏观政策效果还要有充分就业作为约束条件。只有当宏观政策使国民收入变动接近于充分就业的国民收入时,它的效果才是理想的。但是从上述分析中我们看到,不论是财政政策还是货币政策都有自身的局限性,而且它们调整的侧重点有所不同,比如,财政政策对于消费的调整更加有效,而货币政策通过变动利率,对于私人投资的调整更有力度。因此,为了实现充分就业的均衡,必须把二者配合起来使用。

一、两种政策效果对照

财政政策最大的局限性是挤出效应,而货币政策也存在着诸如时滞性等不足。尤其是货币需求的利率系数 h 和投资需求的利率系数 d 对于两大政策效果的影响呈相反方向的现实,使得二者的配合运用更为必要。二者的政策效果对照如表 14 - 1 所示。

表 14 - 1　　财政政策货币政策效果对照表

经济运行状况	财政政策效果	d 大小	IS 形状	h 大小	LM 形状	货币政策效果
凯恩斯主义极端	完全效果	零	垂直	∞	水平	完全无效
一般情况	效果较好	小	陡峭	大	平坦	效果较差
一般情况	效果较差	大	平坦	小	陡峭	效果较好
古典主义极端	完全无效	∞	水平	零	垂直	完全效果

从表 14 - 1 中可以看出,在经济处于凯恩斯主义极端时仅有财政政策有效,而在古典主义极端中仅货币政策可以发挥作用。但是在经济生活中这两种情况都属于极端事例,非常罕见,更多的是中间区域。当经济位于中间区域时,我们可以将财政政策和货币政策搭配使用。

二、两种政策配合运用的三种情况

财政政策和货币政策可有多种组合,这种结合的政策效应,有的是事先可预计的,有的则根据财政政策和货币政策何者更强有力而定,因而是不确定的。表 14 - 2 给出了各种政策配合使用的效应。

表 14 - 2　　财政政策与货币政策配合使用的政策效应

	政策混合	产出	利率
1	扩张性财政政策和紧缩性货币政策	不确定	上升
2	紧缩性财政政策和紧缩性货币政策	减少	不确定
3	紧缩性财政政策和膨胀性货币政策	不确定	下降
4	扩张性财政政策和膨胀性财政政策	增加	不确定

(一)"双松"的政策配合

所谓**"双松"的政策配合是就经济发生严重萧条时,使用扩张性财政政策和扩张性货币政策的一种配合方式。**当经济严重萧条时,可采用"双松"组合。一方面用扩张性财政政策增加总需求,另一方面用膨胀性货币政策降低利率,减少"挤出效应",最终会引起总需求增加,从而促使经济复苏、高涨。如 2007 年美国次贷危机引起全球性金融危机,发达国家纷纷实行"双松"的政策。我国于 2008 年为抵御国际金融危机的影响,保障 GDP 增长速度,也采取了"双松"政策。

如何使财政政策和货币政策配合得好,不仅取决于经济因素,而且取决于政治等因素。因为财政政策和货币政策作用的结果,会使国民收入的组成比例发生变化,从而对不同阶层和不同集团的利益产生不同的影响。比如政府在经济过热时,实行提高税率的紧缩性财政政策,这对中产阶级以上的那部分人来说,他们收入中的较多部分上缴国家财政,国家利用税收进行公共投资,如用来改善公共交通,这时不论穷人还是富人都可共同享受这些公共物品。这在一定的经济社会中，国民收入的分配会发生变化。因此，政府在做出混合使用财政政策和货币政策的决策时，必须统筹兼顾，充分考虑各方面的利益。

（二）“双紧”的政策配合

所谓**“双紧”的政策配合是指当经济发生严重膨胀时，使用紧缩性财政政策和紧缩性货币政策的一种配合方式。**“双紧”的政策配合，通常来说，是一种力度非常大的调控方式，实施以后，会大大地降低社会总需求，减少国民收入，以至经济增长势头减弱，所以一般只在经济发生严重通货膨胀时使用，否则可能会导致经济萧条。例如，我国 1988 年的高通胀，使用的就是“双紧”的政策配合，结果因为力度太大，导致市场疲软、企业开工不足，“硬着陆”负效应显现。

（三）松紧搭配

1. **扩张性财政政策与紧缩性货币政策配合，即“松财政，紧货币”。**当经济出现通货膨胀，但问题又不太严重，或经济位于非古典极端的中间区域时，常常使用这样的配合方式。其中，紧缩性货币政策可以较少流动性，抑制通货膨胀；扩张性财政政策可以刺激消费、促进就业，避免引起经济衰退。我国在 2006—2007 年度的宏观调整中采用了这种方式；美国里根政府在 20 世纪 80 年代初治理“滞胀”时，德国在 20 世纪 90 年代统一之初时，都曾采用过这种组合。

2. **扩张性货币政策与紧缩性财政政策配合，即“紧财政，松货币”。**当经济有所衰退，但问题又不是太严重时，可以使用这种配合方式。我国在 1990 年 9 月—1991 年 12 月，由于前期的“双紧”政策力度太大，引起市场疲软和企业之间的“三角债”。于是，我国采用了这种扩张性的货币政策与紧缩性的财政政策配合方式。一方面，松动银根，增加企业信贷，降低利率，促进企业增加投资，增加社会总需求；另一方面用紧缩性的财政政策，减少庞大的财政赤字、避免再度出现通货膨胀。美国克林顿政府在 20 世纪 90 年代中后期也曾采用过这种政策配合方式。

（四）稳健的政策

所谓**稳健的政策是指谨慎的、适中的、适时微调的政策。**也就是不具休规定政策方向是扩张性的还是紧缩性的，通常根据形势需要做出或松或紧，多频率小幅度的调整。稳健的政策也分为稳健的财政政策和稳健的货币政策。稳健的政策通常是在经济形势比较正常的年份使用，类似于驾驶员的小幅度“修舵”行为，其好处在于：一方面，可以避免大幅度调整引起的经济震荡；另一方面，适时调整防微杜渐，避免大的经济危机出现。尽管这一名词是由我国管理层提出，但是它的核心思想在西方理论中早有论及。

当代的新凯恩斯主义已放弃了以通货膨胀换取经济增长的过度扩张性货币政策，而主张谨慎的、适度的货币政策，即货币政策对经济的调控以不引起通货膨胀为前提。

这与新古典学派所主张的有规则的货币政策实际上已没有太大的差别。人们认为,20世纪80年代以来,美国经济之所以能持续高速增长,并几次从衰退中很快恢复过来,避免了大衰退,是经常性小幅度“修舵”的结果。我国的宏观政策实践表明,经常出现的问题是:政策一“紧”经济就萧条;政策一“松”经济就过热,调控中的大起大落花费了较大的时间成本。为了避免“一刀切”,近几年来,政府经常对经济进行适度微调,时而紧缩时而扩张。“松”的政策时期,对于限制性行业、阶层,仍然是该紧则紧;相反,在政策从“紧”时期,对需要鼓励支持的行业,该松则松。我国从2003年起,采用了“稳健”的政策一词,或稳健的财政政策或稳健的货币政策。与单一规则的货币政策意思相近,即适度微调,结构性调整,松中有紧、紧中有松。我国在2003—2006年,我国实施的是积极的财政政策与稳健的货币政策配合,在2006年下半年到2007年12月实行的是稳健的财政政策与适度从紧的货币政策配合。

第十五章　开放经济理论

Macro Economics in the Open Economy

如今,经济全球化已成为一股不可抗拒的潮流,任何国家的经济变动与世界经济变动都交互影响,环球同此凉热,"一荣俱荣,一损俱损",如2008年源自美国的金融危机使得欧洲、日本等世界其他国家和地区经济受到了极大的重创,并逐步演变成世界性金融海啸。因此,我们在进行宏观经济研究时,有必要引入国际经济部门。本章将运用宏观经济分析工具来研究相关的国际经济问题。

第一节　国际贸易理论概述

反全球化浪潮

反全球化浪潮始于1995年,在1999年世贸组织西雅图会议期间大出风头,引起世界舆论的广泛关注。此后,与经济问题有关的国际会议开到哪里,反全球化的抗议就跟到哪里,愈演愈烈。2001年在热那亚,针对八国峰会的反全球化抗议活动更是规模空前,甚至造成1人死亡,300多人受伤。

为什么会出现这种反全球化的浪潮?

大规模的国际贸易促进了各国经济发展,全球经济一体化已成为不可抗拒的趋势。经济全球化使资源在世界范围自由流动,实现资源的全球化配置,提高了各个国家和世界的经济效率。但是,反全球化的浪潮让我们看到了经济全球化所带来的问题:损害国家的经济独立性,导致经济频繁波动,容易扩大国家之间的贫富差距。因此,正确认识经济全球化和国际贸易的意义,消减由此带来的负面影响,是一国经济发展需要直面的问题。

国际贸易是各国物品与劳务之间的交易。开展国际贸易对各国经济有哪些有益影响?经济学界提出了各种理论解释国际贸易的必要性。

一、国际贸易的必要性

(一)绝对优势理论

绝对优势理论是早期的国际贸易理论,其主要代表人物是英国古典经济学家亚当·斯密,斯密认为由于国家间自然资源或技术条件差异导致国家间生产成本的差异,国际间分工协作能提高生产率。如果一国生产一种商品的效率比另一国高,该国在这种产品的生产上就具有绝对优势。例如,英国生产纺织品的效率较高,而日本生产汽车的效率较高,则英国在纺织品生产上具有绝对优势,而日本在汽车生产上具有绝对优势。

绝对优势理论(Absolute Advantage Theory)认为,各国都生产自己具有绝对优势的产品,然后与其他国家交换其他产品,提高双方福利。例如,以日本的汽车与英国的纺织品交换,对两国都有益。各国的生产技术差别以及由此造成的劳动生产率和生产成本的绝对差别是国际贸易和国际分工的基础。

(二)比较优势理论

绝对优势理论是斯密提出来的,他认为,各国应该集中生产并出口其具有"绝对优势"的产品,进口其不具有"绝对优势"的产品。而有些国家虽然在很多产品的生产上都不具有绝对优势,但是开展国际贸易对其经济也有促进作用,这样的情况可以用李嘉图的比较优势理论解释。**比较优势理论**(Comparative Advantage)认为,国际贸易的基础并不局限于生产技术上的绝对差别,只要各国的生产技术、生产成本和产品价格存在相对差别,就会使国际贸易有利可图、成为可能。比较优势可用机会成本来说明,如果一个国家在本国生产一种产品的机会成本(用其他产品来衡量)低于在其他国家生产该产品的机会成本的话,则这个国家就拥有在该种产品生产上的比较优势。

如表 15-1 所示。假设在美国,如果将种植 1000 万枝玫瑰的资源用于生产电脑,可生产 10 万台,即 10 万台电脑的机会成本是 1000 万枝玫瑰,反过来,1000 万枝玫瑰的机会成本是 10 万台电脑。

在南美,由于气候适宜,生产玫瑰所用的资源较少,但南美工人生产电脑的效率低于美国,假设在南美,如果将种植 1000 万枝玫瑰的资源用于生产电脑,可生产 3 万台,即 3 万台电脑是 1000 万枝玫瑰的机会成本;反过来,1000 万枝玫瑰的机会成本是 3 万台电脑。

表 15-1　　假定的生产变化

国别	万枝玫瑰	万台电脑
美国	-1000	+10
南美	+1000	-3
合计	0	+7

这种情况下，两个国家都会选择生产相对机会成本较低的产品，南美生产玫瑰，美国生产电脑，然后用美国的电脑同南美的玫瑰交换。在这一交换中，对于南美来说，1000 万枝玫瑰所交换到的电脑数量只要超过 3 万台就比自己生产电脑有利；对于美国来说，只要用少于 10 万台的电脑交换 1000 万枝玫瑰就比自己生产玫瑰有利。

假设美国用 5 万台电脑交换到南美的 1000 万枝玫瑰，这种交换的结果对美国来说，比自己生产玫瑰的情况要节省 5 万台电脑；而南美也比自己生产电脑多获得 2 万台电脑。两国都从这一交换中获得好处。

（三）赫克歇尔—俄林理论

瑞典经济学家赫克歇尔和俄林从生产要素比例的差别角度阐述贸易的基础，得到**赫克歇尔—俄林理论，即要素禀赋论**（Factor Endowment Theory）。他们认为，资本、土地以及其他生产要素在生产中起着重要作用，要素的稀缺程度决定生产成本和效率。一国生产生产要素相对丰腴型产品，生产成本低，生产效率高；相反，生产要素相对贫乏型产品，生产成本高，生产效率低。如果每个国家都生产生产要素相对丰腴型产品，彼此交换，可以通过降低成本、提高效率，增加各自的福利。美国资本充足，生产资本密集型产品的成本较低，而中国劳动力资源丰富，生产劳动密集型产品的成本较低。因此，美国生产的资本密集型产品同中国生产的劳动密集型产品交换，就会使两国通过生产成本较低的产品，互换后使双方获利。赫克歇尔—俄林理论认为生产资源配置或要素储备比例上的差别是国际贸易的基础。

（四）规模经济理论

根据赫克歇尔—俄林理论，资源储备比例的不同使交换双方在生产各自相对成本较低的产品时获利。那么资源储备相似的国家、同类工业产品之间是否还需要进行国际贸易？为解释这一问题，美国经济学家克鲁格曼提出了规模经济的贸易学说，并形成了当代贸易理论。

在现代化大生产中，许多产品的生产具有规模报酬递增的特点，扩大生产规模会降低单位产品成本，如表 15－2 所示。

表 15－2　　某一行业的投入产出关系

产出	劳动投入
5	10
10	15
15	20
20	25
25	30
30	35

表 15－2 是一个假设的某行业的投入产出表。若 A、B 两国都生产这种产品，并且它们具有相同的技术。生产取决于需求，而有些国家的生产规模会受到市场需求的限制，无法达到扩大，发挥规模优势。若两国分别生产 10 单位产品，各需要 15 单位劳动投入，共需要 30 单位的劳动投入；而如果两国的 20 单位产品由一个国家生产，则只需要 25 单位的劳动投入就可以实现，比两国分别生产节省 5 单位劳动。这是因为各自在较小的规模下生产，会导致较高的平均成本，而如果扩大生产规模，由一国集中生产，就可得到规模经济收益。因此，**规模经济理论**（Theory of Economics of Scale）认为，各国分别集中生产有限类别的产品，相互交换，既能满足各国多样化的消费需求，又能提高国际范围内的资源配置效率，实现规模经济。

（五）经济全球化的影响

经济全球化的发展一方面具有提高全球经济效率的优点，另一方面也会产生不良影响，导致"反全球化浪潮"的出现。

经济全球化使资源在世界范围内自由流动，实现资源的优化配置，提高各国及整个世界的经济效率，但同时也带来了新问题。首先，经济全球化的不断发展使许多国家的经济对国际市场和国际资本的依赖越来越强，这就增加了国际经济波动对一国国内经济的影响程度。其次，经济全球化加强了国内经济和国际经济的联动性，国家的经济独立性将受到一定程度的损害。再次，各国的贫富差距有可能在全球化过程中进一步扩大。经济全球化使发达国家实现了低价进口发展中国家的资源、高价出口制成品的进出口贸易，为发达国家实施其利用资金和技术优势的"高附加值"战略提供了便利。同时，发达国家也限制人口或劳动力的流动，仅接受技术性、投资性移民，这种移民对发达国家而言，显然是带来了技术和资金的好处，而对发展中国家是一种人才和资金的流失，会加剧发展中国家与发达国家之间的贫富差距。

因此，在经济全球化的大趋势下，我们一方面要把握好经济全球化带来的机遇，另一方面又要冷静地认清形势，沉着应对经济全球化带来的挑战。

人民币为什么升值？

自 2005 年 7 月 21 日起，我国开始实行以市场供求为基础、参考一揽子货币进行调节、有管理的浮动汇率制度。人民币汇率不再盯住单一美元，形成更富弹性的人民币汇率机制。2005 年 7 月 21 日 19:00 时，美元对人民币交易价格调整为 1 美元兑 8.11 元人民币，而到了 2011 年 5 月 17 日，中国人民银行外汇交易中心公布，银行间外汇市场人民币汇率中间价为 1 美元对人民币 6.5108 元，汇率下跌表明人民币升值，而人民币升值原因何在？这种升值是否还会持续？

二、汇率

（一）汇率制度

国际贸易需要进行收支结算，而两个参与结算国家的货币是不同的，需要进行兑换。两个国家货币的兑换比率称为**汇率**（Exchange Rate），即一个国家的货币折算成另一个国家货币的比率。汇率有两种标价方法：直接标价法和间接标价法。

直接标价法是用一单位的外币作为标准，折算为一定数额的本国货币来表示的汇率，即用本币表示外币的价格。目前，世界上绝大多数国家都实行直接标价法，我国也采用这种表示方法。汇率上升即外币价格上升，本币贬值；汇率下跌即外币价格下跌，本币升值。例如，2005 年 7 月，100 美元 = 811 元人民币；2011 年 5 月，100 美元 = 651 元人民币。汇率下跌，表明美元贬值，人民币升值。

间接标价法是用一单位的本币作为标准，折算为一定数额的外国货币来表示的汇率，即用外币表示本币的价格。汇率提高即本币价格上升，本币升值。当前，只有欧元区、英国及英联邦国家采用这种方法。

汇率制度包括固定汇率制度和浮动汇率制度两种。

固定汇率制（Fixed Exchange Rate Regime）指一国货币同他国货币的汇率基本固定，其波动仅限于一定的幅度之内。这种制度下，中央银行确定了固定的汇率水平，并按这一水平进行外汇买卖。中央银行为任何国际收支赤字和盈余提供融资。当有盈余时购入外汇，有赤字时售出外汇，以维持固定的汇率。

实行固定汇率制有利于一国经济、国际金融体系和国际经济交往的稳定，降低了国际贸易与国际投资的风险。但是，实行固定汇率制要求国家中央银行拥有足够的外汇和黄金储备以稳定汇率，否则，固定的汇率会导致外汇的黑市交易，从而对经济产生不利影响。

浮动汇率制（Flexible Exchange Rate Regime）是一国中央银行不规定官方汇率，听任汇率由外汇市场的供求关系自发地决定。浮动汇率又分为自由浮动汇率和有管理的浮动汇率。**自由浮动汇率**指一国中央银行对外汇市场不采取任何干预措施，汇率完全由市场力量自发决定。**有管理的浮动汇率**指实行浮动汇率国家的中央银行为控制或减缓市场的汇率波动，根据外汇市场的供求状况，买卖外汇以通过供求影响汇率等形式对外汇市场进行干预。

实行浮动汇率有利于汇率波动调节经济作用的发挥，利于国际贸易的发展，尤其在中央银行的外汇与黄金储备不足以维持固定汇率的情况下，实行浮动汇率对经济发展更为有利，同时也能取缔非法的外汇黑市交易。但浮动汇率制不利于国内和国际经济关系的稳定，会加剧经济波动。

（二）汇率的决定

外汇指外国货币，或者对外国货币的索取权，如在外国的存款和外国的支付承诺等。汇率是外汇的价格,自由浮动制度下它和商品的价格一样,是在供给和需求两个方面相互作用下形成的。均衡汇率是处于外汇供给曲线和需求曲线交点上的汇率。

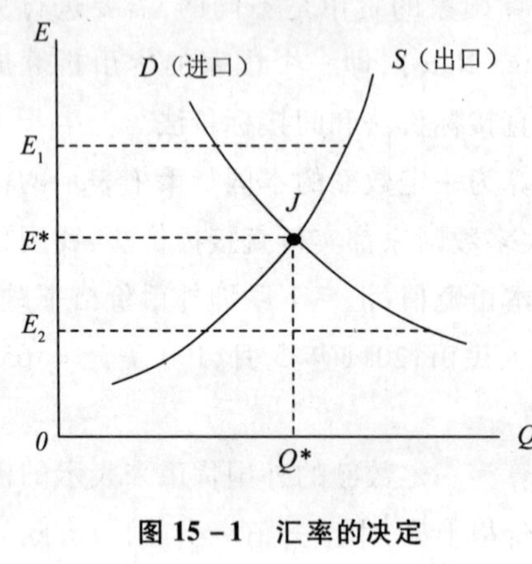

图 15-1 汇率的决定

如图 15-1 所示,横轴字母 Q 表示外汇数量,纵轴字母 E 表示汇率。因为进口需要外汇,所以外汇的需求取决于进口,一般来说,汇率越高,外汇需求越少,因此外汇的需求曲线 D 向右下方倾斜;外汇的供给来自于出口,汇率越高,外汇的供给越多,因此外汇的供给曲线 S 向右上方倾斜。在汇率 E_1 水平上,外汇供过于求,汇率下跌,进而使外汇需求增加,外汇供给减少,向 J 点趋近;而在 E_2 的汇率水平上,外汇供不应求,汇率上升并使外汇需求减少,外汇供给增加,向 J 点趋近;在汇率 E^* 水平上,外汇供给曲线和外汇需求曲线相交于 J 点,外汇供求平衡,汇率稳定下来。

外汇供求的变化会导致均衡汇率发生变化,外汇市场会按照新的供求关系达到新均衡。因此,能引起外汇市场供求曲线移动的因素都会导致汇率的变化,例如进出口的变化和外汇投机等都会影响汇率。若进口增加,汇率上升;若出口增加,汇率下降。

我国自 2005 年 7 月 21 日人民币汇改以来,一直沿用实行的是有管理的浮动汇率制度,国家对汇率实行必要的干预,虽然汇率不完全由外汇市场外汇供给和需求决定,但汇率仍然处于下跌趋势。从 2005 年 7 月 21 日 100 美元兑换 811 元人民币下降到 2011 年 5 月 100 美元兑换 651 元人民币,汇率下降表明美元贬值,人民币升值。

汇率分为名义汇率和实际汇率。**名义汇率**是指汇率市场上的汇率;**实际汇率**(Real Exchange Rate)是用同一种货币来度量的国内与国外价格水平的比率。用公式表示为:

$$e = \frac{E \times P_f}{P} \tag{15.1}$$

式中,e 为实际汇率;P 和 P_f 分别为国内与国外的价格水平;E 为名义汇率。分子是用本币表示的国外价格水平,分母是用本币表示的国内价格水平。实际汇率上升,表示用本币表示的国外价格水平上升,国内价格水平下降;实际汇率下降,表示用本币表示的国外价格水平下降,国内价格水平上升。

(三)购买力平价理论

购买力平价(Purchasing - Power Parity)是 20 世纪初由瑞典经济学家塞尔系统提出的学说。**购买力平价学说理论**认为,货币的价值取决于货币的购买力。两国货币的兑换比率由两国货币在其本国所具有的购买力决定，从而决定了两国货币的兑换比率，即汇率。又由于货币购买力大小受到物价水平影响，所以货币兑换率取决于两国价格水平的比较。例如，1台电脑的国内价格2800元人民币，而在美国，买到同样的电脑需要400美元，则按购买力平价理论，人民币与美元的汇率应是2800/400=7(人民币/美元)。如果不同国家一揽子基准商品的品种和质量相同，在中国购买它花1000元人民币，在美国花200美元，那么购买力平价预测的人民币汇率为1000/200=5(人民币/美元)。

既然两国货币的汇率等于两国一般价格水平之比，反过来，两国商品价格水平的变动必然会引起汇率的变动。即某国国内一般价格水平上升，该国货币国内购买力下降，会引起该国货币在外汇市场上等比例贬值；反之，若某国国内一般价格水平下降，货币购买力上升会引起相应的货币升值。例如，中国物价水平某年上升了10%，美国物价水平上升了5%，相对购买力平价理论预测人民币将会贬值5%(10%-5%)。

购买力平价理论依据两国货币的购买力来说明汇率，指出了货币兑换的实质，是解释汇率应有的稳定趋势的一种理论，也被认为是解释长期汇率的一种理论。但因为忽略了关税、交易费用等条件，购买力平价理论还不能对汇率的短期波动做出全面的解释。

三、汇率与对外贸易

实际汇率上升，用本币表示的国外价格水平上升，国内价格水平下降；实际汇率下降，用本币表示的国外价格水平下降，国内价格水平上升。因此，汇率上升，本币贬值，出口商品价格下降，本国出口产品的竞争力增强，利于出口，不利于进口，净出口增加；反之，汇率下降，本币升值，出口商品价格上升，而进口产品相对便宜，对进口产品的需求增加，净出口减少。

例如，假定中国产某款水杯24元人民币，当美元对人民币的汇率为1:8时，该种水杯在国际市场上的售价为3美元，当美元对人民币的汇率下跌为1:6，其国际市场售价上升为4美元，虽然这种产品用人民币表示的价格没变，但按美元计算的价格却上升了，国际市场竞争力降低了，会使出口数量减少。再假定，中国进口的某款丝巾的价格为4美元，当美元对人民币的汇率为1:8，该丝巾在中国市场上售价为32元人民币，当美元对人民币的汇率下跌为1:6，该产品在中国市场上售价下降为24元人民币，虽然丝巾用美元表示的价格没变，但按人民币计算的价格却下降了，提高了在中国市场的竞争力，中国市场对这一产品的进口需求和进口数量就会增加。

从这个例子可以看出，汇率上升，本币贬值会增加出口、减少进口，使净出口增加进而增加国际收入；反过来，本币升值会减少出口、增加进口，本币升值导致净出口减少，使国际收入减少。对中国来说，人民币升值会降低中国出口产品的价格优势，同时，由于进口商品相对价格下降，使进口数量增加，从而减少净出口、改变国际收支顺差的状况，但是会减少总需求，减少就业。

由于汇率变动会影响国际收支水平，所以当一个国家出现国际收支逆差时，可通过本币贬值来增加净出口，以改善其国际收支状况。但是汇率上升使净出口增加，却不一定使该国的国际收入增加，这是因为国际收入的增加不仅取决于进出口商品的数量，还取决于进出口商品的价格。

汇率上升使出口数量增加，但如果同时出口商品价格下降，所以出口创汇总额不一定增加，只有在出口商品需求弹性大于 1 的情况下，出口数量增加大于其价格下降的幅度，才能使出口收入总量绝对增加；汇率上升，进口数量减少，但如果同时进口商品价格上升，进口减少外汇额不一定减少，只有在进口商品需求弹性大于 1 的情况下，进口数量减少的幅度大于价格上升的幅度，才会使进口支出减少。

所以，只有在一国出口商品需求弹性和进口商品需求弹性之和的绝对值大于 1 的情况下，货币贬值才能有利于平抑国际收支逆差，这一条件被称为**“马歇尔—勒纳”条件**。

第二节　国际收支平衡

我国的“双顺差”

资料显示，2010 年全年，我国国际收支经常项目顺差 3062 亿美元，较上年增长 25%；资本和金融项目（含净误差与遗漏）顺差 1656 亿美元；国际储备资产增加 4717 亿美元，较上年增长 18%。多年来，我国的国际收支一直保持着“双顺差”的格局，严重依赖外需，虽然目前实施了扩大内需的战略，但并没有在短期内改变我国国际收支不平衡的局面。

“十二五”规划纲要明确提出，国际收支趋向基本平衡是“十二五”时期经济社会发展的主要目标之一。下一阶段外汇管理工作将按照国家统一部署，积极配合实施稳健的货币政策，加快转变外汇管理理念和方式，深化外汇管理重点领域改革，积极防范跨境资金流动风险，促进国际收支基本平衡。

那么究竟影响国际收支的因素是什么？我们应该怎么做才能缓解我国的贸易不平衡状况？

国际收支是指一国在一定时期内从国外收进的全部货币资金和向国外支付的全部货币资金的对比关系。一国国际收支状况可以用国际收支平衡表反映。

一、国际收支平衡表

国际收支平衡表是在一定时期内，对一国与他国之间所进行的一切经济交易加以系统记录的报表。一国国际收支账户的借方记录的是本国向国外的购买支付；而国际收支账户的贷方记录的是所有向国外出售商品、劳务和资产产生的收入。国际收支平衡表包括三个组成部分：经常账户、资本账户和官方储备。

经常账户记录商品和服务进出口以及收入转移等交易活动所产生的外汇收支。中国购买了外国商品和劳务发生的支付，记入中国经常账户的借方，记为负号。例如，中国民航从欧洲进口“空中客车”飞机，2001 年夏季北京“紫禁城午门演唱会”举办单位向意大利三大男高音支付几百万美元出场费均记入经常账户的借方。中国向外国出售了商品和劳务，记入经常账户的贷方，记为正号。例如，浙江玩具制造厂商向英国出口玩具，我国在中东地区工程建筑安装队工人汇回或带回的外汇收入均记入经常账户的贷方。

资本账户记录的是国际间的资本流动。外国对本国的贷款、外国购买本国的实物资产和金融资产的交易都属于资本流入，记入资本账户的贷方，记为正号；本国对外国的贷款，本国购买外国的实物资产和金融资产的交易都属于资本流出，记入资本账户的借方，记为负号。当中国驻美使馆花费数千万美元购买地皮建立新馆时，或者某中国企业用 1 亿美元外汇购买了美国政府债券，都记为中国资本项目的借方。相反，通用汽车公司投资几亿美元在上海建厂，则记在中国资本账户的贷方。

官方储备亦称为官方黄金和外汇储备，主要用于政府和货币机构管理汇率。当国际收入大于支出时，官方储备增加；而国际收入小于支出时，政府动用官方储备，使官方储备减少。

差错和遗漏是一个估计项，用于弥补统计过程发生的误差。如果数据没有误差，那么“经常账户差额”+“资本账户差额”+“官方储备变动”应当正好等于零。然而，由于统计数据存在误差或是人为因素如资本非法抽逃没有被国际收支账户所记录等的影响，实际统计数据往往不能满足“经常账户差额”+“资本账户差额”+“官方储备变动”正好等于零的这一条件。需要设立一个估计项来冲销不同原因导致的误差，以保持国际收支账户形式上的平衡。

一国经常账户出现的赤字，可以通过不同方式弥补，一是向外国人出售资产或借债，二是减少外汇储备。这一关系可以表述为：

$$\text{经常账户顺差} + \text{净资本流入} = \text{外汇储备增加}$$

表 15 – 3　　2002 年美国国际收支平衡表　　单位:10 亿美元

(a) 项目	(b) 贷方(+)	(c) 借方(–)	(d) 余额
Ⅰ. 经常账户			
a. 商品出口(+)和进口(–)			–482.9
b. 服务(净)			
c. 转移支付(净)	681.8	–1164.7	
经常账户余额	65.0		–480.9
Ⅱ. 资本账户		–63.0	
资本流入(+)和流出(–)			
资本账户余额			428.1
Ⅲ. 官方储备变动	612.1	–184.0	
美国官方储备减少			3.7
外国官方资产在美国的增加			94.9
官方储备总变动			98.6
Ⅳ. 统计误差			–45.8

资料来源:[美]理查德·T. 弗罗恩.《宏观经济学:理论与政策》(第八版)[M]. 北京:北京大学出版社,2005:310.

根据表 15 – 3 可以看出,2002 年,美国经常账户存在赤字 4809 亿美元,资本账户盈余 4281 亿美元,两者相抵仍然存在 528 亿元赤字,动用官方储备 986 亿美元弥补赤字,统计误差 458 亿美元。

二、净出口函数

净出口(Net Exports)即出口与进口的差额。若出口大于进口,存在贸易顺差;若出口小于进口,存在贸易逆差。

影响净出口的最重要因素是汇率和国内收入水平。汇率对净出口的影响表现为:汇率上升,本币贬值,利于出口,不利于进口,净出口增加;反之,汇率下降,本币升值,出口减少,进口增加,净出口减少。净出口与汇率同向变动。

进口随收入的增加而增加,因为净出口为出口与进口之差,所以净出口与收入之间反向变动。净出口函数记作:

$$nx = q - \gamma y + n\frac{EP_f}{P} \tag{15.2}$$

式中,q、γ 和 n 均为正参数。被称为边际进口倾向,即进口变动与引起这种变动的收入变动的比率。从公式(15.2)中可以看出,净出口与汇率同向变动,与收入反向变动。假设汇率不变,只考虑净出口与收入之间的关系,净出口就可以看做是收入的减函数。净出口函数的几何表示即为净出口曲线。

如图 15 – 2 所示,横轴表示国内收入水平 y,纵轴表示净出口 nx,当国内收入水平为 y_1 时,净出口为 nx_1,净出口与收入的组合为图中的 B 点。当国内收入增加到 y_2 时,进口需求会增加，而出口不受收入影响，因此，净出口会减少到 nx_2，由于净出口与国内收入变动方向相反，净出口曲线向右下方倾斜。

实际汇率上升，会增加各个收入水平上的净出口，使净出口曲线向右上方移动；反之，实际汇率下降，会使各个收入水平上的净出口均减少，净出口曲线向左下方移动。

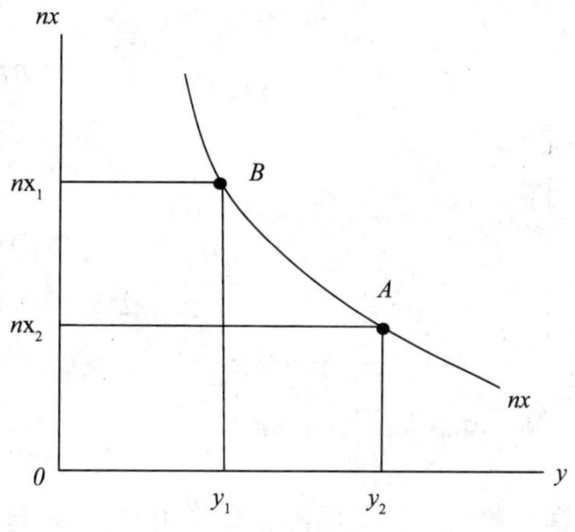

图 15－2　净出口曲线

三、净资本流出函数

资本净流出是指从本国流向外国的资本量与从外国流向本国的资本量的差额。资本流动的目的在于追逐高利率，因此资本是净流出还是净流入取决于国内外利率的比较。若国内利率高于国外利率，资本净流出就会减少；若国内利率低于国外利率，资本净流出就会增加。资本净流出是国外利率与国内利率之差的函数。资本净流出函数记作：

$$F = \delta(r_W - r) \qquad (15.3)$$

式中，F 表示净出口，δ 表示金融市场开放程度，r_W 表示国外利率水平，r 表示国内利率水平，资本净流出是国内利率的减函数，与国内利率反向变动。如图 15－3 所示，当国内利率为 r_1 时，资本净流出为 F_1；当国内利率下降为 r_2 时，资本净流出增加到 F_2，资本净流出曲线向右下方倾斜。

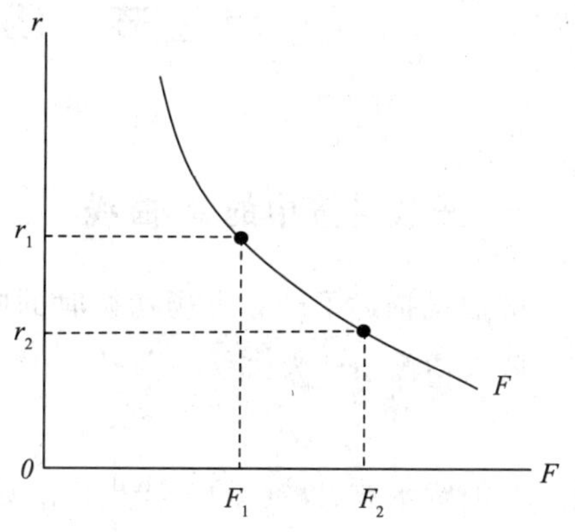

图 15－3　资本净流出曲线

四、国际收支平衡函数

国际收支平衡（Balance of International Payment）是指国际收支相等。国际收入大于国际支出称为国际收支顺差，国际收入小于国际支出称为国际收支逆差 δ。

如同个人需要对他的买单付账一样，一国必须为它在国外买单付账。国际收支账户就是国家的买单账户。一国经常账户的赤字，同样需要用其资本账户的顺差来弥补。如果净出口等于资本净流出，就实现了国际收支平衡。而多数情况下，国际收支是平衡的，会存在收支差额，国际收支差额是指净出口和净资本流出的差额，可以用 BP 表示，记作：

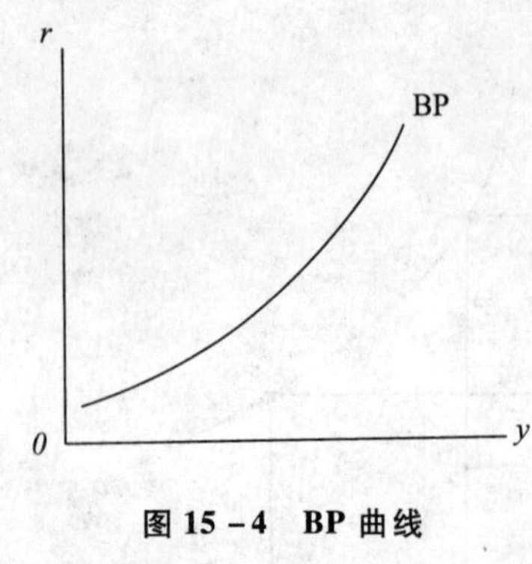

图 15-4 BP 曲线

$$BP = nx(y) - F(r) \quad (15.4)$$

若 $BP > 0$,存在国际收支顺差;若 $BP < 0$,存在国际收支逆差;若 $BP = 0$,国际收支平衡。此时,

$$nx(y) = F(r) \quad (15.5)$$

将净出口函数公式(15.2)和资本净流出函数公式(15.3)代入公式(15.5)中,有:

$$q - ry + n\frac{EP_f}{P} = \delta(r_W - r) \quad (15.6)$$

公式(15.6)就是国际收支平衡函数,**国际收支平衡函数**表示的是国际收支平衡时,收入与利率之间的函数关系。用 BP 曲线表示。

BP 曲线可以通过资本净流出曲线、净出口曲线和国际收支平衡曲线以及一条横纵坐标转换线推导出来,在这里我们不对这一推导过程进行详细论述。

第三节 IS-LM-BP 模型

一、开放经济中的 IS 曲线

IS 曲线描述了产品市场均衡时的收入与利率之间的关系。在开放经济条件下,国民收入均衡条件为:

$$y = c + i + g + nx \quad (15.7)$$

把消费函数、投资函数、净出口函数代入均衡国民收入公式,得:

$$y = \alpha + \beta(y - t) + (e - dr) + g + \left(q - ry + n\frac{EP_f}{P}\right)$$

整理得:

$$y = \frac{\alpha + e + g + q - \beta t + n\dfrac{EP_f}{P}}{1 - \beta + \gamma} - \frac{d}{1 - \beta + \gamma}r \quad (15.8)$$

公式(15.7)和公式(15.8)都可以表示开放经济中的 IS 方程。从公式(15.7)中可看出,开放经济条件下,收入与利率之间仍然是反向变动的关系,IS 曲线斜率仍然为负,向右下方倾斜;但是,IS 曲线的斜率比封闭条件下更大,曲线更为陡峭。还可得到,同封闭经济一样,消费、投资、政府支出、税收等因素仍然决定 IS 曲线位置,但特殊的是,汇率也是决定 IS 曲线横轴截距的一个因素。随着汇率的提高,净出口也会增加,因此 IS 曲线向右移动;反之,汇率降低,引起净出口减少,IS 曲线向左移动。

二、IS－LM－BP 模型

在开放经济中，经济政策的制定和实施目标不仅限于实现国内均衡，还要考虑国外均衡的实现。应该把 BP 曲线放在 IS－LM 模型中进行国内、国外市场均衡的综合分析，即通过 IS－LM－BP 模型分析均衡。首先，国内均衡（内部均衡）是通过 IS 曲线与 LM 曲线的交点实现的产品、货币市场同时均衡。另外，BP 曲线上各点都符合国际收支平衡条件，能够实现国外均衡（外部均衡）。当 BP 曲线与 IS 曲线、LM 曲线相交于同一点时，就同时实现了国内均衡与国外均衡。

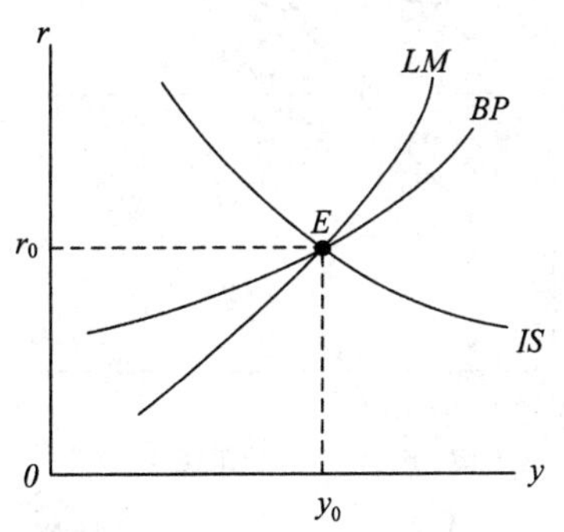

图 15－5　IS－LM－BP 模型

图 15－5 中 IS－LM－BP 模型 BP 曲线与 IS 曲线、LM 曲线的交点 E 反映的就是同时实现国内均衡和国外均衡的状态。

三、资本完全流动下的 IS－LM－BP 模型

资本完全流动是指在发育成熟的金融市场，资本的流动没有任何限制和障碍的情况。资本净流出函数 $F=\delta(r_W-r)$ 中的 δ 反映国家间资本流出的难易程度，δ 为无穷大即表明资本完全流动。

（一）资本完全流动时的 BP 曲线

在资本完全流动的假设情况下，当国内利率高于国外利率时，资本就会无限地流入本国，导致国际收支盈余；反之，当国内利率低于国外利率时，资本会无限地流入外国，出现国际收支赤字；而只有当国内利率等于国外利率时，才有可能实现国际收支平衡。因此，$BP=0$ 一定是一条位于国外利率水平上的水平线。如图 15－6 所示，资本完全流动下的 BP 曲线方程写作：

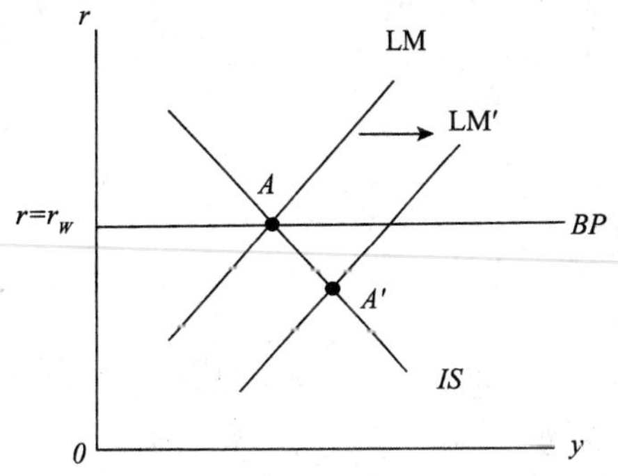

图 15－6　固定汇率制度下资本完全流动的货币政策效应

$$r=r_W \tag{15.9}$$

（二）货币政策与固定汇率制度下的资本完全流动

在资本完全流动情况下，极小的利率差异就会引起资本的巨大流动。BP 曲线是一条位于国外利率水平上的水平线。在固定汇率制度条件下，中央银行要通过购入外汇和售出外汇，以维持汇率的稳定。

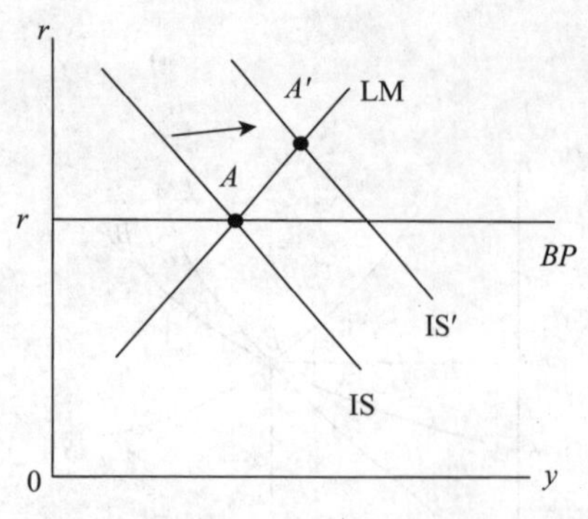

图 15－7 浮动汇率制度下资本完全流动的出口变动效应

如图 15－6 所示，假设经济初始处于 A 点，中央银行采用扩张性货币政策，使 LM 曲线向右移动到 LM′，均衡点相应地从 A 点移动到 A′ 点，而 A′ 点位于 BP 曲线右上方，是国际收支逆差点，此时存在本币贬值的压力，为稳定汇率，中央银行会出售外币，收回本币，使货币供给减少，而货币供给的减少又会使 LM 曲线向左移动，这样的不断调节过程会持续到 A 点的最初均衡得到恢复时为止。由此可以看出，当固定汇率制度下的资本完全流动时，一国无法实行独立的货币政策。

（三）出口增加与浮动汇率制度下的资本完全流动

浮动汇率制度下，汇率由外汇市场的供求关系自发决定。

图 15－7 中假设经济起始于 A 点，当出口增加时，IS 曲线向右移动到 IS′，相应地，均衡点从 A 移动到 A′ 点，由 A′ 点与 BP 曲线位置关系可知，A′ 点存在国际收支顺差，而国际收支顺差使汇率下跌，进而导致净出口减少，使 IS 曲线一直向左移动到最初的均衡位置为止。由此可见，浮动汇率制度和资本完全流动条件下，出口增加对均衡产出没有影响。

第四节 内外部均衡的调节

克林顿政府的政策组合

1993 年，克林顿上任时，面临两个挑战：从 1981 年开始并一直增加的财政赤字已占 GDP 的 4.9%，失业率超过了 7%。他的目标是减少赤字，实现充分就业。而这两个目标需要不同的政策，而且在美国这样一个开放的经济中，应该用什么样的政策组合来同时实现这两个目标呢？

蒙代尔认为，在一个资本自由流动，而且实行浮动汇率的经济中，就对国内宏观经济的影响而言，财政政策的作用远远小于货币政策。于是克林顿采用紧缩性财政政策，减少支出，增加税收，结果使赤字减少。美联储实行扩张性货币政策，刺激了投资，而投资增加，股市上扬，又增加了人们的消费信心，消费也随之增加，边际消费倾向从长期的 0.676 上升到 0.68，有力地刺激了经济。

在开放经济中,各国经济相互影响和依赖。不仅各国的国内生产总值的决定与变动是相互影响的,而且一国的失业和通货膨胀会通过不同的渠道传递到其他国家。各国经济的这种相互影响和依赖的特点,是我们在开放经济中对一国经济进行调节的出发点。

一、开放经济中各国经济的相互依赖性

在开放经济中,国际贸易和国际金融将各国经济连为一体,各国国民收入的决定不仅受到国内需求的影响,还要受到其他国家需求状况的影响。一个国家对其他国家的影响程度取决于国家的大小、开放程度、边际进口倾向等因素。一般而言,国家越大、开放程度越高、边际进口倾向越大,对别国的影响程度越大。

据经济合作与发展组织的估算,美国的总需求增加1%,使德国的国内生产总值增加0.23%,而德国的国内生产总值增加0.23%,又会反过来使美国的国内生产总值增加0.0115%。有资料介绍德国就是依靠美国的复兴摆脱了1981—1982年的经济衰退。就是说,因为美国经济复兴引起的国内生产总值增加,提高了进口水平,而美国的进口中有相当一部分来自德国,这就增加了德国的出口,使其经济摆脱衰退。由此可以看出,一国经济的繁荣可以带动其他国家的繁荣,一国经济的萧条也可能引起其他国家的萧条。

国际资本流动使各国经济联系更为紧密。如果出资国发生了衰退,引起资金周转不灵,将会抽回投资资本或减少对外投资,这就会引起他国由于资本外流而出现总需求减少,从而发生衰退。

二、开放经济中的宏观经济调节

开放经济既要实现内部均衡又要实现外部均衡,是内外部均衡的统一。内部均衡即国内均衡,要求在国内实现充分就业和物价稳定,外部均衡即实现国际收支平衡。用图像表示即是IS曲线、LM曲线、y_f曲线(充分就业的产出曲线)和BP曲线相交于同一点实现的均衡。

国内均衡和国外均衡的调整政策可分为三种类型:改变总需求的政策(移动IS曲线、LM曲线);调整支出结构的政策,如贸易政策和汇率政策(移动BP曲线);抵消国际收支盈余和赤字的其他金融政策。

如果出现经济衰退与国际收支顺差,此时采取扩张性的政策,既能够扩大总需求,克服衰退;又可以由于国内生产总值的增加使进口增加,从而消除顺差。如果出现国内通货膨胀与国际收支逆差,此时采取紧缩性的政策,既能够抑制总需求,克服通货膨胀;又可以由于国内生产总值的减少使进口减少,从而消除逆差。但是,有时国内与国外的状况在政策调节上存在矛盾。例如,国内通货膨胀与国际收支顺差,采用紧缩性

政策可抑制通货膨胀，但国内生产总值的减少又会使进口减少，加剧顺差；采用扩张性政策可增加国内生产总值，增加进口，减少顺差，但却使通货膨胀加剧。另外，如果国内经济均衡而国际收支失衡，采取扭转国际收支失衡的政策必然使原有的国内均衡被打破。如果国内经济失衡而国际收支平衡，采取克服国内经济失衡的政策必然使原有的国际收支平衡被打破。

当出现内、外部均衡矛盾时，应该明确政策所要解决的主要问题，全面考虑内部均衡和外部均衡的要求；同时，要全面考虑各种政策对国内经济和国际收支的不同影响，找出合理的政策配合方案，充分发挥政策的积极作用，减少政策的消极影响。一般来说，货币政策的对外影响要大于其对内影响，财政政策对国内的影响大于对国际收支的影响。比如，增加货币供应量以降低利率的政策对扩大国内需求的作用小于利率下降对资本流出的影响；而增加政府支出对扩大国内需求的作用大于增加进口的作用。

因此，针对国内通货膨胀与国际收支顺差的综合情况，应该采用紧缩性的财政政策抑制通货膨胀，同时用扩张性货币政策增加货币供应量，降低利率，以使资本流出，克服国际收支顺差。而如果国内经济均衡而国际收支逆差，可以在总需求不变的情况下，改变总需求构成，通过贸易保护政策或使本币贬值的手段，减少进口。

但有些学者认为，虽然这两项目标有可能达到，但为做到这一点，政策的实施又会带来一些其他问题。他们认为，作为一个封闭经济中实现充分就业的手段，财政政策和货币政策的功效是有限度的。显然，在开放的经济体系中，影响因素更多也更复杂，为宏观经济发展增加了更多的不确定性。宏观政策效果也会受到更多制约，导致国家的宏观调控能力下降。作为实现充分就业和外部均衡这两个重要目标的手段，财政政策和货币政策的功效更加有限。因此，在经济全球化条件下宏观经济学面临新的挑战。

通过本节的学习，在开放经济中，虽然宏观经济政策所依据的基本原理没有改变，但是由于国际经济部门的存在，政策对变量的影响极其实施的后果比理想中要复杂得多。实际情况更是如此。本章仅在这一方面做了简单的论述，关于这方面进一步的论述，可以参阅有关国际贸易和国际金融的专业书籍。

第十六章　AD－AS模型

AD－AS Model

价格和产量是由供求关系决定的,这一原理无论在微观经济学还是宏观经济学中都适用,而二者不同的地方在于:在微观经济学中,供求所决定的是个别商品的价格和产量;在宏观经济学中,供求所决定的是整个社会的价格水平和产量,也就是国民收入。

宏观经济学中,研究简单国民收入决定和IS－LM模型使用了两个假设,一是价格水平保持不变,二是总产出随着总需求的变化而变化。这两个假设是以资源大量闲置为前提的,但现实经济社会已经出现了资源短缺、通货膨胀和滞胀,迫切需要研究价格问题和成本问题,需要引进一个新的分析工具——总供求的AD－AS模型。

第一节　AD模型

构建扩大内需特别是消费需求的长效机制

"扩大内需是中国经济发展的长期战略方针,是应对国际金融危机、抵御外部风险的必由之路。"这是国务院总理温家宝在应对国际金融危机时,将扩大内需放在非常突出的重要位置;在之后的2010年夏季达沃斯论坛上,温总理表示,"着力构建扩大内需特别是消费需求的长效机制,有效释放国内需求,是促进中国经济长期稳定发展的关键所在",把内需中的消费需求单独提出。

2010年十七届五中全会中,通过的《中共中央关于制定国民经济和社会发展第十二个五年规划的建议》令人瞩目地将"坚持扩大内需战略,保持经济平稳较快发展"作为独立一个章节进行了具体论述,"构建扩大内需长效机制,促进经济增长向依靠消费、投资、出口协调拉动转变"。"把扩大消费需求作为扩大内需的战略重点,进一步释放城乡居民消费潜力,逐步使我国国内市场总体规模位居世界前列。”

从以上可以看出,国家对扩大内需做出了重要部署,并且对拉动消费需求给予了高度的重视。那么,什么是内需?为什么要扩大内需呢?

一、总需求的含义

总需求(Aggregate Demand)是指经济社会各部门对产品和劳务的需求总量。通常用满足产品市场和货币市场均衡的国民收入 y 来表示。在开放经济中,把经济社会各部门进行分类,分别是家庭、企业、政府和国外部门,因此开放经济中的总需求可以被分解为家庭的消费需求、企业的投资需求、政府需求和国外需求。用公式表示为:

$$y = c + i + g + nx \tag{16.1}$$

我们常说的拉动经济增长的三驾马车就包括在总需求中。首先消费是三驾马车当中最重要、最基础的一驾马车。因为生产出来的产品以及提供的劳务只有被消费掉才能实现其价值,正如马克思所说的“在商品经济当中最惊险的跳跃是由商品到货币的转换阶段”,如果这个跳跃没完成,就没有扩大再生产,甚至也没有简单再生产。

投资是拉动经济的另一驾马车。我们这里说的投资是经济学意义上的投资而非金融投资,即这里的投资指的是社会实际资本的形成,因此投资过程是购买资本品的过程。但投资和消费又有不同,投资过程拉动经济增长,而投资后的结果则形成了新的生产能力——总供给。因此如果单纯依靠投资拉动经济就有可能导致投资过热、产能过剩的风险,这对经济的健康发展是不利的。

外需也是拉动经济的一驾马车。因为出口表现为国外对我国商品和服务的需求,是总需求的组成部分。但同时我们对外国商品和服务也有需求,即进口,进口是对国外产品的需求,对国内而言是一种漏出,因此应计算净出口。

我国目前实施扩大内需的战略,内需是指一国国内人们进行投资和消费的欲望和能力,它包括消费需求和投资需求。消费需求包括居民消费需求和政府消费需求;投资需求包括固定资产投资和存货增加额。社会总需求所包含的内容如图 16-1 所示。

例如,2009 年,中国经济增长 8.7%。在全世界应对全球性金融危机的背景下,我国成功地实现了“保八”的指标,经济运行的稳定性明显增强,三大需求发力不同,消费需求逐渐增强,投资需求发挥了重要的作用。中央在 2008 年拨出的 4 万亿元人民币终于在 2009 年发挥了强有力的效力。受到危机的影响,我们出口受到了严重的重创。2009 年,消费、投资和净出口对 GDP 的贡献率分别为 45.4%、95.2% 和 -40.6%。

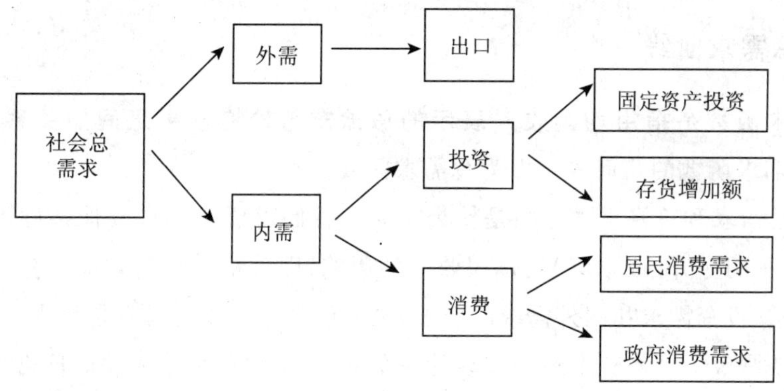

图 16－1　社会总需求结构图

其实归结起来,我国实施扩大内需的战略主要有两大因素,首先,过度依赖外需驱动的增长模式难以为继。1978 年,我国的外贸依存度为 9.8%,而 2008 年上升到 60%,可见出口在拉动经济增长的过程中起到了非常大的作用。而国际金融危机的突然来袭,让我国的企业,尤其是南方的中小型的外向型企业不知所措,因此我国长期靠外需,主要是出口来拉动经济增长的方式受到了严峻的挑战。有资料显示,1998—2008 年这 10 年,中国出口增速为 22.3% ,而受金融危机影响,2009 年前三季度我国外贸进出口同比下降 20.9% 。同时,贸易环境恶化,贸易保护主义倾向抬头,我国经常受到国外的贸易保护主义的侵害和反倾销的调查,例如美国轮胎特保案等。其次,消费需求不足使得经济增长缺乏后劲。目前世界平均水平的消费率为 77%,发达国家为 80%,发展中国为 70%,从图 16－2 所示我国历年消费率走势图可以看出,我国 2008 年的消费率为 48.60%。根据国际经验,人均 GDP 达到 1000 美元左右时,消费率一般为 61%。据统计,2010 年,我国的人均 GDP 达到了 4481 美元,消费率依然很低,我国提出在 2020 年消费率达到 75% ~80% 的水平。

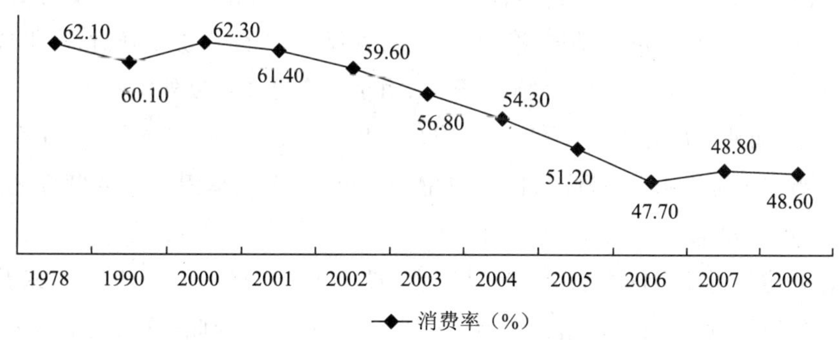

图 16－2　我国年消费率走势图

资料来源:国家统计局网站。

二、总需求曲线

总需求函数是指用均衡收入表示的总需求与价格水平之间的关系，记作 $y = f(P)$。总需求函数的几何表示即为总需求曲线。

那么总需求和价格水平之间是什么关系？我们需要考察在其他条件不变的情况下，价格水平的上升（或下降）对国民收入的影响，即价格变动的效应。考察价格水平对消费需求、投资需求和国外需求的影响，之所以没考虑政府需求是因为一般来说，政府需求主要是政府用来熨平经济波动的一个手段，与物价水平无关。价格水平和总需求的关系概括如下：

一是**实际余额效应**（Real - balances Effect），**也称为财富效应**（Wealth Effect）。在其他条件不变的情况下，价格水平下降时，名义货币购买力提高了，消费者感到更富有，这刺激了对消费品的需求；相反，价格水平上升导致以真实购买力表示的财富“缩水”，人们变得相对“贫穷”，结果减少了消费支出。例如，在物价水平分别为 4 和 5 的情况下，同样的银行存款 5000 元的实际购买力是不相同的，在物价为 5 的情况下 5000 元的实际购买力要更低一些，因此在其他条件相同的情况下，此时的消费支出也会相对更少一些。

二是**税收效应**（Tax Effect）。当价格水平上升时，人们的名义收入提高，人们进入更高一级的纳税档次，纳税增加，个人可支配收入减少，因此实际消费数量会减少。

三是**利率效应**（Interest - rate Effect）。在其他条件不变的情况下，价格水平上升，使得实际货币供给（M/P）下降，因此在实际货币需求不变的情况下，利率上升导致投资支出及对利率敏感的消费支出的减少，总需求减少；相反，当价格水平下降时，则增加了总需求。

四是**汇率效应**（Exchange - rate Effect）。固定汇率制度下，当一国价格水平上升时，在国外物价水平不发生变化的条件下，使得本国商品相对外国来说变得更加昂贵了，因此该国出口减少，进口增加，净出口减少；相反，当本国物价下降时，净出口增加。若是浮动汇率制度，当本国价格水平上升时，由于利率提高导致外国资本流入，对本币需求增加，从而使本币升值，本币升值不减少本国出口，而使进口增加，因此净出口减少；相反，当本国价格水平下降时，净出口增加。总之，无论是固定汇率制度还是浮动制度，价格水平和净出口都呈反向关系。

通过上述分析发现价格水平上升使消费、投资和净出口都减少，即总需求减少；价格水平下降使消费、投资和净出口都增加，即总需求增加。因此，总需求 y 与价格水平 P 呈反向变化的关系。如图 16 - 3 所示，在横轴为总需求、纵轴为价格水平的坐标内，AD 曲线向右下方倾斜，表明在其他条件不变的情况下，价格水平越高，如 P_1，总需求越小，如 y_1；价格水平越低，如 P_2，总需求越大，如 y_2。

前面关于价格水平的变化对总需求的影响表明，总需求既涉及产品市场也涉及货币市场,因此可以通过 IS－LM 模型推导总需求函数,也可以用 IS－LM 模型推导总需求曲线。

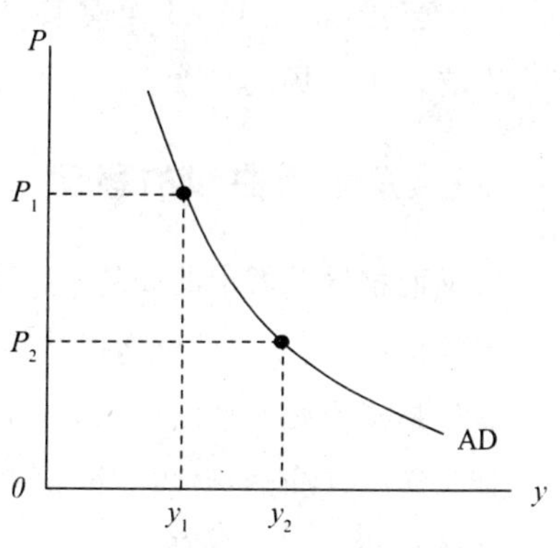

图 16－3　AD 曲线向右下方倾斜

为了简便起见,以两部门经济为例。

IS 方程为:$s(y)=i(r)$　　(16.2)

LM 方程为:$\frac{M}{P}=L_1(y)+L_2(r)$　　(16.3)

将这两个方程联立,消去变量 r,得到关于 y 和 P 的方程,即为总需求函数。

例如:已知储蓄函数 $s(y)=-100+0.2y$

投资函数 $i(r)=80-5r$

货币需求函数 $L=0.2y-4r$

货币供给函数 $m=\frac{200}{P}$

整理得到 IS 方程为:$y=900-25r$

LM 方程为:$y=\frac{1000}{P}+20r$

联立消去 r,求出 y 得到:$y=400+\frac{5000}{9P}$　　(16.4)

式(16.4)就是总需求函数的一个表达式,表明总需求和价格水平呈反向变化的关系。

下面用 IS－LM 模型推导 AD 曲线。图 16－4(a)为 IS－LM 模型,图 16－4(b)为 AD 曲线。在图 16－4(a)中,价格水平为 P_1 时,IS 和 LM(P_1)相交于均衡点为 E_1,利率为 r_1,国民收入为 y_1。此时的价格和收入水平组合点 $D_1(P_1,y_1)$在 AD 曲线上。由于实际货币供给等于名义货币供给与价格水平之比,当价格下降到 P_2 时,在其他条件不变的情况下,实际货币供给增加,LM 曲线向右下方移动,与 IS 交于新的均衡点 E_2,此时利率为 r_2,国民收入为 y_2,又得到一组价格和收入水平组合点 $D_2(P_2,y_2)$,该点也在总需求曲线上。同理,让价格再发生变化,就可以找到无数个价格和国民收入的组合点,把这些点连在一起即为总需求曲线。

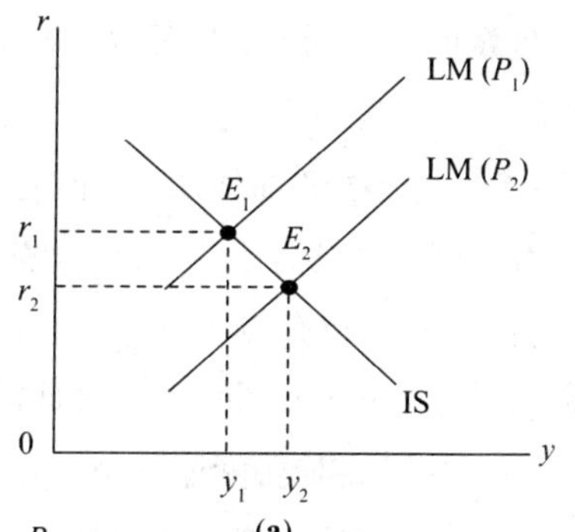

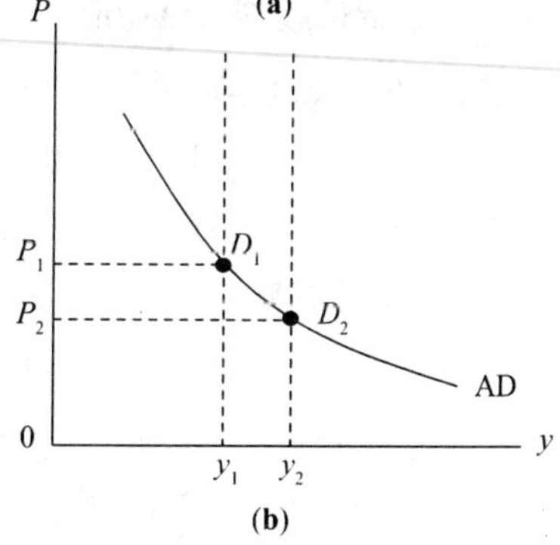

图 16－4　用 IS－LM 模型推导 AD 曲线

应当指出，在 IS－LM 模型中，价格变动不影响产品市场均衡，即不影响 IS 曲线，只影响货币市场的均衡。

三、总需求曲线的移动

前面推导总需求曲线的过程中，假设其他条件不变，当价格下降时，表现为总需求线上点的移动；现在如果价格保持不变，其他条件发生变化，总需求如何变化呢？这里的其他条件是指价格水平以外的因素，如消费者对将来的收入和商品价格的预期、生产者的预期利润率、政府的财政政策和货币政策、外贸波动以及技术、人口、战争等非经济因素。

这里重点考察政策对 AD 曲线的影响。图 16－5 中的总需求曲线 AD_1 是在政府财政政策、货币政策及对外贸易政策等政策变量都固定的假设下推导出来的，如果它们中的任何一个发生变化都会引起 AD 曲线的移动。

通过前几章的学习已经明确，政府的财政政策和货币政策分别能使 IS 曲线和 LM 曲线发生移动。

首先考察财政政策的影响。用图 16－5 来说明，假设图 16－5(a)中 E_1 是最初均衡点，确定的收入为 y_1，在图 16－5(b)中找到此时的价格和收入组合点 $A(P_0, y_1)$，A 点在总需求曲线 AD_1 上。现在假设政府采取了一项扩张性财政政策，这表现为图 16－5(a)中的 IS 曲线从 IS_1 向右移动到 IS_2，结果使均衡点从 E_1 移向 E_2，国民收入从 y_1 增加到 y_2。由于价格水平没有发生变化，而国民收入从 y_1 增加到 y_2，又可以找到一组价格收入组合点 $B(P_0, y_2)$，B 点在另一条需求曲线 AD_2 上。A 点和 B 点分别处在总需求曲线 AD_1 和 AD_2 上，即曲线从 AD_1 到 AD_2。因此，扩张性财政政策使 AD 曲线向右移动。相反，紧缩性财政政策会使 AD 曲线向左移动。

其次考察货币政策对 AD 曲线的影响。如图 16－6，假设图 16－6(a)中 E_1 时最初均衡点，此时决定的国民收入为 y_1。在图 16－6(b)中找到此时的价格和收入的组合点 $C(P_0, y_1)$。政府为了刺激投资而采取一项扩张性货币政策，这表现为图 16－6(a)中的 LM 曲线向右移动，从 LM 曲线从 LM_1 向右移动到 LM_2，相应的，均衡点从 E_1 移向 E_2，产量从 y_1 增加到 y_2。在图 16－6(b)中，形成了一个新的组合点 $D(P_0, y_2)$，C、D 两点分别在 AD_1 和 AD_2 上，即曲线从 AD_1 到 AD_2。因此扩张性货币政策使 AD 曲线向右移动。相反，紧缩性货币政策会使 AD 曲线向左移动。

总之，扩张性财政政策和货币政策都会使 AD 曲线向右移动；紧缩性财政政策和货币政策都会使 AD 曲线向左移动。另外，除了政府政策以外，凡是能够使 IS 曲线或 LM 曲线向右移动的因素都能使 AD 曲线向右移动，相反，能够使 IS 曲线或 LM 曲线向左移动的因素都能使 AD 曲线向左移动。

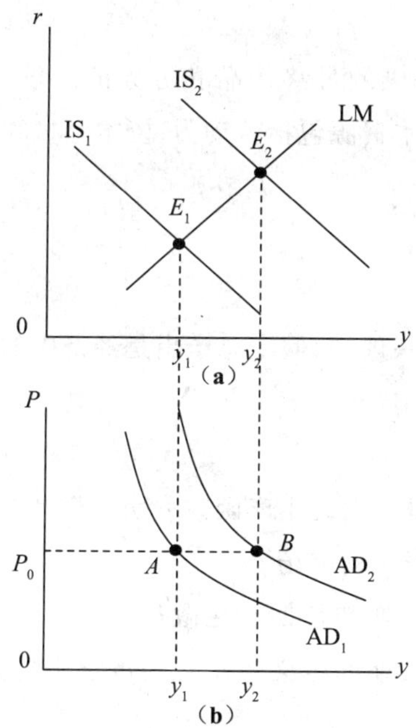

图16－5　财政政策对AD曲线的影响

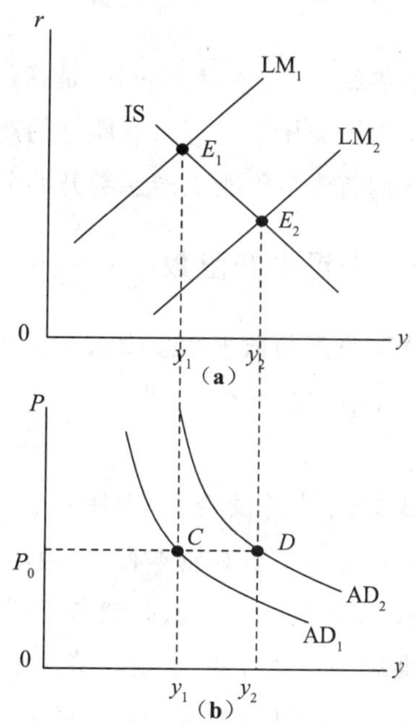

图16－6　货币政策对AD曲线的影响

第二节　AS模型

20世纪70年代：两次供给冲击

在20世纪70年代中期，拥有大量石油资源的国家走到了一起，成立一个石油卡特尔——欧佩克，这是一个企图阻止竞争并减少生产以提高价格的垄断集团。欧佩克的形成的确使石油价格大幅度上升了。1971—1974年石油的真实价格上涨了4倍，迫使经济进入1973—1975年的衰退时期，这次衰退是第二次世界大战结束以来，当时最严重的一次衰退。

70年代末期，欧佩克国家再一次限制石油的供给以提高价格。1978—1981年，石油价格翻了1倍多，急剧加速了通货膨胀，导致1980—1982年采取紧缩的货币政策来抑制高通货膨胀，其结果是经济进入比1973—1975年更为严重的衰退。

原油供给减少时，世界石油价格上升。生产汽油、轮胎和许多其他产品的企业成本增加，容易引起滞胀，波及宏观经济活动。可见，整个20世纪70年代宏观经济的历史很大程度上是供给冲击的历史。

总供给(Aggregate Supply)是指经济社会所提供的最终产品和劳务的总量,即社会将基本资源用于生产时所能有的产量。这些基本资源包括劳动力、资本存量和技术等。我们首先从宏观生产函数开始分析。

一、宏观生产函数

宏观生产函数表示总投入和总产出的关系。一般地,假定总产出是经济中的就业量和资本存量的函数,记作:

$$y = f(N,K) \tag{16.5}$$

式中,y 为总供给,N 为就业量,K 为资本存量。宏观生产函数表明一个社会的总产出取决于就业量和资本存量,而就业量又取决于劳动市场。

既然涉及生产问题,必然考虑到经济学中的短期和长期。在微观经济学中,短期和长期有一定的区别,宏观经济学中关于短期和长期的定义与微观经济学中的类似,主要涉及整个社会的生产能力是否可变。

宏观经济学中的短期是指全社会的资本存量保持不变的时期,资本和技术都不发生改变,而可变的是就业量,如图 16-7 所示。

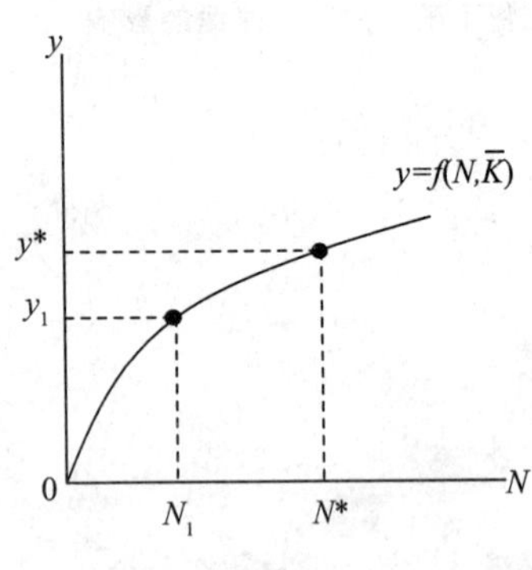

图 16-7　短期宏观生产函数

图 16-7 为短期宏观生产函数,它有两个特征:**第一个特征 ST 是总产量随着就业量的增加而增加。**即短期内总产出仅由就业量决定,如果就业量为 N_1,则总产量为 y_1;如果就业量为充分就业 N^*,则总供给为潜在产量 y^*,**潜在产量是指当经济中所有资源(包括劳动)都被充分利用时的产量。**第二个特征是**随着就业量的增加,会产生边际报酬递减的现象。**即产出增量没有就业增量快,表现为短期宏观生产函数的斜率越来越小。

可以看出就业量是决定总产量的主导因素。而就业量是如何决定的呢?不难看出,整个社会的就业量是由劳动市场决定的。因此,在前面的产品市场和货币市场的基础上,本章引入劳动市场。

宏观经济学认为,微观经济学中完全竞争的劳动市场上,劳动需求、劳动供给与实际工资的关系适用于总量意义上的劳动市场。即宏观经济学中,劳动需求与实际工资呈反向关系,实际工资越高,劳动需求越少,表现为劳动需求曲线 N^D 向右下方倾斜;劳动供给与实际工资呈正向关系,实际工资越高,劳动供给越多,表现为劳动供给曲线向右上方倾斜。图 16-8 为宏观经济学中的劳动市场。当实际工资水平为 $\left(\frac{W}{P}\right)_1$ 时,表明实际工资很高，劳动供给量 N_2 大于劳动需求量 N_1，劳动供过于求。在完全竞争劳动市场中，价格和工资具有完全伸缩性的情况下，劳动力的供过于求会使实际工资下降，导致劳动需求增加，而劳动供给减少，以致调整到劳动需求等于劳动供给，即 N_0。相反，若实际工资低于均衡水平，劳动市场也会自行调整到均衡。所以 E 点为劳动市场均衡，均衡条件为：

$$N_S\left(\frac{W}{P}\right)=N_D\left(\frac{W}{P}\right) \tag{16.6}$$

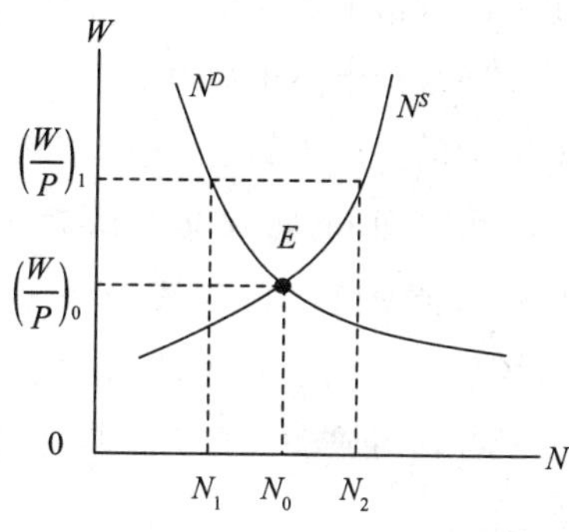

图 16－8　劳动市场均衡

宏观经济学中，把劳动市场均衡状态称为充分就业状态，但此时失业率并不为零，而是处于自然失业率水平。可以得出结论，只要价格水平和名义工资具有充分伸缩性，劳动市场总是能调整到均衡状态，因此总会实现充分就业的就业量，从而实现充分就业的产量，即潜在产量。

有了劳动市场就可以确定社会总产出了，劳动市场均衡工资的实现条件是货币工资具有充分伸缩性，如果货币工资不具有充分伸缩性，则不能实现劳动市场均衡。

二、总供给曲线

确定社会总产量的逻辑是总产量由就业量决定，就业量由劳动市场的实际工资决定，实际工资受价格水平影响。即总产量 y 取决于就业量 N，N 取决于实际工资 W/P，这样就能通过前述总产量和实际工资的关系找到总产量和一般价格水平的关系，即为总供给函数，该函数在横轴表示总产量、纵轴表示价格水平的坐标系内的几何表示即为总供给曲线。

由前面分析可知，劳动市场就可以确定社会总产出，劳动市场均衡工资的实现条件是货币工资具有充分伸缩性，如果货币工资不具有充分伸缩性，则不能实现劳动市场均衡。为此，不同的学派对工资弹性的看法不同，古典学派和凯恩斯学派对劳动市场货币工资弹性有着很大的分歧，因此会得出不同形状的总供给曲线。

（一）古典总供给曲线（Classical Aggregate Supply Curve）

古典经济学认为市场竞争决定着价格和要素报酬，并且相信价格体系是最好的资源配置方式，强调市场机制的作用，认为市场上的信息是充分的，信息的传递是迅速而及时的，各种资源的流动也不会花费时间和成本。当经济中出现总供给大于总需求的情况时，价格水平就会立即下降，从而经济迅速恢复均衡；当经济中出现总供给小于总需求的情况时，价格水平就会立即上升，从而经济迅速恢复均衡。因此，经济总是处于均衡水平上。而要素市场上，劳动需求和劳动供给都由实际工资水平决定，决定实际工资的货币工资和价格水平都是非常灵活的，不论是向上调整还是向下调整都是如此。当劳动市场出现对劳动的过度需求时，实际工资水平就会上升；当劳动市场出现对劳动的过度供给时，实际工资水平就会下降，而且这些调整过程是在瞬间完成的。

由此可知，古典学派认为货币工资和价格具有灵活伸缩性，灵活变动的工资和价格就能够使实际工资保持在使劳动市场出清的水平上。因此古典学派认为，劳动市场总是能实现均衡从而实现充分就业的。根据宏观生产函数，充分就业所对应的产量为潜在产量，所以古典总供给曲线是从潜在产量出发的一条垂线。如图 16－9 所示。

图 16－9(a)为劳动市场，当价格水平为 P_0，实际工资为 $\left(\frac{W}{P}\right)_0$，此时劳动市场实现了均衡，就业量为充分就业量 N^*，因此实现了潜在产量 y^*。价格和产量组合 (P_0, y^*)，在图 16－9(b)中的 A 点，是总供给曲线上的一点；当价格水平上升到 P_1 时，实际工资下降到 $\left(\frac{W}{P}\right)_1$，劳动需求 N_2 超过劳动供给 N_1。但由于货币工资是灵活变化的，因此货币工资会上升，从而使实际工资回到均衡实际工资的水平，使劳动市场再次实现均衡，达到充分就业，经济中的产量仍是潜在产出。此时又得到价格和产量组合 (P_1, y^*)，在图 16－9(b)中 B 点也是总供给曲线上的一点；当价格水平下降到 P_2 时，实际工资上升到 $\left(\frac{W}{P}\right)_2$，价格与产量组合点 (P_2, y^*)，在图 16－9(b)中 C 点……依此过程，还可以得到很多这样的组合点，这时供给大于劳动需求，由于工资灵活可变性，最终又会得到潜在产出，于是得到第三组价格些点都在总供给曲线上，把它们连在一起就得到了古典总供给曲线。

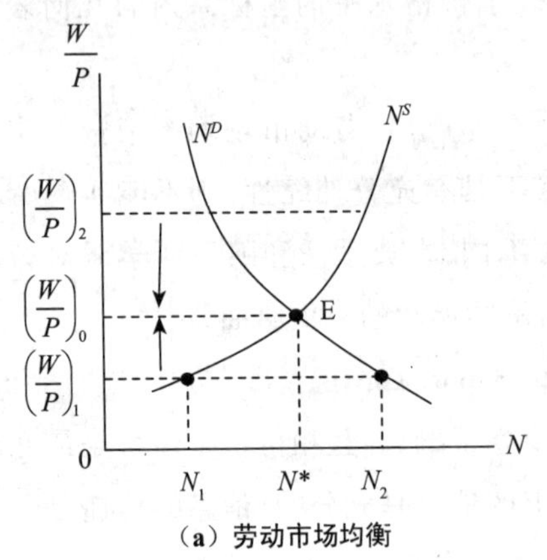

（a）劳动市场均衡

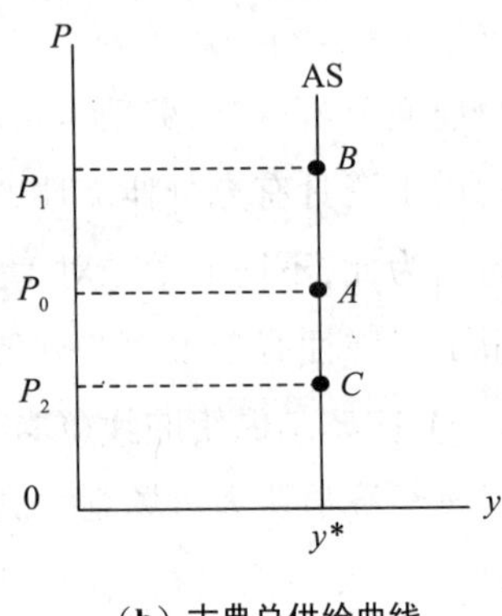

（b）古典总供给曲线

图 16－9　古典总供给曲线

由于古典学派注重长期研究，而长期中，货币工资对价格有充分的时间进行反应，即工资和物价都具有灵活调整性，总会达到使劳动市场均衡的实际工资水平，因此从这个角度出发,古典总供给曲线也可以代表长期总供给曲线。古典总供给曲线的政策含义可以用图16－10加以说明。最初AD_1与古典总供给曲线交于E_1,决定的物价水平为P_1,产量为潜在产量y^*。现在政府采取了刺激总需求的政策,如减税或增加政府购买,结果使AD曲线向右移动到AD_2,均衡点从E_1移动到E_2。但由于此时的总供给是从潜在产量出发的一条垂线,AD的右移并没有使产量增加,却使价格水平上升,产生通货膨胀。所以,对于古典总供给情形,其政策含义是需求管理的政策对产出是无效的。

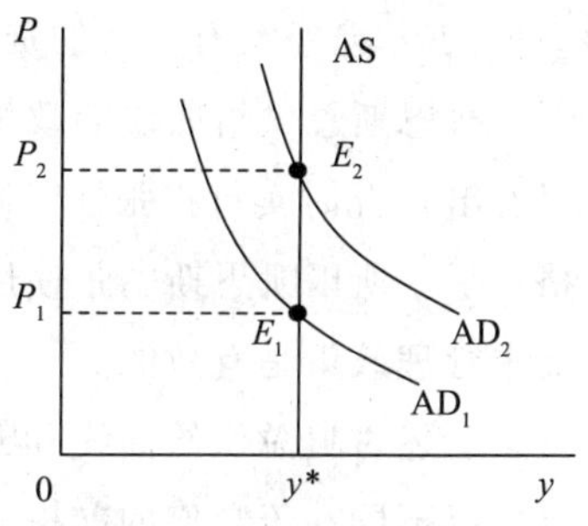

图16－10 古典总供给曲线的政策含义

(二)凯恩斯总供给曲线(Keynesian Aggregate Supply Curve)

凯恩斯总供给曲线和古典总供给曲线的关键差别在于其工资行为的假说不同。古典总供给曲线以货币工资完全伸缩性假说为出发点,凯恩斯总供给曲线则以工资下降刚性假说为出发点。

凯恩斯认为,如果经济中存在大量的失业,其他资源也大量闲置,厂商则可以在不提高工资的情况下增加雇用量。因此,产量增加,单位产品成本不会提高,价格也不会上升。即此时价格水平和货币工资均存在刚性,尤其是工资。这一方面是因为工人信息的不对称,导致工人没有根据物价调整名义工资的要求;另一方面是因为已经签订了固定工资合同,因此名义工资不易变。而工资构成了成本的绝大部分,这就使得价格也不会大幅度提高。这意味着凯恩斯总供给曲线是一条水平线。由于凯恩斯注重短期研究,短期货币工资来不及调整,所以水平的总供给曲线代表短期总供给曲线的一种极端情况。

图16－11所示的是凯恩斯总供给曲线,当经济中的总产量小于充分就业产量时,总供给曲线是一条水平线,表示在既定的价格水平下,经济社会能提供小于潜在产量的任何产量,当总需求增加时,产量会增加,但价格水平不会发生改变。所以总供给线表现为从既定价格P_0出发的一条水平线。而当产量达到潜在产量后,由于原料和劳动力供给变得越来越紧张,价格急剧上升,此时总供给不能再增加了,所以总供给曲线在潜在产量处

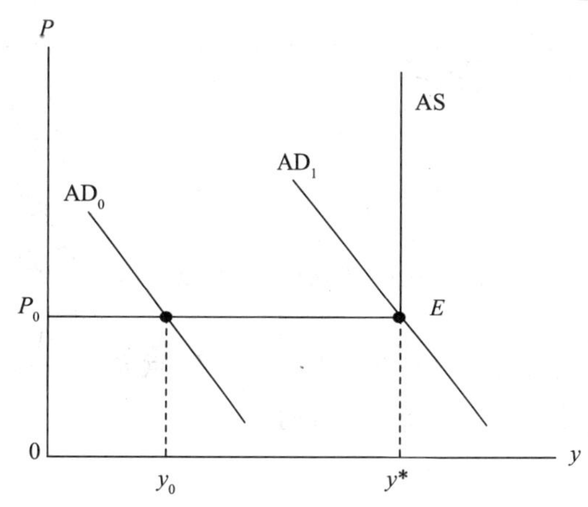

图16－11 凯恩斯总供给曲线

垂直，表示已经没有多余的资源可以用于生产。

凯恩斯总供给曲线的政策含义：由于凯恩斯总供给曲线是水平的（从图16－11可以看出），此时实行扩张性财政政策和货币政策的效应是能使产出增加而不会提高价格水平。所以凯恩斯主张使用扩张性政策刺激总需求，解决严重的失业问题，即此时需求管理政策是有效的。

上述古典总供给曲线和凯恩斯总供给曲线是短期中的两种极端情况。二者形状之所以不同在于它们的前提假设不同，古典经济学认为货币工资和价格都是灵活调整的，最终能使劳动市场均衡，实现充分就业，因此社会始终能达到潜在产量，表现为总供给曲线是从潜在产量出发的一条垂线。而凯恩斯认为短期内价格和货币工资是刚性的。只要经济处于非充分就业状态，存在闲置的生产能力，存在失业，厂商就可以在现行工资条件下雇佣他们需要的任意数量的劳动力，厂商的生产成本不随产量的变化而变化。这样，即使产量增加，价格也不会上升，凯恩斯总供给曲线是一条水平线。

（三）常规总供给曲线

在现实生活中，商品价格具有充分的灵活性（Flexible）。能使需求和供给迅速达到均衡的古典经济学的理论适用于某些产品市场和金融市场，但不适用于劳动市场。凯恩斯的工资下降刚性假说也是一种极端情况。现实中的工资对价格变化的反应程度是介于两者之间的，因此导致常规总供给曲线是一条向右上方倾斜的曲线，其斜率也是介于古典总供给曲线和凯恩斯总供给曲线之间。

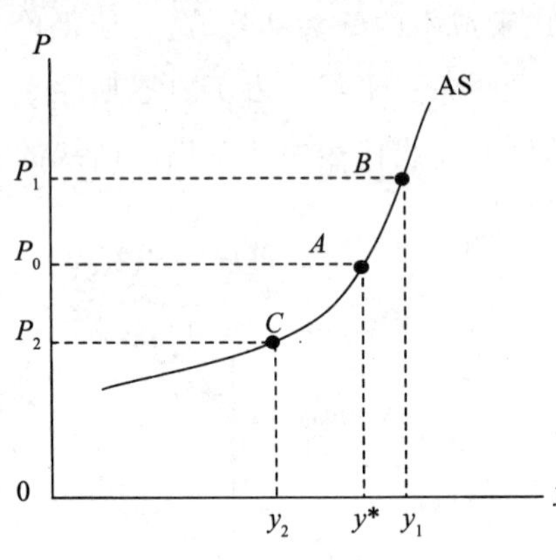

图16－12　常规总供给曲线

如图16－12所示，当价格水平为P_0时，此时的实际工资$\left(\frac{W}{P}\right)_0$能使劳动市场达到均衡，因此实现了充分就业。充分就业N^*所决定的产量为潜在产量y^*。于是得到一组产量和价格组合点A，点A在总供给曲线上。由于货币工资对价格水平的弹性既不是完全灵活调整也不是一成不变，而是介于二者之间。所以，价格的上升使实际工资下降了，因此企业的生产成本下降了，进而企业利润增加了，企业就愿意雇佣更多的工人进行生产，这使总产出从y^*增加到y_1，因此又得到价格和产出组合点B，点B也在总供给曲线上。同理当价格下降时，同理又得到一个组合点C，把这些点连在一起即为常规总供给曲线，它是能代表实际情况的总供给曲线。

常规总供给曲线的斜率取决于价格上升的速度，一般来说，在图16－12中C点以前的部分，价格上升较慢，因此总供给曲线斜率较小，即曲线较平缓，此时表示经济萧条状态，资源存在闲置；由 C 点沿着总供给曲线向上移动，由于资源逐渐出现短缺，价格上升的速度加快，因此曲线斜率越来越大，即曲线变得更陡峭；超过充分就业状态 A 点以后，资源出现“瓶颈”，价格上升的速度更快，总供给曲线斜率更大。总之，A 点以前离充分就业产量越远，总供给曲线越平缓，超过 A 点以后曲线越来越陡峭，这是总供给曲线的常规状态。

注意一点，短期内社会总产量可能超过潜在产量有以下两点原因：一是当社会已经实现充分就业后，企业可以通过延长工人的工作时间而增加总产量；二是企业可以对自然失业中的结构性失业者进行再培训，从而降低自然失业率，增加社会总就业和总产量。所以短期内社会总产量是能超过潜在产量的，而长期内则不可能，长期内产量只能实现潜在产量。

图 16－13 说明了常规总供给曲线的政策含义。政府的扩张性政策，如增加政府支出、减税等，能够使得 AD 曲线向右移动，结果使产出增加，这是我们所期望的结果。但同时也使物价上涨，如果物价涨幅不大，即没有发生严重的通货膨胀，这是可以的；但如果物价涨幅过大，产生了严重的通货膨胀，则该政策的实施就应该配合相关的措施防止这一结果的发生。

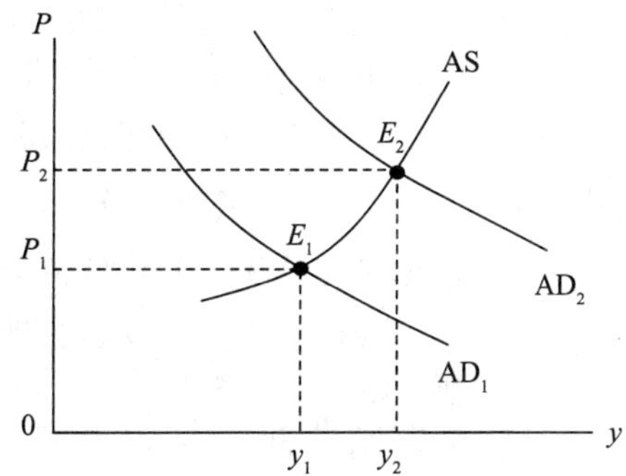

图 16－13 常规总供给曲线的政策含义

第三节 AD－AS 模型综合分析

“黑色星期四”与经济萧条

20 世纪 20 年代，美国证券市场兴起投机狂潮，“谁想发财，就买股票”成为一句口头禅，人们像着了魔似地买股票，梦想着一夜之间成为百万富翁。疯狂的股票投机终于引发一场经济大灾难。1929 年 10 月 24 日，纽约证券交易所股票价格雪崩似的跌落，人们歇斯底里地甩卖股票，整个交易所大厅里回荡着绝望的叫喊声。这一可怕的“黑色星期四”，触发了美国经济危机。一夜之间，“繁荣”景象化为乌有，全面的金融危机接踵而至：大批银行倒闭，企业破产，市场萧条，生产锐减；失业人数激增，人民生活水平骤降；农产品价格下跌，很多人濒临破产。

1933年,整个资本主义世界工业生产下降40%,各国工业产量倒退到19世纪末的水平,资本主义世界贸易总额减少2/3,美、德、法、英共有29万家企业破产。资本主义世界失业工人达到3000多万人,美国失业人口1700多万人,几百万小农破产,无业人口颠沛流离。

有经济学者这样概括这次经济萧条,其特点为波及范围特别广、持续时间特别长、破坏性特别大、遭受灾难的人数特别多。

那么,到底什么是经济萧条?用前面学习的知识能解释经济萧条吗?

把前面介绍的总需求曲线和总供给曲线结合起来,得到总需求—总供给模型,该模型决定了宏观经济中的均衡收入和价格水平。在宏观经济分析中,它是一种非常有用的分析工具,可以用来分析经济波动及宏观经济政策的有关问题。短期中,宏观经济政策的目标是充分就业和物价稳定。本节将通过考察总需求曲线的移动效应、总供给曲线的移动效应和用总需求—总供给模型解释经济波动三个方面来分析。

一、总需求曲线的移动效应

通过总需求—总供给模型,能清楚地看出总需求曲线移动的效应。

假设当前人们预期物价水平还会上涨,这会使得当前总需求中的消费需求增加,因此AD曲线向右移动,相反则向左移动。AD曲线移动的结果是什么呢?

如图16-14所示,假设AD曲线由于某种原因从AD_1移向AD_2,可以看出AD曲线右移的结果是使价格上升,产量增加;而如果AD曲线从AD_4向左移动到AD_3,结果是使价格下降,产量减少。

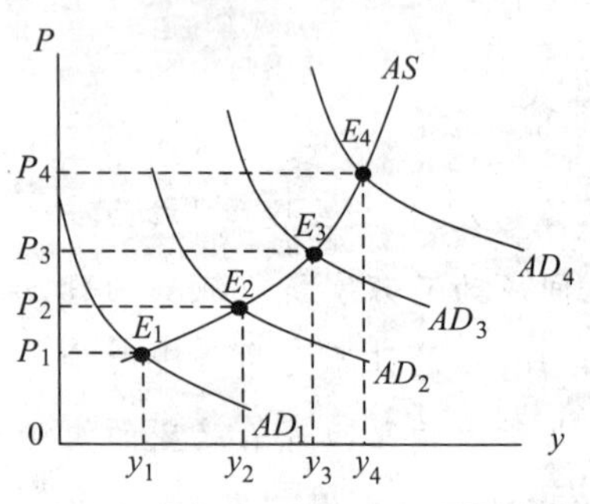

图16-14　AD曲线移动的效应

从AD曲线的移动可以引申出凯恩斯需求管理政策的效果。由于总供给曲线斜率不同,因而在不同供给假定下总需求曲线的移动效应是不同的,对价格和产量的影响是不一样的。如果AD曲线处于AS曲线较平缓的部分,表明此时经济中资源的利用程度很低,存在闲置的资源,因此总需求增加时,不会引起单位成本的较大增加,价格也就不会有较大增加,而产量增加较多;如果AD曲线处于AS曲线的陡峭部分,此时经济中的资源已经充分利用,甚至过度利用,并表现出了极度的稀缺性,总需求的增加必然引起单位成本的较大提高,此时增加总需求,其结果是价格水平上升很多,而产量却不会增加很多。

二、总供给曲线的移动效应

如图 16－15 所示，哪些因素能使 AS 曲线右移呢？主要的一个因素就是生产成本的变化。如国际石油价格的变化、劳动生产率的变化（与生产成本呈反向关系）等，假设国际石油价格上涨，导致企业生产成本提高，利润下降，企业减少生产，表现为 AS 曲线向左移动。其结果是价格上升，产量下降。而总供给曲线的右移则降低价格水平，提高产量。这是我们想要的一种结果，比如短期内提高了劳动生产率，降低了生产成本，但一般来说，在短期内很难发生。

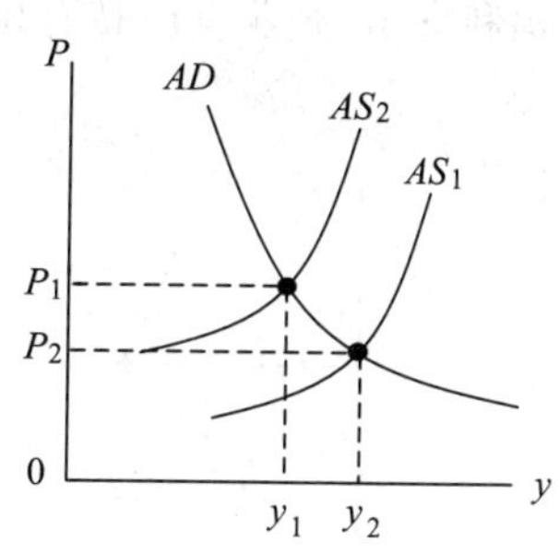

图 16－15　AS 曲线移动的效应

三、用总需求—总供给模型解释经济波动

（一）对萧条的解释

前面的例子中，我们看到 1929—1933 年经济大萧条（The Great Depression）的悲惨状况。凯恩斯认为大萧条产生的原因在于三个心理定律（边际消费倾向递减、资本边际效率递减和流动偏好陷阱）所引起的有效需求不足。用 AD－AS 模型表示，即 AD 曲线位于 AS 曲线较平缓的区间，此区间表示有效需求不足、大量资源闲置、失业严重。用图16－16 加以说明，由于某种原因使总需求曲线从 AD_2 移向 AD_1 导致经济萧条。针对这种原因导致的大萧条，凯恩斯主张用刺激总需求的办法解决，即通过财政政策和货币政策增加总需求，使 AD 曲线右移，如从 AD_1 移向 AD_2。这会增加产出，解决失业。

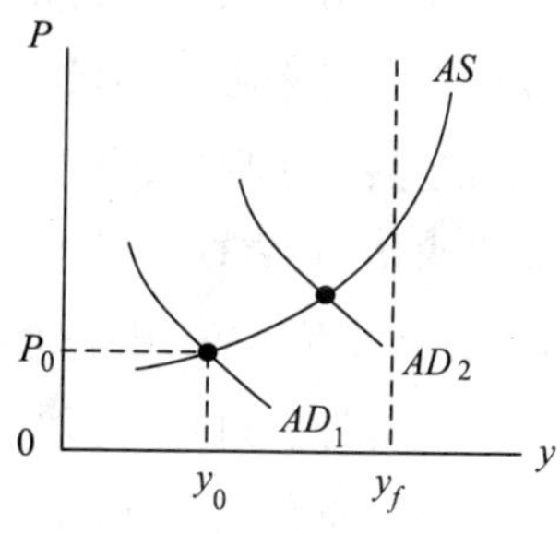

图 16－16　经济萧条

（二）对滞胀的解释

滞胀是指经济停滞与高通货膨胀、失业以及不景气同时存在的经济现象。通俗的说就是指物价上升，但经济停滞不前。它是通货膨胀长期发展的结果，即高失业与高通货膨胀并存的局面。

例如，1970—1974 年美国持续的通货膨胀和低增长使美国经济进入了“滞胀”时期。总的来说，这次滞胀的原因是供给冲击。

如图 16－17 所示。用 AD－AS 模型解释，由于石油价格上涨导致成本上升，使总供给减少，表现为总供给曲线从 AS_1 向左上方移动到 AS_2。于是导致产量减少、失业增加，同时物价上涨的滞胀现象。

滞胀发生之后，美国政府基本采纳了供给学派（强调经济的供给方面，认为需求会自动适应供给的变化的一个经济学学派）的政策主张：减税、削减政府投资及社会福利支出、企业重新私有化以鼓励竞争，以增加总供给，刺激总需求。

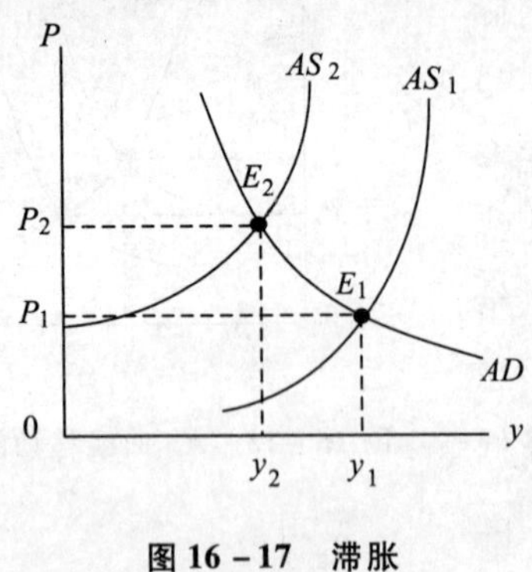

图 16－17　滞胀

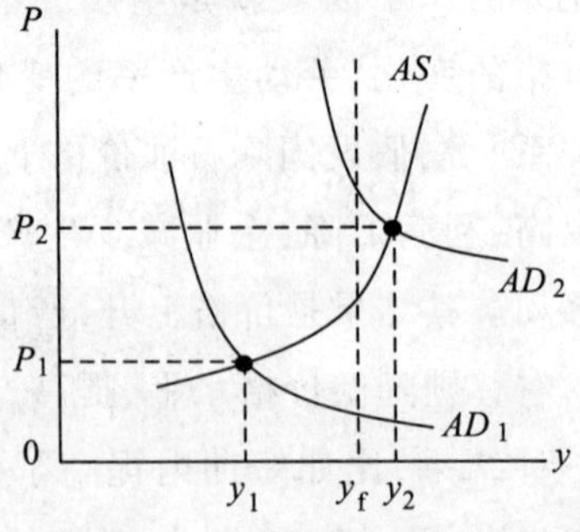

图 16－18　通货膨胀

（三）对经济过热的解释

如图 16－18 所示，经济过热的表象是产量的增长超过潜在产量水平，物价普遍上涨引发通货膨胀。实际产量 y_2 与潜在产量 y_f、物价水平 P_2 相比较高。为什么会出现经济过热？短期内，由于实施了扩张性的财政政策或货币政策，或者其他原因引起了总需求增加，表现为总需求曲线由原来的 AD_1 向右移动 AD_2，并超过了充分就业产出，致使物价上涨，出现通货膨胀。

应对经济过热，需采用紧缩性的财政政策和货币政策抑制总需求，制造一次人为的萧条。例如，我国 2003—2006 年采取的就是稳健中又适度略紧的政策，防治通货膨胀。

第十七章　失业与通货膨胀理论

Unemployment and Inflation Theory

在现代市场经济的运行中，总会出现两大难题——失业和通货膨胀。一般而言，当经济增长速度放慢或出现经济衰退时，失业问题会变得相对严重，而当经济扩张和增长过快时，通货膨胀问题会显得相对突出。那么如何解决这些问题呢？二者之间又有什么关系呢？本章将研究这个专题——失业与通货膨胀。

第一节　失业理论

金融危机引发的失业烦恼

2008 年由美国次贷危机引发的全球性的金融危机波及世界上很多国家，可以说是自 20 世纪 30 年代后最严重的金融危机。这场危机给世界造成了很大的经济影响，尤其是其发源地——美国受到了重创，银行倒闭，经济衰退，失业率一度高达 9.8%。这给刚刚上台的奥巴马总统出了一个非常大的难题，因为失业会最直接造成居民收入下降，进而很多问题接踵而至，美国政府也在不断地出台举措来解决失业问题以达到社会的稳定。那么，从经济学来讲，关于失业问题有什么理论？又应该怎么解决失业问题呢？

无论发达国家还是发展中国家，失业几乎是一切社会的经济现象，因此各个国家政府也非常重视这个问题，经常通过官方组织收集和公布失业的数据。目前，我国非常重视民生问题，而“就业是民生之本”，我国统计局统计的失业率主要是城镇登记失业率。图 17－1 是 1991—2010 年的城镇登记失业率的状况示意图。

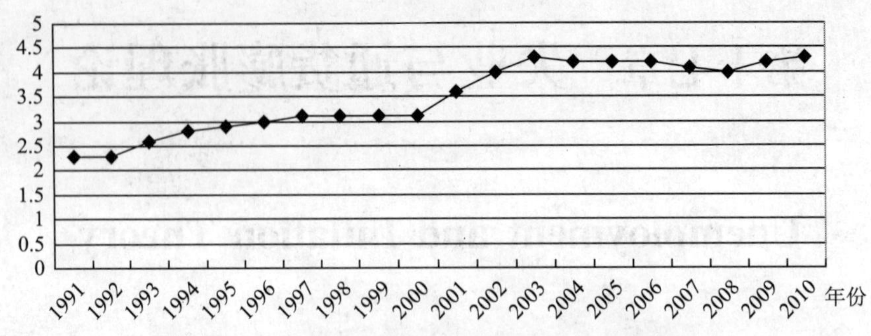

图 17－1　1991—2010 年中国的城镇登记失业率(%)

资料来源:国家统计局

从图 17－1 中可以看出,总的趋势是不断上升的,表明我国的就业形势依然很严峻。2011 年,有 660 万大学毕业生、农村 1.5 亿剩余劳动力、城镇每年 2400 万人需要就业。

一、失业的内涵

失业(Unemployment)**是指劳动者没有工作但愿意寻找工作的状态**。在一国经济中,失业状况的最基本的衡量指标是失业率(Unemployment Rate),即**失业数量占整个劳动人数的比例**。用公式表示为:

$$失业率=\frac{失业人数}{劳动力总数}\times 100\% \tag{17.1}$$

与失业相对应的是就业,因此,失业率与就业率之和等于 1。当经济衰退时,失业率上升;当经济复苏时,失业率下降。失业率的波动反映了就业的波动,进而反映了经济的波动。例如,1980—1982 年美国经济衰退,失业率上升到近 10%;而 1983—1990 年美国经济处于扩张期,失业率明显下降,其中 1989 年的失业率是 5%。

宏观经济学通常把失业分为以下几种类型。

(一)自然失业

所谓**自然失业**(Natural Unemployment)**是指经济社会在劳动市场处于供求均衡状态下,因为难以避免的原因存在的失业。这里的均衡状态被认为是既不会造成通货膨胀也不会导致通货紧缩的状态。**

与之相对应的是自然失业率,简称自然率,是任何社会都难以避免,即使经济增长处于顶峰,也存在的失业率。自然失业率也叫充分就业(Full Employment)的失业率,此时的总产出为潜在产出(Potential Output),经济增长率为潜在的经济增长率。需要特别注意的是,不同时期自然失业率不完全相同。

自然失业通常包括摩擦性失业、结构性失业和自愿失业。

摩擦性失业（Frictional Unemployment）是指在生产过程中，由于劳动力流动性不足或者工种转换困难等原因导致的短期性、局部性失业。实际生活中，劳动者有不同的就业偏好决定他们的不同择业行为，从而产生不同的劳动供给，例如，总有一小部分劳动者要变换工作地点、所在的行业以及变换企业等，即所谓的“跳槽”，寻找新的更好的工作岗位；工作有不同的性质，对劳动市场提出不同的劳动需求，要使劳动者供给与工作岗位需求相匹配，需要一些时间。在这段时间内，总会有部分劳动者尚未找到适当的工作，处于转岗之间（Between the Jobs）。转岗之间的失业是一种短期性失业，如几周或几个月的时间。如果劳动力市场很完善，供求双方的信息沟通便利迅速，或者政府增加中介机构进行调剂，摩擦性失业就会减少，失业的时间就会缩短。目前，许多公共政策力图通过减少摩擦性失业来降低自然失业率，摩擦性失业属于不可避免的、经常出现的现象，所以属于自然失业。

结构性失业（Structural Unemployment）是指由于技术进步、生产结构发生变化而存在的劳动力市场中失业和岗位空缺同时并存的现象。结构性失业被认为是摩擦性失业的一种极端形式。随着技术进步的加快和产业结构的调整和升级，传统产业逐渐衰落，不时游离出大量劳动者，同时，新兴产业需要较高技能的员工，存在许多的岗位空缺。例如，当前全球性低碳经济的浪潮扑面而来，一些高耗能、高污染的行业就会不景气，相应地裁减大量劳动者；而一些新兴的低耗能、低污染的行业也会对相应岗位的技术人才产生一定的需求，而这方面的人才无论是培训还是技能的培养都需要一定的时间，在此期间就会产生劳动供给结构与需求结构的不对称。目前，随着农业生产力水平的提高以及城市化进程的加快催生了大量的农民工，他们涌向城市，希望找到适合自身技能的工作，但因学历水平低等诸多限制，还会产生一些供给与需求的偏差，因此结构性失业是长期的。20 世纪七八十年代，结构性失业曾经是西方发达国家自然失业的主体。最近一二十年来，由于经济结构已完成了向知识型的转变，再加上政府注重对失业者和就业者的职业教育，使得结构性失业已大大降低。但是，发展中国家目前尚处在结构调整和产业结构升级的加速阶段，结构性失业的比重在上升。我国把“十二五”时期的经济社会的主线定性为转变发展方式，而经济结构调整是转变发展方式的主攻方向，因此“十二五”时期是我国经济结构调整的关键时期，产生的大量结构性的失业是毋庸置疑的。

自愿失业（Voluntary Unemployment）是指劳动者不愿意接受现有工资水平而形成的失业。自愿失业者在现行工资水平下可能更偏好休闲或其他活动，而不去工作。有人指责，自愿失业是因为西方社会对失业者的过度保护，社会保障和福利制度过于宽裕，使一部分失业者不急于接受那些待遇较差的工作，而宁愿选择失业，这种说法不无道理。因为高失业救济金让人们有更长的时间寻找工作，消除了紧迫感，这一点在欧洲表现得比较突出。除此之外，自愿性失业，可能是正在寻找第一份工作的劳动者，还可能是希望得到高待遇的低技能者。当前我国大学毕业生为了寻到一份好工作,不得不千军万马挤向考研之路,他们属于自愿失业之列。因此,广义的自愿失业包含摩擦性失业和结构性失业。但是自愿失业的界定很模糊,在现实中很难区分和把握,因此,经济学更愿意用摩擦性失业、结构性失业以及将要提到的周期性失业来描述。

(二)周期性失业

周期性失业(Cyclical Unemployment)是指由于经济周期性衰退或萧条,劳动需求下降而造成的失业。在宏观经济高涨时期,经济中对产品和劳务总需求的上升,派生了对劳动力的需求,就业者相应的人数会增加,因而失业率比较低;当经济增长率从经济周期的峰顶下滑,人们对商品和劳务的总需求萎缩,对劳动的派生需求减少,就业人数减少,失业率就会上升。所以,凯恩斯主义认为,周期性失业源于社会总需求不足,因此要减少这种失业,政府必须采用扩张性需求管理政策。

(三)失业的经济学解释

上述谈到,实现了充分就业时的失业率称为自然失业率,自然失业是劳动市场处于均衡时的失业率。如图 17-2(a)中,当劳动需求量与供给量相等时,劳动市场实现了均衡,均衡点是 E,均衡的就业量是 ON_E。此时的失业量是 N_EN_1,属于自愿失业,包括摩擦性失业和结构性失业,该失业率为自然失业率,即没有非自愿失业的失业率。

周期性失业不属于自然失业,它是总失业减去广义的自愿失业的剩余。如图 17-2(b)中的 N_3N_1,就是总失业 N_3N_2 与自愿失业 N_1N_2 的差。周期性失业是市场经济中面临的主要失业,也是政府宏观调控政策所要解决的难题,属于非自愿失业。

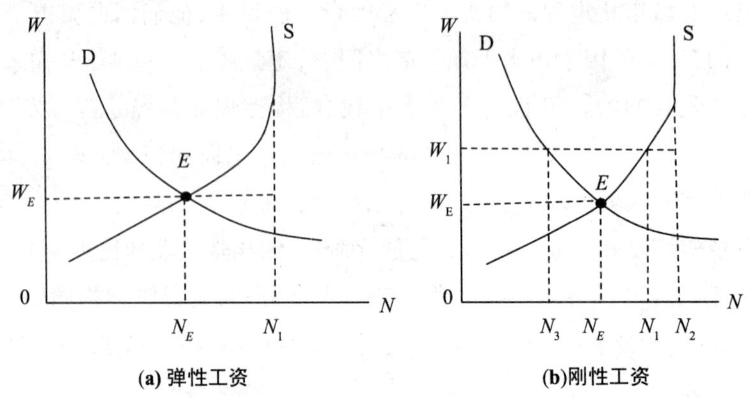

图 17-2 失业的图形说明

二、失业的成本

失业对个人的最直接的影响是收入的减少,相应的生活水平会下降,又受有关社会问题的煎熬,心里会受到创伤。对于国家来说,失业通常把总产量降低到潜在产量以下,损失了总的宏观产量。所以,失业是有成本的,包括经济成本和社会成本、个人成本和宏观成本。下面仅从个人成本和宏观经济成本来说明失业的成本。

(一)失业的个人成本

对于个人来说,失业的影响是深重的,甚至是灾难性的。首先,失业与贫困相对应。失业意味着收入的中断,因为工资收入仍然是大部分劳动者维持生计的主要来源,劳动者一旦失去工作,吃、穿、住、用、行的各方面支出减少,其物质生活水平必然下降。我国近几年总消费不足的根源之一在于失业引发的收入不足。同时,对于弱势群体来说,失业的影响程度更深。目前我国正在实施扩大内需的战略,第一,要提高中低等收入的水平,2010 年全国各地都提高了最低工资标准。第二,带来难以用货币来衡量的社会负效应。失业除了引起贫困之外,还会影响失业者及其家人的情绪。因为长期失业,失业者必然承受着来自家庭和社会的巨大压力,自尊心的挫伤,造成心理上的严重失衡,使他们的彷徨、无助等沮丧情绪增加,家庭矛盾增多、犯罪率上升、离婚率提高等不良社会效应相继出现。第三,失业对个人的影响依不同年龄段而有所不同。比如说失业对年轻人、老年人、女人的影响总是不同的。第四,失业影响健康和寿命。有数据显示,1995 年,俄罗斯通过"休克疗法"引入改革措施后,大约有 20% 的人失去了工作。失业使相当部分的人健康状况下降,男性的寿命由 1990 年的 64 岁下降到 1995 年的 57 岁。心理学家指出,失业造成的心理创伤不亚于亲人的去世。

(二)失业的宏观经济成本

劳动力或人力资源具有不可保留性,会随着时间的推移而逐渐丧失。劳动力不能投入到生产过程中去,就不能创造价值,就会影响经济的增长和社会的发展。因此,从经济学角度,失业意味着劳动力资源的闲置浪费、宏观 GDP 的减少。

降低产量是计量周期性失业损失的主要尺度。肯尼迪总统的经济顾问委员会主席、美国经济学家阿瑟·奥肯(Arthur Okun)在 20 世纪 60 年代提出了经济周期中失业变动与产出变动的关系,即广为人知的"奥肯定律"(Okun's Law)。经验表明,经济中的周期失业通常随着产出的变化而变化,二者之间有着相对稳定的关系:**失业率每高于自然失业率 1 个百分点,实际 GDP 增长率将低于潜在 GDP 增长率 2 个百分点。**反过来,实际 GDP 增长率相对于潜在 GDP 增长率每高出 2 个百分点,失业率将下降 1 个百分点。用公式表示为:

$$失业率变动 = -1/2 \times (实际\ GDP\ 增长率 - 潜在\ GDP\ 增长率) \qquad (17.2)$$

我们先来看经济衰退对失业的影响。假定美国充分就业时的 GDP 增长率是 5%,如果实际增长率是 5%,则失业率保持不变,为自然失业率。如果实际增长率是 3%,则失业率将上升 1%[(3% - 5%) ÷ 2 = 1%]。

再看失业带来的产量损失。美国数据公司(Data Resources Inc., DRI)数据显示,1991 年美国的自然失业率大约是 5.5%,而实际失业率是 6.6%,于是,根据奥肯定律,失业率每超过自然失业率 1%,该经济大约丧失 2% 的产量估算,失业的产量损失是 2.2%，数量大约为 1300 亿美元。

需要注意的是，奥肯定律揭示的是美国失业率与经济增长率之间的粗略关系，不同时期、不同国度，这一关系需要修正调整。

失业的产量损失会进一步引起政府的财政收入损失。

三、失业的原因及治理

失业产生的原因是多方面的，从西方经济理论分析，简单归纳如下。

（一）弹性工资假定下的自愿失业论

西方主流古典主义经济学认为，经济生活中的非自愿失业是暂时的现象，只要让劳动供求双方自由竞争，工资水平随劳动供求状况自由升降，实行弹性工资制度，市场很快会出清达到均衡状态。所以，从长期来看，不存在非自愿失业，想工作的人都能找到工作。但是他们承认，在市场均衡时也存在失业，即自愿失业。古典学派长期劳动市场均衡理论是建立在工资具有伸缩性的假定基础之上的。因此，只要保持工资弹性，就会消除非自愿失业。

（二）刚性工资假定下的非自愿失业论

现代宏观经济学的缔造者凯恩斯认为，劳动力市场不是完全竞争的，而是垄断竞争的市场，工资水平在短期中具有刚性，只能上升不能下降。在工资水平不具有完全伸缩性的情况下，如果经济前景黯淡，投资者就会减少投资，由此带来了劳动市场需求的减少，从而产生了非自愿失业。

（三）黏性工资假定下的非自然失业论

新凯恩斯主义把经济分为短期和长期。在短期中，由于信息不完全和监督成本的压力，以及劳工合同等约束，厂商不敢轻易降低工人的工资，不得不支付高于均衡工资水平的工资以调动劳动者的积极性。因此工资具有黏性，即货币工资虽然能够缓慢调整，但是调整速度总是滞后于价格的变化速度，劳动市场处于非均衡状态，从而存在非自然性失业。在长期中，随着工资的调整，经济社会能够实现充分就业，失业仅仅是自然失业。

短期中失业的原因从供求角度来看，又可以分为总需求不足的失业和总供给冲击导致的失业。总需求不足型失业是传统的凯恩斯式失业，即周期性失业。可能是因为经济遇到消费、投资和出口需求总体下降或者某一方面的下降，或政府采取紧缩性的财政政策和货币政策使经济衰退，劳动力市场需求减少出现的失业。应对需求不足引发失业的有效措施就是人为地增大需求；总供给冲击型失业是由于短期中生产成本突然上升，如石油等原材料价格上升，而企业又无法通过相应的涨价来消化突然增加的成本，导致总产出水平下降，失业率上升。供给冲击引发失业的典型案例就是 20 世纪 70 年代的石油危机引发的西方国家高失业与高通胀并存的“滞胀”。应对这样的失业率，供应学派认为，应当减少国家干预，降低税率，以便鼓励生产，刺激供给的增加。美国里根总统采纳了这个意见，通过刺激供给，在降低通货膨胀和失业率方面取得了明显的效果：消费物价指数在1983年以后大幅度回落，1986—1989年下降到了3%～4%。同时，经济增长方面，1984年增长高达6.8%，为战后之最。失业率1983年以后连续下降。

第二节　通货膨胀理论

让价格飞一会儿

德国"一战"后历史上曾经有这样一段时期：一份报纸的价格从1921年1月的0.3马克上升到1922年5月的1马克、1922年10月的8马克、1923年2月的100马克和1923年9月的1000马克。在1923年秋季，价格飞起来了：一份报纸价格10月1日2000马克、10月15日12万马克、10月29日100万马克、11月9日500万马克直到11月17日7000万马克。

当时曾有经济学家将德国的通货膨胀数字绘成书本大小的直观柱状图，可是限于纸张大小，未能给出1923年的数据柱，结果不得不在脚注中加以说明：如果将该年度的数据画出，其长度将达到200万英里。

上面描述的德国恶性通货膨胀是人类历史上最严重的一次通货膨胀。那么究竟什么是通货膨胀，通货膨胀有哪几种类型，对经济会产生什么样的影响，又如何治理呢？西方经济学家做了大量研究，本节将对此进行基本介绍。

一、通货膨胀的含义及衡量标准

通货膨胀（Inflation）是指一个经济中大多数商品和劳务的价格连续在一段时间内普遍上涨的现象。该概念强调物价上涨的普遍性和持续性，如果仅有个别商品价格上涨或者由于偶然因素导致物价的短暂性上涨都不属于通货膨胀。

通货膨胀总是与物价水平的上升联系在一起的。因为通常通货膨胀是流通中货币过多导致的一种经济现象。在货币市场上，表现为货币供给大于货币需求即 $M > L$；在商品市场上，则表现为总需求超过总供给，$AD > AS$。由于货币需求是经常变化的，货币是否过多很难从货币供给量的多少及其增长速度来直接判断，所以通常只能从物价总水平变化这一最终结果上来间接判断是否出现了通货膨胀现象。因此,宏观经济学总是用一系列指标来描述整个经济中的各种商品和劳务价格的平均水平变动。这些指标包括 GDP 折算指数、消费价格指数(CPI)和生产者价格指数(PPI)。

消费价格指数是选取一组具有代表性的固定商品和劳务,然后比较它们按当期价格购买的花费和按基期价格购买的花费。这一指标说明对消费者来说,购买这组商品,今天要比过去某一时间多花费多少。

在美国构成该指标的主要商品共分八大类,其中包括食品、酒和饮品,住宅、衣着,教育和通信,交通,医药健康,娱乐,其他商品及服务。在美国,消费物价指数由劳工统计局每月公布,在中国则是由国家统计局每月公布。图确定是 2008 年 1 月—2011 年 3 月我国 CPI 变动情况。

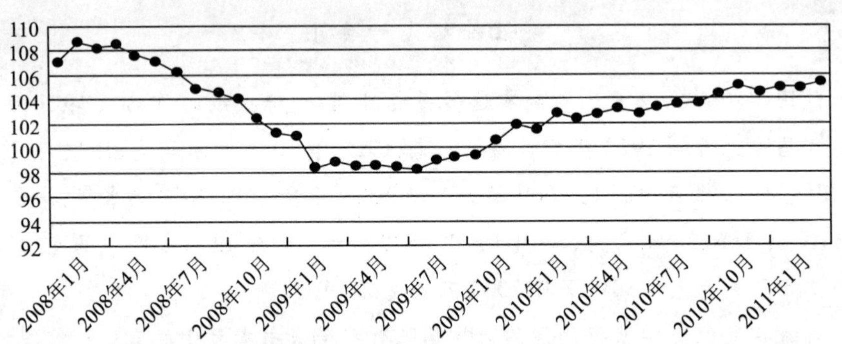

图 17-3 2008 年 1 月—2011 年 3 月中国 CPI 变化示意图

资料来源:东方财富网。

习惯上,如果物价指数(如消费物价指数 CPI)连续半年或几个季度上升,就可以认为经济出现了通货膨胀。从图 17-3 所示,我国自 2010 年以来,CPI 连续上涨,3 月 CPI 增 5.4%,创 32 月来新高,目前国内通胀压力较为明显。用公式表示:

$$CPI = \frac{\text{一组固定商品按当期价格计算的价值}}{\text{一组固定商品按基期价格计算的价值}} \times 100\% \qquad (17.3)$$

例如,若一国 2011 年普通家庭每个月购买一组商品的费用为 1090 元,2010 年购买同样一组商品的费用是 1000 元,则该国 2007 年消费价格指数就为:

$$CPI_{2011} = \frac{1090}{1000} \times 100\% = 109\%$$

生产者价格指数是衡量生产原料和中间投入品等价格水平的指标。它的计算方法与消费者价格指数相同。但是 PPI 度量的价格不是零售价格而是批发价格,因此,它成为一般价格水平变化的信号,被当做经济周期的指示性指标,备受政策制定者关注。

GDP 折算指数是对最终产品和劳务价格变动的综合衡量。用公式表示为:

$$\text{GDP 平减指数} = \frac{\text{名义 GDP}}{\text{实际 GDP}} \times 100\% \tag{17.4}$$

通货膨胀的程度通常用通货膨胀率来衡量。通货膨胀率被定义为从一个时期到另一个时期价格水平变动的百分比。用公式表示为：

$$\pi_t = \frac{P_t - P_{t-1}}{P_{t-1}} \tag{17.5}$$

式中，π_t 为 t 时期的通货膨胀率；P_t 和 P_{t-1} 分别为 t 时期和 $t-1$ 时期的价格水平。如果用上面介绍的 CPI 来衡量价格水平，则通货膨胀率就是不同时期的消费价格指数变动的百分比。据此，我们来计算前例中 2011 年的消费品的通货膨胀率就为：

$$\frac{1090 - 1000}{1000} \times 100\% = 9\%$$

二、通货膨胀的分类

从经济史上来看，商品交换经历了简单的价值形式、扩大的价值形式、一般价值形式和货币价值形式；货币也相应地经历了从不固定的物品到固定的物品、再到金银、最后到纸币这样一个过程。自从纸币流通制度取代金属货币流通制度以来，货币的发行权垄断于一国的政府和中央银行，通货膨胀就成为一个经常出现的普遍的经济现象。西方经济学者从不同的角度对通货膨胀进行了分类。

（一）按价格上升的速度进行分类

按价格上升速度分为三种通货膨胀：第一，温和的或爬行的通货膨胀。指每年物价上升的比例在 10% 以内，即一位数的低通货膨胀。按此标准，西方许多国家都存在着这种低通胀。由于货币贬值幅度不大，速度不快，人们对货币仍然怀有信心，仍然愿意持有货币，所以对经济不会构成危害，有的学者甚至认为低通胀对生产的增加和经济的发展有一定的积极刺激作用。第二，奔腾的通货膨胀。指年通货膨胀率在 10% 以上和 100% 以内的两位数高通胀，这种通货膨胀对经济构成了危害。因为在高通胀发生后，公众为了避免手存现金贬值，会加速商品购买，以此来保护自己的财富，然而这种行为会加快货币流通速度，使价格以更快的速度、更大的幅度继续上涨，从而扰乱了正常经济秩序。但是这种通货膨胀一般不至于使经济崩溃。第三，超级通货膨胀或恶性通货膨胀。指通货膨胀率在 100% 以上，也就是三位数以上的通货膨胀。当这种通货膨胀发生时，会造成社会恐慌，因为此时货币购买力大幅度下降，人们对货币失去信任，希望货币尽快脱手，大量资本纷纷外逃，金融秩序难以维持，市场机制遭到破坏，经济崩溃。有人说，政府喜欢通货膨胀，因为它有铸币税效应，即政府可以发行货币获得一笔与税收一样但比征税容易的收入。当财政入不敷出时，往往通过发行货币来融资，因此恶性通货膨胀一般都是因财政陷入困境，滥发货币造成的。

(二)按对价格影响程度分类

按对不同商品价格影响程度的大小,可分为均衡的通货膨胀和非均衡的通货膨胀。所谓均衡的通货膨胀,是指每种商品的价格都按同比例上升的通货膨胀。这些商品既包括一般商品和劳务,也包括生产要素,如工资、租金、利率等。它们价格的同比例上升,意味着相对价格保持不变。非均衡的通货膨胀,即各总商品价格上升的比例并不完全相同。有的价格上涨幅度大,有的上涨幅度小。比如,我国2007年消费品价格上升幅度高于生产资料上升幅度,此时,商品的相对价格发生变动。非均衡的通货膨胀使生产不同商品的企业从价格上涨中获得不同的收益。

(三)按人们的预期程度分类

按照人们对通货膨胀的预期可以分为未预料到的通货膨胀和预料到的通货膨胀。所谓未预料到的通货膨胀是指价格上升的速度超出人们的预料,或者说人们根本没有想到价格会上涨。由于经济变量的不确定性和信息的不完全性,人们很难事先准确预见到通货膨胀率的变化,从而未能采取相应的对策来保护自己的利益,往往只能做"事后诸葛亮"。例如,2007年我国猪肉价格的突然上涨,引起了一系列相关商品价格的上涨,是人们始料不及的。预料到的通货膨胀也叫做惯性通货膨胀,通常是建立在基期已经发生的通货膨胀基础上。例如,2005年和2006年连续的通胀率均为3%,人们便会预计到,2007年物价水平将以同一比例继续上升,这样人们的经济活动就会把3%的物价上涨率考虑进去,比如,借贷行为、租赁行为,以及劳动者的工资合同等,在这些行为的作用下,下一年度的通货膨胀率必然不能低于3%。

三、通货膨胀的成因及治理

关于通货膨胀的成因,在西方经济学中,从需求与供给的角度主要有以下几种解释。

(一)需求拉动通货膨胀(Demand – Pull Inflation)

这是20世纪五六十年代流行的第一代通胀理论。所谓**需求拉动的通货膨胀又称超额需求通货膨胀,是指总需求超过总供给所引起的一般价格水平的持续显著上涨。该理论把通货膨胀解释为"过多的货币追求过少的商品"**。"二战"后,为了刺激经济和就业增长,很多国家政府实行宽松的财政和货币政策,使得物价水平不断上升。20世纪60年代,在美越战争的刺激下,西方发达国家的通货膨胀就属于需求拉动的通货膨胀。美越战争引起美国政府军费开支增加,刺激了社会总需求,同时其他国家为了自身安全,纷纷增加国防开支,从而引起了通货膨胀。2008年以美国次贷危机为导火索的全球性金融危机给全世界造成了重创,各个国家为了摆脱经济衰退的阴影,实行了宽松的财政政策和货币政策以刺激经济的发展,物价水平不断攀升,我国也受到了国外通胀的影响,通胀压力显现。

对于需求拉动型通货膨胀,不少西方经济学者认为,最有效的方法是人为地制造一次经济衰退。弗里德曼曾说:"我还没有看到任何例子,能够说明不需要通过一个增长缓慢和失业的过程而医治了相当大程度的通货膨胀。"制造衰退就是采取紧缩的财政政策和货币政策。如前所述,这会付出紧缩的代价,即经济可能出现衰退。对于一般性通货膨胀,为了减轻衰退的程度,应掌握好紧缩的力度,最好采取递进的"软着陆"(Soft Landing)方式,逐步紧缩总需求。但是如果遭遇恶性通货膨胀,需采取"猛药治急症"的方式。

(二)成本推动通货膨胀(Cost - Push Inflation)

成本推动的通货膨胀又称供给通货膨胀,是指由于供给成本提高造成的通货膨胀。这是20世纪70年代流行的通货膨胀理论,被用于解释总需求拉动所不能解释的"滞胀"现象。一般的成本推动性通货膨胀理论认为,这种通货膨胀包括工资推动型和利润推动型两种。

工资推动型通货膨胀指由于劳动市场竞争不完全造成的过高工资所导致的一般价格水平的上涨。在不完全竞争的劳动市场上,由于工会组织的干预,工资不再是市场均衡工资,而是工会和雇主协商议定的工资。迫于工会组织的压力,厂商不得不提高工资,由于工资的增长率超过了生产增长率,工资的提高造成生产成本的提高,从而导致一般物价水平的上涨。由于工资提高和价格上涨之间存在双向因果关系:工资提高引起价格上涨,价格上涨又引起工资提高,从而形成物价水平螺旋式的上升,即所谓的**工资—价格螺旋**。

利润推动型通货膨胀指垄断企业和寡头企业利用市场势力谋取过高利润所导致的一般价格水平的上涨。不完全竞争市场的厂商,尤其是垄断厂商和寡头厂商,由于市场份额大,相应的替代品少,使得它们对产品价格具有很强的控制力,它们可以通过向市场少投放产品的办法提高价格,谋取超额利润。而且在垄断产品价格上涨的情况下,以该产品为原料的产品的成本上升,导致产量减少。我国现阶段,引起短期中成本突然上涨的因素,除了稀缺矿产资源等原材料价格上涨以外,农产品供应不足也是不可忽视的诱因。如果企业不能通过生产率的提高来消化这些使成本上升的因素,又不能相应地提高产品卖价,就有亏损、破产的可能。

要应对成本推动的通货膨胀,必须从降低成本上下工夫。如减少企业的税收和其他负担。面对20世纪70年代的滞胀,美国等西方国家为了控制物价上涨,曾采用直接控制工资和物价上涨的办法,被称为"收入政策",包括限制工资和物价涨幅。也采取过**道义劝告**的方式,即使用非正式的工资和物价控制。该种方法是,政府不直接控制物价和工资,而是更巧妙地借助于被称为道德劝告或施加某种压力的办法,劝说企业和工人不要涨价或涨工资。政府制定物价和工资的指导线,希望工人和企业能够遵守。政府还可以通过一个杠杆,产生一种比求助于人们道德诚实更强有力的力量。这一杠杆便是政府以不购买该企业的产品来威胁那些不听从劝告的企业。

对于垄断造成的高价格,政府除了用托拉斯法来制裁而外,常常对于稀缺资源供给实施管理,比如鼓励替代品的生产和开发、鼓励现有资源的节约使用等。

(三)结构性通货膨胀(Structural Inflation)

结构性通货膨胀是由于生产部门之间劳动生产率的差异、引起收入水平的差异以及人为赶超等结构性原因引起的通货膨胀。

从生产率提高的速度看,不同地区、不同行业的生产率有着较大的差异。一些地区、部门生产率提高的速度快,另一些地区、部门生产率提高的速度慢;从经济发展的过程看,一些部门正在发展,属于朝阳产业,比如说低碳行业、信息产业,另一些部门渐趋衰落属于夕阳产业,比如说高耗能行业;从同世界市场的关系看,一些部门同世界市场的联系非常密切,另一些部门同世界市场几乎没有关联。现代社会经济结构不容易使生产要素从生产率低的部门转移到生产率高的部门,或从渐趋衰落的部门转移到开放部门。但是生产率提高慢的部门、正在渐趋衰落的部门以及非开放部门在工资和物价水平上与生产率高的部门攀比,要求向生产率高的、正在迅速发展的以及开放部门“看齐”,要求“赶上去”,结果导致一般物价水平上涨。

在发达国家这种类型的通货膨胀相对较多,而发展中国相对少些。应对这样的通货膨胀,政府可以采用收入政策或其他的软性政策。

四、通货膨胀的效应

通货膨胀作为经济中一种普遍的经济现象,经济社会中每一个公民和经济中的其他经济单位都在某种程度上受到它的影响。总体来看,通货膨胀对社会的影响主要有财富的再分配效应和产出效应。

(一)通货膨胀的财富再分配效应

在假定物价水平变动不影响实际产出量的前提下,我们来研究通货膨胀的财富再分配效应。由于通货膨胀的不可预见性,导致了通货膨胀自动再分配财富的效应。具体表现如下。

1. 通货膨胀不利于靠相对固定收入维持生活的阶层,而有利于靠变动收入的阶层

对于大多数人来说,工资是他们的主要收入。如果工资不能随物价变动,或者工资的上涨慢于物价的上涨,则这些人就会在通货膨胀中蒙受损失。他们的实际收入因通货膨胀而减少,相当于他们的实物财富被转移到了别人的手里。相对固定收入的人群主要包括那些领救济金、退休金的人,公共雇员、白领工人以及靠福利和其他转移支付维持生活的人。但是近年来,随着工会的介入,工资常常与通货膨胀率直接挂钩,使得这种情况有所好转。相反,那些靠变动收入生活的人,他们常常是通货膨胀的受益

者,因为他们的货币收入往往走在价格水平和生活费用上涨之前。

2. 通货膨胀不利于储蓄者,而有利于吸储者

随着物价水平的上涨,存款的实际价值或购买力就会下降。那些存款于银行的人会受到损失。同样,像保险金、养老金以及其他固定价值的证券财产等,在通货膨胀中,实际价值也会下降。因为通常银行的名义存款利率在扣除物价水平变动后的实际利率为负数,无形中储蓄者的货币缩水了。比如,2011 年 4 月,我国的 1 年期存款利率是 3. 25% ,如果扣除物价指数(CPI 为 5. 4%),实际利率为 -2. 15% ,显然,100 元的存款无形中缩水 2. 15% 。

3. 通货膨胀在债务人和债权人之间进行收入再分配

如果借贷合同中规定了通货膨胀约束,则债权人与债务人不受通货膨胀的影响。但是在一般的情况下,我们是没有通货膨胀约束的,这时债务会按照固定利率来进行支付,则通货膨胀会使债务人受益,使债权人蒙受损失。但是相反的情况是,当出现通货紧缩,也就是物价水平普遍下降,则债务人的负担加重。

4. 通货膨胀使财富在公众和政府之间转移

有人抱怨政府的赤字财政政策,说这是变相地掠夺大众财富。因为政府向民众发放债券,政府成了债务人,民众成了债权人,政府再有意制造通货膨胀,就会把居民手中大量财富带到公共经济部门,减轻了政府的债务压力,肥了政府瘦了民众。这些话不无道理,但是除了特殊时期,比如应对战争,政府不得不发放货币而外,通货膨胀的再分配效应通常都是自发的、事后的,政府本身是没有预谋、没有企图的,而且政府总是想办法限制它的副作用。

当然,对于收入水平较高的居民,他们往往既是灵活收入获得者、金融证券的持有者和实际(不动产)财富的所有者,因而通货膨胀对其影响可以相互抵消。但是就总体而言,通货膨胀不利于债权人,有利于债务人;不利于公众,有利于政府;不利于被动接受市场价格的小企业,有利于能够控制价格的垄断性企业。

(二)通货膨胀的产出效应

1. 需求拉动的通货膨胀引起产量增加

现代政府多数倾向于这样一个观点:产出与通胀是一对互补品,即通胀在一定时期中对生产有拉升作用。因为人们对通货膨胀的未预见性,使得短期中的工资、利息、租金等成本有刚性或黏性,暂时不会随物价上涨而上涨,这样,生产涨价产品的企业会从中得利,从而刺激其扩大投资和生产。从通货膨胀中得到实惠的雇主也给劳动者一些补偿,劳动者会产生空前的工作积极性,推动生产增长。这种现象现实生活中的确存在,即所谓需求拉动型通货膨胀刺激产出水平的提高。从宏观经济的角度看,这种需求拉动的通货膨胀率如果处在温和的或爬行的阶段,产品价格上涨的速度快于货币工资上涨的速度,使得实际工资水平下降,丰厚的利润刺激企业扩大生产,增雇工人,

从而使社会得到了减少失业、增加国民产出的好处。这些增加就业、增加产出的好处往往抵消通货膨胀财富再分配的副作用。但是应当引起注意的是,一是通货膨胀对经济的这种拉动作用是暂时的,一旦人们的货币幻觉消失,要求把工资涨到与通货膨胀同步的话,这种刺激作用就会消失。二是如果通货膨胀率很高的话,即使带来产出增加的好处,也必须想办法抑制,因为它会引起通货膨胀螺旋。

2. 成本推动的通货膨胀导致产出下降

由供给冲击导致的生产成本上升,厂商在短时期内通常无法消化,于是在利润下降甚至亏损的打击下,企业减少生产,国民总产出随着下降。假定在原总需求水平下,经济实现了充分就业和物价稳定,如果发生成本推动的通货膨胀,则原来总需求所能购买的实际产品的数量将会减少,或者说既定总需求只能在市场上支持一个较小的实际产出。所以,实际产出下降,失业上升。进入21世纪,自然资源的储存量不断下降,石油、天然气、煤炭、铜、金、铝等的价格不断上升,使得下游企业生产成本加大,制成品的价格随之攀升,实际GDP不断减少。有资料显示,一个很好的例证是,美国经历了20世纪70年代的滞胀以后,经济增长速度勉强维持在3%左右,再也没有出现过迅猛增长的势头。另外,成本推动的通货膨胀由于价格上涨的不均衡性,造成了价格信号的失真,引导错误的投资和生产,造成资源配量的浪费。而实际产出下降,相应的失业人数会增多。

3. 超级通货膨胀导致经济崩溃

发生严重通货膨胀时,货币加速贬值,人们不敢进行中长期投资活动,因此给资本形成和经济增长带来损害。如果通货膨胀是超级的,那么对经济的影响是毁灭性的。

首先,储蓄下降,银行危机,生产委靡。随着价格持续上升,一方面,消费者对通货膨胀的恐惧和对货币贬值的忧虑,促使他们积极取出银行存款加速实物购买。资金的大量提取产生的挤兑,如果得不到有效的控制,银行将面临危机,局部银行倒闭,正常的金融秩序遭到破坏,导致整个国家的金融危机。另一方面,企业在通货膨胀率上升时会力求增加存货,以便在稍后按高价出售牟取暴利。这种通货膨胀预期除了会鼓励企业增加存货外,还可能鼓励企业增加新设备。可是企业的投资冲动一旦无法筹措到必需的资金时就停止。由于储蓄减少、挤兑等现象的发生,银行资金面临困难,利率上升,使企业获得贷款越来越困难。这时,企业要被迫减少库存,生产就会收缩。

其次,随着通货膨胀率的大幅度上升,劳动者的实际工资超速度下降,工人要求提高工资,以抵消过去价格水平上升导致的损失,并补偿下次工资谈判前可以预料到的通货膨胀带来的损失。于是企业增加生产和扩大就业的积极性就会逐渐丧失,严重者会选择停产关门。

最后,严重的通货膨胀使人们对货币完全丧失信心,货币的交换手段和储藏职能遭到毁坏。人们不再愿意从事正常的生产经营活动,更愿意进行种种投机活动。等价交换的正常活动无法实现，经济混乱甚至崩溃。

第三节 失业与通货膨胀综合分析

通货膨胀与失业的悖论

西方经济学把降低失业率、实现充分就业和降低通货膨胀率、实现物价稳定作为政府控制的两大宏观经济目标。然而实践表明，要想降低通货膨胀率就得忍受较高的失业率；而要把失业率降低到一个理想水平，就得以高通货膨胀率为代价。作为政府来讲，总要做出一个权衡取舍，既要实现物价稳定又要保障到充分就业。经济学家把失业率与通货膨胀率之和称为痛苦指数。那么，究竟怎么做才能摆脱痛苦呢？

失业与通货膨胀是短期宏观经济中的两个不可分割的难题，具有相关性。当政府希望达到低通胀和低失业目标时，会发现二者之间往往存在冲突。比如，为了降低通货膨胀率，政府实行紧缩性财政政策和货币政策，抑制社会总需求，结果企业因为政府的紧缩银根出现贷款困难，或者利率的上调增加了投资成本，使得企业生产萎缩，对劳动力的需求减少，失业率增加；同样，政府为了降低失业率，实施扩张性需求管理的话，随着社会总需求的扩大，物价水平就会上升。降低失业率、降低通货膨胀率，二者不可兼得令我们陷入了两难选择之中，能否有相对折中的办法来协调通货膨胀与失业的关系，本节引入菲利浦斯曲线来进行说明。

一、菲利浦斯曲线的提出及政策含义

20 世纪 50 年代，英国经济学家菲利浦斯收集了英国 1861—1957 年失业率与货币工资增长率的数据，发现二者之间存在着显著的反向变动关系，于是发表论文给出了工资变化率和失业率之间的一种经验性关系曲线，后来被称为**菲利浦斯曲线**（Phillips Curve）。该曲线表明，当失业率较低时，货币工资增长率较高；反之，当失业率较高时，货币工资增长率较低。这一替代关系可解释为，当经济社会存在很高失业率时，劳动供过于求，人们常常为得到一份难得工作而庆幸，几乎很少提出涨工资的要求，换言之，在赢利较少的情况下，企业也会更坚定地抵制任何增加工资的要求，劳动者不得不在低工资率下就业；相反，在失业率很低的经济上升阶段，劳动供给方居于优势地

位，通常要求增加工资，在较高的工资水平下就业。

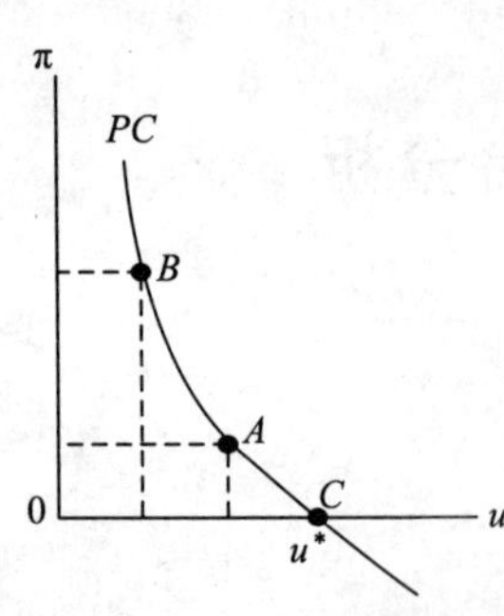

图 17－4　菲利浦斯曲线

这一发现后来被新古典综合派的萨谬尔森和索洛发展为失业率和通货膨胀率之间替代关系的曲线，从而奠定了宏观经济学的失业—通货膨胀理论的基础。他们的解释是：工资是成本的组成部分，工资率上升，意味着物价水平上升。故可以用通货膨胀率代替工资率，建立失业与通货膨胀之间的替代关系。因此，**最初的菲利浦斯曲线是通货膨胀率与失业率的组合点的轨迹**。用公式表示为：

$$\pi = -\varepsilon(u - u^*) \tag{17.6}$$

其中，π 为实际通货膨胀率，参数 ε 衡量价格对于失业率的反应程度，u 和 u^* 分别是失业率和自然失业率。

如图 17－4 所示。横轴 u 代表失业率，纵轴 π 代表通货膨胀率，向右下方倾斜的菲利浦斯曲线用 PC 表示。该曲线具有负斜率，表明如果通货膨胀率较低，则失业率较高；反之，通货膨胀率较高，失业率较低，当 π 为零时，失业率为 $u^*\pi$ 即为自然失业率。

菲利浦斯曲线是一个理论假设，然而有资料表明，利用英美等国 20 世纪五六十年代画出的失业率与通货膨胀率关系的曲线，向右下方倾斜，这强有力地支持了这个假设。于是被修正的菲利浦斯曲线迅速成为西方宏观经济政策分析的基石。其政策含义是，政府必须在失业率与通货膨胀率之间权衡取舍，适度掌握调控力度，把二者控制在社会可承受的限度内。我国在宏观调控中提出的“软着陆”政策，就是基于这种考虑。

二、附加预期的菲利浦斯曲线

1968 年，货币主义代表人物、美国经济学家弗里德曼指出最初的菲利浦斯曲线的一个严重缺陷，忽略了影响工资变动的一个重要因素——工人对通货膨胀的预期。因为如果人们预期通货膨胀率越高，名义工资增长越快。因此，弗里德曼等人提出了短期菲利浦斯的概念。所谓“短期”，是指从预期到需要根据通货膨胀做出调整的时间的间隔。**短期菲利浦斯曲线就是预期通货膨胀率保持不变时，表示通货膨胀与失业率之间关系的曲线。**

为了重视预期通货膨胀的重要性，将菲利浦斯曲线改写为公式：

$$\pi = \pi^e - \varepsilon(u - u^*) \tag{17.7}$$

公式(17.7)中的 π^e 为通货膨胀预期。公式(17.7)被称为**现代菲利浦斯曲线，或附加预期的菲利浦斯曲线**。当 $\pi = \pi^e$，即实际通货膨胀率等于预期通货膨胀率时，失业处于自然失业率水平。这意味着附加预期的菲利浦斯曲线在预期通货膨胀水平上与自然失业率相交。

三、长期菲利浦斯曲线

由前面得知，在短期的菲利普斯曲线显示的是失业率与通货膨胀率之间具有此消彼长的替代关系。但是在长期，工人会意识到通货膨胀降低了他们的实际工资，从而要求提高名义工资。当名义工资的上涨率等于实际通货膨胀率的时候，实际工资水平与原来的均衡工资水平一致，劳动市场实现了均衡，即达到了充分就业状态。因此，高通货膨胀率不会起到降低失业率的作用，也就是说，**长期中，通货膨胀率与失业率不再存在相互替代关系，菲利浦斯曲线是一条垂线。**

长期菲利浦斯曲线的政策含义是，长期内通货膨胀率与失业率的替换关系消失。因此，不能长期实行扩张的需求管理政策，不能用总需求管理政策去降低自然失业率和提高潜在增长率，否则会加速通货膨胀率的持续上升。因此，只能采取促进长期经济增长的供给管理政策。

第十八章 经济增长理论

Theory of Economic Growth

经济增长是一个十分引人注目的话题。如果你对国家之间的生活水平差距为什么如此之大并不感到好奇,那么你就不会阅读报纸或者到世界的其他地方旅游。你忍不住对10亿多中国人在一代人的时间内摆脱贫穷,而无数其他人的收入却停滞不前,感到万分惊奇。我们肯定很想知道我们的孙子辈与我们相比是否像我们与我们的祖父母相比一样富有。经济增长是决定一个经济长期状态最重要的基础。不同国家的富裕程度之所以存在如此巨大的差别,是各国长期经济增长不同的结果。但是我们在发展经济的同时,除了注重总量的提高和扩大外,我们目前重视的是在量的基础上质的提升,我们更加注重能源利用效率的提高、生态环境的改变、人民生活幸福指数的提升……这属于经济发展的问题。

凯恩斯的国民收入理论研究均衡收入的决定及宏观经济政策,是对某一时期的研究,属于短期的国民收入决定的问题,但是宏观经济学还要注重研究国民收入在长期中的增长和波动问题,对经济增长和经济波动问题的研究即经济增长理论。人类要生存、要发展,其前提就是物质产品的增加。有史以来,经济增长一直被经济学家们所关心,而经济发展的问题也逐渐走入了经济学家的视野。

第一节 经济增长与经济发展

不丹模式:靠幸福指数治国

不丹是世界上为数不多的几个世袭君主制国家之一,素有"最后的香格里拉"之称。20世纪70年代末,不丹旺楚克王朝的第四位国王——吉格米·辛耶·旺楚克提出以"国民幸福总值(GNH)"取代国民生产总值(GNP)这个世界流行的经济指标，强调不以牺牲环境来发展经济。不丹逐步从原始落后向富足迈进。

“国民幸福总值”是指平等、良好的政府管理以及与自然的和谐相处等，其最终目标是让人民过上幸福的生活。从20世纪80年代末起，不丹又开始推行“全民幸福计划”，向全体国民提供免费医疗等。这些计划的实施不仅使今天的不丹在人均国民生产总值方面领先南亚，而且国民的幸福感更令其他国家望其项背。吉格米的威望也如日中天，受到所有不丹国民的衷心爱戴。

不丹模式引起了世界各国的注意，世界上不少著名的经济学家都把目光投向这个南亚小国，开始认真研究“不丹模式”。美国的世界价值研究机构开始了“幸福指数”研究，英国则在创设“国民发展指数(MDP)”。

可以看出，世界上衡量经济的水平不再单纯地局限于经济增长这个量化的指标，更注重的是国民的幸福程度，这属于经济发展所包含的内容。

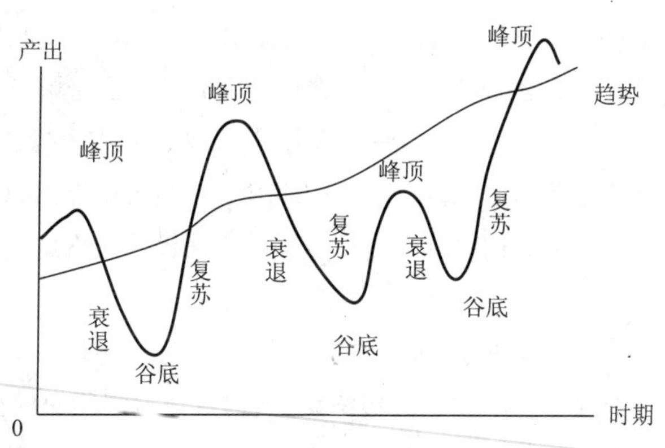

图18-1　经济周期

长期国民收入的决定包括国民收入长期增长的趋势问题和实际国民收入围绕长期趋势而产生的周期性波动问题。如图18-1所示，其中的细线表示了实际GDP的趋势过程，GDP的趋势过程是生产要素被充分利用时GDP所经历的过程。一般地，随着时间的推移，潜在产量呈上升的趋势。图中的粗线则表示在不同时期实际GDP的路径，由于各个时期影响经济增长的因素作用不同，实际产量不总是处于其趋势水平，而是经常围绕其趋势水平波动。有的时期实际产量高于潜在产量，在趋势线之上；也有的时期实际产量低于潜在产量，在趋势线之下。

一、经济增长与经济发展

在宏观经济学中，经济增长和经济发展是考察国民经济长期发展问题经常涉及的两个既紧密相连又有区别的两个概念。

(一) 经济增长

经济增长(Economic Growth)通常被定义为产量的增加。产量既可以表示为经济的总产量,也可表示为人均产量。经济增长的程度可以用增长率来描述,总产量的增长率可表示为:

$$G_t = \frac{Y_t - Y_{t-1}}{Y_{t-1}} \tag{18.1}$$

式中,G_t 表示总产量增长率,Y_t 表示 t 时期的总产量,Y_{t-1} 表示 $t-1$ 时期的总产量,总产量的增长率即 t 时期比 $t-1$ 时期的总产量增加量与 $t-1$ 时期总产量之比。人均产量的增长率表示为:

$$g_t = \frac{y_t - y_{t-1}}{y_{t-1}} \tag{18.2}$$

式中,g_t 表示总产量增长率,y_t 表示 t 时期的人均产量,y_{t-1} 表示 $t-1$ 时期的人均产量,人均产量的增长率即 t 时期比 $t-1$ 时期的人均产量的增加量与 $t-1$ 时期人均产量之比。

经济总量的增长可以表明一个国家经济实力的增强,而人均产量的增长则能反映一个国家的居民生活水平。我国 2009 年 GDP 在世界排名已经位于第二,但是由于人口基数大,而且人口增长较快,人均 GDP 水平并不高,与发达国家有着很大差距。党的十七大纠正了以往片面强调经济总量增长的观念和做法,在报告中提出 2020 年人均国内生产总值比 2000 年翻两番的目在标,就是为了更加重视居民生活质量与生活水平的提高。

(二)经济发展

经济增长是一个"量"的概念,而经济发展是一个比较复杂的"质"的概念。**经济发展(Economic Development)不仅包括经济增长,而且还包括国民的生活质量,以及整个社会经济结构和制度结构的总体进步,是反映经济社会总体发展水平的综合性概念。**因此,经济增长不等于经济发展,经济发展又离不开经济增长。

我国从重视经济增长到经济发展这个新理念的形成是经过一段过程的,主要经过三个阶段,如表 18-1 所示。

表 18-1　　我国经济发展理念演变的过程

时　间	1949—1995 年	1995—2007 年	2007 年至今
经济增长类型	经济又多又快增长阶段	经济又快又好增长方式阶段	转变经济发展方式阶段
演变过程	十二大:以提高经济效益为中心 十三大:从粗放经营为主逐步转上集约经营为主的轨道 十四大:促进整个经济由粗放经营向集约经营转变	十四届五中全会:经济增长方式从粗放型向集约型转变 十五大:充实完善了经济发展的内容 十六大:提出全面建设小康社会的奋斗目标	十七大:加快转变经济发展方式,是关系国民经济全局的紧迫而重大的战略任务

从表 18－1 可以看出,我国经济发展理念的演变经历“经济又多又快增长阶段”到“经济又快又好增长方式阶段”再到“转变经济发展方式阶段”这三个阶段,过去我们一直倡导“转变经济增长方式”,而十七大报告中提出“加快转变经济发展方式”,新提法的意义在于发展经济不仅要注重产量的增长,更要注重经济与其他方面的协调。传统的经济增长方式与现行的经济发展方式有很大的不同,如表 18－2 所示。

表 18－2　　传统增长方式与新的发展方式的区别

角度	传统增长方式	新的发展方式
指导观念	经济总量增长 速度扩张	科学发展观
研究视角	以物为本	以人为本
类型	粗放型增长、集约型增长	扩大需求型、资源环境型 ……
衡量指标	GDP	GDP、社会发展指标
推进动力	增加投入	制度创新、结构优化

从表 18－2 可以看出,新的发展方式强调的是在合理利用自然资源、保护生态环境的基础上促进经济的发展,更加注重提高经济效益,注重经济结构的调整、优化,资源利用效率的提高,生态环境的改善,以及保持人与自然、人与社会、人与环境的和谐发展。

二、经济增长核算方程

经济增长与人均收入水平(美元)的国际比较如表 18－3 所示。

表 18－3　　经济增长与人均收入水平(美元)的国际比较

国别	时期	期初人均 GDP	期末人均 GDP	年均增长率(%)
日本	1890—1990	842	16144	3.00
巴西	1990—1987	436	3417	2.39
德国	1870—1990	1330	17070	2.15
美国	1870—1990	1223	14288	2.07
中国	1900—1987	401	1478	1.17
墨西哥	1900—1987	649	2667	1.64
英国	1870—1990	2693	13589	1.36
阿根廷	1900—1987	1284	3302	1.09
印度尼西亚	1900—1987	499	1200	1.01
巴基斯坦	1900—1987	413	885	0.88
印度	1900—1987	378	662	0.65
孟加拉国	1900—1987	349	375	0.08

说明:GDP 按 1985 年美元不变价衡量。

资料来源:曼昆. 经济学原理(下)[M]. 北京:三联书店,北京大学出版社,1999:144,表24－1.

从表18－3可以看出，人均收入水平高的国家都保持较高的经济增长率，而人均收入水平低的国家经济增长率也较低。100多年前，日本的人均收入仅为842美元，远远低于当时阿根廷的水平。但是，日本保持3%的增长率，阿根廷仅为1.09%的增长率，到1990年，日本人均收入已达到16144美元，远高于阿根廷1987年3302美元的水平。可见，一个国家的收入水平取决于长时期的增长和积累。不同国家增长率上的微小差别会在未来时期转变为收入水平的巨大差异。由于发达国家在一个较长时期的经济增长率高于低收入国家的增长率，导致现阶段的巨大差距。

考察不同国家富裕程度的差别就要分析影响经济增长的因素。让我们从宏观生产函数入手来进行分析。宏观生产函数可表示为：

$$Y_t = A_t f(L_t, K_t) \tag{18.3}$$

式中，Y_t 表示总产出；A_t 表示技术水平，即综合要素；L_t 表示劳动投入；K_t 表示资本投入。经济增长的源泉可被归结为劳动和资本的增长以及技术进步。

当把人力资本（Human Captial）作为一种单独投入时，用 N_t 表示，生产函数可被写为：

$$Y_t = A_t f(N_t, L_t, K_t) \tag{18.4}$$

根据宏观生产函数，我们可以推导出经济增长率的分解式，即经济增长核算方程：

$$G_y = G_A + \alpha G_L + \beta G_K \tag{18.5}$$

式中，G_y 表示经济增长率；G_L 表示劳动投入增长率；G_K 表示资本投入增长率；α 表示劳动收益在产出中所占份额，简称劳动份额；β 表示资本收益在产出中所占份额，简称资本份额。一般来说，总产出增长率、劳动投入增长率、资本投入增长率的资料都很容易得到，α 和 β 也可以通过经验数据求得，综合要素增长率包括技术进步和管理等因素，难以获得准确数值，可以通过经济增长率的分解式推算：

$$G_A = G_y - \alpha G_L - \beta G_K \tag{18.6}$$

从经济增长率分解式可知，经济增长的源泉可被归结为劳动和资本的增长以及技术进步。而且通过这一分解式，可以分析各个因素在经济增长中所起作用的大小。各个因素对经济增长的作用，既可以通过其在经济增长率中的绝对量进行分析，还可以通过在经济增长率中的相对量，即百分比进行分析。各因素所起作用在经济增长率中的相对量称为各因素对经济增长的贡献率。

三、经济增长因素分析

各国经济学家对经济增长因素分析的研究成果很多，其中，美国经济学家丹尼森的研究有很大影响。丹尼森把影响经济增长的因素分为两大类：生产要素投入量和要素生产率。丹尼森认为要素投入量取决于劳动和资本的投入量，劳动投入量包括劳动的数量和质量；资本投入量表现为资本存量的规模以及资源拥有状况。要素生产率取决于资源配置状况，是否实现了规模经济以及知识进展。丹尼森在《1929—1982 年美国经济增长趋势》一书中，用美国 50 多年来国民收入的历史统计数据对各因素进行分析，其结果如表 18 -4 所示。

表 18 -4　　1929—1982 年国民收入增长的源泉

增长因素		增长率(%)
总要素投入		
劳　动：	1.34	1.90
资　本：	0.56	
单位投入的产量		1.02
知　识：	0.66	
资源配置：	0.23	
规模经济：	0.26	
其　他：	-0.03	
国民收入		2.92

资料来源：Edward Denison, Trends in American Economic Growth, 1929—1982 (Washington, D. C. The Brookings Institution, 1985)表 8 -1，转引自[美]多恩布什，费希尔.《宏观经济学》[M]. 北京：中国人民大学出版社，1997:226，表 10 -2.

丹尼森的研究结果证明，要素增长率增加中，知识进展解释了技术进步所起的作用约占 2/3，知识进展是最重要的经济增长因素，它包括技术知识、管理知识的进步和由于采用新的知识而产生的结构和设备的更有效的设计在内，还包括从国内的和国外的有组织的研究、个别研究人员和发明家，或者从简单的观察和经验中得来的知识。其中，管理知识就是广义的管理技术和企业组织方面的知识。丹尼森认为，管理和组织知识方面的进步更可能降低生产成本，增加国民收入，因此它对国民收入的贡献比对改善产品物理特性的影响更大。

(一)生产要素投入量

要素投入包括劳动投入和资本投入。劳动的增加又可以分为劳动数量的增加和劳动力质量的提高。一个高素质的劳动者，其劳动生产率高于一般劳动者，提高劳动者的素质即相当于增加劳动者的数量。例如，第二次世界大战后的美国，劳动力的数量并不多，但由于美国的教育水平较高，提高了劳动力的质量，从而使劳动对经济增长做出了重要贡献。据索洛估算，在 1909—1940 年，美国经济增长率为 2.9%，由劳动引起的增长率为 1.09%，即劳动在经济增长中做出的贡献占 38% 左右。这与战后劳动力数量增长较高的西欧各国劳动对经济增长的贡献比例相当。

资本包括物质资本和人力资本。物质资本又称有形资本，是指设备、厂房、存货等的数量。人力资本又称无形资本，是指体现在劳动者身上的投资，如劳动者的文化技术水平、健康状况等。人力资本能够有效地提升劳动者生产产品和提供服务的能力或效率。这里主要研究物质资本。现代经济学认为，资本的增加应快于人口的增加，使人均资本增加,人均资本的增加即装备水平的提高会带来人均产量的增加。一般来说,在经济增长的初期,增加资本对经济增长起着至关重要的作用。例如,第二次世界大战后的德国、日本等国储蓄多,从而资本增加较多,国家经济增长较快。因此,增加资本是实现经济增长的必要条件。自然资源也是要素投入的重要方面。美国早期经济发展,相当程度得益于辽阔的疆域和广袤的耕地资源。某些中东国家如沙特阿拉伯、科威特等产油国生活富裕,主要原因是这些国家拥有丰富的石油资源。

(二)要素生产率

要素生产率指要素的利用效率,即同样的要素投入量能否生产更多产量。影响要素生产率的因素主要有资源配置的改善,规模经济和知识的进展。资源配置的改善与资源配置机制有着密切的关系,适于发展的制度是实现增长的前提。世界各国经济增长的实践表明,最适于经济增长的制度是市场经济制度。例如,我国自从党的十四大确立了市场经济的体制,使经济焕发了巨大的生机和活力,促进了经济的加速增长。市场机制的作用能使资源从生产率低的部门转移到生产率高的部门,从而提高要素生产率。规模经济是指由于企业规模的扩大引起的成本下降和效率提高。在市场竞争中生产要素的优化组合和企业重组,有利于实现规模经济。技术进步是现代经济长期增长的发动机,知识进展是技术进步的重要条件,知识进展指科学技术成果的研发和在生产中的运用,新工艺的发明与采用等。正如邓小平所指出的,科学技术与管理是现代化的两个轮子。

美国经济学家罗伯特·索洛提出长期的经济增长主要依靠技术进步,而不是依靠资本和劳动力的投入。哈佛大学教授西蒙·库兹涅茨(Simon Kuznets)对经济增长因素的分析特别强调了结构因素对经济增长的贡献。他认为,不发达国家经济结构变动缓慢,传统的生产技术和生产组织方式阻碍经济增长;同时,消费水平低,不能形成对经济增长的强有力刺激。

第二节　新古典增长理论

为什么不同国家的人均收入差距如此之大?

世界上,不同类型的国家之间存在巨大的贫富差距。国际比较统计数据表明,欧美、日本等发达国家的人均收入可能是缅甸、印度、卢旺达这些比较贫穷国家的几十倍。与收入差距相适应,富国居民在营养水平、人均汽车或计算机拥有量、国外旅行次数、住房、教育以及医疗卫生等物质生活质量指标方面也远远高于贫穷国家，与穷国存在巨大的反差。我国经过30多年的改革开放和高速的经济发展，经济向前迈出了几个台阶，2009年已跻身于世界第二位的经济体。但因我们国家的人口基数大，经济总量分摊到每个人身上还是非常有限的，与发达国家相比依然存在着很大的差距。为什么不同国家的人均收入差距如此之大？这一节我们将通过对新古典模型的介绍从理论上为大家一一揭开谜底。

现代宏观经济学对经济增长理论的研究可分为两个时期：20世纪50年代后期为第一时期，在这一时期产生了新古典增长理论；20世纪80年代后期与90年代初期为第二个时期，第二时期产生了内生增长理论。

一、新古典增长模型的基本方程

新古典增长理论的基本假设包括：

(1)社会储蓄函数为 $S = sY$；此式中，s 表示储蓄率；

(2)劳动力按一个不变的比率 n 增长，等于人口增长率；

(3)生产的规模报酬不变。

在暂不考虑技术进步的情况下，设生产函数为：

$$Y = F(N,K)$$

由假定(3)可得知：$\lambda Y = F(\lambda N, \lambda K)$

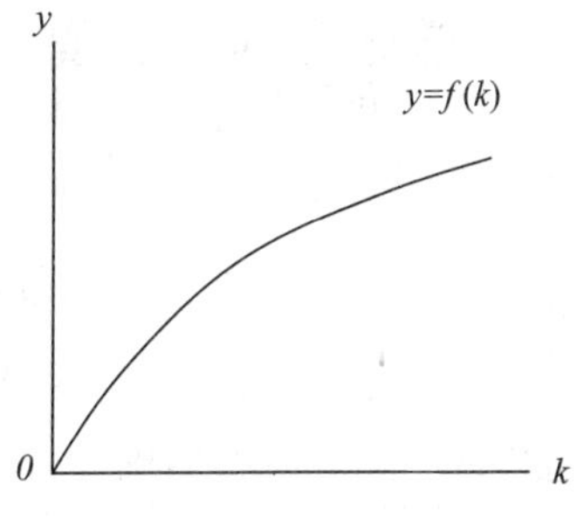

图18－2　人均产量曲线

令 $\lambda = \frac{1}{N}$，有 $\frac{Y}{N} = F\left(1, \frac{K}{N}\right)$，式中，$\frac{Y}{N}$ 表示人均产量 y，$\frac{K}{N}$ 表示人均资本 k，假定全部人口都参加生产，那么上式说明，人均产量 y 只取决于人均资本 k。则生产函数可表示为下述人均形式：

$$y = f(k) \tag{18.7}$$

如图18－2所示，人均产量曲线向右上方倾斜，表示人均产量随人均资本的增加而增加，但由于边际报酬递减规律的作用，人均产量曲线斜率递减。

根据前边的假定，可以说明产出唯一地由资本决定，那么资本又是由什么决定呢？我们知道，资本来自于储蓄，而储蓄是收入的函数，因为储蓄等于储蓄率与收入的乘积。

在一个只有居民户和企业的两部门经济中，均衡条件为 $I = S$。也就是储蓄将全部转化为投资。投资的用途可以分为以下几个方面，一是装备新增劳动者，二是补偿折旧，三是用于提高原有劳动者的装备水平。从人均储蓄和人均投资的关系来分析，

人均储蓄用 sy 来表示，装备新增劳动者的部分用 nk 来表示，补偿折旧的用 δk（假设折旧率不变为常数 δ）来表示，提高装备水平的用 Δk 来表示。则均衡条件可表示为：

$$sy = \Delta k + (+ \delta)k \tag{18.8}$$

Δk 用于提高劳动者的装备水平，被称为资本深化，$(n+\delta)k$ 用于装备新增劳动者和补偿折旧，被称为资本广化。根据公式(18.8)，资本深化可通过储蓄与资本广化的余额来求得，即资本深化 = 人均储蓄 - 资本广化，用公式表示为：

$$\Delta k = sy - (n + \delta)k \tag{18.9}$$

公式(18.9)被称为新古典增长模型的基本方程。

二、稳态分析

稳态是指一种长期的均衡状态，即人均资本、人均产量达到相对稳定的状态。

考虑到就业问题，要实现劳动力的充分就业，国民收入的增长率应该等于劳动力增长率，即 $G=n$。与人口增长率相等的国民收入增长率叫做自然增长率，记为 G_N。

此时，总产量增长率等于人口增长率，亦等于资本存量的增长率，即 $\frac{\Delta Y}{Y} = \frac{\Delta N}{N} = \frac{\Delta K}{K} = n$，此时，$G=n$，实现了自然增长率。

自然增长率要求总产量增长率等于人口增长率，即等于劳动增长率。此时，人均收入不变，由于人均收入是人均资本的函数，人均收入不变要求人均资本亦不变，即 $\Delta k=0$，如果 $\Delta k=0$，则人均储蓄必须正好等于资本广化。所以稳态条件是：

$$sy = (n + \delta)k \tag{18.10}$$

如图 18 - 3 所示，横轴表示人均资本，纵轴表示人均产量和人均储蓄，sy 曲线与 $(n+\delta)$ 曲线相交于 A 点，A 点符合稳态条件，k_A 为稳态的人均资本。当人均资本为 k_1 时，$sy > (n+\delta)k$，人均资本会增加，向 k_A 趋进；当人均资本为 k_2 时，$sy < (n+\delta)k$，人均资本会减少，向 k_A 趋进。

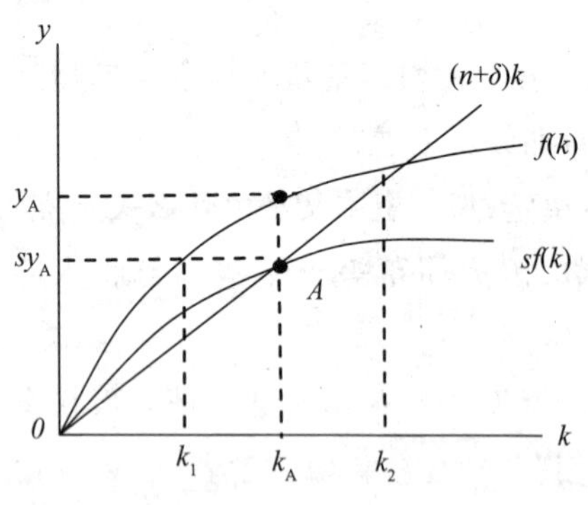

图 18 - 3　经济增长的稳态

当经济偏离稳定状态时，无论人均资本过多，还是过少，都存在某种力量使其恢复到长期的均衡。这表明，新古典增长理论展示了一个稳定的动态增长过程。

新古典增长理论中的稳态条件公式(18.10)所确定的人均资本量以及由人均生产函数确定的人均产量在一定程度上就能解释“为什么不同国家的人均收入差距如此之大?”

将人均生产函数设定为一种特定形式，即 $y = f(k) = k^{\alpha}$，其中参数 α 介于 0 和 1 之间，则由稳态条件公式(18.10)得：$sk^{\alpha} = (n+\delta)k$，求得：

$$k_A = [s/(n+\delta)]^{\frac{1}{1-\alpha}} \tag{18.11}$$

由人均生产函数，又可求得稳态下的人均产量 y_A 为：

$$y_A = [s/(n+\delta)]^{\frac{\alpha}{1-\alpha}} \tag{18.12}$$

公式(18.12)表明，若其他条件相同，储蓄率较高的国家，人均资本较高，因此人均产量也较高。相反，根据新古典增长模型，人口增长率较高的国家通常比较贫穷。这些国家为保持人均资本不变，需要更多的储蓄和投资，由于资本广化占用了大量的投资，使资本深化变得更为困难，从而使人均资本水平较低。从各国经济增长的数据来看，投资率较高的国家平均要比投资率较低的国家富裕，而人口增长率较高的国家平均要比人口增长率较低的国家贫穷。

三、储蓄率的增加和人口增长对稳态的影响

(一)储蓄率提高对稳态的影响

如图 18－4 所示，经济最初始的稳态均衡点在 C 点，稳态的人均资本为 K_0。当储蓄率提高，使 $sf(k)$ 曲线向上移动到 $s'f(k)$，均衡点移动到 C'点，稳态的人均资本为 k'，提高了稳态的人均资本和人均产量。

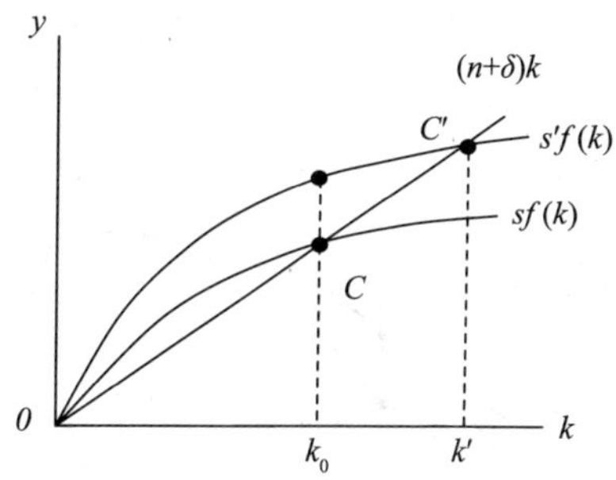

图 18－4 储蓄率增加的影响

储蓄率的提高使储蓄和投资增加，按原有的人均资本进行资本广化产生了剩余，人均资本增加，提高了稳态的人均资本，也提高了稳态的人均产量。但是由于稳态中的产量增长率等于人口增长率，虽然人均产量增加，产量增长率还会回落到人口增长率水平。

(二)人口增长率提高对稳态的影响

如图 18－5 所示，经济最初始稳态均衡点在 A 点，稳态的人均资本为 k_A。当人口增长率从 n 提高到 n'，使 $(n+\delta)k$ 曲线向上移动到 $(n+\delta)'k$，均衡点移动到 A'点，稳态的人均资本为 k'，人口增长率的上升降低了人均资本的稳态水平，进而降低了人均产量的稳态水平。新古典增长理论指出，很多发展中国家由于人口增长过快，资本广化占用了太多的资本，因而使人均资本减少，进一步导致人均收入水平降低。

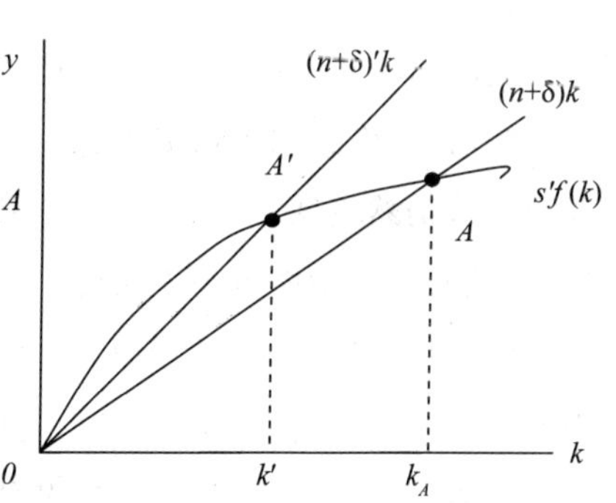

图 18－5 人口增长的影响

有些国家虽然储蓄率相同，但由于人口增长率的不同会使人均收入有很大不同。

稳态均衡要求总产量的增长率等于人口增长率（$G=n$），因此由于人口增长率的上升，产量增长率也会加快，人口增长率高的国家产量增长率也很高，但人均收入却很低。

从新古典增长模型中可以看出，要提高一个国家的劳动生产率，必须提高稳态的人均资本水平，使稳态点向右移动。稳态点向右移动的途径有：其一，采用新技术，提高 $f(k)$ 曲线的位置；其二，提高储蓄率，提高 $sf(k)$ 曲线的位置；其三，控制人口增长率，压低 $(n+\delta)k$ 线。

四、资本的黄金律水平

从以上的稳态分析可知，储蓄率影响稳态的人均资本，而人均资本又决定了人均产出。增加人均产出的目的在于提高人均消费水平，产出可用于储蓄和消费两个方面。在产出既定的条件下，二者存在相互消长的关系，即产出一定时，消费多了，积累少了；反之亦然。如何处理储蓄与消费的关系，即如何处理人均资本与消费的关系以实现人均消费最大化是经济学要研究的重要问题。

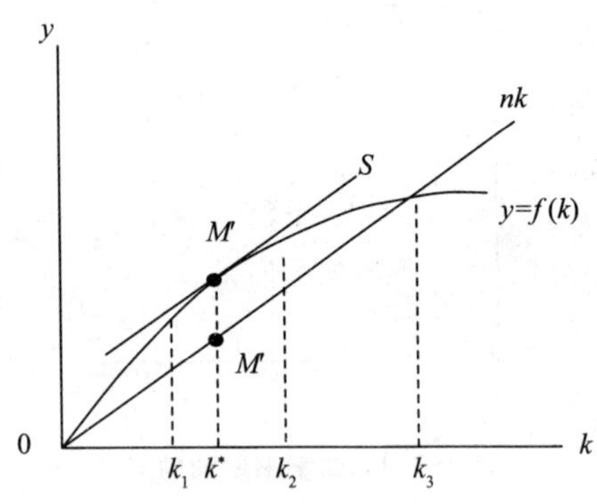

图 18－6　经济增长的资本黄金律

1961 年，经济学家费尔普斯找到了与人均消费最大化相联系的人均资本应满足的关系式，这一关系式被称为资本黄金律。

如图 18－6 所示，横轴表示稳态的人均资本，纵轴表示与稳态的人均资本相对应的人均产量、人均储蓄和人均消费。人均消费为人均产量与人均储蓄的差额。假定不存在折旧，稳态的人均储蓄等于 nk，此时，人均消费为人均产量与 nk 之差，即 $f(k)$ 与 nk 之间的垂直距离。

从图 18－6 中可以看到，当稳态的人均资本为 k_1 时，人均产出水平较低，人均消费也较低；当稳态的人均资本为 k_2 时，人均产出水平虽然提高，但由于人均储蓄较高，人均消费仍然较低；当稳态的人均资本为 k_3 时，人均储蓄高于人均产出，人均消费为负；当稳态的人均资本为 k^* 时，人均产出曲线 y 与 nk 线的斜率相等，人均消费达到最大值。因为，当人均资本为 k_1 时，$f'(k)>n$，人均消费增加；当人均资本为 k_2 时，$f'(k)<n$，人均消费减少；只有当人均资本为 k^* 时，$f'(k)=n$，人均消费达到最大值。

资本黄金律的基本内容是：若使稳态人均消费达到最大，稳态人均资本量的选择应使资本的边际产品等于劳动的增长率。记为：

$$f'(k)=n \tag{18.13}$$

资本黄金律告诉我们,在稳态中如果一个经济中人均资本量多于黄金律的水平,可减少人均资本;如果一个经济中人均资本量小于黄金律的水平,可增加人均资本,即增加储蓄。资本黄金律不是自动实现的,要通过对储蓄率的调整来实现。

第三节　经济政策

促进经济增长是各国政府的重要政策目标,促进经济增长就要针对影响经济增长的因素采取相应的对策,根据增长核算方程公式(18.5)可知,影响经济增长的因素有技术进步、资本形成和劳动投入。

一、鼓励技术进步

美国经济学家罗伯特·索洛提出长期的经济增长主要依靠技术进步,而不是依靠资本和劳动力的投入。技术进步是提高要素生产率的重要条件,技术进步是现代经济长期增长的发动机。政府可制定专利制度,维护专利发明者的权利和利益,以鼓励科学技术成果的研发和在生产中的运用,以及新工艺的发明与使用;还可以通过税收政策对研发新技术及使用新技术的企业实行税收减免。科技进步需要人才,而人才的基础在于教育,政府应加强教育投资,培养各类专门人才,并鼓励优秀人才出国深造,到国外学习先进的技术和管理;同时,普及义务教育,提高劳动者素质,支持科技下乡,推广适用的农业科技成果。

20 世纪 90 年代,美国克林顿政府在很大程度上吸收了日本等东亚国家过去 30 年经济快速增长的经验,实施了一系列鼓励技术进步的政策,大大提高了劳动力与机械设备的生产效率,使美国公司逐步朝着更加精简、更加高效的方向改进。美国企业正在努力运用计算机技术和信息技术改进其管理水平,提高工作效率,改善与顾客之间的关系。1994 年,美国成立了国家科学委员会,总统任主席,其地位与国家安全委员会、国家经济委员会平等,把科技工作提到了空前重要的地位。同时,克林顿政府大幅度增加了对技术改造项目的奖励,实行了专门的投资、税收、信贷政策;鼓励企业参与国际竞争,购置高效率的机器设备;对开创性的技术公司提供长期信贷基金;提高人力资本素质,提倡终身教育。这些政策的实施,使美国经济在一段时期实现了低通胀高增长的好局面。因此,在克林顿政府执政期间,美国经济低通胀与高增长并存的局面与 20 世纪 80 年代初期的滞胀形成了鲜明的对比。

二、鼓励资本形成

根据增长核算方程,资本存量的增长也是经济增长的重要因素之一。因为资本是被生产出来的生产要素，一个社会可以改变它的资本量。通过增加储蓄，增加投资，而使资本存量增加。因此，增加储蓄是增加资本存量的重要途径，政府可制定政策鼓励储蓄，例如，倡导勤俭节约的社会风尚，稳定金融，提高存款利率以吸引人们储蓄。

国际统计数据表明，经济增长与储蓄之间存在正相关关系，尽管不完全相同，但也有着密切的关系。投资占国民收入比例较高的国家，经济增长率较高；而投资占国民收入比例较低的国家，经济增长率也较低。例如，中国香港、韩国、新加坡和中国台湾这四个被称为“亚洲虎”的国家和地区，经济增长业绩曾是如此非凡，已作为世界其他地方有效发展的范例。其共性为奉行外向型经济政策，鼓励其工业向国外学习，到世界市场去竞争和学习，以求生存。还有一点不容忽略的是，他们很注重吸引外资，积极创造吸引外资的质量和规模，以促进经济的加速发展。

三、增加劳动供给

劳动是重要的生产要素，增加劳动供给会使经济增长。供给学派认为，通过设计促进效率，减少管制，刺激工作愿望和投资的政策，可以促进经济增长。劳动供给是税后实际工资的函数，鼓励劳动供给要从物价、税收方面制定政策，例如，提高货币工资，降低税率，稳定物价，以鼓励劳动供给的增加。

劳动供给不仅包括劳动者的数量还包括劳动者的素质。人力资本是指劳动者通过教育和培训所获得的知识和技能，人力资本与物质资本一样对提高生产能力起着重要的作用。政府通过增加教育投资，加强教育和培训，提高劳动者的受教育程度，为劳动力接受教育、提高技能创造条件。

第四节　经济周期

一、经济周期的含义

经济在沿着经济发展总体趋势的增长过程中，常常伴随着国民收入水平的上下波动，且呈现出周期性变动的特征。**经济周期是指国民总产出、总收入和总就业的波动。**这种波动以经济中的许多成分普遍而同期地扩张或收缩为特征，持续时间通常为2～10年。在现代宏观经济学中，经济周期发生在实际GDP相对于潜在GDP上升（扩张）或下降（收缩或衰退）的时候。

图18－7对经济周期做了一般描述。细线表示实际GDP的变化情况，粗线代表的是潜在GDP的稳定增长态势。经济周期大体上经历四个阶段：繁荣、衰退、萧条和复苏。

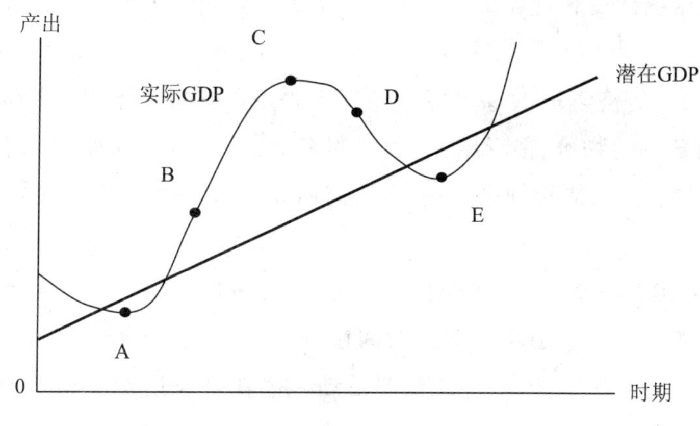

图 18－7　经济周期

萧条（Depression）指经济活动处于最低水平的时期，存在大量失业，工厂倒闭。*A* 点对应经济萧条，是经济周期的底部。

复苏（Recovery）指经济走出萧条阶段并转向上升阶段。生产和销售增长，就业增加，经济呈上升势头，逐步走向繁荣。*B* 点说明经济进入了复苏阶段。

繁荣（Prosperity）指经济处于高水平的时期，就业增加，产量扩大，社会总产出达到最高水平。随着复苏进程的发展，产出到达趋势路径的上方，即图中的 *C* 点，此时经济正处于繁荣时期。

衰退（Recession）指经济增长放慢，投资减少，经济下滑。*D* 点表示经济进入衰退期。

E 点代表经济萧条，然后经济又开始复苏，另一个周期重新开始。

西方学者认为，经济周期的形式是不规则的。没有两个完全相同的经济周期，也没有精确的经济周期的发生时间和持续时间。相反，经济周期是变化无常的，有人曾比喻经济周期像天气一样。

二、经济周期的分类与原因

第二次世界大战前对经济周期的研究主要在两个方面，一是对经济周期进行分类，二是研究经济周期产生的原因。

1825 年英国发生了世界上第一次生产过剩的经济危机，当时大多数经济学家把危机看做是一个独立的事件。1860 年法国经济学家 C. 朱格拉提出，危机或恐慌并不是一种独立的现象，而是经济中周期性波动的三个连续阶段（繁荣、危机、清算）中的一个。这三个阶段反复出现形成周期性现象。他对较长时期的工业经济周期进行了研究，并根据生产、就业人数、物价等指标，确定了经济中平均每一个周期为 9～10 年。这就是**中周期，又称为朱格拉周期**。美国经济学家 A. 汉森把这种周期称为“主要经济周期”,并根据统计资料计算出美国1795—1937年共有17个这样的周期,其平均长度为8.35年。

1923年,美国经济学家J. 基钦在《经济因素中的周期与趋势》中研究了1890—1922年美国与美国的物价、银行结算、利率等指标,认为经济周期实际上有主要周期与次要周期两种。主要周期即中周期,次要周期为3~4年一次的**短周期,又称为基钦周期。**

1925年,俄国经济学家N. 康德拉季耶夫在《经济生活中的长期波动》中研究了美国、英国、法国和其他一些国家长期的时间序列资料,认为资本主义社会有一种为期50~60年,平均长度为54年左右的长期波动。这就是**长周期又称为康德拉季耶夫周期。**

关于经济周期原因的研究可分为凯恩斯主义经济周期理论和非凯恩斯主义经济周期理论。

而非凯恩斯主义经济周期理论主要有以下几种。

消费不足论　该理论认为,消费不足的原因在于贫富差距过大,富人得到了更多的收入,使穷人购买力不足和富人储蓄过多,进而导致产品滞销,价格下跌,生产萎缩。

创新理论　熊彼特提出创新是对生产要素的重新组合,创新提高了生产效率,提高了企业利润,企业的相互效仿形成了创新浪潮。

信用过度论　货币和信用的扩张,导致利率下降,投资增加,出现繁荣;反之,出现衰退。

投资过度论　投资过多,生产资本品的部门发展超过了生产消费品的部门。资本品投资的波动导致了经济波动。

心理周期理论　这种理论认为,预期对人们的经济行为有决定性的影响,乐观与悲观预期的交替,引起了经济周期中的繁荣和衰退的交替。经济高涨时,人们对未来预期的乐观程度一般总会超过合理的经济考虑下应有的程度,导致过多投资,形成经济过度繁荣。而当这种过度乐观的情绪所造成的错误被察觉之后,又会变成不合理的过分悲观的预期,由此引起投资减少,引起萧条。

太阳黑子理论　这种理论认为,太阳黑子的活动对农业影响较大,而农业生产的状况又会影响工业及整个经济,因此太阳黑子的周期性活动决定了经济的周期性。具体来说,太阳黑子活动频繁会造成气候恶劣,灾害频发,使农业生产减产,进而引起整个经济萧条。相反,太阳黑子活动的减少则使农业丰收,引起整个经济繁荣。

主要参考文献

【1】高鸿业．西方经济学(宏观部分)[M]．北京:中国人民大学出版社,2007.

【2】郭羽诞．西方经济学［M]．北京:经济科学出版社,2005.

【3】倪金节．反通胀战争［M]．深圳:海天出版社,2008.

【4】许纯祯．西方经济学[M]．北京:高等教育出版社,1999.

【5】梁小民．西方经济学［M]．北京:中央广播电视出版社,2002.

【6】汪秋菊．宏观经济学［M]．北京:科学出版社,2009.

【7】博耀．宏观经济学习题集［M]．广州:暨南大学出版社,2010.

【8】张东辉．西方经济学习题集粹(宏观分册)[M]．北京:经济科学出版社,2003.

【9】埃德蒙·康韦．人人需要知道的50种经济学思想［M]．北京:电子工业出版社,2010.

【10】N. 格里高利·曼昆．宏观经济学［M]．北京:中国人民大学出版社,2000.

【11】约瑟·E. 斯蒂格利茨,卡尔·E. 沃尔什．经济学(下册)[M]．北京:中国人民大学出版社,2005.

【12】N. 格里高利·曼昆．经济学原理(上册)[M]．北京:机械工业出版社,2003.

【13】戴维·N. 韦尔．经济增长［M]．北京:中国人民大学出版社,2011.

【14】萨缪尔森．宏观经济学[M]．北京:华夏出版社,2003.

【15】孙宇晖,刘静暖．西方经济学基础［M]．北京:中国经济出版社,2008.